# 개인정보 비식별 조치의
## 이해와 활용

Copyright ⓒ acorn publishing Co., 2020. All rights reserved.

이 책은 에이콘출판(주)가 저작권자 김순석, 김동현, 김기태와 정식 계약하여 발행한 책이므로
이 책의 일부나 전체 내용을 무단으로 복사, 복제, 전재하는 것은 저작권법에 저촉됩니다.
저자와의 협의에 의해 인지는 붙이지 않습니다.

데이터 3법 개정에 따른

# 개인정보 비식별 조치의
## 이해와 활용

김순석 · 김동현 · 김기태 지음

i!i
에이콘

에이콘출판의 기틀을 마련하신 故 정완재 선생님 (1935-2004)

## 지은이 소개

김순석(sskim@halla.ac.kr)

- 원주 한라대학교 컴퓨터공학과 교수
- 중앙대학교 대학원 컴퓨터공학과 박사
- 개인정보보호위원회 개인정보 제도혁신 자문단 자문위원
- 국세청, 사회보장정보원, 한국인터넷진흥원 개인정보 비식별 조치 적정성 평가위원
- 한국인터넷진흥원 주최 개인정보 비식별 기술 경진대회 운영 위원
- 한국인터넷진흥원, 사회보장정보원 등 개인정보 비식별조치 심화교육 전문강사
- 한국정보보호학회 논문지 편집위원

김동현(lovefev@naver.com)

- 한국인터넷진흥원, 데이터활용지원팀 책임 연구원
  - 비식별 조치 적정성 평가 및 컨설팅 지원
  - 개인정보 비식별 조치 관련 정책, 기술 연구
  - 제1회 비식별 경진대회 기획 및 추진
- 국가정보자원관리원 비식별 조치 적정성 평가위원
- 국세청 개인정보 비식별 조치 적정성 평가위원
- 중앙대학교 융합보안학과 박사 수료

김기태(kkt7004@gmail.com)

- UPS Data 비식별 분야 수석 컨설턴트
- 4차산업혁명위원회 데이터 제도혁신 연구반 전문위원
- 금융보안원 비식별처리 표준 개발 그룹 전문위원
- 국세청, 금융보안원, 국민연금공단, 사회보장정보원, 한국인
  터넷진흥원 개인정보 비식별 조치 적정성 평가위원
- 한국인터넷진흥원 주최 개인정보 비식별 기술 경진대회 운영
  위원
- 한국정보화진흥원, 한국인터넷진흥원, 금융보안원, 사회보장정보원 개인정보 비식별
  조치 전문강사
- 국민건강보험공단, 신한은행, 교통안전공단, 고용정보원, 사회보장정보원, 금융보안
  원 등 다양한 비식별 컨설팅 수행

# 지은이의 말

**김순석**

2015년부터 개인정보 비식별 조치 기술 분야에 본격적으로 관심을 가지면서 이 분야는 다른 일반 보안기술 분야와는 참 다르다는 것을 깨달았다. 기술만 잘 안다고 되는 것이 아니고 개인정보보호와 관련된 법제나 정책 등도 함께 이해해야 한다. 또한 기술에 있어 개인정보를 안전하게 보호하면서도 동시에 활용할 수 있도록 데이터를 쓸모 있게 만들어야 한다. 이를 모두 만족하기란 쉬운 일은 아니지만 이 문제에 대한 해답을 찾고자 하는 분들에게 조금이나마 도움이 되고자 이 책을 집필했다. 이 책을 통해 부디 독자들이 개인정보 비식별 조치 분야에 한 발 더 쉽게 다가가는 계기가 되길 바란다.

**김동현**

우리나라는 2011년부터 개인정보 실태점검 업무를 수행하며 보안수준 강화 및 개선에 많은 노력을 했다. 불과 몇 년 전까지만 해도 개인정보는 코에 걸면 코걸이, 귀에 걸면 귀걸이인 시절이 있었지만 이제는 데이터 활용이 방점이 돼 데이터 활용 환경에 따라 개인정보를 달리 해석하고, 정부도 데이터 경제 활성화 등을 위해 다양한 정책을 추진하고 있다는 점에서 개인정보 산업의 변화를 몸소 체험하고 있다. 개인정보에 대한 활용 시장이 더 커지려면 Positive 규제에서 Negative 규제로 방식이 변경돼야 한다고 본다. 그러나 그전에 관련 분야에 대해 공부하고 안전성을 판단할 수 있는 지식을 습득하는 것이 우선이라고 생각한다. 이 책을 통해 비식별 조치 관련 실무자들이 자체 가이드라인을 만들고 정책을 수립하는 데 도움이 됐으면 좋겠다.

김기태

2015년부터 국내 최초로 개인정보 비식별 조치 컨설팅을 수행하면서 많은 어려움이 있었다. 해외의 사례를 그대로 가지고 오기에는 법제 환경이나 데이터 활용 환경이 너무 다르고 우리만의 컨설팅을 만들기에는 기반이 부족했다. 특히 이 분야는 전 세계적으로도 기술적으로 그리 성숙되지 않은 환경이고 2015년 당시만 해도 HIPAA의 가이드라인을 제외한 다른 문서는 거의 없는 상태였다. 그런 환경에서 컨설팅을 수행하기란 어려운 점이 정말 많았다. 지금은 다양한 해외의 가이드라인 등의 문서를 쉽게 찾아볼 수 있고, 조금씩 법제적인 환경을 갖춰가고 있지만 이 분야를 처음 접하는 분들은 필자가 겪었던 그 막막함을 느끼고 계실 거라 생각한다. 이 책은 가능한 한 실무적인 관점에서 도움이 되도록 구성했다. 이 책이 이제 막 이 분야를 시작하는 여러분들께 조금이나마 도움이 됐으면 좋겠다.

# 차례

# 들어가며

2020년 1월 9일, 개인정보보호법을 비롯한 이른바 데이터 3법이 국회 본회의를 통과함에 따라 8.5일자로 개정 법률이 시행됐다. 이번 법률 개정의 주요 내용은 원상태로 복원하기 위한 추가 정보를 사용하지 아니하고는 특정 개인을 알아볼 수 없도록 처리한 정보, 즉 가명정보를 통계작성, 과학적 연구, 공익적 기록보존 등을 목적으로 동의 없이 활용할 수 있게 한 것이다. 가명정보의 개념은 개인정보를 가명처리한 정보로서 유럽의 경우, 2018년 5월 25일부로 GDPR이 발효됨에 따라 이미 적용되고 있으며 미국에서도 NIST IR 8053 등 표준화 작업을 통해 이미 알려지고 활용돼 온 개념이다. 비식별처리란 가명처리뿐만 아니라 익명처리를 포함하는 개념으로 2018년 11월 국제표준 ISO/IEC 20889에서 용어를 정의한 바 있다. 이 책은 개인정보의 비식별 조치 관점에서 기본 개념과 현업에서의 활용방법 그리고 프라이버시 보호 모델을 비롯한 심화 내용을 포함한다.

이 책의 기본 목적은 데이터 3법 개정과 함께 각 기관이나 기업 등 현업에서 개인정보 비식별 조치에 관한 기본적인 개념을 이해하고 이를 실무에 곧바로 적용할 수 있도록 하는 것이다. 아울러 개인정보 비식별에 대한 기본 개념과 기술을 이해하고 연구하려는 대학생이나 대학원생들에게도 유익한 정보를 제공해 줄 것이라 믿는다.

1부에서는 개인정보 비식별 조치에 관한 기본 개념을 이해하도록 했고, 2부에서는 실무적인 관점에서 데이터와 데이터를 둘러싼 주변 환경에 대한 이해를 바탕으로 어떻게 하면 안전하게 비식별 조치 수준을 정할 수 있는지에 관한 방법론을 다룬다. 3부에서는 익명처리에 사용되는 프라이버시 보호 모델과 비식별 조치된 정보의 유용성을 측정하기 위한 측도를 소개한다. 이 책에서 소개하는 일부 측도의 경우 실제 우리나라 개인정보 비식별 기술 경진대회에서 사용된 바 있다. 아울러 부록을 통해 현업 실무자들에게 도움이 될 만한 참고자료를 수록했다.

끝으로 본 원고의 집필을 위해 물심양면으로 지원해준 가족들과 한국인터넷진흥원 데이터활용지원단 이하 모든 연구원분들에게도 감사의 마음을 전한다.

## 정오표

정오표는 에이콘출판사의 도서정보 페이지 http://www.acornpub.co.kr/book/pi-de-identification에서 확인할 수 있다.

## 질문

이 책과 관련해 질문이 있다면 이 책의 지은이나 에이콘출판사 편집 팀(editor@acornpub.co.kr)으로 문의해주길 바란다.

# PART 1

# 비식별 조치 기본

01

# 개인정보의 정의

산업이 고도로 발달할수록 재화의 생산과 소비의 형태는 달라진다. 산업혁명 이후로 재화의 생산은 점차 소품종 대량 생산의 시대에 접어들었다가 2000년 이후 개인의 성향에 맞춘 다품종 소량 생산의 시대로 접어들었으며 이 현상은 점차 심화되고 있다. 또한 개인의 교육 수준과 개인이 소유할 수 있는 부(富)가 점차 늘어나면서 개인 맞춤형 서비스와 맞춤형 제품에 대한 필요성도 점차 높아지고 있다. 그림 1-1은 시장과 사회의 요구에 따라 제조업이 어떻게 변화하고 있는지를 잘 보여준다.[1]

이와 같은 시장의 변화에 따라 개인의 특성, 선호도, 관심에 대한 연구도 활발해졌다.

---

1    The drivers to new paragigms are market and society needs, Yaram Koren "The Global Manufacturing Revolution"

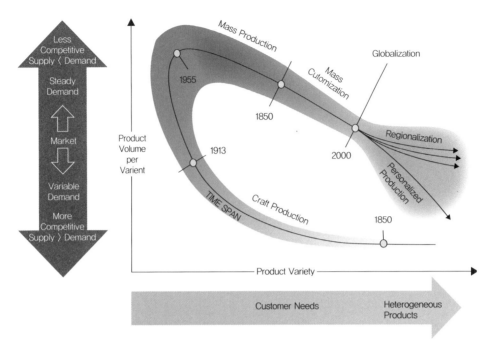

**그림 1-1** 제조업의 변화

한편 4차 산업혁명 시대의 다양한 키워드인 인공지능, 사물인터넷, 클라우드 등은 모두 빅데이터를 기반으로 한다. 4차 산업혁명에서 빅데이터는 석유나 금융 자본에 비견되는 21세기 경제의 필수 자본으로 표현되며, 세계에서 가장 영향력 있는 자원은 데이터라 불릴 만큼 현재 가장 중요한 요소로 자리 잡고 있다. 실제 2019년 12월 사우디아라비아의 국영석유회사인 아람코가 상장하기 전까지 전 세계 상위 10개의 기업 중 상당 부분은 이러한 데이터를 많이 가지고 있거나 이를 기반으로 사업을 운영하고 있었다. 표 1-1은 2020년 2월 8일 전 세계 기업의 시가총액 상위 10개의 기업을 나타내고 있다.[2]

2    출처: mrktcap.com

**표 1-1** 2020년 2월 8일 전 세계 기업 시가총액 순위

| 순위 | 기업 | 국가 | 시가총액 |
|---|---|---|---|
| 1 | 사우디 아람코 | 사우디아라비아 | 2,123조 원 |
| 2 | 애플 | 미국 | 1,667조 원 |
| 3 | 마이크로소프트 | 미국 | 1,667조 원 |
| 4 | 아마존 | 미국 | 1,234조 원 |
| 5 | 구글 | 미국 | 1,212조 원 |
| 6 | 페이스북 | 미국 | 721조 원 |
| 7 | 알리바바 | 중국 | 692조 원 |
| 8 | 버크셔해서웨이 | 미국 | 662조 원 |
| 9 | 텐센트 | 중국 | 590조 원 |
| 10 | JP모건 체이스 | 미국 | 513조 원 |

다양한 빅데이터 중 가장 가치 있는 정보는 개인의 정보가 포함된 정보다. 현재 우리나라에서도 정부 주도로 4차 산업혁명 및 데이터 경제 활성화를 위해 빅데이터의 활용을 위한 다양한 시도 등 많은 노력을 하고 있다. 그러나 우리나라는 지금까지 법률에 의거하거나 정보 주체의 동의를 기반으로 수집한 개인정보는 최초 동의 받은 수집 목적으로만 사용할 수 있었다. 이로 인해 AI, IoT 등 다양한 ICT 융합산업의 발전에 따라 방대하게 생성, 수집된 데이터를 활용하는 방법은 정보 주체의 재동의를 받는 방법 외에는 활용할 수 있는 방법이 없었다. 물론 개인정보보호법[3] 제18조제2항 제4호에는 통계작성 및 학술연구 등의 목적으로 개인을 알아볼 수 없도록 조치한 정보를 목적 외로 이용할 수 있도록 예외규정을 두고 있다. 2016년에는 빅데이터 활용을 위한 개인정보 비식별 조치 가이드라인 마련을 통해 적정하게 비식별 조치된 정보는 익명 정보로 추정해 활용할 수 있는 방안을 마련한 바 있다. 그러나 통계작성 및 학술연구 등의 목적에 대한 모호한 범위와 개인을 알아볼 수 없도록 조치한 정보에 대한 명확한 기준 및 가이드라인의 법적 근거 미흡 등의 이유로 수집한 데이터를 다른 목적의 데이터로 활용하기에는 한계가 있었다.

가명처리, 익명처리를 포함한 비식별 조치는 개인정보 처리를 중심으로 하고 있

---

3  법률 제 14839호, 2017년 10월 19일 시행

다. 따라서 비식별 조치를 적용하려면 먼저 정확한 개인정보의 정의에 대한 이해가 필요(실제 비식별 조치를 적용할 때 개인정보에 해당하는지에 대한 여부를 판단하는 것이 매우 중요한 단계로 포함돼 있음)하다. 1장에서 개인정보에 대한 정의와 개인정보에 대한 비식별 조치가 필요한 이유를 살펴보고, 2장에서는 개인정보 활용 관점에서의 개인정보 분류에 대해 알아보고자 한다. 3장과 4장에서는 비식별 조치에 대한 이론과 비식별 조치를 수행하는 기술적인 세부 내용을 살펴보도록 한다. 5장부터는 기관 또는 기업에서 개인정보를 비식별 조치해 활용하는 실무자를 대상으로 비식별 조치 시 꼭 필요한 데이터 상황의 이해와 비식별 조치 적용 방법론, 생성된 비식별 정보를 검증하기 위한 적정성 평가와 사후관리 방안을 살펴보고자 한다.

## 1.1 우리나라의 개인정보의 정의

개인정보는 자연인으로서 현재 생존하고 있는 개인에 대한 정보로, 사망했거나 사망으로 추정되는 자에 대한 정보는 보호의 대상이 아니다.[4] 또한, 개인정보보호법 제2조제1항에서는 "개인정보"란 살아 있는 개인에 관한 정보로서 성명, 주민등록번호 및 영상 등을 통해 개인을 알아볼 수 있는 정보(해당 정보만으로는 특정 개인을 알아볼 수 없더라도 다른 정보와 쉽게 결합해 알아볼 수 있는 것을 포함한다)를 말한다. 이는 개인정보의 범위에 성명, 주민등록번호, 주소, 연락처 등 단순 인적사항 외에도 개인의 활동, 성향, 사회적 지위, 신분, 재산 등에 관한 "사실·판단·평가를 나타내는 정보"도 포함돼 있음을 의미한다.

**개인정보의 구체적인 사례**

- 지방자치단체가 법령 등에 기초해 수집하고 업무에 사용하고 있는 각종 개인정보
- 웹사이트 회원가입 시 수집된 이름, 연락처, 주소 등의 정보
- 환자의 성명, 주소, 연령, 병명 등이 기록된 의료 정보
- 학생의 개인 신상, 성적 등이 기록된 학적부

---

4    단, 개인정보보호법에 따른 보호대상은 아니지만 다른 법령(의료법 등)에 따라 보호 대상이 될 수 있다.

개인정보에 대한 정의를 종합적으로 살펴보면 ① 생존하는(살아있는) 개인에 관한 정보, ② 자연인에 관한 정보(법인, 단체의 정보는 제외), ③ 정보의 내용, 형태 등의 제한이 없음, ④ 식별할 수 있는 정보(개인을 알아볼 수 있는 정보), ⑤ 정보 자체로는 식별가능성은 낮으나 다른 정보와 연계돼 식별가능성이 있는 정보 등 5가지 특징으로 구분될 수 있다. 표 1-2는 개인정보의 정의에 대해 각 특성을 잘 설명하고 있다.

**표 1-2** 개인정보의 정의에 따른 특성

| 요건 | 설명 |
|---|---|
| 살아 있는 개인 | • 살아 있는 개인에 관한 정보여야 하며, 사망한 것으로 간주되는 자의 정보는 개인정보에 해당하지 않음 |
| 개인에 관한 정보 | • 개인정보의 주체는 자연인이므로 법인 또는 단체에 관한 정보는 개인정보에 해당되지 않음<br>• 법인의 대표자, 임원진, 업무담당자 등의 이름, 개인 연락처, 사진 등은 개별 상황 또는 맥락에 따라 개인정보로 취급될 수 있음 |
| 내용과 형태에 제한 없음 | • 정보의 내용·형태에는 제한이 없어서 개인을 알아볼 수 있다면 디지털 형태나 수기 형태, 자동처리나 수동처리 등 그 형태 또는 처리 방식과 무관<br>• 객관적 사실, 주관적 평가 모두 개인정보가 될 수 있으며, 부정확한 정보 또는 허위의 정보라도 특정 개인에 관한 정보이면 개인정보가 될 수 있음 |
| 개인 식별의 주체 | • 해당 정보를 처리하는 자의 입장에서 합리적으로 활용될 가능성이 있는 수단을 고려해 개인을 알아볼 수 있다면 개인정보에 해당(현재 처리하는 자 외에도 제공 등에 따라 향후 처리가 예정된 자도 포함) |
| 결합의 용이성 | • "쉽게 결합하여"의 의미는 결합 대상이 될 정보의 입수 가능성이 있어야 하고 결합 가능성이 높아야 함을 의미<br>　- 입수 가능성은 결합에 필요한 정보에 합법적으로 접근, 입수할 수 있어야 함을 의미함(해킹 등 불법적인 취득은 제외)<br>　- 결합 가능성은 현재의 기술 수준을 고려해 비용이나 노력이 비합리적으로 수반되지 않아야 함을 의미함 |

표 1-2에 따라 개인정보처리자가 개인을 알아보기 어려운 정보는 개인정보가 아니며, 합법적으로 정보를 수집할 수 없거나 개인을 알아보기 위해 불합리한 정도의 시간, 비용 등이 필요한 경우라면 "쉽게 결합"할 수 있는 상태라고 볼 수 없기에[5] 개

---

5　마. 다른 정보와 '쉽게 결합하여' 개인을 알아볼 수 있는 정보도 포함된다. 부분 해설 참조, 개인정보보호 법령 및 지침·고시 해설서, 10p.

인정보가 아니다.[6]

하지만 기존 개인정보보호법의 해석에 따르면 개인정보는 그 종류를 막론하고 개인에 관한 정보가 하나라도 들어 있으면 개인정보라는 판단을 하게 됐으며, 이에 따라 개인정보의 범위에 대해 매우 엄격한 기준을 적용한다. 또한 개인정보의 정의에 대한 해석에 여러 의견이 있어 판단이 쉽지 않았으며 결국 개인정보를 담당하는 부처(행정안전부, 방송통신위원회, 개인정보보호위원회 등)의 유권해석을 중심으로 판단되거나 법원의 판례에 의해 판단돼 왔다. 이 외에도 개인정보에 대해 구체적인 대상과 범위를 처리[7] 환경에 따라 구분할 필요성 등이 제기돼 개인정보보호법의 개정(안)이 2020년 1월 9일 국회 본회의를 통과했다. 이 개정(안)은 시행령과 고시 마련 등 6개월의 유예기간을 거쳐 8월 5일부터 시행됐다.

개정 개인정보보호법에서는 기존 개인정보인 개인식별정보와 개인식별가능정보에 가명정보라는 개념을 추가했고 그동안 논란의 여지가 있었던 개인식별가능정보의 결합용이성 부분에 대해 입수 가능성을 추가하고, 입수 가능성에 있어 입수에 필요한 시간, 비용, 기술 등을 합리적으로 고려하도록 해 기존 법원에서 판단에 이견이 있던 부분에 대해 이를 명확하게 명시했다.

우리나라의 개인정보보호법의 개정에 따른 개인정보의 변화를 도식화하면 그림 1-2와 같다.

---

6  법원의 해석에서는 입수 가능성보다는 결합의 용이성을 주로 판단해 왔음(법에 명시된 부분은 결합의 용이성뿐임), 2020년 2월 개정 개인정보보호법에서는 이런 문제를 해결하기 위해 입수 가능성도 명시하고 있음
7  개인정보보호법 제2조제2호: "처리"란 개인정보의 수집, 생성, 연계, 연동, 기록, 저장, 보유, 가공, 편집, 검색, 출력, 정정(訂正), 복구, 이용, 제공, 공개, 파기(破棄), 그 밖에 이와 유사한 행위를 말한다.

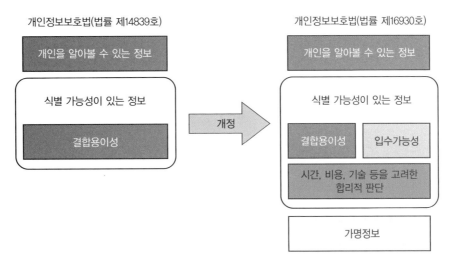

**그림 1-2** 개인정보보호법의 개정에 따른 개인정보 정의의 변화

이러한 법 개정에 따라 기존 개인정보의 범위 중 상당한 부분이 더 이상 개인정보가 아닐 수 있게 됐으며(기술적으로 많은 노력이나 시간, 비용을 들여야 개인을 식별할 수 있는 정보는 개인정보가 아님), 가명정보의 개념을 법에 명시함으로써 다양한 가명정보 활용을 위한 기반을 마련했다. 또한 가명정보에는 기존 개인정보와 다른 법적 지위[8]를 부여해 데이터 활용면에서 많은 긍정적인 변화가 예상된다.

다만 꼭 잊지 않아야 할 것은 가명정보의 활용이 가능해진 반면, 그 분야가 엄격히 제한돼 있고(통계작성, 과학적 연구, 공익적 기록보존 등) 가명정보를 이용해 재식별 행위[9]를 할 경우 강력한 법적 조치를 받게 된다는 점이다. 특히 가명정보의 불법적인 재식별에 대한 과징금은 기업이나 기관의 전체 매출액의 3% 이내의 과징금을 부여

---

8   가명정보에 대해서는 기존의 개인정보에 적용해야 하는 다양한 규정을 예외로 명시하고 있다. 규정을 적용하지 않는 부분은 다음과 같다.
　　– 제20조(정보주체 이외로부터 수집한 개인정보의 수집 출처 등 고지)
　　– 제21조(개인정보의 파기)
　　– 제27조(영업양도 등에 따른 개인정보의 이전 제한)
　　– 제34조 제1항(개인정보의 유출 통지 등 중 유출 시 해당 정보주체에게 고지의무)
　　– 제35조부터 제37조까지(개인정보의 열람, 개인정보의 정정·삭제, 개인정보의 처리 정지)
　　– 제39조의 4(정보통신서비스 제공자의 개인정보 유출 등의 통지·신고에 대한 특례)
　　– 제39조의 8(정보통신서비스 제공자 등의 개인정보 이용 내역의 통지)
9   가명처리된 정보에 대해 원본 정보를 알아내고자 하는 시도로 주로 재식별 공격이라고도 부름

할 수 있도록 하고 있으며, 잘못 사용하는 경우 기업의 사활에도 영향을 줄 수 있기 때문에 엄격하게 관리하고 활용해야 할 것이다.

## 1.2 해외 주요국의 개인정보의 정의

해외 주요국의 개인정보 개념은 우리나라 개인정보의 개념과 크게 다르지 않으나 세부적으로는 차이를 보이고 있는 부분도 존재한다.

### 1. EU

EU GDPR(General Data Protection Regulation, 개인정보보호규정)의 개인정보의 정의는 다음과 같다.

### 제4조 1항: 개인정보의 정의

개인정보란 식별(개인식별정보)되거나 식별 가능(개인식별가능정보)한 자연인과 관련된 모든 정보를 의미한다. 식별 가능한 자연인의 이름, 식별번호, 온라인 식별자, 위치정보와 같이 직접 또는 간접적으로 식별하거나 하나 또는 그 이상의 구체적인 요소를 통해 자연인의 신체적, 생리적, 정신적, 경제적, 문화적, 사회적 정체성이 식별될 수 있는 정보를 말한다.

### 제4조 5항: 가명정보로서 가명처리의 정의

가명처리(pseudonymisation)란 추가적인 정보를 사용하지 않고서는 더 이상 특정 정보 주체를 알아볼 수 없도록 개인정보를 처리(processing)하는 것이다. 이러한 추가 정보는 별도로 보관돼야 하고 해당 개인정보가 자연인을 식별하거나 식별할 수 없도록 하기 위해 기술적·조직적인 조치가 적용돼야 한다.

### 전문26항: 가명정보와 익명정보의 정의 및 차이점

개인정보보호 원칙은 식별됐거나 또는 식별될 수 있는 개인에 관한 일체의 정보에 적용될 수 있다. 가명처리 정보는, 추가 정보를 이용해 개인을 식별할 수 있는 정보로서 식별할 수 있는 개인정보로 간주돼야 한다. 어떤 개인이 식별 가능한지를 판단하기 위해서는 특정 개인의 식별 등 처리자 또는 제3자 모두 개인을 직접 또는 간접적으로 확인하기 위해 사용할 수 있는 합리적으로 예상되는 reasonably likely 모든 수단을 고려해야 한다. 개인을 식별하기 위해 사용할 수 있는 합리적으로 예상되는 수단인지를 확인하려면, 식별하기 위해 소요되는 비용과 시간 등 객관적인 요소를 모두 고려하고, 처리 당시 가용한 기술과 기술적 발전을 모두 고려해야 한다. 익명정보에는 개인정보보호원칙이 적용되지 않는다. 다시 말해 이 원칙은 식별됐거나 식별될 수 있는 개인과 관련되지 않는 정보 또는 그런 방식으로 익명처리돼 더 이상 식별될 수 없는 정보주체에는 적용되지 않는다. 따라서 이 법은 통계목적 및 연구 목적 등을 위한 익명정보의 처리에는 적용되지 않는다.

## 2. 미국

미국의 경우 사회 전체에 적용되는 개인정보보호에 대한 일반 법이 없으며 각 산업군별로 개별 법령에서 개인정보를 다루고 있다. 그 중에서 2020년 1월부터 시행되는 캘리포니아주의 소비자 개인정보보호법 The California Consumer Privacy Act of 2018[10]에서 개인정보의 개념을 정의한 바 있다.

### 개인정보 개념의 확대

특정 소비자를 직접 또는 간접적으로 식별하고 묘사하거나, 관련 있거나, 관련될 수 있거나, 합리적으로 연결될 수 있는 정보를 의미한다. 단 공개적으로 이용 가능한 정보는 포함되지 않는다.

### 합리적으로 연결될 수 있는 정보의 범위

사회보장번호, 운전면허번호, 여권번호, 이메일 주소 등과 같은 식별자 identifiers 개인의 구매 내역 등을 포함하는 상업적 정보 Commercial information, 바이오 정보 Biometric

---

10  https://leginfo.legislature.ca.gov/faces/billTextClient.xhtml?bill_id=201720180AB375

information, 인터넷 검색 기록, 브라우징 히스토리 등을 포함하는 인터넷/전자 네트워크 활동 정보Internet of other electronic network activity information, 위치 정보Geolocation data, 고용 정보, 교육 정보, 오디오·전자·시각·열·후각 정보Audio, electronic, visual, thermal olfactory information, 소비자의 선호도, 습관, 행동, 태도, 지능, 적성을 반영하는 소비자에 관한 프로파일을 생성하기 위해 식별 정보information identified로부터 도출된 추론사항inferences 등 "공개적으로 이용 가능한 정보publicly available information"는 포함되지 않는다.

**주요 사항**

동 법은 개인정보에 대한 정의 개념 확대, 비식별 정보 개념 정의, 정보 공개를 요구할 소비자의 권리, 소비자의 옵트인Opt-in과 옵트아웃Opt-out 권리, 정보 삭제를 요구할 소비자의 권리, 사업자의 소비자의 권리에 대한 의무사항, 그리고 사업자의 유출 책임 등을 포함한다. 또한 소비자의 공개 요구권, 사업자의 공개의무, 소비자의 옵트아웃 권리, 사업자의 옵트아웃 고지의무, 소비자의 옵트인 권리, 소비자의 개인정보 삭제 요구권, 그리고 사업자의 개인정보 삭제 의무 등이 규정됐다.

- 소비자의 옵트아웃 권리: 소비자는 개인정보를 제3자에게 판매하는 사업자에 대해 자신의 개인정보를 판매하지 말 것을 지시할 권리
- 소비자의 옵트인 권리: 위의 옵트아웃 규정에도 불구하고, 사업자가 16세 미만으로부터 수집한 개인정보를 판매하고자 하는 경우 "옵트인 동의"가 필요

## 3. 일본

일본 개인정보보호법의 개인정보는 다음과 같이 정의하고 있다.

- 생존하는 개인에 대한 정보이며, 개인을 식별할 수 있는 정보(문서, 그림 또는 전자적 기록(전자적 방식, 자기적 방식 외 사람의 지각으로 인식할 수 없는 방식을 말한다)으로 만들어진 기록을 말한다)에 기재, 기록되거나 음성, 동작 그 외의 다른 방법을 사용해 표현된 일체의 사항을 말한다.

- **개인식별부호**(특정 개인의 신체 일부 특징을 전자계산기의 용도에 이용하기 위해 변환한 문자, 번호, 기호 및 그 밖의 부호로서 특정 개인을 식별할 수 있는 것, 개인에게 제공되는 서비스의 이용 혹은 개인에게 판매되는 상품의 구입과 관련해 할당되거나 개인에게 발행된 카드 및 그 밖의 서류에 기재되거나 전자적 방식에 의해 기록된 문자, 번호, 기호 및 그 밖의 부호로서 그 이용자 혹은 구입자 또는 발행을 받은 자마다 달라지도록 할당되거나 기재 혹은 기록됨으로써 특정의 이용자 혹은 구입자 또는 발행을 받은 자를 식별할 수 있는 것)

"익명가공정보"에 대해서는 다음과 같이 정의하고 있다.

- 특정 개인을 식별할 수 없도록 개인정보를 가공해 얻을 수 있는 개인에 관한 정보로서 해당 개인정보를 복원할 수 없도록 한 것
- (1) 개인정보 일부는 삭제하는 것, (2) 개인식별부호 전부를 삭제하는 것 두 가지 조치를 취해 특정 개인을 식별할 수 없도록 한 정보로 복원할 수 없도록 한 것
  - '해당 개인정보를 복원할 수 없도록 한 것'은 일반인의 능력과 방법을 기준으로 판단하는 것이므로, 고도의 기능을 가진 자원을 이용하거나 고도의 해킹 기술을 이용하는 등 기술적 측면에서의 모든 가능성을 배제하는 것까지 요구하는 것은 아님

## 4. 싱가포르

PDPA<sup>Personal Data Protection Act</sup> Section 2(1): 개인정보의 정의

- 개인정보를 "데이터 또는 그 데이터와 함께 어떤 기관이 접근 권한을 가진 데이터를 통해 개인이 식별될 수 있을 때의 데이터"라고 정의한다. 또한 여기서는 "그 정보가 사실이던지 아니던지"라고 명시돼 있다. 즉, 식별된 데이터의 진위 여부에 관계없이 개인이 식별되기만 한다면 무조건 개인정보라고 규정하고 있으며, 이는 다른 데이터와의 결합을 통해 식별될 수 있는 경우도 포함하고 있다.
- 익명처리 정의(가이드라인): 일반적으로 익명처리는 식별 정보를 제거해 나머지 데이터가 특정 개인을 식별하지 못하도록 하는 프로세스로 익명처리가 이뤄진 데이터는 개인정보라고 판단하지 않으며, 본 가이드라인에서도 익명처리된 데이

터는 개인정보보호법 3장부터 6장의 데이터 보호 제공법에 적용되지 않는다고 명시하고 있다.

## 5. 캐나다

### 가. 연방 프라이버시 법: 개인정보의 정의

- "그 형태가 어떤가를 불문하고 식별가능한 개인에 관한 정보"라는 것을 원칙으로 매우 상세하게 개인정보의 범위를 정의하고 있다.

### 나. 개인정보보호 및 전자문서법: 개인정보의 정의

- "식별가능한 개인에 관한 정보를 말하지만 한 기관에 고용된 사람의 이름, 지위 또는 사업장 주소나 전화번호를 포함하지 않는다."고 정의하고 있다.

### 다. 비식별화 정의(가이드라인)

- 비식별화는 개인을 식별하는 정보 또는 다른 정보와 함께 개인을 식별하기 위해 사용할 가능성이 높은 정보를 모두 제거하는 하나의 일반적인 절차로 비식별화된 데이터셋[11]은 더 이상 개인정보를 포함하지 않으므로, 비식별 정보를 활용·공개해도 개인 프라이버시가 침해되지 않는다고 명시적으로 기술하고 있다.

## 6. 호주

### 가. 프라이버시법: 민감한 개인정보의 정의

- "원칙적으로 민감한 개인정보의 수집을 금지. 다만, 공중 보건 또는 공공의 안전과 관련된 연구, 통계의 작성 또는 분석, 건강 서비스의 관리, 기금 출연, 감독을 위한 경우, 정보가 법률의 규정에 의해 수집이 요구되거나, 조직에 적용되는 직업 비밀유지 의무를 다루는 보건 기구 또는 의료 기구가 정한 규칙에 부합해 수

---

11  data set 즉, 데이터 집합물을 의미

집되는 경우 또는 프라이버시 위원회가 승인한 지침에 부합되게 수집되는 경우에는 민감정보를 수집할 수 있다."고 정의하고 있다.

## 나. 비식별화의 정의

- 호주의 프라이버시 법에서는 비식별화된 정보는 개인을 더 이상 식별할 수 없거나 합리적인 수준으로 식별되지 않는 정보를 의미한다.

- 가이드라인에서는 "어떤 종류의 데이터가 어떤 상황에서는 항상 개인정보이고, 그렇지 않을 때는 비식별화된 정보다"라고 판단할 수 있는 명확한 기능을 제공하지는 않는다. 비식별화 자체가 주위 상황에 따라 달라지는 것이며, 비식별화가 수행됐다고 해서 끝이 아니라고 기술하고 있다.

  즉, 데이터셋의 소유자, 데이터셋이 가진 정보의 양, 이에 접근할 수 있는 자가 누구인지에 따라 이 데이터셋이 비식별화 조치 대상에 포함될 수도 있고, 아닐 수도 있다고 정의하고 있다.

지금까지 기술한 해외 주요국의 개인정보 개념과 기준을 요약하면 표 1-3과 같다.

**표 1-3** 해외 주요국 개인정보의 개념과 기준 비교

| 국가 | 개인정보 | | | 개인정보 아님 |
| --- | --- | --- | --- | --- |
| | 개인식별 정보 및 개인식별 가능 정보 | 가명정보 | | 익명 정보 |
| | | 익명가공 정보 | 가명정보 | |
| 우리나라(기존) | ○ | | | |
| 우리나라(개정안) | ○ | | ○ | ○ |
| EU GDPR | ○ | | ○ | ○ |
| 미국 | ○ | | ○ | ○ |
| 일본 | ○ | ○[12] | | |

---

12 가명에 가까운 익명정보로 추정됨

## 1.3 프라이버시 프레임워크상의 개인정보의 정의

프라이버시 프레임워크에 대한 국제표준인 ISO/IEC 29100에서는 개인정보를 다음과 같이 정의하고 있다.

### 1. 개인정보 주체에 대한 식별성을 가지는 정보의 범주

- 정보가 자연인을 참조하는 식별자와 연관되는 경우(사회보장정보 등)
- 정보가 자연인과 연관될 수 있는 식별자와 연관되는 경우(여권번호, 계좌번호 등)
- 정보가 식별된 자연인과 통신을 수립하는 데 이용될 수 있는 식별자를 포함하거나 연결되는 경우(정확한 지정학적 위치, 전화 번호 등)
- 정보가 위의 식별자에 속한 데이터와 연결되는 참조를 포함하는 경우

### 2. 다른 자연인으로부터 구별하는 특징과 연관되는 경우

- 정보가 자연인을 다른 자연인으로부터 구별하는 특징과 연관되거나 포함하는 경우(생체 식별 데이터 등)
- 영역에 종속되면 자연인을 구별하기에 충분한 경우(자연인의 성이 특이한 성을 가진다면 전 세계 차원에서는 자연인의 식별은 어렵지만 회사 차원에서는 구분 가능, 여성과 법률가의 속성 결합은 대한민국 내부에서는 식별성이 매우 낮지만 여성변호사가 한 명뿐인 회사에서는 충분한 식별성을 가지게 됨)

표 1-4는 영역에 종속된 개인정보일 수 있는 속성에 대한 예다.

**표 1-4** 자연인을 식별하기 위해 이용될 수 있는 속성의 예

| | |
|---|---|
| • 나이 또는 취약한 자연인에 대한 특별 도움<br>• 범죄 행위 진술<br>• 의료 서비스 동안 수집된 임의 정보<br>• 은행 계좌 또는 신용카드 번호<br>• 바이오정보 식별자<br>• 신용카드 계산서<br>• 형사 유죄판결 및 경범죄<br>• 범죄 수사 보고서<br>• 고객번호<br>• 생일<br>• 의료 진단 정보<br>• 장애자<br>• 의사 청구서<br>• 종업원 급여와 인사부서 파일<br>• 금융 프로파일<br>• 성<br>• 위치<br>• 궤적<br>• 집주소 | • IP 주소<br>• 통신 시스템에서 얻어진 위치<br>• 진료 기록<br>• 이름<br>• 국가식별자<br>• 개인 전자메일 주소<br>• 개인식별번호(PIN) 또는 패스워드<br>• 인터넷 웹사이트의 이용추적으로부터 얻어진 개인 관심사<br>• 개인 또는 행위 프로파일<br>• 개인 전화번호<br>• 자연인의 식별이 가능한 사진 또는 비디오<br>• 제품 및 서비스 선호<br>• 인종 및 소수 민족, 가문<br>• 종교적 신념 또는 철학적 신념<br>• 성적 취향<br>• 노동조합 회원<br>• 공공요금 |

## 3. 메타데이터

시스템 이용자가 쉽게 알아볼 수 없는 방식으로 ICT 시스템에 보관된 정보로 개인정보 주체의 이름이나 워드 처리 문서에서 메타데이터로 저장되는 코멘트나 변화 추적 정보를 포함한다.

## 4. 비요청 개인정보

개인정보 처리자 또는 개인정보 프로세서에 의해 의도하지 않게 습득된 개인정보이다(웹사이트에서 익명 피드백 형태의 콘텍스트에서 제공된 부가 개인정보 등). 요청되지 않은 개인정보의 수집 위험은 시스템 설계 시 프라이버시 보호 대책을 통해 감소될 수 있다.

## 5. 민감 개인정보

민감 개인정보는 개인정보 주체의 밀접한 영역과 관련되는 성격이 민감하거나 개인

정보 주체에 중대한 영향을 줄 수 있는 개인정보의 유형으로 직접적인 민감정보 외에 민감 개인정보가 도출되는 모든 개인정보는 민감정보로 봐야 한다. 예를 들어 의료 처방 데이터는 정보 주체의 건강에 대한 세부 정보를 알 수 있고 개인정보 주체의 성적 취향이나 건강에 대한 직접적인 정보를 포함하지 않는 경우라도 그러한 정보를 추정하는 데 이용된다면 민감정보로 간주돼야 한다.

## 1.4 개인정보보호법 개정안 주요 내용

2020년 8월 5일 시행된 개정 개인정보보호법의 주요 내용을 요약하면 다음과 같다.

### 1. 주요 내용

가. 개인정보와 관련된 개념체계를 개인정보·가명정보·익명정보로 명확히 하고, 가명정보는 통계작성, 과학적 연구, 공익적 기록보존의 목적으로 동의 없이 처리할 수 있도록 하며, 서로 다른 개인정보처리자가 보유하는 가명정보는 대통령령으로 정하는 보안시설을 갖춘 전문기관을 통해서만 결합할 수 있도록 하고, 전문기관의 승인을 거쳐 반출을 허용함(안 제2조제1호, 제15조, 제17조 개정, 안 제28조의2, 제28조의3, 제58조의2 신설)

나. 가명정보를 처리하는 경우에는 관련 기록을 작성·보관하는 등 대통령령으로 정하는 안전성 확보조치를 하도록 하고, 특정 개인을 알아보는 행위를 금지하는 한편 이를 위반하는 경우 형사처벌, 과징금 등의 벌칙을 부과하도록 함(안 제28조의4, 제28조의5, 제28조의6 신설)

다. 개인정보보호위원회를 국무총리 소속 중앙행정기관으로 격상하는 한편, 현행법상 행정안전부 및 방송통신위원회의 개인정보보호 관련 기능을 개인정보보호위원회로 이관해 개인정보보호 컨트롤타워 기능을 강화함(안 제7조, 제7조의2부터 제7조의14까지, 제63조)

라. 「정보통신망 이용촉진 및 정보보호 등에 관한 법률」의 개인정보보호 관련 규정을 삭제하면서, 국외 이전 시 보호 조치, 국외 재이전, 국내대리인, 손해배상

보험 등 현행법과 상이하거나 「정보통신망 이용촉진 및 정보보호 등에 관한 법률」에만 있는 규정을 특례로 규정함(안 제17조, 제18조, 제30조 개정 및 제39조의 3부터 제39조의15까지 신설)

## 2. 개인정보보호법 제2조 제1호: 개인정보의 정의

"개인정보"란 살아 있는 개인에 관한 정보로서 다음 각 목의 어느 하나에 해당하는 정보를 말한다.

　가. 성명, 주민등록번호 및 영상 등을 통해 개인을 알아볼 수 있는 정보

　나. 해당 정보만으로는 특정 개인을 알아볼 수 없더라도 다른 정보와 쉽게 결합해 알아볼 수 있는 정보. 이 경우 쉽게 결합할 수 있는지 여부는 다른 정보의 입수 가능성 등 개인을 알아보는 데 소요되는 시간, 비용, 기술 등을 합리적으로 고려해야 한다.

　다. 가목 또는 나목을 제1호의2에 따라 가명처리함으로써 원래의 상태로 복원하기 위한 추가 정보의 사용·결합 없이는 특정 개인을 알아볼 수 없는 정보(이하 "가명정보"라 한다)

## 3. 개인정보보호법 제2조 제1호의 2(신설)

"가명처리"란 개인정보의 일부를 삭제하거나 일부 또는 전부를 대체하는 등의 방법으로 추가 정보가 없이는 특정 개인을 알아볼 수 없도록 처리하는 것을 말한다.

## 4. 개인정보보호법 제2조 제8호(신설)

"과학적 연구"란 기술의 개발과 실증, 기초연구, 응용연구 및 민간 투자 연구 등 과학적 방법을 적용하는 연구를 말한다.

## 5. 개인정보보호법 제3조 제7항 中(일부 개정)

"개인정보의 익명처리가 가능한 경우에는 익명에 의해 처리될 수 있도록 해야 한다"

를 "개인정보를 익명 또는 가명으로 처리해도 개인정보 수집목적을 달성할 수 있는 경우 익명처리가 가능한 경우에는 익명에 의해, 익명처리로 목적을 달성할 수 없는 경우에는 가명에 의해 처리될 수 있도록 해야 한다"로 한다.

## 6. 개인정보보호법 제15조 제3항(신설)

개인정보처리자는 당초 수집 목적과 합리적으로 관련된 범위 내에서 정보주체에게 불이익이 발생하는지 여부, 암호화 등 안전성 확보에 필요한 조치를 했는지 여부 등을 고려해 대통령령이 정하는 바에 따라 정보주체의 동의 없이 개인정보를 이용할 수 있다.

## 7. 가명정보의 처리에 관한 특례(신설)

가. 제28조의2(가명정보의 처리 등) ① 개인정보처리자는 통계작성, 과학적 연구, 공익적 기록보존 등을 위하여 정보주체의 동의 없이 가명정보를 처리할 수 있다. ② 개인정보처리자는 제1항에 따라 가명정보를 제3자에게 제공하는 경우에는 특정 개인을 알아보기 위하여 사용될 수 있는 정보를 포함해서는 아니된다.

나. 제28조의3(가명정보의 결합 제한) ① 제28조의2에도 불구하고 통계작성, 과학적 연구, 공익적 기록보존 등을 위한 서로 다른 개인정보처리자 간의 가명정보의 결합은 보호위원회 또는 관계 중앙행정기관의 장이 지정하는 전문기관이 수행한다. ② 결합을 수행한 기관 외부로 결합된 정보를 반출하려는 개인정보처리자는 가명정보 또는 제58조의2에 해당하는 정보로 처리한 뒤 전문기관의 장의 승인을 받아야 한다. ③ 제1항에 따른 결합 절차와 방법, 전문기관의 지정과 지정 취소 기준·절차, 관리·감독, 제2항에 따른 반출 및 승인 기준, 절차 등 필요한 사항은 대통령령으로 정한다.

다. 제28조의4(가명정보에 대한 안전조치의무 등) ① 개인정보처리자는 가명정보를 처리하는 경우에는 원래의 상태로 복원하기 위한 추가 정보를 별도로 분리하여 보관·관리하는 등 해당 정보가 분실·도난·유출·위조·변조 또는 훼손되지 않도록 대통령령이 정하는 바에 따라 안전성 확보에 필요한 기술적, 관리적 및 물리적 조치를 하여야 한다. ② 개인정보처리자는 가명정보를 처리하고

자 하는 경우에는 가명정보의 처리 목적, 제3자 제공 시 제공받는 자 등 가명
정보의 처리 내용을 관리하기 위해 대통령령으로 정하는 사항에 대한 관련 기
록을 작성하여 보관하여야 한다.

라. 제28조의5(가명정보 처리 시 금지의무 등) ① 누구든지 특정 개인을 알아보기 위
한 목적으로 가명정보를 처리해서는 아니된다. ② 개인정보처리자는 가명정
보를 처리하는 과정에서 특정 개인을 알아볼 수 있는 정보가 생성된 경우에는
즉시 해당 정보의 처리를 중지하고, 지체 없이 회수·파기하여야 한다.

마. 제28조의6(가명정보 처리에 대한 과징금 부과 등) ① 보호위원회는 개인정보처리자
가 제28조의5제1항을 위반하여 특정 개인을 알아보기 위한 목적으로 정보를
처리한 경우 전체 매출액의 100분의 3 이하에 해당하는 금액을 과징금으로
부과할 수 있다. 다만, 매출액이 없거나 매출액의 산정이 곤란한 경우로서 대
통령령으로 정하는 경우에는 4억원 또는 자본금의 100분의 3 중 큰 금액 이
하로 과징금을 부과할 수 있다. ② 과징금의 부과·징수 등에 필요한 사항은
제34조의2제3항부터 제5항까지의 규정을 준용한다.

## 8. 정보통신서비스 제공자 등의 개인정보 처리 등 특례(신설)

기존 정보통신망법에서 개인정보보호와 관련된 내용이 제외됨으로 인해 그 내용을
개인정보보호법에 포함할 필요가 있었고 이를 위해 개인정보보호법 제39조에 특례
조항으로 포함하고 있다. 이 조항에 관한 자세한 사항은 관련 법령을 참고하길 바란다.

표 1-5 개인정보보호법 개정안의 주요 내용

| 분류 | 세부 분류 | 현행 개인정보보호법 (법률 제 14839호) | 개정 개인정보보호법 (법률 제 16930호) |
|---|---|---|---|
| 개인 정보의 정의 | 정의 | 개인식별정보, 개인 식별가능정보 | 개인식별정보, 개인식별가능정보, 가명정보 |
| | 개인식별 가능정보 의 정의 | 다른 정보와 쉽게 결합해 알아볼 수 있는 것 | 쉽게 결합할 수 있는지 여부는 다른 정보의 입수가능성 등 개인을 알아보는 데 소요되는 시간, 비용 기술 등을 합리적으로 고려 |
| | 가명처리 | 없음 | 개인정보의 일부를 삭제하거나 대체하는 등의 방법으로 추가 정보가 없이는 특정 개인을 알아볼 수 없도록 처리하는 것 |

| 개인정보 처리 원칙 | | 익명처리가 가능한 경우 익명에 의해 처리 | 익명처리가 가능한 경우 익명에 의해 처리, 안되면 가명에 의해 처리 |
|---|---|---|---|
| 개인정보 보호 위원회 | 목적 | 개인정보보호에 관한 사항을 심의 의결 | 개인정보보호에 관한 사무를 독립적으로 수행 |
| | 소속 | 대통령 소속 | 국무총리 소속 |
| | 구성 | 위원장 1명, 상임위원 1명을 포함한 15명 이내의 위원으로 구성 | 상임위원 2명을 포함한 9명의 위원으로 구성 |
| 개인정보의 추가적 이용 및 제공 | | 없음 | 당초 수집 목적과 합리적으로 관련된 범위 내에서 정보주체에게 불이익이 발생하는지 여부, 안정성 확보여부 등을 고려해 정보 주체의 동의 없이 개인정보의 이용 및 제공 가능 |
| 목적외 이용 | | 통계작성 및 학술 연구 등의 목적으로 개인을 알아볼 수 없는 형태로 제공 | 삭제 |
| 가명정보의 처리 | | 없음 | • 가명정보는 통계, 과학적 연구, 공익적 기록보존의 목적으로 동의 없이 처리 가능<br>• 제 3자 제공 시 추가 정보는 포함하면 안 됨 |
| 가명정보의 결합 | | 없음 | • 개인정보 처리자 내의 결합은 처리 목적 내에서 가능<br>• 개인정보 처리자 간의 결합은 전문기관을 통해서만 가능<br>• 결합된 정보의 반출은 전문기관의 장의 승인을 받아야 함 |
| 가명정보의 안전 조치 | | 없음 | • 추가 정보는 별도로 분리해 보관<br>• 대통령령에 따라 안전성 확보에 필요한 기술적, 관리적, 물리적 조치를 해야 함<br>• 처리 내용의 관리를 위한 관련 기록을 작성하여 보관해야 함 |
| 가명정보의 처리시 금지의무 | | 없음 | • 특정 개인을 알아보기 위한 목적으로 가명정보를 처리하면 안됨<br>• 처리 과정에서 특정 개인을 알아볼 수 있는 정보가 생성된 경우 즉시 해당 정보의 처리를 중지하고 회수, 파기해야 함<br>• 특정 개인을 알아보기 위해 처리하는 경우 전체 매출액의 3%의 과징금 부과 |
| 가명정보의 처리 예외 | | 없음 | 가명정보는 아래 항목들에 대해 예외로 둠<br>• 정보주체 이외로부터 수집한 개인정보의 수집 출처고지<br>• 개인정보의 파기<br>• 영업양도 등에 따른 이전 제한<br>• 유출 통지<br>• 개인정보의 열람<br>• 개인정보의 정정, 삭제<br>• 개인정보의 처리 정지 |
| 정보통신 사업자를 위한 특례조항 | | 정보통신망법의 개인정보조항을 옮김 | 제 39조의 3부터 제 39조의 15까지 기존 정보통신망법 상의 정보통신 서비스 제공자 등에 대한 개인정보보호 사항을 특례조항으로 포함함 |

# 개인정보 활용(비식별조치) 관점에서의 개인정보 분류

1장에서 살펴본 것과 같이 개인정보의 분류는 개인의 식별에 영향을 주는 정보와 개인의 식별에는 영향을 거의 주지 않지만 개인 식별이 됐을 때 프라이버시에 대한 침해를 줄 수 있는 정보[1](개인이 스스로 공개되기를 원하지 않는 정보)로 일반적으로 구분할 수 있다. 데이터 활용(분석) 관점에서는 분석의 목적이나 대상이 되는 정보로 구분할 수 있다. 2장에서는 이러한 식별에 영향을 주는 정보, 공개를 원하지 않는 정보, 그리고 그 외의 정보와 분석관점에서의 대상이나 목적이 되는 정보에 대해 분류 기준과 자세한 내용을 알아보며 마지막 부분에서는 개인정보의 분류를 할 때의 기준에 대해 살펴보고자 한다.

---

1    Database Anonymization Techniques with Focus on Uncertainty and Multi-Sensitive Attributes, B.K.Tripathy, 2013.

## 2.1 국제 표준에서의 개인 식별자에 대한 분류

국제 표준인 ISO/IEC 20889[2]에서는 개인정보의 비식별 조치를 위한 분류를 운영 환경과 하나의 데이터셋 관점으로 나눠 분류하고 있다. 참고로 ISO/IEC 20889에서 다루는 데이터는 테이블 형식의 정형 데이터를 그 범위로 하고 있다. 한편 비식별 조치의 정의는 3장에서 살펴보기로 한다.

**표 2-1** ISO/IEC 20889에서의 개인정보 분류

| 운영 환경 | 식별자의 종류 | 국문(번역) | 원문 |
| --- | --- | --- | --- |
| 데이터 운영 환경을 고려한 기준 | 직접 식별자 (Direct identifier) | 특정 운영 환경에서 데이터 주체를 고유하게 식별할 수 있도록 해주는 속성 | attribute that alone enables unique identification of a data principal within a specific operational context |
| | 간접 식별자 (Indirect identifier) | 데이터셋에 포함돼 있거나 외부에 속한 속성과 함께 특정 운영 환경에서 데이터 주체의 고유 식별을 가능하게 하는 속성 | attribute that, together with other attributes that may be in the dataset or external to it, enables unique identification of a data principal within a specific operational context |
| 하나의 데이터셋 기준 | 고유 식별자 (Unique identifier) | 데이터셋에서 데이터 주체를 독립적으로 선정(singles out)해 내는 데이터셋에서의 속성 | attribute in a dataset that alone singles out a data principal in the dataset |
| | 준식별자 (Quasi-identifier) | 데이터셋에서 데이터셋에 포함된 다른 속성과 함께 고려할 때, 데이터 주체를 선정(singles out)해 내는 속성 | attribute in a dataset that, when considered in conjunction with other attributes in the dataset, singles out a data principal |

---

2    ISO/IEC 20889, Privacy enhancing data deidentification terminology and classification of techniques, 2018. 11.

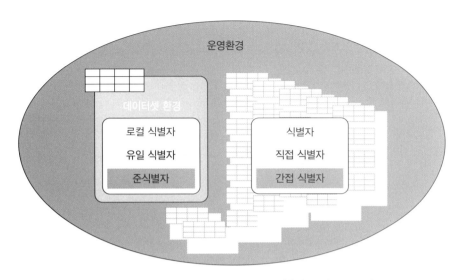

**그림 2-1** ISO/IEC 20889의 개인정보의 분류(출처: ISO/IEC 20889)

## 1. 운영환경에서의 식별자 분류

● **직접 식별자**(Direct Identifier): 특정 운영환경에서 데이터 주체를 고유하게 식별할 수 있도록 해주는 속성으로 운영환경에 포함된 데이터를 감안했을 때 하나의 칼럼[3]만으로 개인의 식별이 가능한 정보를 의미한다.

예시) 사원번호, 환자번호 등의 식별자가 단순히 하나의 데이터셋에 포함된 경우 그 자체로서의 개인식별은 불가능하지만 사원번호가 소속된 회사 인사시스템의 정보와 함께 분석하는 경우 바로 개인을 식별할 수 있는 정보가 된다. 이때 인사시스템의 정보는 운영환경에 포함된 데이터로 볼 수 있다. 다만 운영환경에 포함된 모든 데이터를 감안하는 것은 너무 넓은 범위의 데이터가 포함될 수 있으며 일반적인 보호 수준에서 누구나 상식적으로 납득할 수 있도록 접근 가능한 데이터만 포함해야 한다.

다음 판례의 사례를 보면 USIM 번호에 대해 결합의 용이성으로 개인정보라고 판별한 사례가 있다.

---

3 테이블로 구성된 데이터셋에서 행이 아닌 열에 해당하는 하나의 속성을 의미함

**휴대폰 USIM 번호, IMEI 번호 사례**

- USIM 번호 및 IMEI는 어느 개인의 소유로 귀속되는 순간부터 기계 고유번호라는 의미 외에 특정 개인이 소유한 휴대전화 일련번호라는 의미를 함께 지니고, 가입자 정보와 쉽게 결합 가능
- 증권앱의 동의 없는 개인정보 수집(서울중앙지법형사11단독, 벌금 500만 원 선고)

그러나 USIM 번호나 IMEI 번호는 기업에서도 매우 강력한 보호를 받고 있어 일반 분석가가 그 번호와 개인을 연결하기 어려우며 이 경우 식별자로 판단하기에는 무리가 따른다. 일례로 IP 주소의 경우도 개인정보라고 판단을 하고 있지만 현실에서는 검찰에서도 IP 주소에 대한 개인을 추적하기 위해 법원의 영장을 발부받아 수사를 하고 있다. 따라서 IP 주소도 개인정보로 판단하기 매우 어렵다고 사료된다.

2020년 8월 5일 시행된 개인정보보호법에서는 이러한 문제점을 해결하기 위해 개인정보의 정의를 개정해 해당 정보만으로는 특정 개인을 알아볼 수 없더라도 다른 정보와 쉽게 결합해 알아볼 수 있는 정보, 즉 이 경우 쉽게 결합할 수 있는지의 여부는 다른 정보의 입수 가능성 등 개인을 알아보는 데 소요되는 시간, 비용, 기술 등을 합리적으로 고려하도록 하는 입수 가능성과 결합의 용이성 개념을 추가하고 있다.

- **간접 식별자**(Indirect identifier): 데이터셋에 포함돼 있거나 외부에 속한 속성과 함께 특정 운영 환경에서 데이터 주체의 고유 식별을 가능하게 하는 속성으로 데이터셋에 포함된 몇 개의 칼럼과 운영환경에 있는 다른 데이터셋의 칼럼을 조합해 분석하는 경우 개인식별이 가능한 정보를 의미한다.

  예시) 부서명, 직급명은 하나의 데이터셋 내에서 개인을 식별하기는 어려우나 소속 데이터의 조직도와 결합하면 개인을 식별할 수 있으므로 이러한 정보를 간접 식별자라고 한다.

  - **운영환경**(Operational context): 데이터를 실제 사용하는 환경을 지칭하는 용어로 데이터가 사용되는 환경에서 보유한 모든 다른 데이터와 제3자 또는 잠재적인 공격자가 소유하고 있거나 공개 도메인 상에 존재하는 정보까지 감안한 개념임

## 2. 하나의 데이터셋 관점에서의 식별자의 분류

- **유일식별자**Unique Identifier: 현재 분석(사용) 대상이 된 데이터셋으로만 한정한 상태에서 사용하는 데이터에서 데이터 주체를 독립적으로 선정해 내는 데이터셋에서의 속성. 다만, 이 경우에도 완전한 데이터셋 자체 내에서의 식별만을 뜻하는 것은 아니며 일반적인 인구통계학적 정보나 데이터를 이용하는 법, 규정, 절차 등을 감안해 판단해야 한다. 예를 들어 주민등록번호는 우리나라에서는 완전한 유일식별자로 취급할 수 있으나 이 데이터가 사용되는 환경이 주민등록번호와 관계가 없는 외국이거나 주민등록번호 체계가 완전히 변경된 이후라면 이는 유일식별자로서의 역할을 하지 못할 수 있다.

- **준식별자**Quasi-Identifier: 유일식별자와 동일한 기준을 적용했을 때, 그리고 데이터셋에서 여러 칼럼의 정보를 고려했을 때 데이터 주체를 선정Single out할 수 있게 되는 속성을 의미한다. 준식별자를 통한 개인의 선정은 데이터를 분석하는 사람의 역량과 밀접한 관계를 가진다. 즉 데이터를 분석하는 사람이 하나의 데이터셋에 있는 여러 개의 칼럼 정보를 조합해 개인에 대한 레코드를 격리할 수 있다면 그 모든 칼럼 정보는 준식별자로 판단해야 하며 동일한 정보라 하더라도 분석하는 사람이 개인을 식별할 수 없다면 준식별자로 보는 것은 과도한 판단이 될 수 있다.

  - **선정**Single out: 주어진 데이터 주체를 고유 식별하기 위해 알려진 특성집합을 관찰해 데이터셋 내에 해당 데이터 주체에 속한 레코드를 격리하는 행위the act of isolating records belonging to a data principal in the dataset by observing a set of characteristics known to uniquely identify this data principal를 말함

## 2.2 개인 프라이버시 침해 관점에서의 민감정보의 분류

개인 프라이버시 침해 관점에서의 민감정보의 분류는 다양한 접근 방법이 있으나 식별자를 통해 신원이 공개되는 경우 개인에게 가볍게는 수치심으로부터 심각하게는 사회적 차별, 경제적 피해를 끼칠 수 있는 모든 정보를 포함해야 한다. 하지만 개인 프라이버시 침해 관점의 정보라 하더라도 모두 동등한 원칙으로 처리하는 것은 비효

율적이고 비식별처리 후의 데이터 효용성에도 문제가 있을 수 있다. 따라서 개인의 프라이버시를 침해하는 정보의 민감도에 따라 구분하고 이에 따라 비식별처리 시 처리의 강도를 다르게 대처하는 것이 바람직하다.

일반적으로 개인 프라이버시 침해 관점에서의 개인정보는 개인을 식별할 수 있게 하는 식별자는 제외한 상태에서 판단하게 된다. 이렇게 개인에게 프라이버시적인 침해를 주는 정보를 민감정보sensitive attribute라고 하며 우리나라의 경우 개인정보보호법의 민감정보와 구분해 다른 용어(특성정보 등)를 사용하기도 한다.

민감정보는 다시 그 특징에 따라 다음과 같이 구분할 수 있다.

① 법률적 민감정보: 유전정보와 같이 법령에 의해 사용이 제한된 정보
② 식별성 희귀정보: 희귀난치성질환(상병코드), 희귀의약품(투약코드), 우리나라에서 가장 높은 급여를 받는 사람 등과 같이 정보 자체의 일반적인 특성은 식별성을 가지지 못하지만 해당되는 개인이 유일하거나 매우 희귀해 개인의 식별이 가능한 정보
③ 낙인성 정보: 종교, 사채금액, 입양아 여부, 특정병명(AIDS, 한센병 등) 등 공개 시 개인에게 사회적·경제적으로 심각한 피해를 줄 수 있는 정보
④ 기타 민감한 정보: 기타 소득, 재산 상태 등 민감한 정보

위 분류 중에서 '① 법률적 민감정보'는 개인정보보호법의 "민감정보", 신용정보의 이용 및 보호에 관한 법률의 "신용정보", 생명윤리 및 안전에 관한 법률의 "개인정보" 등으로 그 정의는 표 2-2에서 보는 바와 같으며, 법령으로 허가된 경우를 제외하고는 사용할 수 없다. 그러므로 법령에 의해 사용이 제한받는 정보는 별도로 구분해 법적 허용 목적 또는 각 법에서 정해진 기준에 의해 사용할 수 있는 경우 외에는 사용하지 않아야 한다.

**표 2-2** 개인정보보호법, 신용정보의 이용 및 보호에 관한 법률과 생명윤리 및 안전에 관한 법률상 제한정보

| 법령 | 법령상 공개 제한정보 |
|---|---|
| 개인정보보호법 제2절 제23조(민감정보의 처리 제한) | 사상 · 신념, 노동조합 · 정당의 가입 · 탈퇴, 정치적 견해, 건강, 성생활 등에 관한 정보, 그 밖에 정보주체의 사생활을 현저히 침해할 우려가 있는 개인정보 |
| 개인정보보호법 시행령 제19조(민감정보의 범위) | 유전자검사 등의 결과로 얻어진 유전정보, 「형의 실효 등에 관한 법률」 제2조제5호에 따른 범죄경력자료에 해당하는 정보. 개인의 신체적, 생리적, 행동적 특징에 관한 정보로서 특정 개인을 알아볼 목적으로 일정한 기술적 수단을 통해 생성한 정보(biometric data), 인종이나 민족에 관한 정보 |
| 신용정보의 이용 및 보호에 관한 법률 제 2조 | 1. "신용정보"란 금융거래 등 상거래에서 거래 상대방의 신용을 판단할 때 필요한 정보로서 다음 각 목의 정보를 말한다.<br>가. 특정 신용정보주체를 식별할 수 있는 정보(나목부터 마목까지의 어느 하나에 해당하는 정보와 결합되는 경우만 신용정보에 해당한다)<br>나. 신용정보주체의 거래내용을 판단할 수 있는 정보<br>다. 신용정보주체의 신용도를 판단할 수 있는 정보<br>라. 신용정보주체의 신용거래능력을 판단할 수 있는 정보<br>마. 가목부터 라목까지의 정보 외에 신용정보주체의 신용을 판단할 때 필요한 정보<br>1의2. 제1호가목의 "특정 신용정보주체를 식별할 수 있는 정보"란 다음 각 목의 정보를 말한다. |
| 생명윤리법 및 안전에 관한 법률 제2조(정의) | • "유전정보"란 인체로부터 수집하거나 채취한 조직 · 세포 · 혈액 · 체액 등 인체 구성물 또는 이들로부터 분리된 혈청, 혈장, 염색체, DNA(Deoxyribonucleic acid), RNA(Ribonucleic acid), 단백질 등을 분석해 얻은 개인의 유전적 특징에 관한 정보<br>• "개인식별정보"란 연구대상자와 배아 · 난자 · 정자 또는 인체유래물의 기증자(이하 "연구대상자등"이라 한다)의 성명 · 주민등록번호 등 개인을 식별할 수 있는 정보<br>• "개인정보"란 개인식별정보, 유전정보 또는 건강에 관한 정보 등 개인에 관한 정보를 말한다. |

식별성 희귀정보의 경우 아주 일부만 이 특성을 가지고 있어 특성을 통해 개인을 식별할 수 있다. 예를 들어, A 정치인이 진단받은 B 특이질병 등이 이에 포함된다. 우리나라의 모든 정치인 중에 B 특이질병을 진단받은 사람이 A 정치인이 유일하고 이에 따라 우리나라 정치인의 정보가 있는 경우 질병에 B 질병이 나타나면 이것이 A 정치인이라는 것으로 바로 식별해 낼 수 있다. 또한 이러한 질병에 사용하는 약물은 매우 희귀한 약물일 가능성이 매우 높으며 처방된 약물의 이름만으로 개인식별이 가능할 수 있다.

낙인성 정보는 신용불량자 여부, 입양아 여부, 매우 민감한 특성을 가진 질병(성병, AIDS 등) 등과 같이 개인이 식별되는 경우 개인에게 매우 심각한 영향을 줄 수 있는 정보를 의미한다. 이러한 정보는 개인에 대한 프라이버시적인 침해의 강도에 있어 다른 민감정보보다 훨씬 큰 영향을 정보 주체에게 줄 수 있으므로 개인의 프라이버시 보호라는 측면에서 다른 속성정보와 달리 엄격하게 관리돼야 한다.

기타 민감한 정보는 재산 상태, 급여, 중등급 이상의 신용 등급 등이 이에 해당하며 개인에게 일정정도 프라이버시적인 침해를 주거나 악용될 수 있는 정보로 일반적인 민감정보를 의미한다.

한편 민감정보가 아닌 비민감정보의 정의는 다음과 같다. 식별에도 영향을 주지 않으며 프라이버시적인 침해를 주지 않는 정보를 뜻한다.

실제 데이터 활용 현장에서 이러한 민감정보의 구분은 쉽지 않다. 이러한 개인정보의 구분을 위한 절차와 방법은 제5절 개인정보의 속성 결정 원칙 부분을 참조하도록 한다.


## 2.3 국내 법령에 따른 개인정보의 기술적 분류

1장에서 살펴본 것과 같이 국내의 개인정보 관련 법령 및 비식별과 관련된 가이드라인에서 개인정보는 표 2-3과 같이 분류할 수 있다.


표 2-3 국내 법령의 개인정보와 개인정보 비식별조치 가이드라인에서의 개인정보의 분류

| 개인정보보호법 | 개인정보보호법 개정안 | 개인정보 비식별 조치 가이드라인 |
| --- | --- | --- |
| 개인식별정보 | 개인식별정보 | 식별자 |
| 개인식별가능정보 | 개인식별가능정보 | 속성자(준식별자와 민감정보 포함) |
| - | 가명정보 | - |

이 중에서 개인정보 비식별조치 가이드라인은 개인정보를 식별자와 속성자의 두 가지 분류로 구분했으며 이중 속성자에 개인식별가능정보와 함께 민감정보를 포함하고 있다. 이러한 분류는 실제 비식별을 적용하는 사람들에게 다음과 같은 어려움을 줘 오히려 비식별이 어렵다는 선입견을 주기에 이르렀다.

비식별 조치는 일단 속성자에 대한 개인식별가능성 및 민감정보, 일반항목 등을 구분해 판단하는 것이 중요한데, 그러한 요소가 속성자라는 하나의 항목에 들어가 있다 보니, 속성자의 개념에 대한 폭이 넓어 다양한 칼럼이 있는 경우 항목에 대한 특성을 판단하기가 어렵다. 또한, 통계적 분석에 주로 사용되는 개인식별가능정보(준식별자)와 민감정보에 대해 처리하는 기법이 다른데 속성자라는 정의로 하나로 묶여 있어 어떤 처리를 구체적으로 적용해야 하는지에 대한 어려움이 있다.

## 2.4 데이터 분석관점에서의 개인정보의 분류

데이터 분석관점에서의 개인정보의 분류는 크게 분석의 대상을 정의하는 칼럼과 분석 목적에 사용되는 칼럼으로 나눌 수 있다. 예를 들어 나이와 지역에 따른 질병의 분포 변화에 대한 연구라면 나이와 지역은 분석의 대상을 정의하는 칼럼이 되고 질병의 분포 변화는 분석의 목적에 사용되는 칼럼이 된다. 이 두 가지 유형의 정보는 분석에 있어 필수적이며 비식별을 적용할 때 활용목적의 정의에 맞게 비식별 조치가 수행돼야 한다.

### 1. 분석 대상을 정의하는 칼럼

- 대부분 분석 대상을 분류하거나 분석 대상의 통계학적 특성을 나타내는 정보
- 통계학적 특성의 경우 대부분 준식별자에 포함되며 분석의 목적에 적합한 정도의 비식별을 적용하는 것이 중요하다.

  예시) 성별, 나이, 주소, 학력, 직업 등

## 2. 분석 목적에 필수적인 칼럼

- 분석의 직접적인 목적이 되는 칼럼이다. 이 분석 목적을 정의하는 칼럼의 비식별 강도가 높은 경우 데이터의 분석 목적을 달성할 수 없게 되므로 분석의 정확도 차원의 목표를 저해하지 않는 수준의 비식별이 필요하다.

- 단 매우 식별성이 높아 분석의 정확도 차원의 목표를 수정하지 않고서는 비식별이 불가능한 경우, 데이터 사용 목적과 정확도의 목표에 대해 분석 담당자와 비식별 담당자의 협의를 통해 절충안을 만들고 그에 적합한 정도의 비식별처리를 해야 한다. 이로 인해 발생할 수 있는 재식별 위험을 줄이기 위한 보완 통제(계약서 등)[4]가 필요하다. 이러한 보완 통제에 대해서는 3장의 비식별 조치의 정의, 목적 및 원칙 부분을 참고하기 바란다.

---

**데이터 분석의 목적과 비식별의 관계(예시)**

- 데이터의 분석 목적: 나이와 성별, 지역에 따른 소득과 질병의 분포에 대한 연구
- 수집 데이터 칼럼: 나이, 성별, 주소, 소득, 질병코드, 직업
- 비식별 방안
  - 성별: 그대로 사용
  - 나이: 분석에서 대상을 나누는 기준보다 더 큰 단위로 범주화하면 안됨, 예를 들어 나이를 10살 단위로 분류를 하고자 하는 연구에서 20살 단위로 나이를 범주화한 데이터는 사용할 수 없는 비식별이 적용된 데이터가 됨
  - 지역: 분석에서 대상을 나누는 기준보다 더 큰 단위로 범주화하면 안됨, 예를 들어 시군구 단위로 분류하고자 하는 연구에서 시도단위로 지역을 범주화한 데이터는 사용할 수 없는 데이터가 됨
  - 소득: 소득은 가능한 원본의 값을 해치지 않는 범위의 비식별 기법 적용이 필요하며 잡음추가(Noise Adding) 등의 기법을 사용하는 경우 분석의 결과에 영향을 주지 않으면서 식별성을 낮출 수 있는 점을 찾아서 적용
  - 질병코드: 질병코드의 경우 연구 목적의 범위 내에서 민감한 질병에 대한 코드는 비식별 조치를 적용해야 함, 예를 들어 매우 희귀한 병에 대한 질병코드는 그 질병코드만으로 개인을 식별할 수 있게 됨, 단 희귀한 질병에 대한 코드가 꼭 필요한 경우 데이터 주체에게 데이터 활용에 대한 동의를 받거나 데이터를 분석하는 환경이 매우 안전한 환경으로 구성되어야 함
  - 직업: 직업은 연구 목적에 필요하지 않은 칼럼으로 삭제가 원칙임

위와 같이 비식별은 개인정보의 안전한 활용을 위한 방법으로 비식별된 데이터가 데이터의 활용 목적을 저해하는 경우 정상적인 비식별로 보기 어렵다. 단 데이터의 활용 목적에 따라 필수적으로 식별성을 가지는 데이터가 필요한 경우, 비식별의 강도를 낮추고 이를 보완할 수 있는 통제를 적용하거나 동의를 받는 등의 방법이 필요함

---

4   보완통제(Compensating Control): 위험을 줄이기 위해 실시하는 통제가 완전하지 못해 발생할 수 있는 잔여위험에 대해 그 잔여위험을 감소시키기 위해 실시하는 통제를 말한다.

실제 비식별 조치의 적용에 있어 이러한 데이터 사용 목적에 따른 분류는 매우 중요하다. 그 이유는 데이터 활용을 위한 분석가의 입장에서 분석가와 협의해 데이터의 안전성 못지않게 유용성을 최대한 유지할 필요가 있기 때문이다.

## 2.5 개인정보의 속성 결정 원칙

실제 데이터 활용을 위한 비식별에서 개인정보의 속성을 결정하는 것은 많은 어려움을 가지고 있다. 특히 실무에서 준식별자와 민감정보의 경우 각 칼럼에 대해 정확하게 지정하기 어려운 경우가 많이 발생한다. 이러한 경우 개인정보의 속성을 결정하기 위한 원칙은 다음과 같다.

### 1. 법적 근거

- 법적으로 직접 식별자로 분류되는 경우(고유식별정보[5])
- 법적으로 민감정보로 분류되는 경우(종교, 정치적인 견해, 성생활 등)

법적으로 명시돼 있는 개인정보의 유형은 법적인 명시를 따라야 한다. 단 법에 직접적인 명시는 모든 정보에 대해 명시할 수 없어 일부만 다루고 있으며 이를 시행령, 고시, 가이드라인 등에 위임해서 정의하고 있다. 이러한 경우에는 다소 까다롭게 느껴질지 모르겠지만 시행령, 고시, 가이드라인 등을 모두 참조해야 한다. 이중 시행령과 고시는 국가법령정보센터[6]나 각 법령을 주관하고 있는 정부부처의 홈페이지에서 그 내용을 확인할 수 있으며 개인정보보호법 관련 가이드라인의 경우 개인정보보호 종합포털[7]에서, 그 외 가이드라인의 경우 각 정부부처 관련 기관의 홈페이지에서 찾아볼 수 있다.

---

5 주민등록번호, 운전면허번호, 외국인등록번호, 여권번호
6 국가법령정보센터: https://law.go.kr
7 https://www.privacy.go.kr

## 2. 개인정보 처리자의 입장에서 판단

개인정보처리자의 입장에서 일반적인 상식선[8]에서 가질 수 있는 정보와의 결합을 통해 개인을 식별할 수 있는지 여부를 파악해야 한다. 다음 2개의 예시를 살펴보자.

> 예시 1) 질병과 관련된 영상(X-Ray, CT 등)은 데이터의 처리자 즉, 그 영상을 촬영하거나 판독한 의사가 연구하는 경우 식별자가 될 수 있으나 그 외의 사람이 그 내용만을 보고는 개인을 식별하기 매우 어려움

> 예시 2) 희귀한 질병에 대한 투약정보의 경우 관련 희귀질병을 연구한 경험이 있는 의사의 경우 투약량만으로도 개인에 대한 식별이 가능할 수 있으나 그 외의 의사는 데이터를 통해 개인을 식별하는 것은 매우 어려움

## 3. 비식별처리 기법에 대한 판단

비식별처리 전에 비식별 기법이 적용돼 있는 데이터의 경우 비식별 기법이 적용돼 있는 상태의 값을 기준으로 모든 정보의 개인 식별 여부를 판단해 분류해야 한다(이는 비식별을 적용할 때 적용 시점에서의 판단의 경우에 해당한다). 직접 식별자인 경우에도 개인을 식별할 수 없는 비식별 기법을 통해 데이터를 비식별한 경우 식별자로서의 기능을 하지 못한다. 단 법적인 이슈가 발생할 가능성이 있는 경우에는 비식별을 적용하기 이전의 기준으로 판단해야 하는 경우가 있다. 다음 3개의 예시를 살펴보자.

> 예시 1) 핸드폰 번호를 충분한 길이의 솔트(salt/pepper)[9]를 포함해 일방향 암호화를 적용하면 더 이상 직접 식별자로 볼 수 없음(분석에서 동일한 사람인지 아닌지를 구분하기 위한 용도 정도로만 사용할 수 있음)

> 예시 2) 날짜, 시간 정보의 경우 무작위적이고 충분한 노이즈를 추가한 경우 식별성을 완전히 잃게 돼 더 이상 간접 식별자로 지정하지 않을 수 있음

---

8 2020년 8월 5일 시행된 개인정보보호법 제 2조 1항 1호의 나. 해당 정보만으로는 특정 개인을 알아볼 수 없더라도 다른 정보와 쉽게 결합해 알아볼 수 있는 정보. 이 경우 쉽게 결합할 수 있는지 여부는 다른 정보의 입수 가능성 등 개인을 알아보는 데 소요되는 시간, 비용, 기술 등을 합리적으로 고려해야 한다.

9 솔트는 일방향 암호화 시 일종의 키 역할을 수행하는 임의의 난수 값. 보다 자세한 설명은 4장 제1절 2. 일방향(One-way) 암호화를 이용한 가명처리 기법, 다) 솔트(Salt)를 추가한 해시 암호화 부분을 참조하기 바란다.

## 4. 개인정보 처리자의 분석 환경에 대해 판단

개인정보 처리자가 유사 정보에 대한 많은 분석 경험을 가지고 있고 보유한 데이터가 많이 있는 경우라도 분석 환경이 완전 폐쇄 환경으로 다른 데이터를 가지고 연계 등의 작업이 불가능한 환경이라면 보유한 정보에 대한 연결가능성은 없는 것으로 판단해야 한다. 처리자가 원본이 있는 환경에서 비식별 데이터를 분석하는 경우에 원본에 접근하기 위해 강력한 프로세스로 통제되는 환경이라면 원본에 대한 접근은 불가능한 것으로 판단해야 한다. 다른 정보에 접근하기 위한 프로세스가 없는 경우에는 오히려 개인정보에 대한 판단을 보수적으로 해야 한다.

## 5. 민감정보에 대한 판단

민감정보에 대한 판단은 2장의 2절에 있는 4가지 기준으로 판단한다. 이 중에서 법적 민감정보의 경우에는 판단에 어려움이 없으나 희귀 정보나 매우 민감성이 높은 정보의 판단은 쉽지 않다. 희귀 정보의 판단은 데이터를 분석하는 분석가를 기준으로 희귀 정보에 대한 판단을 해야 한다. 예를 들어 희귀한 의료 정보의 경우(일반인의 경우 희귀한 질병에 대해서는 잘 모를 수 있다), 희귀 정보에 대한 판단은 분석가를 기준으로 판단한다. 단 분석가의 기본적인 지식의 정도를 가늠하기 어려운 경우에는 가능한 보수적인 판단이 필요하다.

## 6. 기타 경우에 대한 판단

개인정보에 대한 판단은 데이터에 포함된 모든 정보 중 개인을 식별할 수 있는 모든 정보를 감안해서 판단해야 한다. 예를 들어, 환자 정보에 이를 진료한 의사에 대한 정보가 포함돼 있는 경우 의사에 대한 정보도 개인정보로 판단해 처리해야 한다. 이는 공무원이나 특정 처리를 위해 꼭 필요한 사람도 동일한 기준으로 적용해야 한다.

위의 원칙을 적용하고 판단이 되지 않는 부분에 대해서는 최대한 보수적으로 판단하는 것이 중요하다(개인정보보호법 개정안에서는 기존의 개인정보보호법보다 개인정보의 정의를 합리적으로 판단하고 있으나 법적인 문제가 발생해 법원의 해석이 필요한 경우 개인정보에 대해 매우 보수적으로 판단할 수 있다).

비식별을 적용하는 데 있어 개인정보의 속성에 대한 판단은 매우 중요하다. 특히 데이터 분석 관점의 분류는 실제 비식별에 있어 성공적인 비식별을 적용할 수 있는지를 결정하는 데 가장 중요하다고 할 수 있다.

비식별을 적용하는 데 가장 큰 어려움은 데이터의 활용목적을 달성하면서 적절한 수준의 비식별을 적용하는 것이며 이를 위해서는 분석 관점의 분류를 먼저 적용하고 이를 기반으로 각 칼럼에 중요도를 산정한 후 비식별에 사용하는 개인정보의 속성을 분류해야 한다. 이렇게 분류한 후 중요도에 따라 중요하지 않은 칼럼에 대해서는 좀 더 강한 비식별을, 분석에 중요한 칼럼에 대해서는 강하지 않은 비식별 기법을 선정해 적용하면 단순히 개인정보 속성 분류에 의한 비식별보다 훨씬 유용도가 높은 결과물을 사용할 수 있게 될 것이다. 이에 대한 자세한 내용은 6장 비식별조치 적용 방법론에서 자세하게 다루기로 한다.

# 03

# 비식별 조치의 정의 및 목적

3장에서는 비식별 조치의 정의 및 목적에 대해 다양한 용어로 표현되는 비식별에 대한 정확한 정의와 가명처리, 익명처리의 개념, 그리고 비식별을 하는 목적에 대해 알아본다. 3장에서 다루는 용어는 앞으로 모든 장에서 사용되므로 명확한 정의를 기억할 필요가 있다.

## 3.1 비식별 조치의 정의

비식별 조치De-identification의 정의는 다양한 국제 표준, 그리고 각 나라의 비식별과 관련한 표준에서 다음과 같이 서로 다르게 표현하고 있다.

표 3-1 국가별 비식별 조치의 정의

| 국가 | 비식별 조치의 정의 | 참조 문서 | 출판연도 |
|---|---|---|---|
| 우리나라 | 정보집합물(데이터셋)에서 개인을 식별할 수 있는 요소를 전부 또는 일부 삭제하거나 대체하는 등의 방법을 활용, 개인을 알아볼 수 없도록 하는 조치 가명처리 기법만 사용한 것은 적절한 비식별 조치라고 할 수 없다. | 정부부처합동, 개인정보 비식별 조치 가이드라인 | 2016. 6 |
| 국제표준 | 일련의 식별 속성과 데이터 주체 사이의 연관성을 제거하는 절차 | ISO/IEC 20889 | 2018. 11 |
| 국제표준 | 식별 데이터의 집합과 데이터 주체 사이의 연관성을 감소시키는 임의의 프로세스를 가리키는 일반적인 용어 | ISO 25237 | 2017. 01 |
| 미국 | 일련의 식별데이터와 데이터 주체간의 연관성을 제거하는 모든 프로세스에 대한 일반적인 용어 | NIST IR 8053[1] | 2015. 10 |
| 영국 | 개인의 이름, 주소, 건강보험 번호 또는 기타 고유 번호와 같은 개인데이터에서 직접 식별자를 제거하거나 마스킹 하는 프로세스 비식별처리에는 가명처리가 포함 | The Anonymisation Decision Making Framwork, UKAN[2] | 2016 |
| 캐나다 | 개인을 식별하는 정보 또는 개인을 식별하기 위해 단독적으로나 다른 정보와 함께 사용될 수 있다고 타당하게 여겨지는 정보를 제거하는 과정 | De-identification Guidelines for Structured Data[3] | 2016. 06 |

표 3-1에서 볼 수 있듯이 비식별화De-identification는 어떤 경우에는 가명처리[4], 어떤 경우에는 익명처리[5]에 가까운 정의로 사용하고 있다. 표 3-2는 다양한 국제 표준 및 문서에서의 비식별 용어에 대한 매핑 관계를 나타낸다.

---

1 NIST IR 8053 De-Identification of Personal Information, The data identifiability spectrum, NIST, 2015년 10월
2 UKAN, The Anonymisation Decision-Making Framework, 2016
3 IPCO, De-identification Guidelines for Structured Data, 2016
4 가명처리(Pseudonymization): 정보와 개인정보 주체 사이의 연결을 끊고 이를 가상의 주체에 연결하는 비식별처리, 59페이지 가명처리의 정의 참조
5 익명처리(Anonymization): 합리적인 시간과 노력을 들여 어떤 정보와 연결하더라도 개인의 식별이 불가능하도록 처리하는 비식별처리, 61페이지 익명처리의 정의 참조

**표 3-2** 국제 표준 및 문서에서의 비식별 용어 매핑

| ISO/IEC 20889 2018 | ISO 25237[6] 2017 | ISO 29100[7] 2011 | ICO[8] 2012 | Article 29[9] 2014 |
|---|---|---|---|---|
| 비식별처리 | 비식별, 익명처리 | 익명처리 | 익명처리 | - |
| 마스킹(Masking) | - | - | 익명처리 | - |
| 통제된 재식별로서의 가명처리 | 가역적(reversible) 가명처리 | 가명처리 | 익명처리 | 가명처리 |
| 통제된 재식별이 없는 가명처리 | 비가역적(irreversible) 가명처리 | 익명처리 | 익명처리 | 가명처리 |
| 무작위화 | - | - | 익명처리 | 익명처리 |
| 일반화 | - | - | 익명처리 | 익명처리 |
| 차분 프라이버시 (Differential Privacy) | - | - | - | 익명처리 |

이렇게 다양한 비식별의 개념 중에서 이 책에서는 국제표준인 ISO/IEC 20889와 ISO 25237의 개념을 이용해 다음과 같이 정의한다.

- **비식별화:** 데이터의 집합 또는 데이터와 데이터 주체 사이의 연관성을 감소시키는 절차

참고로 ISO/IEC 20889에서는 이러한 용어의 혼선을 피하고자 익명처리라는 용어를 사용하지 않고 비식별처리라고 통칭해서 부르고 있다. 한편 비식별처리에 대한 정의는 미국의 비식별 표준인 NIST IR 8053 개인정보의 비식별처리De-Identification of Personal Information에서 비식별을 설명하는 그림 3-1에 잘 나타나 있다.

---

6   ISO 25237, Health informatics – Pseudonymization, 2017
7   ISO/IEC 29100, Information technology – Security techniques – Privacy framework, 2011
8   ICO, Anonymisation: managing data protection risk. code of practice, UK Information Commissioner's Office, November 2012
9   Article 29 Data Protection Working Party, Opinion 05/2014 on Anonymisation Techniques, April 2014

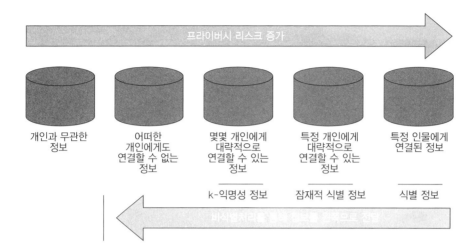

**그림 3-1** 개인정보 식별가능성 스펙트럼(NIST IR 8053, De-Identification of Personal Information 재구성)

그림 3-1에서는 특정 인물에게 연결된 정보를 개인과의 연관성을 감소시키는 비식별처리를 통해 어떠한 개인과 연결할 수 없는 정보로 만드는 과정이라고 정의하고 있다. 이에 따라 비식별처리는 개인의 식별성을 낮추는 절차이며 이러한 절차를 적용해 만들어지는 데이터셋은 비식별처리된 데이터라 할 수 있다.

한편 비식별처리된 정보는 비식별 조치의 수준에 따라 재식별의 위험성이 천차만별로 나타날 수 있다. 다음의 예시를 통해 자세하게 알아보자.

**예시**

**1. 원본 데이터**

| 고객 번호 | 이름 | 성별 | 나이 | 주소 | 핸드폰 번호 | 교육 정도 | 혼인 여부 | 주택소유 여부 | 월소득액 |
|---|---|---|---|---|---|---|---|---|---|
| 10010785 | 조미선 | F | 33 | 대전시 동구 용운동 | 01011111111 | 학사 | 재혼 | 가족소유 | 7,008,333 |
| 10011953 | 홍길병 | M | 36 | 서울시 서초구 방배동 | 01022222222 | 학사 | 기혼 | 가족소유 | 6,641,730 |
| 10012231 | 김영심 | F | 38 | 대전시 중구 옥계동 | 01033333333 | 고졸 | 이혼 | 전세 | 48,009,167 |
| 10012598 | 박을규 | M | 32 | 서울시 강동구 길동 | 01044444444 | 고졸 | 사실혼 | 자가소유 | 610,000 |
| 10013649 | 김경태 | M | 39 | 서울시 용산구 이촌 1동 | 01055555555 | 학사 | 재혼 | 자가소유 | 2,410,833 |
| 10014221 | 유영근 | M | 43 | 경기도 고양시 마두 1동 | 01066666666 | 고졸 | 사별 | 전세 | 1,011,667 |
| 10015665 | 허미정 | F | 23 | 경기도 부천시 역곡동 | 01077777777 | 대퇴 | 재혼 | 월세 | 1,532,500 |
| 10016386 | 문정은 | F | 36 | 경기도 김포시 통진읍 | 01088888888 | 고졸 | 기혼 | 가족소유 | 2,589,247 |

| 10016675 | 오한근 | M | 38 | 경기도 성남시 태평동 | 01099999999 | 학사 | 사실혼 | 월세 | 813,333 |
|---|---|---|---|---|---|---|---|---|---|
| 10017321 | 전태홍 | M | 31 | 서울시 강서구 등촌 2동 | 01012345678 | 석사 | 사별 | 월세 | 4,914,167 |
| 10017383 | 민소영 | F | 37 | 경기도 양주시 회천읍 | 01023456789 | 석사 | 사별 | 자가소유 | 8,015,000 |
| 10018757 | 백지연 | M | 45 | 서울시 은평구 갈현동 | 01034567890 | 대퇴 | 기혼 | 자가소유 | 615,833 |
| 10018880 | 이현주 | F | 39 | 대전시 서구 둔산동 | 01045678901 | 석사 | 재혼 | 가족소유 | 3,016,667 |
| 10019912 | 김수복 | F | 43 | 광주시 북구 두임2동 | 01056789012 | 기타 | 사실혼 | 자가소유 | 1,017,500 |

위의 데이터를 일부 식별자에 대해 비식별 조치를 적용하였다. 이 데이터도 비식별처리된 데이터다.

## 2. 직접 식별자에 대한 비식별 조치 테이블

| 일련 번호 | 이름 | 성별 | 나이 | 주소 | 핸드폰 번호 | 교육 정도 | 혼인 여부 | 주택소유 여부 | 월소득액 |
|---|---|---|---|---|---|---|---|---|---|
| 1 | 조** | F | 33 | 대전시 동구 용운동 | 010****1111 | 학사 | 재혼 | 가족소유 | 7,008,333 |
| 2 | 홍** | M | 36 | 서울시 서초구 방배동 | 010****2222 | 학사 | 기혼 | 가족소유 | 6,641,730 |
| 3 | 김** | F | 38 | 대전시 중구 옥계동 | 010****3333 | 고졸 | 이혼 | 전세 | 48,009,167 |
| 4 | 박** | M | 32 | 서울시 강동구 길동 | 010****4444 | 고졸 | 사실혼 | 자가소유 | 610,000 |
| 5 | 김** | M | 39 | 서울시 용산구 이촌 1동 | 010****5555 | 학사 | 재혼 | 자가소유 | 2,410,833 |
| 6 | 유** | M | 43 | 경기도 고양시 마두 1동 | 010****6666 | 고졸 | 사별 | 전세 | 1,011,667 |
| 7 | 허** | F | 23 | 경기도 부천시 역곡동 | 010****7777 | 대퇴 | 재혼 | 월세 | 1,532,500 |
| 8 | 문** | F | 36 | 경기도 김포시 통진읍 | 010****8888 | 고졸 | 기혼 | 가족소유 | 2,589,247 |
| 9 | 오** | M | 38 | 경기도 성남시 태평동 | 010****9999 | 학사 | 사실혼 | 월세 | 813,333 |
| 10 | 전** | M | 31 | 서울시 강서구 등촌 2동 | 010****5678 | 석사 | 사별 | 월세 | 4,914,167 |
| 11 | 민** | F | 37 | 경기도 양주시 회천읍 | 010****6789 | 석사 | 사별 | 자가소유 | 8,015,000 |
| 12 | 백** | M | 45 | 서울시 은평구 갈현동 | 010****7890 | 대퇴 | 기혼 | 자가소유 | 615,833 |
| 13 | 이** | F | 39 | 대전시 서구 둔산동 | 010****8901 | 석사 | 재혼 | 가족소유 | 3,016,667 |
| 14 | 김** | F | 43 | 광주시 북구 두임2동 | 010****9012 | 기타 | 사실혼 | 자가소유 | 1,017,500 |

위의 데이터에 적용한 비식별처리를 칼럼별로 보면 다음과 같다.

- 고객번호: 일련번호로 대체
- 이름: 이름의 성을 제외한 부분을 *로 마스킹
- 핸드폰번호: 핸드폰번호의 중간 4자리를 *로 마스킹

이 데이터도 비식별 조치를 적용한 데이터로 비식별처리된 데이터라고 볼 수 있다. 물론 국내의 개인정보 비식별 조치 가이드라인에 의하면 적절한 수준의 비식별

데이터라고 볼 수 없지만 데이터 자체는 비식별 조치를 적용한 데이터다(뒤에 나오는 가명처리의 개념을 적용하면 가장 일반적인 가명처리를 적용한 데이터가 된다).

### 3. 직접 식별자와 간접 식별자 모두 비식별 조치를 적용한 테이블

| 일련<br>번호 | 이름 | 성별 | 나이 | 주소 | 핸드폰<br>번호 | 교육<br>정도 | 혼인<br>여부 | 주택소유<br>여부 | 월소득액 |
|---|---|---|---|---|---|---|---|---|---|
| 1 | 조** | F | 30 | 대전 | | 학사 | 재혼 | 가족소유 | 7,008,333 |
| 2 | 홍** | M | 30 | 서울 | | 학사 | 기혼 | 가족소유 | 6,641,730 |
| 3 | 김** | F | 30 | 대전 | | 고졸 | 이혼 | 전세 | 48,009,167 |
| 4 | 박** | M | 30 | 서울 | | 고졸 | 사실혼 | 자가소유 | 610,000 |
| 5 | 김** | M | 30 | 서울 | | 학사 | 재혼 | 자가소유 | 2,410,833 |
| 6 | 유** | M | 40 | 경기 | | 고졸 | 사별 | 전세 | 1,011,667 |
| 7 | 허** | F | 20 | 경기 | | 대퇴 | 재혼 | 월세 | 1,532,500 |
| 8 | 문** | F | 30 | 경기 | | 고졸 | 기혼 | 가족소유 | 2,589,247 |
| 9 | 오** | M | 30 | 경기 | | 학사 | 사실혼 | 월세 | 813,333 |
| 10 | 전** | M | 30 | 서울 | | 석사 | 사별 | 월세 | 4,914,167 |
| 11 | 민** | F | 30 | 경기 | | 석사 | 사별 | 자가소유 | 8,015,000 |
| 12 | 백** | M | 40 | 서울 | | 대퇴 | 기혼 | 자가소유 | 615,833 |
| 13 | 이** | F | 30 | 대전 | | 석사 | 재혼 | 가족소유 | 3,016,667 |
| 14 | 김** | F | 40 | 광주 | | 기타 | 사실혼 | 자가소유 | 1,017,500 |

위의 데이터에 적용한 비식별처리를 칼럼별로 보면 다음과 같다.

- 직접 식별자에 대한 비식별 조치에 간접 식별자에 대한 비식별처리 추가
- 나이: 10살 단위로 범주화
- 주소: 시도 단위로 범주화

이 데이터도 비식별 조치를 적용한 데이터로 비식별된 데이터라고 볼 수 있다.

이 데이터는 직접 식별자뿐만 아니라 여러 데이터를 조합해 개인의 식별이 가능해지는 간접 식별자(식별가능정보)에 대해서도 범주화로 비식별처리를 하였다.

### 4. 추가적으로 소득의 특이치(이상치라고도 부름)에 대한 비식별 조치까지 적용한 테이블

| 일련<br>번호 | 이름 | 성별 | 나이 | 주소 | 핸드폰<br>번호 | 교육<br>정도 | 혼인<br>여부 | 주택소유<br>여부 | 월소득액 |
|---|---|---|---|---|---|---|---|---|---|
| 1 | | F | 30 | 대전 | | 학사 | 재혼 | 가족소유 | 5,000,000 이상 |
| 2 | | M | 30 | 서울 | | 학사 | 기혼 | 가족소유 | 5,000,000 이상 |
| 3 | | F | 30 | 대전 | | 고졸 | 이혼 | 전세 | 5,000,000 이상 |

| 일련번호 | 이름 | 성별 | 나이 | 주소 | 핸드폰번호 | 교육정도 | 혼인여부 | 주택소유여부 | 월소득액 |
|---|---|---|---|---|---|---|---|---|---|
| 4 | | M | 30 | 서울 | | 고졸 | 사실혼 | 자가소유 | 610,000 |
| 5 | | M | 30 | 서울 | | 학사 | 재혼 | 자가소유 | 2,410,833 |
| 6 | | M | 40 | 경기 | | 고졸 | 사별 | 전세 | 1,011,667 |
| 7 | | F | 20 | 경기 | | 대퇴 | 재혼 | 월세 | 1,532,500 |
| 8 | | F | 30 | 경기 | | 고졸 | 기혼 | 가족소유 | 2,589,247 |
| 9 | | M | 30 | 경기 | | 학사 | 사실혼 | 월세 | 813,333 |
| 10 | | M | 30 | 서울 | | 석사 | 사별 | 월세 | 4,914,167 |
| 11 | | F | 30 | 경기 | | 석사 | 사별 | 자가소유 | 5,000,000 이상 |
| 12 | | M | 40 | 서울 | | 대퇴 | 기혼 | 자가소유 | 615,833 |
| 13 | | F | 30 | 대전 | | 석사 | 재혼 | 가족소유 | 3,016,667 |
| 14 | | F | 40 | 광주 | | 기타 | 사실혼 | 자가소유 | 1,017,500 |

위의 데이터에 적용한 비식별처리를 칼럼별로 보면 다음과 같다.

- 직접 식별자와 간접 식별자에 대한 비식별처리에 다음과 같은 특이치 처리 추가
- 월소득액: 특이치 처리를 위해 500만 원 이상의 값들을 모두 500만 원 이상으로 범주화

이 데이터도 비식별 조치를 적용한 데이터로 비식별처리된 데이터라고 볼 수 있다. 이 데이터는 직접 식별자뿐만 아니라 여러 데이터를 조합해 개인의 식별이 가능해지는 간접 식별자(식별가능정보)에 대해서도 범주화를 적용한 후, 월소득액의 특이치를 통한 식별을 방지하기 위해 월소득액 칼럼의 500만 원 이상 값들을 500만 원 이상으로 범주화를 적용했다.

## 5. 프라이버시 보호 모델인 k-익명성[10]까지 적용한 비식별 테이블

| 일련번호 | 이름 | 성별 | 나이 | 주소 | 핸드폰번호 | 교육정도 | 혼인여부 | 주택소유여부 | 월소득액 |
|---|---|---|---|---|---|---|---|---|---|
| 1 | | * | 30 | 대전 | | 학사 | 재혼 | 가족소유 | 5,000,000 이상 |
| 2 | | * | 30 | 서울 | | 학사 | 기혼 | 가족소유 | 5,000,000 이상 |
| 3 | | * | 30 | 대전 | | 고졸 | 이혼 | 전세 | 5,000,000 이상 |
| 4 | | * | 30 | 서울 | | 고졸 | 사실혼 | 자가소유 | 610,000 |
| 5 | | * | 30 | 서울 | | 학사 | 재혼 | 자가소유 | 2,410,833 |
| 6 | | | | | | | | | |
| 7 | | | | | | | | | |

---

10  k-익명성(K-anonymity): 준식별자의 조합의 값이 동일한 값을 가지는 동질집합의 레코드수가 k개 이상이 되어 개인의 식별성을 1/k로 낮추는 프라이버시 보호 모델. 자세한 사항은 9장 프라이버시 보호 모델을 참조

| 8 | | F | 30 | 경기 | | 고졸 | 기혼 | 가족소유 | 2,589,247 |
|---|---|---|---|---|---|---|---|---|---|
| 9 | | M | 30 | 경기 | | 학사 | 사실혼 | 월세 | 813,333 |
| 10 | | M | 30 | 서울 | | 석사 | 사별 | 월세 | 4,914,167 |
| 11 | | F | 30 | 경기 | | 석사 | 사별 | 자가소유 | 5,000,000 이상 |
| 12 | | | | | | | | | |
| 13 | | F | 30 | 대전 | | 석사 | 재혼 | 가족소유 | 3,016,667 |
| 14 | | | | | | | | | |

위의 데이터에 적용한 비식별처리를 칼럼별로 보면 다음과 같다.

- 직접 식별자와 간접 식별자, 특이치 처리에 프라이버시 보호 모델[11]을 추가 적용하고 성별, 나이, 주소를 동질집합으로 정하고 k-익명성을 적용(k값은 3을 적용)

이 데이터는 개인정보 비식별 조치 가이드라인에 따른 비식별 조치 후 k-익명성이라는 프라이버시 보호 모델을 적용해 k가 3이 되지 않은 동질집합에 대해 삭제처리를 하였으며 이 역시 비식별 조치를 적용한 비식별처리된 데이터이다.

위의 예시에서 보듯 원본 데이터에 비식별 조치를 적용한 결과를 비식별처리된 데이터라고 하면 너무 다양한 수준의 비식별 데이터가 만들어지며 이는 재식별 위험이라는 기준에서 볼 때 너무 넓은 범위를 다루게 돼 여러 가지 문제가 발생하게 된다. 하지만 이를 가명정보, 익명정보의 기준에서 보면 2번은 기본적인 가명처리를 적용한 가명정보이고 3번과 4번은 강화된 가명처리를 적용한 가명정보, 5번은 프라이버시 보호 모델을 적용한 통계적 익명정보가 된다. 이처럼 가명정보, 익명정보라는 개념은 비식별 정보를 좀 더 세분화해 처리 강도에 따라 비식별 조치를 적용한 정보가 된다.

다음 절에서 비식별 조치를 적용해 만들어지는 가명정보(가명처리된 정보), 익명 정보(익명처리된 정보)의 개념에 대해 보다 자세하게 알아보도록 하자.

---

11 k-익명성 등 프라이버시 보호 모델에 대한 자세한 설명은 이후 나오는 9장. 프라이버시 보호 모델 부분을 참조하길 바란다. 지금은 단순 예시이므로 참고만 하길 바란다.

## 3.2 가명처리의 정의

비식별화에 대해 다양한 정의가 있듯이 가명처리에 대해서도 다양한 정의가 존재한다. 1장 개인정보의 정의에서 본 우리나라에서의 가명정보에 대한 법적 정의는 다음과 같다.

● 개인식별정보 또는 개인식별가능정보를 가명처리함으로써 원래의 상태로 복원하기 위한 추가 정보의 사용·결합 없이는 특정 개인을 알아볼 수 없는 정보

또한 가명처리에 대해서는 다음과 같이 명시하고 있다.

● 개인정보의 일부를 삭제하거나 일부 또는 전부를 대체하는 등의 방법으로 추가 정보 없이는 특정 개인을 알아볼 수 없도록 처리하는 것

이러한 가명정보에 대한 정의는 EU의 GDPR과 다양한 표준에서도 다루고 있다. 표 3-3은 다양한 법제 및 표준에서의 가명처리에 대한 정의를 나타내고 있다.

표 3-3 법제, 표준, 가이드라인에서의 다양한 가명처리의 정의

| 개인정보보호법 | 개인정보의 일부를 삭제하거나 일부 또는 전부를 대체하는 등의 방법으로 추가 정보가 없이는 특정 개인을 알아볼 수 없도록 처리하는 것 |
|---|---|
| ISO/IEC 20889 | 데이터 주체의 신원을 숨기기 위해 데이터 주체의 식별자를 가명으로 대체하는 비식별 처리 기술 |
| ISO 25237 | 데이터 주체와의 연관성을 제거하고 데이터 주체와 관련된 특정 특성세트와 하나 이상의 가명간의 연관성을 추가하는 특정 유형의 비식별화 |
| NIST IR 8053 | 데이터 주체와의 연관성을 제거하고 데이터 주체와 관련된 특정 특성세트와 하나 이상의 가명을 연관시키는 특정 유형의 익명처리 |
| EU GDPR 제4조 | 가명처리는 추가적인 정보의 사용 없이는 더 이상 특정 개인정보주체에게 연계될 수 없는 방식으로 개인정보를 처리하는 것 |
| EU ENISA[12] | 데이터 주체와 관련된 식별정보를 가명으로 대체해 보이지 않게 하거나 숨기는 것. 여기서 개인식별자 또는 초기 식별자는 데이터 주체를 식별하는 데 사용할 수 있는 모든 정보를 나타냄 |

---

12  EU ENISA(European Union Agency for Network and Information Security), Recommendations on shaping technology according to GDPR provisions, 2019

위의 모든 가명처리의 정의를 정리하면 다음과 같다.

- 개인정보를 비식별처리를 통해 추가 정보가 없이는 개인정보 주체를 식별하지 못하도록 하는 처리

여기서 가명처리에 대해 좀 더 정확하게 정의하기 위해서는 "식별"이라는 용어 즉 "알아볼 수 있게"라는 용어에 대해 주의할 필요가 있다. 우리나라의 국어사전을 보면 식별은 "분별해 알아보는 것"을 말하고 있으며 이는 특정 개인을 정확하게 알아보는 것을 의미하지 않는다. 즉, 다른 특성과 구분되는 특성을 찾아낼 수 있다면 그것을 식별로 표현하고 있다. 그러나 이러한 식별의 의미는 너무 넓은 의미의 식별을 의미하며 그 결과 너무 넓은 범위의 가명처리가 존재하게 돼 가명처리와 익명처리의 경계를 모호하게 할 수 있다. 또 다른 관점에서의 식별은 정확하게 개인을 알아보는 것(사전 지식이 없이 누군가를 정확하게 알아보는 것)이라 정의할 수 있으며 이 경우에는 너무 좁은 범위의 가명처리로, 그렇지 않은 모든 정보는 익명의 처리를 통해 처리해야 하는 위험이 존재할 수 있다. 이러한 가명처리의 정의의 경계에 대해서는 다음 절의 익명처리를 설명한 후 익명처리의 마지막 부분에서 종합적으로 설명하고자 한다.

ISO 25237에서 가명처리는 통계적인 문제로 정확하게 정의하는 것은 불가능하다[13]고 말하고 있다. 통계적인 문제를 정확하게 정의하기 위해 가명처리 데이터를 사용할 때에는 단순한 직접 식별자에 대한 가명처리가 아니라 데이터를 이용하는 환경에 대한 재식별 위험 수준을 측정하고 적절한 수준의 개인정보보호 수준을 만족하기 위한 적절한 수준의 가명처리를 적용해야 한다고 말하고 있다. 이 표준에서는 특정 수준의 개인정보보호를 보장하기 위한 세 가지의 보호 수준을 이야기하고 있다. 각 보호 수준이 보증하는 개인정보보호 수준을 만족하기 위해 처리해야 할 재식별 위험을 다음과 같이 세 가지의 레벨로 나타내고 있다.

---

13   ISO 25237:2017 5.52 Level of assurance of privacy protection, ISO 25237 14p.

## 1. 개인정보보호 보증 수준 1(개인의 데이터 요소를 식별하는 것과 관련된 위험)

데이터를 명확하게 식별하거나 간접적으로 식별 가능한 데이터를 쉽게 제거한다. 재식별가능성이 낮은 환경을 고려할 때 이 수준은 충분한 보호를 제공할 수 있다. 이경우에는 위의 위험 중 개인의 데이터 요소를 식별하는 것과 관련된 위험만 고려하면 되며 이에 대한 처리만 필요하다.

## 2. 개인정보보호 보증 수준 2(데이터 변수 집계와 관련된 위험)

외부 데이터를 사용하는 공격자를 고려한 모델과 가명처리된 데이터를 결합해 개인을 식별하는 공격자의 존재도 고려하는 수준이다. 우리나라에서는 개인정보보호법 개정안, 신용정보법 개정안에서 엄격하게 금지하고 있으며 이로 인해 개인정보보호 보증 수준 2는 고려하지 않아도 된다는 의견이 많다.

## 3. 개인정보보호 보증 수준 3(데이터베이스의 특이치와 관련된 위험)

특이한 데이터(Outlier라고 하며 우리말로 특이치나 혹은 이상치를 가리킨다)를 고려하는 모델로 특이한 데이터로 인해 개인이 식별되는 것을 고려하는 모델이다.

가명처리된 가명정보를 사용하기 위해서는 이 세 가지 수준 중에 어떤 수준으로 가명처리를 적용해 가명정보를 생성할 것인지에 대한 결정이 필요하다. 이 결정을 어떻게 할 것인가는 3장 비식별 조치의 정의, 목적 및 원칙에서 다루고 실질적인 적용 기술은 4장과 PART 2 비식별 조치 실무에서 다루기로 한다.

## 3.3 익명처리의 정의

우리나라의 개정된 개인정보보호법 제58조의 2에서는 익명정보를 다음과 같이 정의하고 있다.

- 시간·비용·기술 등을 합리적으로 고려할 때 다른 정보를 사용해도 더 이상 개인을 알아볼 수 없는 정보

이는 EU GDPR의 정의보다는 좀더 현실성 있게 정의된 것으로 EU GDPR의 정의는 다음과 같다.

* 특정 개인의 식별 등 처리자 또는 제3자 모두 개인을 직접 또는 간접적으로 확인하기 위해 사용할 것으로, 합리적으로 예상되는 모든 수단을 고려해야 한다. 합리적으로 예상되는 수단인지를 확인하기 위해서는 식별하는 데 소요되는 비용과 시간 등 객관적인 요소를 모두 고려하고, 처리 당시 가용한 기술과 기술적 발전을 모두 고려해야 한다.

위 두 가지 정의 중 어떤 것이 더 익명처리 개념에 적합한지에 대해서는 각자의 이해관계에 따라 많은 의견이 대립되고 있으며 이 책에서는 이 부분에 대해 논의하지 않는다. 다만 익명처리의 정확한 정의에 대한 기술적인 판단에 대한 기술적인 지표의 제공은 필요하다. 이에 따라 비식별처리, 가명처리와 같이 해외의 익명처리에 대한 개념을 살펴보고 적정한 수준을 제시하려 한다.

## 3.4 해외 주요국의 가명처리 및 익명처리의 정의 비교

본 절에서는 독자들의 이해를 돕기 위해 해외 주요국의 가명처리와 익명처리 기법에 대해 비교해 설명하고자 한다.

표 3-4  해외 주요국의 익명처리 및 가명처리의 정의 비교

| 국가 | 구분 | 정의 | 주요 내용 |
|---|---|---|---|
| 우리나라 | 가명처리 (개인정보로 간주) | 정의 | • 개인정보의 일부를 삭제하거나 일부 또는 전부를 대체하는 등의 방법으로 추가 정보가 없이는 특정 개인을 알아볼 수 없도록 처리하는 것<br>• 개인정보보호법 제2조 제1호의 2(신설) |
| | 익명처리 (개인정보 아님) | | • 시간 · 비용 · 기술 등을 합리적으로 고려할 때 다른 정보를 사용해도 더 이상 개인을 알아볼 수 없는 정보<br>• 개인정보보호법 제58조의 2(적용 예외)(신설) |

| | | | |
|---|---|---|---|
| EU | 가명처리<br>Pseudonymisation<br>(개인정보로 간주) | 정의 | • 추가적으로 정보를 사용하지 않고서는 더 이상 특정 정보 주체를 알아볼 수 없도록 개인정보를 처리(processing)하는 것<br>• [GDPR, Directive 2016/680/EC]]<br>• 가명처리는 익명처리의 한 방법이 아니라, 단지 정보주체의 원래 신원과 데이터셋의 연결가능성을 줄이는 유용한 보안 조치<br>• Article 29 Working Party Opinion 05/2014 on Anonymisation Techniques |
| | 익명처리된 정보<br>Anonymised Data<br>(개인정보 아님) | | • 개인정보 처리자 또는 제3자가 '합리적으로 예상하는 모든 수단'을 동원해도 더 이상 자연인의 식별에 사용될 수 없도록 처리돼야 함<br>• Article 29 Working Party Opinion 05/2014 on Anonymisation Techniques |
| 일본 | 익명가공 정보<br>(가명정보 수준) | 정의 | • 특정 개인을 식별할 수 없도록 개인정보를 가공해 얻을 수 있는 개인에 관한 정보로서 해당 개인정보를 복원할 수 없도록 한 것<br>• 개인정보보호법 제2조9항<br>• (1) 개인정보 일부는 삭제하는 것, (2) 개인식별부호 전부를 삭제하는 것 두 가지 조치를 취해 특정 개인을 식별할 수 없도록 한 정보로 복원할 수 없도록 한 것<br>• '해당 개인정보를 복원할 수 없도록 한 것'은 일반인의 능력과 방법을 기준으로 판단하는 것이므로, 고도의 기능을 가진 자원을 이용하거나 고도의 해킹 기술을 이용하는 등 기술적 측면에서의 모든 가능성을 배제하는 것까지 요구하는 것은 아님 |
| 미국 | 가명처리<br>pseudonymization | 정의 | • 정보주체와의 연계성을 제거하며, 정보주체에 관련된 특정한 특징과 하나 또는 하나 이상의 가명 간에 연계성을 추가하는 익명처리의 일종<br>• 익명처리를 위한 방법 |
| | 익명처리<br>anonymization | | • 식별정보 집합과 정보주체 간의 연계성을 제거하는 과정<br>• 비식별처리의 하위 범주 |
| | 비식별처리<br>de-identification | | • 식별정보 집합과 정보주체 간의 연계성을 제거하는 과정을 가리키는 일반적인 용어<br>• NIST IR 8053(ISO/TS 25237 준용) |

한편 가명처리 및 익명처리를 ISO/IEC 20889와 EU GDPR의 정의를 참고해 처리 기준을 도식화하면 표 3-5와 같다.

**표 3-5** 가명처리 및 익명처리의 기준 비교

| 구분 | 식별가능성 | 복원가능성 | 특정(선정)<br>가능성 | 추론가능성 | 연결가능성 |
|---|---|---|---|---|---|
| 가명처리된<br>정보 | × | × | ○ | ○ | ○ |
| 익명처리된<br>정보 | | | × | × | × |

**재식별 위험요소 즉, 공격자가 공격에 사용하는 알려진 접근법을 기준으로 함(ISO/IEC 20889 일부 참조)**
- 식별가능성: 주어진 데이터셋만으로 가명처리된 데이터로부터 특정 개인을 알아볼(식별할) 가능성
- 복원가능성: 가명처리 과정에서 생성된 추가적인 정보(암호키, 매핑테이블 등) 없이 특정개인을 복원해 낼(가명처리 이전으로 되돌릴) 가능성
- 특정(선정, Single out) 가능성: 데이터 주체를 고유 식별하기 위해 데이터셋의 특성 집합을 관찰하여 개인에 속한 레코드를 격리(isolation)해 낼 가능성
- 연결가능성: 동일한 데이터 주체 혹은 데이터 주체 그룹과 관련된 레코드를 별도의 데이터셋에 연결하여 개인을 알아볼(식별할) 가능성
- 추론가능성: 무시할 수 없는 확률로 다른 속성 집합의 값에서 속성의 값을 추론하여 개인을 알아볼(식별할) 가능성
  - 익명정보의 식별가능성은 특정가능성, 추론가능성, 연결가능성을 막는 행위로 상쇄됨
  - 익명정보의 복원가능성은 가명처리과정과는 달리 추가적인 정보를 별도 보관하지 않고 폐기하므로 해당사항이 없음

위 특정가능성, 연결가능성, 그리고 추론가능성과 관련해 ISO/IEC 20889 부록 A 표 A-1 비식별 조치 도구, 기술 및 모델에 대한 특성 부분에서는 각 비식별 기술별로 이러한 특성을 감소시키는 데 도움을 줄 수 있는 기법을 소개하고 있다. 이 내용은 4장에서 소개할 비식별 조치의 일반적인 방법 및 예시의 마지막 부분에도 기술했으니 이 부분을 참조하길 바란다. 참고로 비식별처리, 가명처리, 익명처리와 관련한 국내외 연도별 법제·표준·가이드라인의 동향은 표 3-6과 같다.

**표 3-6** 연도별 국내외 법제/표준/가이드라인 동향

| 연번 | 국가 | 법제/표준/가이드라인명 | 출판시기 |
|---|---|---|---|
| 1 | 미국 | Guidance Regarding Methods for De-identification of Protected Health Information in Accordance with the HIPAA Privacy Rule: Safer Harbor & Expert Determination | 2012.11 |
| 2 | 영국 | ICO, Anonymisation: managing data protection risk code of practice | 2012.11 |
| 3 | 영국 | Anonymisation Standard for Publishing Health and Social Care Specification, NHS | 2013.2 |
| 4 | 유럽 | EU ARTICLE 29 DATA PROTECTION WORKING PARTY, Opinion 05/2014 on Anonymisation Techniques | 2014.4 |
| 5 | 미국 | IHE IT Infrastructure Handbook, De-Identification | 2014.6 |
| 6 | 미국 | HITRUST De-Identification Framework | 2015.3 |
| 7 | 미국 | NIST IR 8053, De-Identification of Personal Information | 2015.9 |
| 8 | 노르웨이 | A guide to the ANONYMISATION OFPERSONAL DATA 2015, Norwegian Data Protection Authority(Datatilsynet) | 2015 |
| 9 | 일본 | 개인정보보호법 가이드라인(익명가공정보편) | 2016.5 |
| 10 | 유럽 | EU GDPR 제정(2018. 5.25 발효) | 2016.5 |
| 11 | 캐나다 | IPCO, De-identification Guidelines for Structured Data | 2016.6 |
| 12 | 한국 | 관계부처합동 개인정보 비식별조치 가이드라인 | 2016.6 |
| 13 | 미국 | NIST SP 800-188(2nd DRAFT) De-Identifying Government Datasets | 2016.12 |
| 14 | 영국 | UKAN, The Anonymisation Decision-Making Framework | 2016 |
| 15 | 국제표준 | ISO 25237 Health informatics – Pseudonymization(개정판) | 2017.1 |
| 16 | 미국 | NIST IR 8062 An Introduction to Privacy Engineering and Risk Management in Federal Systems | 2017.1 |
| 17 | 중국 | 정보보안기술 개인정보 비식별화 가이드라인 | 2017.8 |
| 18 | 네덜란드 | Pseudonymisierung Personenbezogener Daten, Viacryp B. V | 2017 |
| 19 | 독일 | 일반개인정보보호규정(GDPR)을 고려한 가명처리 솔루션의 합법적인 사용을 위한 가이드라인, 독일 내무부, Digital Gipfel | 2017 |
| 20 | 싱가포르 | Guide to basic data anonymisation techniques, 개인정보보호위원회 | 2018.1 |
| 21 | 영국 | Anonymisation and Pseudonymisation Policy, 노섬벌랜드주 자치위원회 | 2018.5 |

| 연번 | 국가 | 법제/표준/가이드라인명 | 출판시기 |
|---|---|---|---|
| 22 | 미국 | USA The California Consumer Privacy Act of 2018(2020년 1월 발효) | 2018.6 |
| 23 | 국제표준 | ISO/IEC 20889 Information technology – Security techniques – Privacy enhancing data de-identification terminology and classification of techniques | 2018.11 |
| 24 | EU | ENISA REcommendations on – shaping technology according to GDPR Provisions; An overview on data pseudonymisation | 2018.11 |
| 25 | 독일 | 가명 솔루션 사용을 위한 데이터 보호 요구사항, Digital Gipfel | 2018 |
| 26 | 독일 | 가명/익명을 위한 작업 도구, 독일 의학 정보학, 생체 계측학 및 역학 학회 (GMDS) 워킹그룹 "건강 관리에서의 데이터 보호 및 IT 보안" | 2018 |
| 27 | 영국 | Pseudonymisation and Anonymisation of Data – Procedure, NHS Foundation Trust | 2019.1 |
| 28 | EU | Pseudonymisation techniques and best practices | 2019.11 |

## 3.5 비식별 조치의 목적

비식별 조치의 주된 목적은 데이터 분석과 활용에 있음은 더 말할 여지가 없을 것이다. 본 절에서는 이와 아울러 국제표준 ISO/IEC 20889와 미국 국립표준연구소 NIST IR 8053에서 제시하는 사항을 발췌해 제시하고자 한다.

비식별 조치와 관련해 국제표준 ISO/IEC 20889에 따르면, 비식별화 기술의 적절한 사용은 개인정보보호 법률, 규제 요구 사항 및 관련 ISO/IEC 29100 개인정보 보호 원칙을 준수하면서 데이터 처리를 통한 이점을 활용할 수 있게 하는 수단 중에서 하나의 중요한 구성 요소라 기술하고 있다. 또한 비식별처리 기술의 적용은 ISO/IEC 29134에 설명된 개인정보영향평가Privacy Impact Assessment, PIA에서 발생하는 개인정보 침해 위험을 처리하는 옵션이 될 수 있다고 하고 있다.

미국 국립표준연구소에서 펴낸 NIST IR 8053에 따르면 개인정보를 수집하고 유지하는 기관은 개인정보를 최대한 광범위하게 사용하고 공유하면서, 한편으로는 개인정보를 보호해야 하는 어려움이 점점 가중되고 있다. 정부의 정보는 공유를 통해 투명성을 높이고 민간 기업에 새로운 자원을 제공함으로써 전반적으로 효율적인 정보가 될 수 있다. 민간 기업은 공개성과 시민 참여의 확대라는 형태로 공유되는 정보에서 이익을 실현하고, 심지어는 개인정보 판매나 분석결과에서 이익을 얻을 수도 있다. 개인정보에 예를 들면 성명, 이메일 주소, 지리적 위치정보 또는 사진 등의 식별정보가 들어 있는 경우, 개인정보의 사용과 프라이버시 보호라는 목표 간에 갈등이 있을 수 있다.

이러한 갈등을 해결하기 위한 비식별 조치를 통해, 다른 유용한 정보는 남겨두고 개인을 식별하는 일부 프라이버시에 관련된 민감한 개인정보를 제거할 수 있게 된다. 그러므로 비식별 조치는 기관이 개인정보를 포함하고 있는 정보를 생성, 사용, 기록, 공유, 심지어 공개하는 것에 관련된 프라이버시 리스크를 최소화할 수 있는 중요한 도구다. 수집 당시 또는 최소한의 처리를 한 이후에 개인정보를 비식별 조치하면 의도하지 않은 공개(즉, 개인정보 침해)에 관련된 프라이버시 리스크를 줄임으로써 개인정보를 사용하고 기록으로 보존하는 비용을 줄일 수 있다. 비식별 조치된 정보를 공유하면 기술적 통제와 정책적 통제 수요가 줄어들 수 있다. 그러므로 기관들은 비식별 조치를 통해 개인정보를 더욱 잘 활용할 수 있다.

## 3.6 비식별 조치의 원칙

비식별 조치의 원칙에 대해 이 책에서는 국제표준인 ISO/IEC 20889와 영국 UKAN의 익명처리 의사결정 프레임워크에서 정의한 비식별 조치의 원칙을 소개하고자 한다. 먼저 국제표준인 ISO/IEC 20889에 따르면 비식별 조치의 원칙에 대해 다음과 같이 설명하고 있다.

특정 데이터 처리 시스템에서 데이터 유용성 보존의 필요성과 데이터 비식별화 필요성의 균형을 맞추기 위해 적용 가능한 기술 및 조직적 조치가 적용된다. 여기서 부가적인 기술적 · 조직적 조치란 다음과 같다.

- 데이터 유용성 보존의 필요성과 데이터 비식별화의 필요성의 균형을 맞추려면 비식별화 기술과 모델은 그 효율을 높이기 위해 일반적으로 다른 기술적이거나 조직적인 운영 조치가 수반돼야 한다.

- 해당 조치는 인증, 허가, 암호화, 법적 협정, 저장 데이터 및 전송 중인 데이터의 보호를 위한 규정이 포함되며, 개인 정보에 관한 영구적 또는 빈번한 접근 권한을 가진 관계자를 대상으로 행동 강령이 포함되는 적절한 훈련 등을 포함한다.
- 조치 방안의 선택과 설계는 데이터를 수집, 처리 또는 공유하는 환경에 따라 달라진다.
- 암호화키, 의사 난수 생성을 위한 기초 정보seed, 맵핑 테이블mapping table, 사전, 설정 및 기타 비식별 조치 절차의 일부로서 사용되는 정보는 적절히 취급, 저장, 보관/삭제돼야 한다.
- 특정 사용 사례에 대해 하나 이상의 비식별화 기술 또는 모델이 가능하다고 간주되는 경우, 가장 실용적인 비식별화 접근 방식을 결정하기 전에 비식별화된 데이터를 보호하기 위한 기술 및 기타 조직적 조치의 전개 타당성과 특정 사용 사례에서 각 선택된 기법 또는 모델에 관한 평가가 이뤄질 필요가 있다.

아울러 경우에 따라, 재식별화의 위험에 대해 공식적인 프라이버시 측정 모델 중 하나를 적용해 수량화 가능한 보증이 달성돼야 한다.

한편 영국 UKAN의 익명처리 의사결정 프레임워크(The Anonymisation Decision-making Framework, 2016)에서 정의한 비식별 조치 원칙은 다음과 같다.

재식별화 문제에 있어 현실적인 위험 평가를 위해 데이터와 데이터 환경을 모두 고려해야 한다는 비교적 새로운 방식의 생각을 기반에 두고 있다. 이를 가리켜 데이터 상황 접근법data situation approach이라고 한다. 데이터가 공유되고 유출되는 환경을 고려하는 것이 중요해 보임에도 불구하고 오랫동안 데이터 보안 유지 분야는 오직 데이터 그 자체에만 집중해왔고, 재식별화 위험이 데이터에서 기원하며, 대개 데이터 속에 포함돼 있다고 생각했다. 그 결과 연구자나 관계자는 문제의 데이터가 갖는 통계적 특징 외에는 거의 살펴보려 하지 않았다. 예를 들어, Duncan & Lambert 1989[14], Elliot & Dale 1999[15],

---

14  DUNCAN, G. & LAMBERT, D. (1989) The risk of disclosure for microdata; Journal of Business & Economic Statistics, 7(2): 207–217, DOI: 10.1080/07350015.1989.10509729.

15  ELLIOT, M. J. & DALE, A. (1999) Scenarios of Attack: The Data Intruder's Perspective on Statistical Disclosure Risk; Netherlands Official Statistics, Spring 1999: 6–10, available at: http://tinyurl.com/ATTACK–SCENARIO [accessed 30/5/16].

Reiter 2005[16]에서는 재식별화가 일어나는 방식이나 이유는 물론이고 재식별화 시도가 성공했는지 확인하기 위해 필요한 기술과 지식, 혹은 다른 데이터에 대해서도 고려하지 않았다. 그 결과 이들이 재식별화 위험을 평가하기 위해 세운 통계학적 모델은 통계학적으로는 복잡하지만 데이터의 맥락만을 기초로 한 모델이거나, 최악의 경우에는 현실에서 고려해야 하는 문제와 동떨어진 모델이 됐다.

이러한 문제를 해결하기 위해 데이터만 아니라 그 이상의 문맥을 설명하고 이론화하려는 시도가 있어 왔다. 이런 시도는 주로 침입자 시나리오 분석intruder scenario analysis이라는 형태를 취했다. 시나리오 분석은 기존의 '데이터 유출 위험이 얼마나 있는가?'라는 질문에서 훨씬 더 중요한 질문인 '재식별화가 어떻게 일어날 것인가?'라는 질문으로 관심을 전환시킨다. 이곳에서 우리가 택한 데이터 상황 접근법은 이를 확장해 다른 핵심 요인의 기능, 환경 내의 다른 데이터 및 기존에 고려하지 않던 정부 절차의 중요성 같은 고려 사항을 포함하도록 이해를 넓혀준다. 이는 익명처리를 위협하는 것이 무엇인지 알지 못한 상태로는 익명처리를 위협하는 상황을 막을 수 없다는 것을 기본 전제로 한다. 이를 위해서는 데이터와 데이터 환경을 둘 다 고려해야만 한다. 즉, 재식별화 위험을 평가하고 관리할 때 데이터, 외부 데이터 출처, 적법한 데이터 사용 및 잠재적인 오용, 정부 시책을 비롯해 지속적인 법적, 윤리적 책임 등 프레임워크의 모든 요소를 참고해야 한다는 의미다.

아울러 이와 함께 프레임워크를 수립하는 데 기반이 된 다섯 가지 원칙을 다음과 같이 소개하고 있다. 보다 자세한 사항은 이들이 발간한 보고서[17]를 참조하길 바란다.

### 1) 데이터만을 보고 데이터를 공유하거나 배포해도 안전한지 결정을 내릴 수 없다

이 원칙은 앞서 언급한 데이터 상황 접근법의 근거로서, 데이터 공유나 접근에 대한 국가 정책, 법체계, IT 시스템, 정부 시책은 물론 데이터 공유나 개인 데이터 보호 등에 대해 각 문화마다 다른 사고방식 등 이런 상호 작용을 구성하는 (물리적, 소프트웨어적)

---

16  REITER, J.P. (2005) Estimating Risks of Identification Disclosure in Microdata; Journal of the American Statistical Association 100(472): 1103–1112. DOI: 10.1198/016214505000000619.

17  https://ukanon.net/ukan-resources/ukan-decision-making-framework/

구조와 데이터, 사람 간의 상호 작용 때문에 해당 위험이 발생하는 것으로 보인다.

## 2) 여전히 데이터를 검토할 필요는 있다

데이터를 파악할 필요가 있다는 것은 데이터의 특징을 파악하고 이러한 특징이 위험이 발생하는 데 어떤 영향을 미칠지 평가할 수 있어야 한다는 것이다. 이런 평가는 데이터를 얼마나 공유하고 공개할지, 그 대상과 방식은 어떻게 결정할 것인지에 반영된다.

## 3) 익명처리는 데이터를 안전하게 처리하는 방식이지만, 익명처리 이후에도 데이터를 안전하고 유용하게 사용할 수 있어야 한다

- 데이터 익명처리 과정에서 데이터의 활용과 데이터 보호 사이의 균형을 찾아야 하는 이유가 궁금할 수 있다. 데이터 익명처리를 데이터를 안전하게 처리하는 방식이라고만 생각한다면 간단하지만 데이터 활용이 불가능한 상황을 맞이할 수도 있다. 다시 한번 강조하지만, 익명처리는 데이터를 공유하고 공개하기 위해 필수불가결한 것이다. 좀 더 자세히 생각해 보자.

- 데이터 활용 측면: 본래 데이터가 나타내고자 하는 것을 나타낼 수 없는 데이터로 공개하는 것은 거의 아무런 의미가 없다. 다음과 같은 두 가지 결과가 나타날 수 있으며, 데이터 활용도가 낮고 어느 쪽도 만족스럽지 못하다.
    - 잠재적 사용자들이 데이터를 거의 활용할 수 없거나 활용이 불가능한 경우 데이터 처리에 시간을 낭비한 셈이 된다.
    - 예를 들어, 해당 데이터가 어떤 결론을 내리거나 이를 고려할 때 영향을 줬던 데이터일 경우, 의미 있는 결과를 도출했을 데이터를 가지고 엉뚱한 결과를 도출할 수 있다.

- 데이터 위험 측면: 활용도가 적은 데이터라 해도 여전히 어느 정도 재식별화의 위험이 있을 수 있다.

## 4) 유용한 데이터를 생산하고자 할 때 현실적으로 제로 리스크(전혀 위험이 없음)는 불가능하다

이것이 기본이다. 익명처리는 위험 관리 그 이상도 그 이하도 아니다. 필연적으로 모든 활용 가능한 데이터에 잠재적인 위험이 있다는 것을 인식한다면 데이터 위험 관리와 활용 사이에서 균형을 잡을 수 있다. 하지만 현대 사회에서는 개인이나 사회가 감수해야 할 위험을 개인이나 사회가 얻게 될 이익으로 보상할 수 없다. 따라서 문제가 되는 것은 이해 당사자와의 관계다. 이 문제에 대해 데이터 주체나 더 넓게는 일반 대중과 대화를 나눌 방법에 대한 합의도 돼 있지 않다. 그래서 비밀 보장 위험에 관심을 갖게 함으로써 불필요한 우려를 불러일으킬 수도 있다는 이야기가 전혀 근거 없는 걱정이 아니다. 하지만 동시에, 인간이 길을 건너거나 차를 운전하는 등 일상생활 속의 위험과 편리함 사이에서 균형을 잡을 수 있다는 점을 인정하는 것이 중요하다.

## 5) 위험을 관리하기 위한 수단은 위험 요소와 위험에 따른 영향에 비례해 결정해야 한다

위 4번째 원칙에 따라, 위험이 존재한다고 해서 데이터의 접근을 원천적으로 막을 필요는 없다. 그러나 위험을 더욱 잘 인식한다면 데이터에 접근할 권한이 있는 사람과 그 방법에 대해 더욱 균형 잡힌 결정을 내릴 수 있을 것이다. 다음 사례를 생각해보자. 민감하고 상세한 데이터의 경우, 인가받은 사람만 보안 시설에 제한적으로 접근하게 함으로써 데이터 '접근자와 방법'을 관리하는 것이 균형적인 방법일 것이다. 만약 데이터에 포함된 세부 사항이 적고 민감하지 않다면 보안 설정으로 접근을 제한하는 것이 불균형적인 방법일 수 있으며, 제한을 덜 두는 선택지를 고려하는 것이 더 나을 수 있다.

# 04

# 비식별 조치의 일반적 방법 및 예시

4장에서는 EU 네트워크 및 정보보안 기구인 ENISA<sup>European Union Agency for Network and</sup> <sup>Information Security</sup>에서 펴낸 보고서와 국제표준인 ISO/IEC 20889에서 소개하는 비식별 조치의 일반적인 방법을 참고해 예시와 함께 자세히 설명하고자 한다. 이들 자료를 참고로 현재까지 알려진 주요 비식별 조치 방법을 분류하면 그림 4-1과 같다.

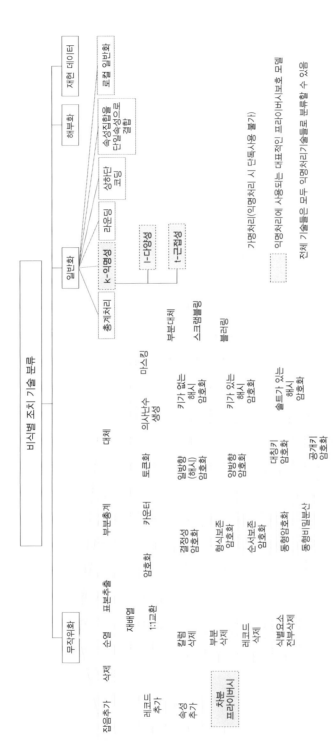

**그림 4-1** 현재까지 알려진 비식별 조치 방법의 분류도

## 4.1 가명처리 기법

가명처리 기법은 주어진 데이터셋에서 레코드나 혹은 레코드 중 일부 속성값을 삭제하는 방법도 있지만 대부분 직접 식별자를 다른 값으로 대체하는 기법이 주를 이루고 있다. EU의 ENISA[1,2]에서 이야기하고 있는 가명처리 기법은 토큰화Tokenization, 마스킹Masking, 스크램블링Scrambling, 블러링Blurring, 카운터Counter, 의사난수 발생기PRNG. Pseudo-Random Number Generator, 키가 없는 일방향 해시 암호화, 키가 있는 일방향 해시 암호화, Salt를 추가한 해시 암호화, 양방향 암호화(비밀키(대칭키) 암호화, 공개키 암호화, 기타 암호화) 기법이 있다. 본 절에서는 이를 토대로 가명처리에 사용되는 대체 기법을 표 4-1과 같이 정리해 그 내용을 알아보고자 한다.

표 4-1 가명처리 기법의 종류

| 대체 기법 | 세부 기술 |
| --- | --- |
| 양방향 암호화 | • 대칭키 암호화<br>• 공개키 암호화<br>• 키 삭제를 통한 결정적 암호화 |
| 일방향 암호화 | • 키가 없는 해시 암호화<br>• 키가 필요한 해시 암호화<br>• 솔트(Salt)를 추가한 해시 암호화 |
| 마스킹 | • 부분 대체<br>• 스크램블링(Scrambling) 또는 셔플링(Shuffling)<br>• 블러링(Data blurring) |
| 기타 | • 의사 난수 생성(Pseudo-Random Number Generator)<br>• 카운터(Counter)<br>• 토큰화(Tokenization) |

1   EU ENISA(European Union Agency for Network and Information Security), Recommendations on shaping technology according to GDPR provisions, An overview on data pseudonymisatin, November 2018.

2   EU ENISA(European Union Agency for Network and Information Security), Pseudonymisation and best practices, Non. 2019

# 1. 양방향 암호화를 이용한 가명처리 기법

## 가. 대칭키 및 공개키 암호화의 개념 및 종류

### 1) 대칭키 암호화

대칭키 암호화 방식은 대칭키 암호 알고리즘을 사용해 전송하고자 하는 평문을 암호화하고 복호화하는 데 동일한 키를 사용하는 방식이다. 대칭키 암호화 방식은 공개키 암호화 방식에 비해 빠른 처리속도를 제공하고, 암호키의 길이가 공개키 암호화 방식보다 상대적으로 작아서 일반적인 정보의 기밀성을 보장하기 위한 용도로 사용된다. 반면 정보 교환 당사자 간에 동일한 키를 공유해야 하므로 여러 사람과의 정보 교환 시 많은 키를 유지 및 관리해야 하는 어려움이 있다. 대표적인 대칭키 암호 알고리즘은 국내의 SEED, ARIA, LEA, HIGHT와 국외의 AES, Blowfish, Camellia 등이 있다.[3]

대칭키 암호화 방식의 기본 개념은 그림 4-2와 같으며 암·복호화용 대칭키 암호 방식을 보안 강도에 따라 각 알고리즘별로 분류해 보면 표 4-2와 같다.

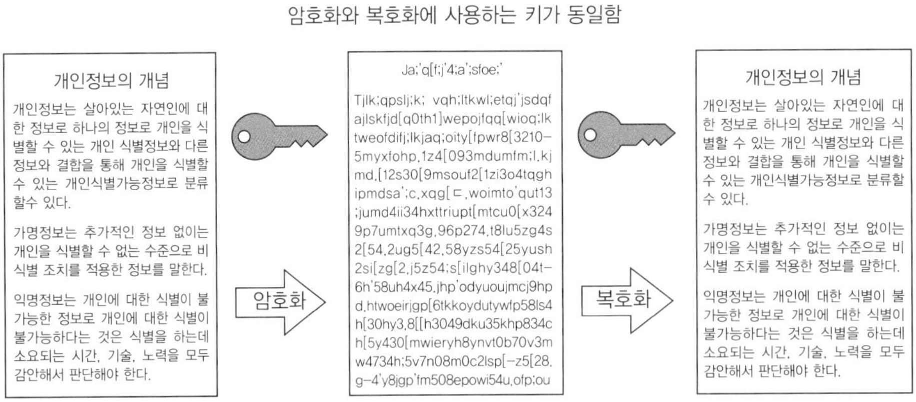

**그림 4-2** 대칭키 암호화 방식의 기본 개념

---

3 　개인정보의 암호화 조치 안내서(행정자치부, 한국인터넷진흥원, 2017년 1월)

**표 4-2** 암 · 복호화용 대칭키 암호 방식의 보안 강도에 따른 알고리즘별 분류

| 보안강도 | NIST(미국) | CRYPTREC(일본) | CRYPTREC(유럽) | 국내 |
|---|---|---|---|---|
| 112비트 이상 | AES-128<br>AES-192<br>AEX-256<br>3TDEA | AES-128<br>AES-192<br>AES-256<br>Camellia-128<br>Cameilia-192<br>Cameilia-256 | AES-128<br>AES-192<br>AES-256<br>Camellia-128<br>Cameilia-192<br>Cameilia-256<br>Cameilia-128<br>Cameilia-192<br>Cameilia-256 | SEED<br>HIGHT<br>ARIA-128<br>ARIA-192<br>ARIA-256<br>LEA-128<br>LEA-192<br>LEA-256 |
| 128비트 이상 | AES-128<br>AES-192<br>AES-256 | AES-128<br>AES-192<br>AES-256<br>Camellia-128<br>Camellia-192<br>Camellia-256 | AES-128<br>AES-192<br>AES-256<br>Camellia-128<br>Camellia-192<br>Camellia-256<br>Serpent-128<br>Serpent-192<br>Serpent-256 | SEED<br>HIGHT<br>ARIA-128<br>ARIA-192<br>ARIA-256<br>LEA-128<br>LEA-192<br>LEA-256 |
| 192비트 이상 | AES-192<br>AES-256 | AES-192<br>AES-256<br>Camellia-192<br>Camellia-256 | AES-192<br>AES-256<br>Camellia-192<br>Camellia-256<br>Serpent-192<br>Serpent-256 | ARIA-192<br>ARIA-256<br>LEA-192<br>LEA-256 |
| 256비트 이상 | AES-256 | AES-256<br>Camellia-256 | AES-256<br>Camellia-256<br>Serpent-256 | ARIA-256<br>LEA-256 |

출처: 암호 알고리즘 및 키 길이 이용 안내서(과학기술정보통신부, 한국인터넷진흥원, 2018년 12월)

## 가) 활용 예[4]

1) 주민등록번호 및 계좌번호 등의 정보를 저장하는 경우 혹은 대칭키 암호 알고리즘을 적용해 2025년까지 사용하고자 하는 경우

> 보안강도 112비트 이상을 제공하는 대칭키 암호 알고리즘 중 국내 암호 알고리즘을 사용한다면 SEED, HIGHT, ARIA-128/192/256 암호 알고리즘 중 선택해 적용, 이때 비밀키 유효기간은 송신자용 최대 2년, 수신자용 최대 5년으로 설정하기를 권장함

---

4    암호 알고리즘 및 키 길이 이용 안내서(미래창조과학부, 한국인터넷진흥원, 2013년 1월)

## 2) 공개키 암호화

공개키 암호화 방식은 공개키 암호 알고리즘을 사용해 암호화하며 공개키와 개인키의 키 쌍이 존재해 평문을 암·복호화하는 데 서로 다른 키를 사용하는 방식으로 비대칭키 암호화 방식이라고도 불린다. 공개키 암호화 방식은 데이터 암호화 속도가 대칭키 암호화 방식에 비해 느리기 때문에 일반적으로 대칭키 암호화 방식의 키 분배나 전자서명 또는 카드번호와 같은 작은 크기의 데이터 암호화에 많이 사용된다. 대표적인 공개키 암호 알고리즘으로는 국외의 RSA, ElGamal, ECC 등이 있다.[5]

공개키 암호화 방식의 기본 개념은 그림 4-3과 같으며 공개키 암호 방식을 보안 강도에 따라 각 알고리즘 별로 분류해 보면 표 4-3과 같다.

암호화 시 수신자의 공개키로, 복호화 시 수신자의 개인키로 복호화하며 암호화와 복호화 시 서로 다른 키를 사용함

**그림 4-3** 공개키 암호화 방식의 기본 개념

| 보안강도 | 인수분해 문제(비트) | 이산대수 문제(비트) | | 타원곡선(비트) |
|---|---|---|---|---|
| | | 공개키 | 개인키 | |
| 112비트 | 2048 | 2048 | 224 | 224 |
| 128비트 | 3072 | 3072 | 256 | 256 |
| 192비트 | 7680 | 7680 | 384 | 384 |
| 256비트 | 1536 | 15360 | 512 | 512 |

출처: 암호 알고리즘 및 키 길이 이용 안내서(과학기술정보통신부, 한국인터넷진흥원, 2018년 12월)

---

5 개인정보의 암호화 조치 안내서(행정자치부, 한국인터넷진흥원, 2017년 1월)

| 기반 | NIST(미국) | CRYPTREC(일본) | ECRYPT(유럽) | 국내 |
|---|---|---|---|---|
| 인수분해 문제 | • RSA(암,전) | • RSA-OAEP(암)<br>• RSASSA-PKCS1 (v1.5)(전)<br>• RSA-PSS(전) | • RSA-KEA(키)<br>• RSA-OAEP(암)<br>• RSA-PSS(전)<br>• ISO-97796-2 RSA -DS2(전) | • RSAES(암)<br>• RSA-PSS(전) |
| 이산대수 문제 | • DH(키)<br>• DSA(전)<br>• MQV(키) | • DH(키)<br>• DSA(전) | • ECIES-KEM(키)<br>• Schnorr(전)<br>• PV Signartures(전)<br>• DSA(전)<br>• XMSS(전) | • DH(키)<br>• KCDSA(전) |
| 타원곡선 | • ECDH(키)<br>• ECDSA(전)<br>• ECMQV(키) | • ECDH(키)<br>• ECDSA(전) | • PSEC-KEM(키)<br>• ECDSA(전)<br>• ESSchnorr(전) | • ECDH(키)<br>• ECDSA(전)<br>• EC-KCDSA(전) |

(암): 메시지 암/복호화용, (전): 전자서명용, (키): 키공유 용

출처: 암호 알고리즘 및 키 길이 이용 안내서(과학기술정보통신부, 한국인터넷진흥원, 2018년 12월)

**표 4-3** 공개키 암호 방식의 보안 강도에 따른 알고리즘별 분류

| 보안강도 | 대칭키 암호 알고리즘 (보안강도) | 해시함수 (보안강도) | 공개키 암호 알고리즘 | | | | 암호 알고리즘 안전성 유지기간 (년도) |
|---|---|---|---|---|---|---|---|
| | | | 인수분해 (비트) | 이산대수 | | 타원곡선 암호 (비트) | |
| | | | | 공개키 (비트) | 개인키 (비트) | | |
| 112비트 | 112 | 112 | 2048 | 2048 | 224 | 224 | 2011년에서 2030년까지 |
| 128비트 | 128 | 128 | 3072 | 3072 | 256 | 256 | 2030년 이후 |
| 192비트 | 192 | 192 | 7680 | 7680 | 384 | 384 | |
| 256비트 | 256 | 256 | 15360 | 15360 | 512 | 512 | |

출처: 암호 알고리즘 및 키 길이 이용 안내서(과학기술정보통신부, 한국인터넷진흥원, 2018년 12월)

## 가) 활용 예[6]

1) 공개키 암호 알고리즘을 적용해 2035년까지 사용하고자 하는 경우

> 보안강도 3072비트 이상을 제공하는 공개키/개인키를 갖는 RSAES-OAEP 선택, 2018년 기준으로 안전한 암호 알고리즘은 2048비트 이상이지만 향후 활용될 시기를 고려해 3072비트 이상의 보안강도를 제공하는 암호 알고리즘을 사용하기를 권장함. 이때 공개키/개인키의 유효기간은 최대 2년으로 설정하기를 권장함

## 나) 안전한 대칭키 및 공개키 암호 알고리즘[7]

공공기관은 국가정보원의 검증대상 암호 알고리즘을 기반으로, 민간부문(법인·단체·개인)은 국내·외 전문기관(KISA, NIST, ECRYPT, CRYPTREC 등)이 권고하는 암호 알고리즘을 기반으로, 「개인정보보호법」상의 개인정보 암호화에 사용할 수 있는 안전한 암호 알고리즘의 예시는 표 4-4와 같다.

**표 4-4** 안전한 알고리즘의 예시

| 구분 | 공공기관 | 민간부문(법인·단체·개인) |
|---|---|---|
| 대칭키 암호 알고리즘 | SEED, LEA, HIGHT, ARIA-128/192/256 | SEED<br>ARIA-128/192/256<br>AES-128/192/256<br>BlowfISH<br>Camelia-128/192/256<br>MISTY1<br>KASUMI 등 |
| 공개키 암호 알고리즘<br>(메시지 암·복호화) | RSAES-OAEP | RSA<br>RSAES-OAEP<br>RSAES-PKCS1 등 |
| 일방향 암호 알고리즘 | SHA-224/256/384/512 | SHA-224/256/384/512 Whirlpool 등 |

※ 민간부문 세부사항은 '[참고 1] 국내·외 암호 연구 관련 기관의 권고 암호 알고리즘' 참고
※ 공공기관 세부사항은 '[참고 2] 국가정보원 검증대상 암호 알고리즘 목록' 참고

출처: 개인정보의 암호화 조치 안내서(행정자치부, 한국인터넷진흥원, 2017년 1월)

---

6   암호 알고리즘 및 키 길이 이용 안내서(과학기술정보통신부, 한국인터넷진흥원, 2018년 12월)
7   개인정보의 암호화 조치 안내서(행정자치부, 한국인터넷진흥원, 2017년 1월)

권고 암호 알고리즘은 기술변화, 시간경과 등에 따라 달라질 수 있으므로, 암호화 적용 시 국내·외 암호 관련 연구기관에서 제시하는 최신 정보를 확인해 적용해야 한다. 또한 암호 알고리즘을 적용한 후에는 안전한 암호화 운영에 필요한 암호키 길이, 암호키 교환 방법, 암호 알고리즘 형태(대칭키, 공개키, 일방향)별 암호키 사용 유효기간 등 암호키 관리 관련 사항을 정해 운영할 필요가 있다.

### 다) 암호키 관리[8,9]

정보보호 시스템에서 민감한 정보를 안전하게 보관하고 전송하기 위해서는 정보를 암호화해야 한다. 하지만 암호화만으로는 정보의 안전성을 보장할 수 없다. 암호화된 정보의 안전성은 암호 알고리즘뿐만 아니라 키의 보안 강도, 키와 관련된 매커니즘 및 프로토콜의 효율성, 키에 대한 보호 조치 등과도 연관이 있다. 암호키에 대한 관리 소홀로 암호키가 유출된다면, 암호화를 통한 정보보호는 의미가 없을 것이다. 따라서 암호키에 대한 철저한 관리가 필요하다. 모든 암호키는 변조, 도난, 유출돼서는 안된다. 이 모든 것을 포함해 암호키를 안전하게 보관하고 사용하기 위해 필요한 것이 '키 관리'다.

### 1) 암호키 생성 과정

암호키 관리 시스템에서 암호 모듈에 암호키 생성을 요청하면서 암호키를 생성하는 데 필요한 정보(예: 키 길이, 키 유형)를 보안 채널을 통해 암호 모듈로 전송한다. 암호 모듈은 수신한 정보를 키생성 함수에 입력해 암호키 관리 시스템에서 요청한 암호키를 생성하고, 생성한 암호키를 보안 채널을 통해 암호키 관리 시스템으로 전송한다. 암호키 관리 시스템은 수신한 암호키를 보관한다.

---

8    개인정보의 암호화 조치 안내서(행정자치부, 한국인터넷진흥원, 2017년 1월)
9    암호키 관리 안내서(미래창조과학부, 한국인터넷진흥원, 2014년 12월)

출처: 암호키 관리 안내서(미래창조과학부, 한국인터넷진흥원, 2014년 12월)

**그림 4-4** 암호키 생성 과정

## (가) 암호키 수명주기

암호키 관리 시의 상태와 기능에 따라 키 수명주기는 다음과 같이 나눌 수 있다.

① 준비단계: 암호키가 사용되기 이전의 단계다(미생성 또는 준비 상태).

② 운영단계: 암호키가 암호 알고리즘 및 연산에 사용되는 단계다(운영 상태).

③ 정지단계: 암호키가 더 이상 사용되지 않지만, 암호키에 대한 접근은 가능한 단계다(정지 또는 위험 상태).

④ 폐기단계: 암호키가 더 이상 사용될 수 없는 단계다(폐기 또는 사고 상태).

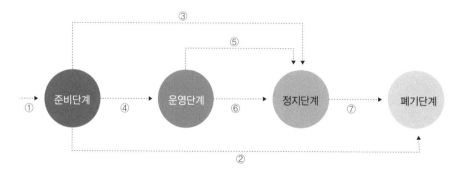

① 암호키는 생성됨과 동시에 준비단계
② 암호키가 생성되고 한 번도 사용되지 않은 경우, 폐기가능
③ 준비단계의 암호키가 손상 시, 해당 암호키를 정지단계로 전환
④ 준비단계의 암호키가 사용될 준비가 되면 키 관리자는 해당 암호키를 적절한 때에 운영단계로 전환
⑤ 운영단계의 암호키가 손상되면 키 관리자는 암호키를 정지단계로 전환
⑥ 암호키의 유효기간이 만료되는 등으로 더 이상 사용되지 않지만 암호키에 대한 접근이 필요한 경우, 키 관리자는 해당 암호키를 운영단계에서 정지단계로 전환
⑦ 정지단계에 있는 암호키가 더 이상 필요하지 않은 경우, 해당 암호키를 폐기단계로 전환하고 폐기

출처: 개인정보의 암호화 조치 안내서(행정자치부, 한국인터넷진흥원, 2017년 1월)

**그림 4-5** 암호키 수명주기

(나) 단계별 암호키 관리

① 준비단계

준비단계에서는 암호키를 사용할 사용자나 암호키가 사용될 시스템을 설정한다. 사용자 등록 기능, 시스템 초기화 기능, 사용자 초기화 기능, 키 자료 설치 기능, 키 설정 기능, 키 등록 기능 등이 해당한다.

② 암호키 생성

- 난수발생기 이용
  - 암호키 생성에 필요한 난수는 안전한 난수발생기(RBG)를 이용해 생성하도록 한다. 난수발생기에 대한 구체적인 개요와 요구사항에 대해서는 KS X ISO IEC 18031을 참고할 수 있으며, 이를 준수해야 한다.

- 대칭키 암호 알고리즘의 키 생성
  - 미리 공유된 키를 이용한 키 유도: 난수발생기를 이용해 생성될 수도 있고, 키 합의 구조를 이용해 생성될 수도 있으며, 키 유도 함수와 미리 공유된 다른 키를 이용해 생성될 수도 있다. TTAK,KO-12,0241을 참고하기 바란다.
  - 패스워드를 이용한 키 유도: 패스워드를 선택할 때 높은 엔트로피를 가지는 패스워드를 선택할 것을 권장하며, PKCS #5를 참고하기 바란다.
  - 다수의 암호키를 이용한 키 생성: n개의 암호키 $K_1$..... $K_n$을 이용해 암호키를 생성하거나 이러한 암호키와 독립적인 m개의 정보 $V_1$..... $V_m$을 이용해 암호키를 생성할 수 있다. 여기서 $K_1$..... $K_n$은 공개되지 않아야 하며, $V_1$..... $V_m$은 공개돼도 된다.

- 공개키 알고리즘의 키 생성
  - 공개키 암호 알고리즘의 공개키-개인키 쌍은 사용 용도(예: 디지털 서명 생성, 검증, 자료 암호화 등)에 따라 생성된다. 공개키-개인키 쌍을 모두 알고 있는 유일한 실체를 키 쌍 소유자라고 한다. 공개키는 모두에게 공개되는 반면에 개인키는 키 쌍 소유자만 알고 있어야 하며, 키 쌍 소유자만 사용

해야 한다. 따라서 공개키-개인키 쌍은 키 쌍 소유자가 생성하거나 공개키를 사용하는 모든 실체가 신뢰하는 신뢰기관이 키 쌍 소유자의 공개키-개인키 쌍을 생성해 안전한 방법으로 공개키-개인키 쌍을 키 쌍 소유자에게 제공할 수 있다. 키 쌍을 생성하는 안전한 방법에 대해서는 KS X ISO IEC 11770-2를 참고하기 바란다.

③ 암호키 분배

- 수동적 키 분배: 비밀키나 개인키를 수동적으로 분배할 때, 암호키는 암호화돼 분배되거나 물리적으로 안전한 절차에 의해 분배돼야 한다. 보다 자세한 사항은 암호키 관리 안내서(미래창조과학부, 한국인터넷진흥원, 2014년 12월)를 참고하기 바란다.

- 자동화된 키 전송: 통신 채널(예시: 인터넷·위성 전송)을 이용해 암호키를 분배하는 데 사용된다. 보다 자세한 사항은 암호키 관리 안내서(미래창조과학부, 한국인터넷진흥원, 2014년 12월)를 참고하기 바란다.

④ 암호키 유효기간

- 암호키 유효기간은 사용자 또는 관리자가 암호키를 사용할 수 있는 기간 또는 특정 시스템에 주어진 암호키의 유효성이 유지되는 기간이다.

- 암호방식별 키 유효기간
  - 공개키 암호 알고리즘의 유효기간: 개인키와 공개키 각각은 키 유효기간을 가지고 있으며, 키의 유효기간은 인증서의 유효기간과 동일할 필요는 없고, 새로운 인증서 발급 시 유효기간도 그만큼 연장된다.
  - 대칭키 암호 알고리즘의 사용기간 및 유효기간: 대칭키에 대한 유효기간은 발신자 사용 기간이 시작할 때부터 수신자 사용 기간이 끝날 때까지다.

- 키 유형별 유효기간 설정 시 고려사항
  - 키 유형은 암호키를 사용하는 환경이나 정보만큼 암호키의 유효기간에 영향을 준다. 키 유형에 따라 권장하는 유효기간은 표 4-5와 같다.

표 4-5 키 유형에 따른 권장 유효기간

| 키 유형 | 키 유효기간 | | 키 유형 | 키 유효기간 | |
|---|---|---|---|---|---|
| | 발신자 | 수신자 | | 발신자 | 발신자 |
| 개인 서명키 | 1~3년 | | 공개키 전송키 | 1~2년 | |
| 공개 서명 검증키 | 키 크기에 따라 다름 | | 대칭키 합의키 | | |
| 개인 인증키 | 1~2년 | | 개인 공정키 합의키 | | |
| 공개 인증키 | | | 공개 고정키 합의키 | | |
| 대칭 인증키 | 2년 이하 | (발신자기간 +3년) 이하 | 개인 임시키 합의키 | 하나의 키 합의 트랜잭션 | |
| 대칭 암호키 | | | 공개 임시키 합의키 | | |
| 대칭키 암호키 | | | 대칭 인가키 | | |
| 대칭/공개 RNG키 | 리시딩에 따라 다름 | | 개인 인가키 | 2년 이하 | |
| 대칭 마스터키 | 약 1년 | | 공개 인가키 | | |
| 개인키 전송키 | 2년 이하 | | | | |

출처: 개인정보의 암호화 조치 안내서(행정자치부, 한국인터넷진흥원, 2017년 1월)

## 라) 가명처리를 위한 대칭키 암호화와 공개키 암호화

가명처리를 위한 암호화는 정보 가공 시 일정한 규칙의 알고리즘을 적용해 암호화함으로써 개인정보를 대체하는 방법(자세한 설명은 ISO/IEC 18033[10] 참조)으로 크게 대칭키 암호화와 공개키 암호화로 나뉜다. 이때 가명을 만들기 위해 암호화 방법을 사용하는 것은 다소 복잡할 수 있으나 적절한 암호키에 대한 지식이 없이는 해독이 불가능하기 때문에 실전에서는 보다 효과적이다. 다만 통상적으로 암호화는 암호화 키와 다시 복호가 가능하도록 복호화 키를 가지고 있어서 불법적인 접근으로부터 암·복호화 키를 보호하기 위한 별도의 조치방안이 필요하다.[11] 이러한 적절한 암호기술의 사용에도 불구하고 구현에 관련된 부주의 또는 비허가된 집단과의 키 공유가 데이터 재식별 공격으로 이어질 수 있으므로 각별한 주의가 필요하다. 암호화를 통해 가명처리에 적용할 수 있는 개인정보의 유형으로는 주민등록번호, 여권번호, 의료보험번호, 외국인등록번호, 사용자 ID, 신용카드번호, 생체정보 등이 있다.

---

10  ISO/IEC 18033, IT Security techniques – Encryption algorithms
11  별도의 조치에는 키를 데이터와 분리해 보관하는 방법, 제3자와 키를 공유하지 않는 방법, 재식별화 방지를 위해 안전하게 키를 폐기하는 방법 등이 있으며 키관리 원칙과 기술에 관한 자세한 설명은 ISO/IEC 11770, IT Security techniques – Key management 부분을 참조하기 바람

## 1. 가명처리를 위한 대칭키 암호화와 공개키 암호화 방법과 활용 예

### 가) 대칭키 암호화를 이용한 가명처리

주민등록번호, 여권번호, 의료보험번호, 외국인등록번호, 사용자 ID, 신용카드번호, 생체정보 등과 같이 데이터 주체와 관련한 식별자의 대칭키 암호화는 통상적으로 가명을 얻는 효율적인 방법으로 간주된다. 데이터 주체의 원래 식별자는 대칭키 암호화 알고리즘을 통해 암호화될 수 있으며, 가명으로서 사용될 암호문을 제공하고 복호화에도 동일한 비밀 키가 필요하다. 이러한 가명처리는 처리자 이외 다른 제3자가 암호화 키에 접근할 수 없고 대칭키 암호 알고리즘의 경우 키 길이 256비트는 현재 보안에 적합한 것으로 간주되고 있다. 대칭키 암호화를 통한 가명처리 시에는 동일한 비밀키를 사용해 동일한 식별자에 동일한 가명을 제공해야 한다.[12]

1) 활용 예: ARIA-256 대칭키 암호화를 이용해 고객의 회원번호를 가명처리하는 경우

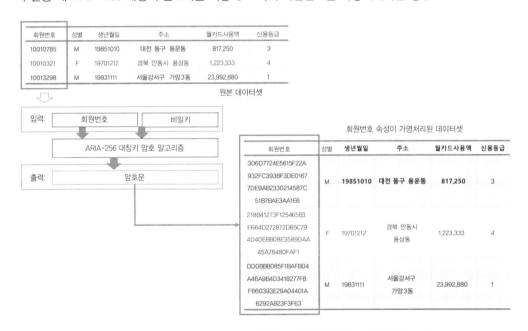

**그림 4-6** 활용 예: ARIA-256 대칭키 암호화를 이용해 고객의 회원번호를 가명처리하는 경우

---

12  대칭키 암호화의 경우 동일한 키로 동일한 식별자를 암호화하면 항상 동일한 가명을 얻기 때문에 대칭키에 대한 별도의 안전한 키 관리가 필요하다. 키 관리에 대한 보다 자세한 사항은 ISO/IEC 11770 Part 2: 대칭형 기술을 이용한 메커니즘 (Mechanisms using symmetric techniques)을 참조한다.

## 나) 공개키 암호화를 이용한 가명처리

대칭키 암호화 외에도 특정한 경우에는 가명화 목적으로 공개키 암호화가 사용될 수 있다. 공개키 암호화는 결정적인 암호화와 확률적인 암호화로 나뉘며 확률적 형태의 공개키 암호화는 동일한 개인(같은 공개키를 가진)에 대해 다른 가명을 생성할 수 있게 한다. 일반적으로 암호화 방식은 결정적이다(즉, 동일한 원문은 (동일한 키를 사용해) 항상 동일한 암호문으로 바뀜). 동일한 키를 사용해 원문을 암호화할 때, 암호화할 때마다 다른 암호문이 생성되면 이를 확률적이라고 한다. 쉽게 말해, 암호화 이전에 새로 생성된 임의의 값을 붙였다가 복호화 이후에 이를 제거함으로써 모든 결정적 암호화 방식을 확률적 암호화 방식으로 전환할 수 있다.

예를 들어, 잘 알려진 RSA 공개키 알고리즘은 결정적이며 정의상으로는 확률적이지 않다. 동일한 공개키를 사용해 동일한 메시지 m을 암호화하면 항상 동일한 암호문 c가 생성되지만 RSA Standard PKCS #1 v2.2<sup>RSA Laboratories, 2012년</sup>에서는 결정적 암호화 알고리즘을 확률적 암호화로 만드는 방법을 정의하고 있다. 따라서 데이터 처리자(혹은 제어자)가 동일한 식별자(데이터 주체)에 대해 다른 가명을 매번 할당해야 하는 경우에 확률적 암호화를 적용할 수 있다. 그러나 이러한 경우 다른 사람은 공개키에 접근할 필요가 없기 때문에 공개키와 개인키는 모두 데이터 처리자(혹은 제어자)가 보유하고 있어야 한다. 다만 공개키 암호화 알고리즘은 매우 큰 키를 사용해야 하므로 구현상 제한이 발생할 수 있다. 예를 들어 RSA 암호 알고리즘에는 3,072개의 키 비트가 필요하며, RSA 암호 알고리즘보다 키 길이가 훨씬 작고 계산 속도가 빠른 타원 곡선 암호화<sup>ECC, Elliptic Curve Cryptography</sup>를 고려하더라도 대칭키 암호 알고리즘보다 효율성이 떨어지므로 실제 적용 시 이에 대한 고려가 필요하다.

1) 활용 예: RSAES-OAEP 3072비트 공개키 암호화를 이용해 고객의 회원번호를 가명처리하는
   경우

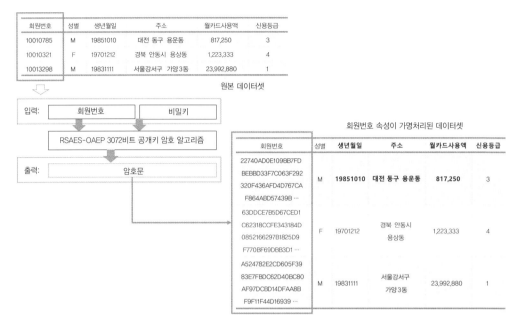

**그림 4-7** 활용 예: RSAES-OAEP 3072비트 공개키 암호화를 이용해 고객의 회원번호를 가명처리하는 경우

## 다) 키 삭제를 통한 결정적 암호화를 이용한 가명처리

이 방법은 결정적 암호화를 이용해 원본 데이터셋 내 각 속성에 대한 가명으로서 난수를 생성한 뒤에 상응하는 매핑테이블을 삭제하는 것을 말한다. 이 방법은 주어진 원본 데이터셋과 또 다른 데이터셋 내 동일 데이터 주체에 대해 가명이 사용된 경우 이들 사이의 연결 위험을 줄여준다. 왜냐하면, 동일 인물이라도 가명으로서 다른 난수가 생성되기 때문이다. 그러나 데이터셋 내 다른 속성을 이용한 연결 공격은 있을 수 있으므로 사용 시 주의가 필요하다. 이때 공격자는 암호화에 사용된 암호키를 구할 수 없어 가능한 모든 키를 테스트해야 하기 때문에 계산상 복호화가 어렵다는 장점이 있다.

1) 활용 예: 키 삭제를 통한 ARIA-256 대칭키(결정적) 암호화를 이용해 고객의 회원번호를 가
   명처리하는 경우

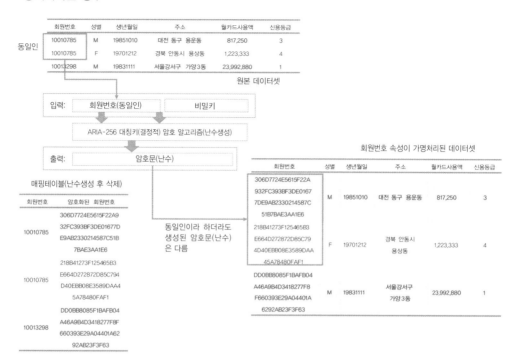

**그림 4-8** 활용 예: 키 삭제를 통한 ARIA-256 대칭키(결정적) 암호화를 이용해 고객의 회원번호를 가명처리하는
경우

## 2. 일방향 암호화를 이용한 가명처리 기법

### 가) 일방향 암호화

일방향One-way 암호화 방식은 해시Hash 함수를 이용해 암호화된 값을 생성하며 복호
화되지 않는 방식을 말한다. 해시함수는 임의의 길이를 갖는 메시지를 입력해 고정
된 길이의 해시값 또는 해시 코드라 불리는 값을 생성하며, 동일한 입력 메시지에 대
해 항상 동일한 값을 생성하지만 해시값만으로 입력 메시지를 유추할 수 없어 비밀
번호와 같이 복호화 없이 입력 값의 정확성 검증이 필요한 경우 등에 사용되고 있다.
대표적인 해시함수로는 국외의 SHA-2SHA-224/256/384/512, SHA-3, RIPEMD-160,

Whirlpool 등이 있다. 한편 국내 공공기관의 경우는 SHA-224/256/384/512를, 민간부문에서는 SHA-224/256/384/512, Whirlpool 등을 권고하고 있다. 한편 해시함수는 사용 목적에 따라 메시지 인증용(메시지의 위변조를 확인)과 키 유도 및 난수생성용, 그리고 단순해시(패스워드의 안전한 저장) 및 전자서명용(전자서명 생성을 위한 메시지 압축)으로 나뉘며 이를 보안강도에 따라 분류하면 표 4-6, 표 4-7과 같다.

**표 4-6** 보안강도에 따른 메시지 인증, 키 유도, 난수생성용 해시함수의 분류

| 보안강도 | NIST(미국) | CRYPTREC(일본) | CRYPTREC(유럽) | 국내 |
|---|---|---|---|---|
| 112비트 이상 | SHA-1<br>SHA-224<br>SHA-256<br>SHA-384<br>SHA-512<br>SHA-512/224<br>SHA-512/256<br>SHA3-224<br>SHA3-256<br>SHA3-384<br>SHA3-512 | SHA-256<br>SHA-384<br>SHA-512 | SHA-224<br>SHA-256<br>SHA-384<br>SHA-512<br>SHA-512/224<br>SHA-512/256<br>SHA3-224<br>SHA3-256<br>SHA3-384<br>SHA3-512<br>SHA-shake128<br>SHA-shake256<br>Whirlpool-512<br>BLAKE-224<br>BLAKE-256<br>BLAKE-384<br>BLAKE-512 | HAS-160<br>SHA-1<br>SHA-256<br>SHA-384<br>SHA-512<br>SHA-512/224<br>SHA-512/256<br>SHA3-224<br>SHA3-256<br>SHA3-384<br>SHA3-512<br>LSH-224<br>LSH-256<br>LSH-384<br>LSH-512<br>LSH-512-224<br>LSH-512-256 |
| 128비트 이상 | SHA-1<br>SHA-224<br>SHA-256<br>SHA-384<br>SHA-512<br>SHA-512/224<br>SHA-512/256<br>SHA3-224<br>SHA3-256<br>SHA3-384<br>SHA3-512 | SHA-256<br>SHA-384<br>SHA-512 | SHA-224<br>SHA-256<br>SHA-384<br>SHA-512<br>SHA-512/224<br>SHA-512/256<br>SHA3-224<br>SHA3-256<br>SHA3-384<br>SHA3-512<br>SHA-shake128<br>SHA-shake256<br>Whirlpool-512<br>BLAKE-224<br>BLAKE-256<br>BLAKE-384<br>BLAKE-512 | HAS-160<br>SHA-1<br>SHA-224<br>SHA-256<br>SHA-384<br>SHA-512<br>SHA-512/224<br>SHA-512/256<br>SHA3-224<br>SHA3-256<br>SHA3-384<br>SHA3-512<br>LSH-224<br>LSH-256<br>LSH-384<br>LSH-512<br>LSH-512-224<br>LSH-512-256 |

| 보안강도 | NIST(미국) | CRYPTREC(일본) | CRYPTREC(유럽) | 국내 |
|---|---|---|---|---|
| 192비트 이상 | SHA-224<br>SHA-256<br>SHA-384<br>SHA-512<br>SHA-512/224<br>SHA-512/256<br>SHA3-224<br>SHA3-256<br>SHA3-384<br>SHA3-512 | SHA-256<br>SHA-384<br>SHA-512 | SHA-224<br>SHA-256<br>SHA-384<br>SHA-512<br>SHA-512/224<br>SHA-512/256<br>SHA3-224<br>SHA3-256<br>SHA3-384<br>SHA3-512<br>SHA-shake128<br>SHA-shake256<br>Whirlpool-512<br>BLAKE-224<br>BLAKE-256<br>BLAKE-384<br>BLAKE-512 | SHA-224<br>SHA-256<br>SHA-384<br>SHA-512<br>SHA-512/224<br>SHA-512/256<br>SHA3-224<br>SHA3-256<br>SHA3-384<br>SHA3-512<br>LSH-224<br>LSH-256<br>LSH-384<br>LSH-512<br>LSH-512-224<br>LSH-512-256 |
| 256비트 이상 | SHA-256<br>SHA-384<br>SHA-512<br>SHA-512/256<br>SHA3-256<br>SHA3-384<br>SHA3-512 | SHA-256<br>SHA-384<br>SHA-512 | SHA-256<br>SHA-384<br>SHA-512<br>SHA-512/256<br>SHA3-256<br>SHA3-384<br>SHA3-512<br>SHA-shake128<br>SHA-shake256<br>Whirlpool-512<br>BLAKE-256<br>BLAKE-384<br>BLAKE-512 | SHA-256<br>SHA-384<br>SHA-512<br>SHA-512/256<br>SHA3-256<br>SHA3-384<br>SHA3-512<br>LSH-256<br>LSH-384<br>LSH-512<br>LSH-512-256 |

출처: 암호 알고리즘 및 키 길이 이용 안내서(과학기술정보통신부, 한국인터넷진흥원, 2018년 12월)

**표 4-7** 보안강도에 따른 단순해시 및 전자서명용 해시함수 분류

| 보안강도 | NIST(미국) | CRYPTREC(일본) | CRYPTREC(유럽) | 국내 |
|---|---|---|---|---|
| 112비트 이상 | SHA-224<br>SHA-256<br>SHA-384<br>SHA-512<br>SHA-512/224<br>SHA-512/256<br>SHA3-224<br>SHA3-256<br>SHA3-384<br>SHA3-512 | SHA-256<br>SHA-384<br>SHA-512 | SHA-224<br>SHA-256<br>SHA-384<br>SHA-512<br>SHA-512/224<br>SHA-512/256<br>SHA3-224<br>SHA3-256<br>SHA3-384<br>SHA3-512<br>SHA-shake128<br>SHA-shake256<br>Whirlpool-512<br>BLAKE-224<br>BLAKE-256<br>BLAKE-384<br>BLAKE-512 | SHA-224<br>SHA-256<br>SHA-384<br>SHA-512<br>SHA-512/224<br>SHA-512/256<br>SHA3-224<br>SHA3-256<br>SHA3-384<br>SHA3-512<br>LSH-224<br>LSH-256<br>LSH-384<br>LSH-512<br>LSH-512-224<br>LSH-512-256 |
| 128비트 이상 | SHA-256<br>SHA-384<br>SHA-512<br>SHA-512/224<br>SHA-512/256<br>SHA3-224<br>SHA3-256<br>SHA3-384<br>SHA3-512 | SHA-256<br>SHA-384<br>SHA-512 | SHA-256<br>SHA-384<br>SHA-512<br>SHA-512/224<br>SHA3-256<br>SHA3-384<br>SHA3-512<br>SHA-shake128<br>SHA-shake256<br>Whirlpool-512<br>BLAKE-256<br>BLAKE-384<br>BLAKE-512 | SHA-256<br>SHA-384<br>SHA-512<br>SHA-512/256<br>SHA3-256<br>SHA3-384<br>SHA3-512<br>LSH-256<br>LSH-384<br>LSH-512<br>LSH-512-256 |
| 192비트 이상 | SHA-384<br>SHA-512<br>SHA3-384<br>SHA3-512 | SHA-384<br>SHA-512 | SHA-384<br>SHA-512<br>SHA3-384<br>SHA3-512<br>SHA-shake256<br>Whirlpool-512<br>BLAKE-384<br>BLAKE-512 | SHA-384<br>SHA-512<br>SHA3-384<br>SHA3-512<br>LSH-224<br>LSH-384<br>LSH-512 |
| 256비트 이상 | SHA-512<br>SHA3-512 | SHA-512 | SHA-512<br>SHA3-512<br>SHA-shake256<br>Whirlpool-512<br>BLAKE-512 | SHA-512<br>SHA3-512<br>LSH-512 |

출처: 암호 알고리즘 및 키 길이 이용 안내서(과학기술정보통신부, 한국인터넷진흥원, 2018년 12월)

## 가) 활용 예[13]

### 1) 비밀번호 및 바이오 정보를 저장하는 경우

> 비밀번호 및 바이오 정보 암호화에 필요한 일방향 암호 알고리즘은 단순해시/전자서명용 해시함수이므로 보안강도 112비트 이상을 제공하는 알고리즘을 확인, SHA-224/256/384/512 등이 존재하며, 이 중에서 선택 가능

그 외 일방향 암호화 방식과 관련된 자세한 설명은 다음 문헌[14,15]을 참조하길 바란다.

## 나) 키가 없는 해시 암호화

키가 없는 일방향 암호화를 이용한 가명처리 기법은 추가 정보를 보관해도 원본으로 되돌릴 수 없는 알고리즘을 이용해 암호화를 적용하는 방식이다. 시계열 분석 등의 필요에 의해 이전 가명처리한 데이터와 결합해 분석해야 할 필요가 있는 경우 많이 사용되는 비식별 기법이다. 주로 일련번호나 회원번호, 이름 등 직접 식별자에 적용되며, 이러한 적절한 암호기술 사용에도 불구하고 구현에 관련된 부주의 또는 비허가된 집단과의 키 공유가 데이터 재식별 공격으로 이어질 수 있으므로 주의가 필요하다. 주요 알고리즘으로는 SHA 256, SHA 512, LSH 256 등이 있다. 다음은 키가 없는 일방향 암호화를 이용해 이름 가명처리 기법을 적용한 예시다.

---

13  암호 알고리즘 및 키 길이 이용 안내서(과학기술정보통신부, 한국인터넷진흥원, 2018년 12월)
14  암호기술구현안내서, 한국인터넷진흥원, 2013년 12월
15  ISO/IEC 10118 Information technology – Security techniques – Hash-functions

표 4-8 일방향 암호화를 이용한 가명처리 예시

| 이름 | 성별 | 나이 | 수신 총잔액 | 신용대출한도 | 신용등급 |
|---|---|---|---|---|---|
| 조미선 | F | 33 | 817,250 | 66,300,000 | 3 |
| 홍길병 | M | 61 | 4,559,120 | 327,700,000 | 2 |
| 김영심 | F | 50 | 13,601,564 | 41,300,000 | 3 |
| 이미정 | F | 70 | 979,118 | 64,600,000 | 7 |
| 김경태 | M | 40 | 5,501,809 | 2,300,000 | 10 |
| 유영근 | M | 43 | 609,622 | 13,900,000 | 7 |
| 박을규 | M | 23 | 3,885,329 | 37,700,000 | 7 |
| 문정은 | F | 67 | 23,992,801 | 3,500,000 | 8 |
| 오한근 | M | 66 | 185,878,354 | 39,400,000 | 6 |
| 전태홍 | M | 47 | 274,489 | 17,600,000 | 8 |
| 이현주 | F | 75 | 7,185,105 | 3,200,000 | 6 |
| 백지연 | M | 79 | 1,606,685 | 436,800,000 | 3 |
| 민영기 | M | 45 | 868,878 | 34,900,000 | 4 |
| 김수복 | F | 72 | 5,260,714 | 3,500,000 | 8 |

| 가명처리 이름 | 성별 | 나이 | 수신 총잔액 | 신용대출한도 | 신용등급 |
|---|---|---|---|---|---|
| F67FED7C74D09511CB9A75A219308021A216D3FD2A65716298ED018D966BF0E4 | F | 33 | 817,250 | 66,300,000 | 3 |
| B040B101DC52F1EF33F180E6CB8FF369ED254D9DDA92DB9963327ADACA217E0A | M | 61 | 4,559,120 | 327,700,000 | 2 |
| EB9F054A348ADB9376D5D1678B98D4C32C92A69D4FAE40562FE433819942FA7B | F | 50 | 13,601,564 | 41,300,000 | 3 |
| 5d2e387415514d6a30861f353fabd7eb3be682522f3f60fc9ccca6b717392bbc | F | 70 | 979,118 | 64,600,000 | 7 |
| c0d7b34289aad5a23b1355ade4f3accddb6dff69976f6706b804402b4628ac71 | M | 40 | 5,501,809 | 2,300,000 | 10 |
| ff0a8815dc0615c98ce55f1dd2891dacf0b6e543f0dc529e76cea3d2301979ce | M | 43 | 609,622 | 13,900,000 | 7 |
| a944576344a31ba20e1b882f3659dd86baf1b5b9f40fe6273ac0aadaa6713ef6 | M | 23 | 3,885,329 | 37,700,000 | 7 |
| 71b026571df2fd990befb3c8fc4e75330df0155dfcdb260d39e22160e285a58e | F | 67 | 23,992,801 | 3,500,000 | 8 |

| | | | | | |
|---|---|---|---|---|---|
| 4ac5d9d3fc5da58762b7056f3f465767f8fbd<br>5786f7b1184e466927051fe29f3 | M | 66 | 185,878,354 | 39,400,000 | 6 |
| fb6519f6fcf0f9995b6045c57b6e8187c6733f<br>40e573b76f993c11ff93f916da | M | 47 | 274,489 | 17,600,000 | 8 |
| 611e5aaa81ae738d2c530f15e55a12cd79b<br>b9c3873374aaa3b6affd79b3b16f2 | F | 75 | 7,185,105 | 3,200,000 | 6 |
| e3f5e91c327536c898e8d1c37c5aeabcf2d2<br>bb03d3864e55e8f10f695a491168 | M | 79 | 1,606,685 | 436,800,000 | 3 |
| d978992c87838a39c6d9222a6142ece2a40<br>5cd7530afed84c501cb9f2677619a | M | 45 | 868,878 | 34,900,000 | 4 |
| 8326718173db5d40107b9ac186a08da59c<br>6f4ab6f5defed2953af424a293878d | F | 72 | 5,260,714 | 3,500,000 | 8 |

일방향 암호화는 원칙적으로 암호화된 해시값에서 원본을 추출할 수 없으나 원본을 파악하기 위한 다음의 공격이 존재한다.

- 무작위 대입 공격Brute force attack : 무작위로 대입된 값을 동일한 알고리즘으로 일방향 암호화 처리해 그 결괏값을 비교해 원문을 찾아내는 공격기법
  - 우리나라의 주민등록번호를 단순히 일방향 암호화 처리하는 경우 현재의 컴퓨팅 능력으로 30일 이내에 원문을 찾아낼 수 있음
- 레인보우 테이블 공격: 미리 원문에 해당하는 모든 값을 동일한 해시알고리즘으로 만들어놓은 테이블을 이용해 원문을 찾아내는 공격임, 무작위 대입공격은 공격에 많은 시간이 소요되는 데 반해 레인보우 테이블 공격은 단순 비교만으로 찾아내기 때문에 미리 만들어 놓은 레인보우 테이블이 있는 경우 아주 빠른 시간 내에 공격이 가능함

이러한 공격을 방어하기 위해서는 다음과 같은 방법이 필요하다.

## 나) 키가 필요한 해시 암호화

단방향 암호화 중 메시지 인증에 사용되는 암호화 알고리즘(HMAC Hash Message Authentication Code 라고 부름)이 있으며 HMAC의 경우 대칭키를 사용한다. 일반적인 해시 암호화가 키를 사용하지 않기 때문에 전송되는 암호문을 탈취해 위의 두 가지 공

격 방법으로 원문을 알아낼 가능성이 존재한다. 하지만 HMAC의 경우 키와 원문을 함께 이용해 해시를 처리하기 때문에 단순히 전달되는 메시지만으로는 원문을 찾아낼 수 없다. 이와 관련해 보다 자세한 사항은 ISO/IEC 9797-2[16]를 참조하길 바란다.

### 다) 솔트를 추가한 해시 암호화

솔트(Salt)를 추가한 일방향 암호화는 암호화 이전의 원본 값에 솔트 즉, 임의의 난수값을 붙이는 것을 말한다. 이때 공격자가 솔트값을 모르는 경우 위의 무작위 대입공격이나 레인보우 테이블 공격이 사실상 불가능하다. 그러나 동일한 솔트값을 계속해서 사용하는 경우 솔트값을 유추할 수 있는 문제가 발생할 수 있어 일정한 길이 이상의 솔트값을 사용하는 것이 권장되며(128bit 이상) 추가적으로 동적 솔트값의 사용도 권장된다. 솔트값을 적용한 일방향 암호화 방법에 대한 자세한 사항은 암호기술구현안내서[17]를 참조하길 바란다. 참고로 국내의 개인정보 비식별 조치 가이드라인에서 데이터 결합 시 만드는 임시 대체키에는 솔트값을 적용하는 것을 권장하고 있다.


## 3. 마스킹

원본의 값을 다른 값으로 대체해 개인의 식별성을 낮추는 기법 중 가장 널리 사용되는 기법은 마스킹(Data Masking)이다. 마스킹은 대체 기법의 하나로 어떤 값으로 대체하느냐에 따라 매우 넓은 확장성을 가진다. 마스킹은 정보에 대해 전체 또는 일부를 다른 문자·숫자 또는 기호로 대체해 개인의 식별을 방지하는 방법으로, 정보가 가지고 있는 개인정보 속성(식별자, 준식별자, 민감정보 등)과 관계없이 모든 정보에 대해 적용할 수 있는 가명처리 기법이다. 마스킹은 다시 원래의 정보로 복원할 수 없는 비가역성 가명처리 기법이다. 다른 가명처리 기법인 암호화나 토큰화의 경우 식별 정보 전체에 적용해 사용하는 것이 일반적이나 마스킹의 경우 마스킹 적용의 범위를 선택할 수 있기 때문에 일부에만 마스킹을 적용하는 경우 마스킹을 하지 않은 부분에 대

---

16  ISO/IEC 9797-2 Information technology – Security techniques – Message Authentication Codes(MACs) – Part 2: Mechanism using a dedicated hash-function, 2011.
17  암호기술구현안내서, 한국인터넷진흥원, 2013년 12월.

한 정보의 유용성을 유지할 수 있다는 장점이 있다. 또한 데이터 마스킹 기법은 원래의 값을 다른 값으로 대체하는 기법이기 때문에 다양한 응용이 가능하며 현재 사용하는 대부분의 비식별 기법을 마스킹의 구현 기법으로 사용할 수 있다. 표 4-9를 보면 동일한 정보에 서로 다른 마스킹을 적용해 데이터의 의미를 다르게 부여하는 사례를 볼 수 있다.

**표 4-9** 다양한 마스킹 기법 적용 예시

| 원 데이터 | 마스킹된 데이터 | 설명 |
|---|---|---|
| 홍길동 | 홍XX | 직접 식별자에 대해 마스킹을 적용해 식별성을 낮춘 사례 |
| 25살 | 2X살 | 간접 식별자에 대해 마스킹을 적용해 범주화한 사례 |
| F35(질병코드) | FXX(질병코드) | 민감 질병에 대해 마스킹을 적용해 식별성을 낮춘 사례 |
| 124-86-23875 | 124-XX-23875 | 사업자 등록번호에 대해 마스킹을 적용해 법인의 종류를 알 수 없도록 한 사례 |
| 124-86-23875 | 124-86-XXXXX | 사업자 등록번호에 대해 마스킹을 적용해 법인의 종류만 구분이 가능하도록 한 사례 |
| abc@def.com | XXX@def.com | 이메일 주소에 대해 마스킹을 적용해 메일 발신 기관만 구분이 가능하도록 한 사례 |
| abc@def.com | aXX@XXX.com | 이메일 주소에 대해 마스킹을 적용해 메일 발신자와 발신기관을 모두 확인할 수 없도록 한 사례 |
| 소득 4,876,452원 | 소득 4,952,215원 | 금액에 대해 일부 노이즈를 더한 값으로 대체해 마스킹을 적용한 사례 |

마스킹 기법은 어떤 값으로 대체하느냐에 따라 다시 다음과 같이 분류된다.

## 가) 부분 대체

부분 대체는 마스킹을 적용한 후에도 원 데이터의 형식을 쉽게 파악할 수 있는 방법으로 표 4-10의 이름, 사업자 등록번호, 메일 주소, 카드 번호 등에 적용된 방법이다. 또한 데이터의 일부만을 대체하는 경우 원 데이터가 가지고 있는 정보의 일부를 그대로 사용할 수 있다. 표 4-10은 성명에 대해 이름 부분만 다른 기호로 마스킹을 한 예시로 성에 대한 정보는 그대로 유지(표 4-10참조)할 수 있어 분석에 성에 대한 정보가 필요한 경우 그대로 사용할 수 있다.

**표 4-10** 성명의 이름 부분을 X라는 기호로 대체한 사례

| 이름 | 나이 | 성별 | 주소 | 질병코드 |
|---|---|---|---|---|
| 김철수 | 36 | 남 | 서울시 | B24 |
| 이영희 | 45 | 여 | 부산시 | C73 |
| 박민호 | 24 | 남 | 대구시 | O28 |
| 최창민 | 43 | 남 | 대전시 | D16 |

| 이름 | 나이 | 성별 | 주소 | 질병코드 |
|---|---|---|---|---|
| 김XX | 36 | 남 | 서울시 | B24 |
| 이XX | 45 | 여 | 부산시 | C73 |
| 박XX | 24 | 남 | 대구시 | O28 |
| 최XX | 43 | 남 | 대전시 | D16 |

또한 원 데이터와 완전히 동일한 유형의 다른 값으로 대체하는 경우 식별성은 제거하면서 데이터 분석의 유용성을 어느 정도 유지할 수 있는 장점을 가진다. 이렇게 완전히 동일한 유형의 값으로 대체하기 위해서는 일반적으로 사전Dictionary이라고 불리는 동일 유형의 정보를 모아놓은 테이블을 이용하게 된다.

그림 4-9는 이름사전을 이용해 이름을 동일한 유형의 다른 값으로 대체하는 사례다.

**그림 4-9** 이름사전을 이용한 이름의 대체 방식의 마스킹 적용 예시

이렇게 이름이 다른 이름으로 대체되는 경우 이름의 형식은 그대로 유지하면서 데이터에 대한 정보주체와의 연결은 제거되고 가명과의 새로운 매핑이 생성되는 것으로 개인의 식별성을 낮출 수 있다.

또 다른 대체 방법으로는 준식별자에 대해 대체를 통해 일반화를 적용하는 방법이 가능하다. 그림 4-10은 대체를 통해 나이를 10살 단위로 일반화한 것과 동일한 효과를 나타내는 것을 확인할 수 있다. 또한 민감한 질병코드[18]에 대해서도 마스킹을 통해 일반화를 적용해 식별성을 낮춘 것을 확인할 수 있다.

| 이름 | 나이 | 성별 | 주소 | 질병코드 |
|---|---|---|---|---|
| 김철수 | 36 | 남 | 서울시 | B24 |
| 이영희 | 45 | 여 | 부산시 | C73 |
| 박민호 | 24 | 남 | 대구시 | F28 |
| 최창민 | 43 | 남 | 대전시 | D16 |

| 이름 | 나이 | 성별 | 주소 | 질병코드 |
|---|---|---|---|---|
| 김XX | 3X | 남 | 서울시 | B24 |
| 이XX | 4X | 여 | 부산시 | C73 |
| 박XX | 2X | 남 | 대구시 | FXX |
| 최XX | 4X | 남 | 대전시 | D16 |

**그림 4-10** 나이와 질병코드를 대체 기법을 통해 일반화와 동일한 효과를 나타냄

## 나) 스크램블링 또는 셔플링

스크램블링Scrambling 또는 셔플링Shuffling 은 대체의 방법 중 데이터 내부의 문자열에 대해 문자열 자체의 순서를 랜덤하게 변경하는 것을 의미한다. 그림 4-11은 카드 번호에 대해 스크램블링을 적용한 예시를 보여준다.

---

18  F로 시작하는 질병은 정신과 관련된 병으로 일반적으로 의료 환경에서 민감한 질병코드로 분류함

## 다) 블러링

데이터 블러링(Data blurring)을 통한 마스킹 방법은 일반적으로 숫자에 대해 적용한다. 숫자의 값이 민감한 경우 또는 숫자가 나타내는 정보로 개인의 식별가능성이 발생하는 경우 숫자에 반올림을 하거나 일정 정보의 잡음을 더하거나 곱한 값으로 마스킹을 적용해 식별가능성을 제거하는 방법이다. 일반적인 데이터에 대한 라운딩이나 잡음 추가 기법과 동일한 기법이며 넓은 의미의 범주에서 대체라는 의미에서 마스킹 기법의 하나로 보기도 한다. 잡음 추가의 경우 추가하는 잡음의 크기에 따라 값이 가지고 있는 통계적인 특성을 그대로 유지한 상태로 식별성을 낮출 수 있는 기법으로 추가하는 잡음의 크기는 전체 데이터의 분포 특성에 따라 여러 가지 알고리즘을 적용해 추가하게 된다.

## 4. 기타 가명처리 기법

### 가) 의사 난수 생성

난수는 특정한 배열 순서가 규칙적인 의미가 없는 임의의 수를 뜻하며 컴퓨터를 이용한 시스템에서는 컴퓨터의 구조상 생성이 불가능하다. 모든 컴퓨터의 출력은 입력을 기반으로 다양한 계산을 통해 결과가 얻어지며 생성조건과 입력이 동일하면 항상 동일한 출력을 발생한다.

이에 따라 컴퓨터의 계산으로 얻어지는 난수는 완전한 난수가 아닌 난수의 특성을 일부 보유하고 있는 수이며 이를 의사 난수라고 한다. 의사 난수의 경우 어떤 알고리즘으로 난수를 생성하느냐에 따라 그 결과의 예측이 가능할 수 있다. 다만 난수를 발생하는 시점의 시간을 이용해 난수를 발생하는 경우 시간의 아주 적은 단위(ms(millisecond, 1/1,000초), 또는 $\mu s$(microsecond, 1/1,000,000초))까지 이용해 생성하면 그 값을 예측하는 것은 현실적으로 매우 어렵고 동일한 값을 생성하는 것 역시 거의 불가능하다. 또한 생성되는 난수의 길이가 길면 길수록 동일한 값을 생성하는 것이 어려워진다. 그러나 이 경우 처리되는 시스템의 처리 량의 증가를 가지고 올 수 있어 적절한 균형점을 갖는 것이 중요하다.

의사난수를 생성하는 시스템을 의사난수생성기<sup>PRNG, Pseudo-Random Number Generator</sup>라고 하며 의사난수 생성 알고리즘에는 선형합동법, 일방향 암호화를 이용한 의사난수 생성법, 대칭키 암호화나 공개키 암호화를 사용한 의사난수 생성법 등 다양한 알고리즘이 존재한다.

최근에는 소프트웨어적으로 생성된 의사난수가 아닌 하드웨어를 이용한 난수생성기를 이용해 난수를 생성하는 경우도 증가하고 있다. 이러한 난수생성기를 기존의 의사난수생성기와 비교해 순수난수생성기<sup>TRNG, True Random Number Generator</sup>라고 한다. 순수난수생성기는 대부분 물리적 현상을 통한 신호를 디지털화해 난수를 발생시키며 최근의 순수난수생성기는 양자 무작위 속성을 이용한 양자난수생성기<sup>QRNG, Quantum Random Number Generators</sup>에 대한 연구와 실증으로 완전한 난수의 발생을 이루고 있다. 양자난수 생성기의 경우 양자역학적 현상을 이용해 순수난수를 만드는 방법으로 방사성 동위원소의 붕괴에서 발생하는 입자를 측정해 난수를 발생시키는 방법[19], 광자의 쌍의 양자 얽힘을 이용해서 난수를 발생시키는 방법[20] 등 다양한 방법이 연구되고 있다.

## 나) 카운터

카운터<sup>Counter</sup>는 단순히 숫자를 발생하는 장치로 원본값을 0부터 시작해 1씩 증가하는 값으로 대체하는 기술이다. 카운터를 사용해 가명처리한 정보를 다시 복원하기 위해서는 매핑테이블이 필요하기 때문에 매핑테이블을 저장하는 비용이 발생한다.

## 다) 토큰화

가명처리에서 사용하는 토큰화<sup>Tokenization</sup> 기술은 1절에서 살펴본 기술의 조합으로 이뤄지며 개인을 식별할 수 있는 정보를 토큰으로 변환해 사용함으로써 개인정보를 직접 사용해 발생하는 개인에 대한 식별위험을 제거해 개인정보를 보호하는 기술을 말한다. 즉 매핑테이블을 이용하는 기법에서 김철수라는 이름을 홍길동이라는 가명으

---

19 http://www.mikrotik.co.kr/trn/page03.php
20 https://www.ni st.gov/news-events/news/2018/04/nists-new-quantum-method-generates-really-random-numbers

로 처리해 사용했다면 토큰화 기술에서는 김철수라는 이름을 토큰으로 변환해 사용함으로써 개인의 식별성을 제거하는 것이다.

토큰화 기술에서 토큰의 생성 시 적용하는 기술은 위에서 알아본 의사난수 기법<sub></sub>Pseudo random number이나 암호화 기법을 주로 사용하며, 토큰 시스템이 적용된 응용시스템의 활용 편의성 때문에 형태보존 암호화도 많이 사용되고 있다.

토큰을 생성하는 데 사용한 원래의 데이터는 토큰값과 매핑돼 매핑테이블로 토큰 서버에 저장되며 원래의 데이터가 필요한 경우 이 매핑테이블을 조회해 원래의 값을 복원해 사용할 수 있다.

이때 매핑테이블이 저장되는 토큰 서버의 안전성이 전체 토큰화시스템의 안전성에 큰 영향을 미치게 돼 각 토큰시스템의 안전성은 토큰을 만드는 데 사용하는 기법의 안전성에 토큰서버의 안전성의 합에 의해 결정된다.

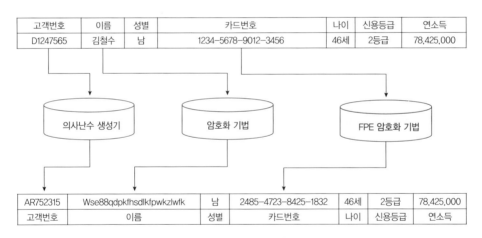

**그림 4-12** 토큰 기법 예시

토큰화 기술을 적용한 토큰시스템의 구성요소는 다음과 같이 구성된다.

1. 토큰 생성기: 개인정보를 대신할 토큰을 발생시키는 장치
2. 토큰 조회기: 토큰을 이용해 원래의 개인정보를 조회하는 장치
3. 토큰 저장소: 토큰과 개인정보의 매핑 테이블을 저장하는 저장소

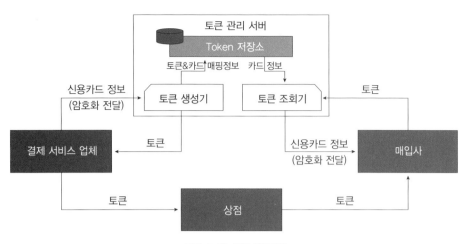

**그림 4-13** 토큰화시스템

토큰화시스템 중 가장 널리 사용되는 시스템은 신용카드 정보에 대한 토큰시스템으로 EMV(표준을 만든 3개의 카드사인 Europay, Mastercard, VISA의 앞글자를 따서 EMV로 표기) 표준으로 제정돼[21] 있다.

참고

**1. 개정 개인정보보호법에서의 추가 정보란?**

**1) 추가 정보(Additional Information)의 정의**

개정된 개인정보보호법 제2조 1호 다목에 의하면 "가목 또는 나목을 제1호의2에 따라 가명처리함으로써 원래의 상태로 복원하기 위한 추가 정보의 사용 · 결합 없이는 특정 개인을 알아볼 수 없는 정보(이하 "가명정보"라 한다)" 제2조 1의2에 의하면 "가명처리"란 "개인정보의 일부를 삭제하거나 일부 또는 전부를 대체하는 등의 방법으로 추가 정보가 없이는 특정 개인을 알아볼 수 없도록 처리하는 것을 말한다."라고 명시하고 있다. 결국 이를 기술적인 관점에서 풀어보면 "개인 데이터를 특정 데이터 주체로 귀속시키기 위한 정보로서 원본(가명처리 대상) 식별자와 가명처리된 가명과의 연관성을 나타내는 정보"로 정의할 수 있다.

---

21  https://www.emvco.com/wp-content/uploads/2017/08/EMV-Payment-Tokenisation-Technical-Framework-v2-General-QA-FINAL.pdf

## 2) 가명처리 기술별 추가 정보의 예시

**표 4-11** 가명처리 기술 추가 정보의 예시

| 가명화 기술의 종류 | | | 추가 정보 |
|---|---|---|---|
| 삭제 | | | - |
| 대체 | 양방향 암호화 | 대칭키 암호화 | 대칭키, 암호 알고리즘 |
| | | 공개키 암호화 | 공개키, 개인키, 암호 알고리즘 |
| | | 키 삭제를 통한 결정적 암호화 | 결정적 암호화에 사용된 키, 암호 알고리즘 |
| | 일방향 암호화 | 키가 없는 해시 암호화 | 해시 암호화 알고리즘(비권고) |
| | | 키가 필요한 해시 암호화 | 해시 암호화 키, 해시 암호화 알고리즘 |
| | | 솔트(Salt)를 추가한 해시 암호화 | 솔트값, 해시 암호화 알고리즘 |
| | 마스킹 | 부분 대체 | 매핑테이블 |
| | | 스크램블링(Scrambling) 또는 셔플링(Shuffling) | |
| | | 블러링(Data blurring) | |
| | 의사난수생성(Pseudo-Random Number Generator) | | 의사난수생성 알고리즘, 매핑테이블, (필요 시) 초기 Seed값 |
| | 카운터(Counter) | | 매핑테이블 |
| | 토큰화(Tokenization) | | 토큰생성 정보(암호화 등), 매핑테이블 |

## 3) 매핑테이블

가명처리에서 대체 기법을 사용하기 위해서는 때에 따라 원문과 대체되는 문장을 매핑하기 위한 테이블을 필요로 하게 된다. 일반적으로 대체하는 시점에 메모리에서 생성돼 작업이 종료되는 시점에 삭제되지만 이를 저장하면 결국 추가 정보인 매핑테이블(Mapping Table)이 된다. 즉, 가명으로 변환한 원본 정보와 가명정보의 매핑 정보를 테이블로 보관해 추후 필요 시 다시 원래의 정보를 조회를 통해 찾을 수 있다(그림 4-14 참조). 한편 가역적 비식별 기법의 일환으로 필요에 따라 원래의 정보가 필요한 경우 매핑테이블을 조회해 다시 원래의 정보로 되돌릴 수 있다(그림 4-15 참조). 이때 매핑테이블이 원래의 데이터로 복원하기 위한 정보로 활용돼 가명처리 기술의 추가 정보가 된다.

**그림 4-14** 매핑테이블의 가명처리 시 동작 방식

**그림 4-15** 매핑테이블의 원래 정보 복원 시 동작 방식

## 2. 조직 내에서의 가명처리 시 기술적 고려사항

1) 데이터 유용성, 데이터 이용 목적, 그리고 개인정보 처리에 대한 전반적인 콘텍스트(환경)를 고려한 가명처리 정책 마련 필요

① Deterministic pseudonymisation: 동일 주체에 대해 항상 동일 가명 사용

– 2006년 AOL이 동일 가명에 대해 Query(검색어) 공개로 기자가 사용자를 식

별한 사건[22]

② Document-randomized pseudonymisation: 한 문서(데이터셋) 내에서 동일주체에 대해 서로 다른 가명 사용

③ Fully-randomized pseudonymisation: 모든 문서(데이터셋)를 대상으로 동일주체에 대해 서로 다른 가명 사용

- 의도치 않은 (결합을 통한) 재식별 가능 사례: A사에서 동일 이름에 대해 솔트 없이 SHA256으로 가명처리를 했고, B사에서도 동일 이름에 대해 동일한 방법으로 가명처리를 했을 경우, B사가 A사로부터 결합에 대한 사전 협의(또는 별도 계약)가 없이 가명정보를 제공받았다면 우연히 결합을 통해 정보 주체가 식별될 가능성이 있음

## 2) 내외부 공격자 고려[23]

① 내부 개인정보 정보처리자나 TTP(전문기관)가 공격자가 될 수도 있음

② 모든 시나리오에서 악의적으로 행동하고 일하는 행위자는 외부의 적으로 간주돼야 함

## 3) 기술적 공격에 대한 대비 필요

① 무차별 대입 공격

- 해당 가명에 대해 원본값을 찾을 때까지 모든 가능한 원본값들을 대입해 봄

② 사전 공격

- 원본값에 해당하는 모든 가명에 대한 매핑테이블을 미리 계산해 적용
- Rainbow 테이블 또는 Hellman 테이블 등이 있음

③ 추측

- 공격자가 일부 배경지식(확률분포, 발생 빈도, 기타 부가정보 등)을 사용, 식별자의 통계적 특성을 이용, 공격

---

22 Barbaro M, Zeller Jr. T, A Face Is Exposed for AOL Searcher No. 4417749 New York Times, 9 August, 2006,

23 EU ENISA(European Union Agency for Network and Information Security), Pseudonymisation and best practices, Non, 2019

## 4.2 ISO/IEC 20889 기반 비식별처리(가명처리, 익명처리) 기법

ISO/IEC 20889에서는 다음과 같은 비식별 기법을 제시하고 있다.

**표 4-12** ISO/IEC 20889의 비식별 기법

| 기법 | 세부 기술 |
|---|---|
| 통계 기법 | • 표본추출(샘플링)<br>• 총계처리 |
| 암호화 기법 | • 결정성 암호화<br>• 순서보존 암호화<br>• 형태보존 암호화<br>• 동형암호화<br>• 동형 비밀 분산 |
| 삭제 기법 | • 칼럼 삭제<br>• 부분 삭제<br>• 레코드 삭제<br>• 식별요소 전부 삭제 |
| 가명처리 기법 | • 제시된 세부 기술 없음 |
| 일반화 기술 | • 라운딩<br>• 로컬 일반화<br>• 상하단 코딩<br>• 속성결합 |
| 무작위화 기술 | • 잡음 추가<br>• 순열(Permutation, 재배열), 1:1 교환(Swapping)<br>• 부분총계 |
| 해부화 | • 제시된 세부 기술 없음 |
| 재현 데이터 | • 제시된 세부 기술 없음 |

이 절에서는 앞 절에서 설명된 가명처리 기술과 가명처리 기술에 포함된 마스킹을 제외하고 나머지 기술에 대해 설명한다. 또한 각 기술에 추가적인 고려사항이나 세부 기술이 있는 경우 그 기술까지 고려해 정리한다.

## 1. 통계 기법

### 1) 표본추출

- 데이터 주체 즉, 각 개인별로 전체 모집단이 아닌 표본에 일반화 또는 무작위 레코드 추출 등의 기법을 통해 모집단의 일부를 분석해 전체에 대한 분석을 대신하는 기법. 전체 데이터를 분석하는 비용 대비 적은 비용을 가지고 전체를 분석하는 것과 유사한 결과를 얻을 수 있음
- 모집단의 대표성이 있는 표본을 확보하는 것이 중요
- 샘플 데이터는 모집단 데이터에 비해 식별에 대한 위험이 상대적으로 적음

  (예시) 전 국민이 모집단인 경우 특정 QI의 조합이 유일하면 이는 곧 식별이 될 가능성이 매우 높아지지만 10% 샘플에서 특정 QI의 조합이 유일한 경우, 원데이터에서 유일하지 않을 가능성이 더 높으며 이에 따라 재식별에 대한 위험도 감소됨

- 표본추출(Sampling)은 확률적 표본추출 방법과 비확률적 표본추출 방법으로 나눠짐
- 확률적 표본추출 방법에는 무작위 표본추출, 계통적 표본추출, 층화 표본추출, 집락 표본추출 등이 있음
- 비확률적 표본추출 방법에는 임의 표본추출, 판단 표본추출, 할당 표본추출, 누적 표본추출 등이 있음
- 통계적으로 분석에 많이 사용되는 표본추출은 확률적 표본추출을 많이 사용함

### 가) 무작위 표본추출

- 확률적 표본추출의 가장 기본적인 유형
- 모집단을 구성하는 각 구성요소가 표본으로 뽑힐 확률이 동등함
- 모집단의 크기가 N이고 표본의 크기가 n일 때 각 구성요소가 뽑힐 확률은 n/N으로 모든 구성요소가 동일한 확률을 가지게 됨
- 복원 표본추출과 비복원 표본추출의 두 가지 방법이 있음

- 복원 표본추출: 표본으로 뽑힌 구성요소를 다시 모집단에 포함한 후 다음 표본을 추출함. 가장 원칙에 맞는 방법이나 표본이 중복해서 뽑힐 가능성이 있으며 중복해서 뽑히면 안되는 분석에서는 아래의 비복원 표본추출을 사용
- 비복원 표본추출: 표본으로 뽑힌 구성요소를 빼고 다음 표본을 추출하는 것으로 이론적으로는 모든 표본의 구성요소가 뽑힐 확률이 달라지지만 그 차이가 매우 적기 때문에 중복 추출로 인한 문제점의 해결을 위해 주로 많이 사용됨

**표 4-13** 1에서 5까지의 난수를 발생시킨 후 4를 선택한 무작위 표본 추출 예시

| 랜덤수 | 성별 | 시도 | 나이 | 수신 총잔액 | 신용대출한도 |
|---|---|---|---|---|---|
| 4 | F | 경기 | 40대 | 6,317,711 | 64,100,000 |
| 5 | F | 경기 | 30대 | 55,633 | 202,600,000 |
| 2 | M | 부산 | 60대 | 672,127 | 940,900,000 |
| 1 | M | 서울 | 50대 | 60,722,309 | 32,800,000 |
| 3 | M | 경기 | 80대 | 9,604,630 | 23,700,000 |
| 2 | F | 전북 | 50대 | 732,700 | 773,300,000 |
| 4 | F | 서울 | 50대 | 7,303,548 | 15,300,000 |
| 4 | M | 대전 | 50대 | 4,667,723 | 3,600,000 |
| 1 | M | 경기 | 30대 | 612,509 | 12,700,000 |
| 5 | F | 서울 | 20대 | 254,558 | 660,900,000 |
| 3 | M | 경기 | 40대 | 841,673 | 2,500,000 |
| 3 | M | 광주 | 50대 | 183,615 | 9,800,000 |
| 1 | F | 서울 | 50대 | 966,180 | 354,000,000 |
| 2 | F | 강원 | 70대 | 553,575 | 37,900,000 |
| 5 | F | 부산 | 40대 | 7,177,617 | 530,800,000 |

나) 계통적 표본추출

- 모집단을 구성하고 있는 구성요소의 자연적인 순서 또는 일정한 질서에 따라 배열된 목록에서 매 X번째의 구성요소를 추출해 형성하는 방법
- 2% 샘플링의 경우 1~50 사이의 난수를 하나 추출한 후 추출된 수에 +50을 해 계속적으로 샘플을 뽑는 방법
- 표본추출 방법이 매우 쉬우며 모집단 전체에 걸쳐 보다 공평하게 표본이 추출되므로 모집단을 보다 더 잘 대표할 가능성이 있을 수 있음
- 모집단의 배열이 일정한 주기성과 특정 경향성을 보일 때 대표성에 문제가 생길 수 있음

**표 4-14** 20% 샘플링에서 2를 선택한 계통적 표본 추출 예시

| 성별 | 시도 | 나이 | 수신 총잔액 | 신용대출한도 |
|------|------|------|-------------|--------------|
| F | 경기 | 40대 | 6,317,711 | 64,100,000 |
| F | 경기 | 30대 | 55,633 | 202,600,000 |
| M | 부산 | 60대 | 672,127 | 940,900,000 |
| M | 서울 | 50대 | 60,722,309 | 32,800,000 |
| M | 경기 | 80대 | 9,604,630 | 23,700,000 |
| F | 전북 | 50대 | 732,700 | 773,300,000 |
| F | 서울 | 50대 | 7,303,548 | 15,300,000 |
| M | 대전 | 50대 | 4,667,723 | 3,600,000 |
| M | 경기 | 30대 | 612,509 | 12,700,000 |
| F | 서울 | 20대 | 254,558 | 660,900,000 |
| M | 경기 | 40대 | 841,673 | 2,500,000 |
| M | 광주 | 50대 | 183,615 | 9,800,000 |
| F | 서울 | 50대 | 966,180 | 354,000,000 |
| F | 강원 | 70대 | 553,575 | 37,900,000 |
| F | 부산 | 40대 | 7,177,617 | 530,800,000 |

다) 층화 표본추출

- 모집단을 보다 동질적인 몇 개의 층으로 나누고 각 층으로부터 단순 무작위 표본추출을 하는 방법
- 모집단에 대한 기존 지식을 활용할 수 있어 표본의 대표성을 높이고 동질성이 큰 표본에서는 표본추출 오차를 줄일 수 있음
- 모집단에서 각 계층이 차지하는 크기에 비례해 표본크기를 정하는 비례 층화 표본추출과 크기에 관계없이 표본추출비를 다르게 부여하는 비비례 층화 표본추출로 구분됨
- 중요한 소수의 집단을 빼지 않고 표본에 포함시킬 수 있는 장점이 있음

**표 4-15** 지역이 층화 샘플링의 기준이 된 33% 층화 표본추출 예시

| 성별 | 시도 | 나이 | 수신 총잔액 | 신용대출한도 |
|---|---|---|---|---|
| F | 경기 | 40대 | 6,317,711 | 64,100,000 |
| F | 경기 | 30대 | 55,633 | 202,600,000 |
| M | 경기 | 60대 | 672,127 | 940,900,000 |
| M | 서울 | 50대 | 60,722,309 | 32,800,000 |
| M | 서울 | 80대 | 9,604,630 | 23,700,000 |
| F | 서울 | 50대 | 732,700 | 773,300,000 |
| F | 서울 | 50대 | 7,303,548 | 15,300,000 |
| M | 서울 | 50대 | 4,667,723 | 3,600,000 |
| M | 서울 | 30대 | 612,509 | 12,700,000 |
| F | 부산 | 20대 | 254,558 | 660,900,000 |
| M | 부산 | 40대 | 841,673 | 2,500,000 |
| M | 부산 | 50대 | 183,615 | 9,800,000 |
| F | 부산 | 50대 | 966,180 | 354,000,000 |
| F | 부산 | 70대 | 553,575 | 37,900,000 |
| F | 부산 | 40대 | 7,177,617 | 530,800,000 |

## 라) 집락 표본추출

- 모집단을 여러 가지 이질적인 구성요소를 포함하는 여러 개의 집단으로 구분한 다음 구분된 집단 중 무작위로 집단을 선택하고 선택된 집단의 모든 구성요소를 표본으로 사용하는 방법
- 오차의 개입가능성이 높고 특정 집단을 과대 또는 과소 표현할 위험이 높음

**표 4-16** 시도 단위의 집단 중 서울을 선택한 집락 표본 추출 예시

| 집락 | 성별 | 시도 | 가입기간 | 수신 총잔액 | 신용대출한도 |
|------|------|------|----------|-------------|--------------|
| 1 | F | 경기 | 8 | 6,317,711 | 64,100,000 |
|   | F | 경기 | 11 | 55,633 | 202,600,000 |
|   | M | 경기 | 8 | 672,127 | 940,900,000 |
|   | M | 경기 | 13 | 60,722,309 | 32,800,000 |
|   | M | 경기 | 12 | 9,604,630 | 23,700,000 |
| 2 | F | 서울 | 14 | 732,700 | 773,300,000 |
|   | F | 서울 | 12 | 7,303,548 | 15,300,000 |
|   | M | 서울 | 10 | 4,667,723 | 3,600,000 |
|   | M | 서울 | 11 | 612,509 | 12,700,000 |
|   | F | 서울 | 14 | 254,558 | 660,900,000 |
| 3 | M | 부산 | 11 | 841,673 | 2,500,000 |
|   | M | 부산 | 14 | 183,615 | 9,800,000 |
|   | F | 부산 | 12 | 966,180 | 354,000,000 |
|   | F | 부산 | 15 | 553,575 | 37,900,000 |
|   | F | 부산 | 16 | 7,177,617 | 530,800,000 |

## 마) 모집단의 재식별 위험과 샘플 데이터의 재식별 위험

모집단에서의 식별가능성과 샘플 데이터에서의 식별가능성은 위험도가 서로 다르다. 예를 들어 모집단에서의 특정은 매우 높은 확률의 식별을 가져올 수 있지만 샘플 데이터에서의 특정은 샘플 데이터가 모집단과 어느 정도 차이가 나느냐에 따라 식별에 대한 확률이 매우 적을 수 있다. 이런 관점에서 모집단의 재식별 위험과 샘플 데

이터의 재식별 위험은 다르게 평가돼야 한다. 모집단과 샘플의 차이에 따라 재식별 위험을 다르게 추정하는 알고리즘은 Pitman, Zayatz, SNB 등의 알고리즘이 있다.

### 바) 엑셀의 함수를 이용한 표본추출

엑셀은 다양한 수학적 기능을 가지고 있는 오피스 제품군이다. 약 5년 전까지만 해도 전 세계적으로 가장 널리 사용되는 분석 툴의 10위 안에 엑셀이 포함돼 있을 정도로 강력한 기능을 가지고 있다.

물론 엑셀이 근본적으로 가지고 있는 레코드의 제한(엑셀은 1,048,576레코드를 한계로 점으로 가지고 있고 칼럼의 개수도 16,338개만 가능함, 엑셀 2019 기준)이 있지만 실제 분석에 사용되는 데이터 중에서는 엑셀을 이용한 분석이 가능한 정도의 데이터도 상당수를 차지하고 있다.

이러한 엑셀을 함수를 이용해 표본을 추출하는 방법은 2가지 방법이 있으며 다음과 같은 방법으로 적용할 수 있다.

### (1) 엑셀의 랜덤 함수를 이용하는 방법

- 1단계: 데이터의 가장 앞부분에 열을 추가
- 2단계: 추가된 칼럼에 randbetween 함수를 사용해 노이즈를 생성, 이때 노이즈는 전체 데이터에서 샘플링을 해야 하는 비율로 선택
  예시) 10% 샘플링의 경우 0~9 사이의 값을 랜덤하게 생성하면 됨
  =RANDBETWEEN(0,9)

- 3단계: 생성된 칼럼의 난수를 데이터와 동일하게 적용
- 4단계: 10개의 숫자 중 하나의 숫자를 선택하고 나머지를 삭제

**표 4-17** RANDBETWEEN 함수 발생 시 생성되는 난수의 비율

| 난수 발생 | 적용난수 개수 | 적용 % |
|---|---|---|
| 0 | 806 | 0.047412 |
| 1 | 841 | 0.049471 |
| 2 | 851 | 0.050059 |
| 3 | 821 | 0.048294 |
| 4 | 846 | 0.049765 |
| 5 | 884 | 0.052 |
| 6 | 928 | 0.054588 |
| 7 | 840 | 0.049412 |
| 8 | 886 | 0.052118 |
| 9 | 858 | 0.050471 |

이때 선택하는 숫자는 대략 10%로 생성되며 숫자를 꼭 맞춰야 하는 경우 비율을 높여서 추출해야 함(비식별 후 삭제되는 칼럼의 숫자를 감안)

가명처리를 위한 추출: 필요 데이터의 10% 정도를 추가해서 추출

익명처리를 위한 추출: 필요 데이터의 50%~100% 정도를 추가해서 추출(데이터의 분포에 따라 달라짐)

**(2) 엑셀의 기본 기능을 이용해 추출하는 경우**

엑셀은 기본적으로 많은 통계적인 기법을 내장하고 있다. 이 통계적인 기법 중 표본 추출기능도 포함돼 있으며 이 기능을 이용해 통계적 표본추출 기법 중 무작위 표본 추출과 계통적 표본추출을 할 수 있다(엑셀 2019 기준).

- 엑셀을 실행한 후 **파일〉옵션**을 선택한다.

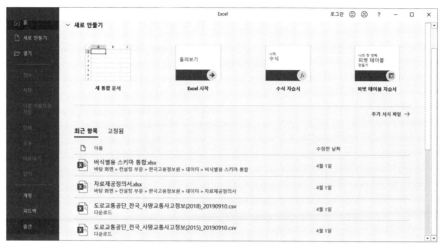

**그림 4-16** 엑셀의 파일 창

- 엑셀의 옵션에서 **추가 기능**을 선택한다.

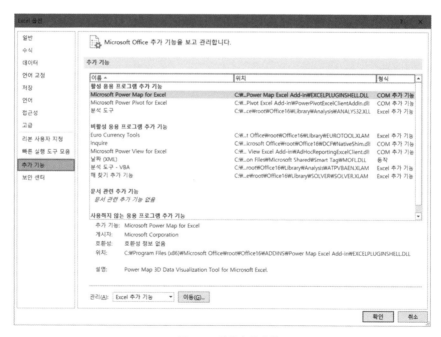

**그림 4-17** 엑셀의 옵션 창

● 추가 기능 창에서 **분석 도구**를 선택하고 **확인**을 클릭한다.

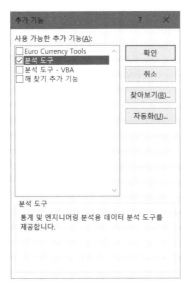

**그림 4-18** 추가 기능

● 데이터 맵에서 가장 마지막의 데이터 분석을 선택한다.

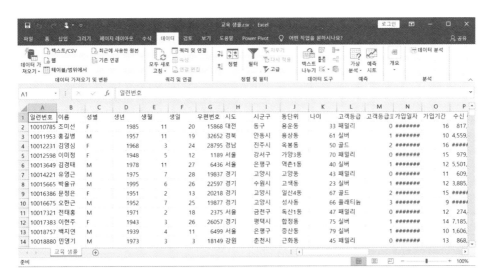

**그림 4-19** 데이터 탭의 분석 표시 여부

- 통계데이터 분석 창에서 **표본추출**을 선택한다.

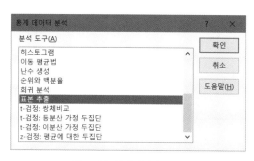

**그림 4-20** 통계데이터 분석 창

- 표본추출 창에서 필요한 값을 입력한다.

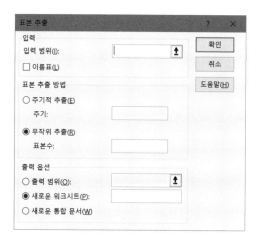

**그림 4-21** 표본추출 창

- 입력 범위: 표본추출을 하기 위한 칼럼, 모두 숫자만 있어야 함, 시퀀스 넘버로 구성된 칼럼을 선택하면 되며 시퀀스 넘버로 구성된 칼럼이 없는 경우 칼럼을 추가해 시퀀스 넘버로 된 칼럼을 만들어 선택하면 된다.
- 표본추출 방법: 엑셀은 비복원 무작위 표본추출과 계통적 표본추출(주기적 추출)을 지원하며, 무작위 표본추출을 선택하면 표본 수를 선택할 수 있고 주기적 추출의 경우 추출 주기를 선택할 수 있음

- 표본 수: 실제 추출할 표본의 수를 입력
- 출력 옵션: 출력범위의 지정이나 새로운 워크시트, 새로운 통합문서로 출력이 가능, 출력 후 기존 데이터에 대해 Vlookup 등의 기능을 이용해 나머지 정보를 가지고 오면 표본추출 완료

그 외의 표본추출 방법인 집락표본추출과 층화 표본추출은 IF 함수와의 조합으로 적용할 수 있다.

## 2) 총계처리

총계처리는 특정 칼럼을 통계적으로 처리하는 것으로 다음의 5가지 중 하나로 처리한다.

- 평균값, 중간값, 최빈값, 최댓값, 최솟값

이 5가지 중 어떤 기법을 사용해 처리를 하는지는 데이터의 활용 목적 및 데이터 특성에 따라 구분돼야 한다. 일반적인 통계분석에서는 평균값, 최빈값, 중간값을 주로 사용하며 특정 분류에 대한 경계값을 확인해야 하거나 크게 군집을 나누는 분석의 경우에는 최댓값과 최솟값을 사용한다.

### 가) 평균값

평균값은 일반적으로 통계에 많이 사용되는 기법으로 전체의 평균값으로 대체한다.

**표 4-18** 총계처리 – 평균값 예시

| 월간 병원비(원본) | 월간 병원비(평균값) |
|---|---|
| 268,057 | 2,048,620 |
| 1,029,984 | 2,048,620 |
| 1,376,470 | 2,048,620 |
| 2,408,994 | 2,048,620 |
| 8,541,986 | 2,048,620 |
| 1,502,390 | 2,048,620 |
| 639,105 | 2,048,620 |
| 2,408,994 | 2,048,620 |
| 2,672,396 | 2,048,620 |
| 4,574,763 | 2,048,620 |
| 775,202 | 2,048,620 |
| 716,392 | 2,048,620 |
| 361,038 | 2,048,620 |

평균으로 대체하는 경우 평균의 오류를 주의해서 사용해야 한다. 평균의 오류는 평균을 내는 대상에 특이치가 포함돼 평균값이 일반적인 평균치에 비해 많이 올라가거나 내려가는 현상을 의미한다. 우리나라 통계청에서 소득 등의 통계를 발표할 때 이런 문제를 해결하기 위해 평균값과 중간값을 같이 발표해 통계의 오류에 대한 확인을 쉽게 할 수 있도록 하고 있다.

**나) 최댓값**

최댓값은 대상 데이터 중 가장 큰 값으로 대체한다.

**표 4-19** 총계처리 - 최댓값 예시

| 월간 병원비(원본) | 월간 병원비(최댓값) |
|---|---|
| 268,057 | 8,541,986 |
| 1,029,984 | 8,541,986 |
| 1,376,470 | 8,541,986 |
| 2,408,994 | 8,541,986 |
| **8,541,986** | 8,541,986 |
| 1,502,390 | 8,541,986 |
| 639,105 | 8,541,986 |
| 2,408,994 | 8,541,986 |
| 2,672,396 | 8,541,986 |
| 4,574,763 | 8,541,986 |
| 775,202 | 8,541,986 |
| 716,392 | 8,541,986 |

일반적으로 모든 칼럼에 대해 최댓값을 변경하는 경우는 극히 드물게 나타나며 일반적인 분포의 하위 특이값을 경계값으로 변환하는 경우 최댓값을 사용하게 된다. 그림 4-22에서 160 이하의 모든 키를 가진 사람을 160의 값으로 대체하면 경계값으로 최댓값을 사용한 사례가 된다.

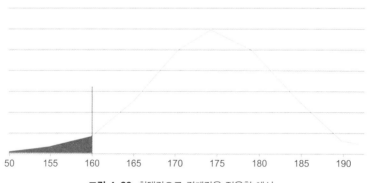

**그림 4-22** 최댓값으로 경계값을 적용한 예시

다) 최솟값

최솟값은 대상 중 가장 작은 값으로 대체한다.

**표 4-20** 총계처리 – 최솟값 예시

| 월간 병원비(원본) | 월간 병원비(최솟값) |
| --- | --- |
| 268,057 | 268,057 |
| 1,029,984 | 268,057 |
| 1,376,470 | 268,057 |
| 2,408,994 | 268,057 |
| 8,541,986 | 268,057 |
| 1,502,390 | 268,057 |
| 639,105 | 268,057 |
| 2,408,994 | 268,057 |
| 2,672,396 | 268,057 |
| 4,574,763 | 268,057 |
| 775,202 | 268,057 |
| 716,392 | 268,057 |
| 361,038 | 268,057 |
| 1,404,903 | 268,057 |

최솟값 역시 일반적으로 모든 칼럼에 대해 최솟값을 변경하는 경우는 극히 드물
게 나타나며 일반적인 분포의 상위 특이값을 경계값으로 변환하는 경우 최솟값을 사
용한다. 그림 4-23에서 190 이상의 모든 키를 가진 사람을 190의 값으로 대체하면
경계값으로 최솟값을 사용한 사례가 된다.

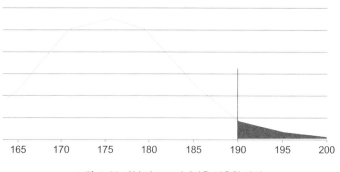

**그림 4-23** 최솟값으로 경계값을 적용한 예시

## 라) 최빈값

최빈값은 대상 중 가장 많은 빈도로 나타난 값으로 대체한다.

**표 4-21** 총계처리 – 최빈값 예시

| 월간 병원비(원본) | 월간 병원비(최빈값) |
| --- | --- |
| 268,057 | 2,408,994 |
| 1,029,984 | 2,408,994 |
| 1,376,470 | 2,408,994 |
| **2,408,994** | 2,408,994 |
| 8,541,986 | 2,408,994 |
| 1,502,390 | 2,408,994 |
| 639,105 | 2,408,994 |
| **2,408,994** | 2,408,994 |
| 2,672,396 | 2,408,994 |
| 4,574,763 | 2,408,994 |
| 775,202 | 2,408,994 |
| 716,392 | 2,408,994 |
| 361,038 | 2,408,994 |
| 1,404,903 | 2,408,994 |

마) 중간값

중간값은 모든 값을 일렬로 세울 때 정확하게 중간에 있는 값으로 대체하는 것으로, 숫자의 개수가 짝수일 경우 중간값을 계산하는 프로그램에 따라 서로 다른 알고리즘으로 중간값을 산정한다(엑셀의 경우 중간에 있는 두 숫자의 평균으로 산출). 중간값은 일반적으로 평균값과 함께 발표해 통계의 오류를 확인하는 데 사용한다. 즉 2018년에 비해 2019년의 소득평균이 올라갔을 때 그 원인이 일부 중상위권 소득의 증가로 오른건지 아니면 일부 상위권 고소득자의 소득의 증가로 오른건지 등을 파악할 수 있다.

표 4-22  총계처리 – 중간값 예시

| 월간 병원비(원본) | 월간 병원비(중간값) |
| --- | --- |
| 268,057 | 1,390,687 |
| 1,029,984 | 1,390,687 |
| 1,376,470 | 1,390,687 |
| 2,408,994 | 1,390,687 |
| 8,541,986 | 1,390,687 |
| 1,502,390 | 1,390,687 |
| 639,105 | 1,390,687 |
| 2,408,994 | 1,390,687 |
| 2,672,396 | 1,390,687 |
| 4,574,763 | 1,390,687 |
| 775,202 | 1,390,687 |
| 716,392 | 1,390,687 |
| 361,038 | 1,390,687 |
| 1,404,903 | 1,390,687 |

## 2. 암호화 기법

암호화는 전통적으로 사용된 정보보호기술로 다양한 분야에서 사용되고 있다. 특히 동형암호화를 제외하면 데이터 활용을 제약적으로 지원하는 비식별 기법이 된다. 이는 각 암호화에 따라 사용할 수 있는 분석방법이 서로 다르기 때문에 나타나는 것으로 원본과 동일한 사용성을 줄 수 있는 암호화 기법은 동형암호화뿐이다. 이에 따라 다양한 분석 시 결국 복호화가 필요한 경우가 있어 완전한 비식별 기법으로 보기는 어렵다. 그러나 가명처리 기법이나 데이터 유출로 인한 식별 위험에 대한 보호는 가능하다.

ISO/IEC 20889의 암호화에 대한 분류는 일반적인 암호학에서의 암호화의 분류와 약간 다른 분류법을 사용하고 있다. 일반적인 암호화에 대한 분류는 가명처리 기법에서 살펴본 것과 같이 양방향 암호화, 단방향 암호화, 그리고 양방향 암호화에서 비밀키 암호화, 공개키 암호화 등으로 분류를 하지만 여기서의 암호화 기법의 분류는 암호화된 정보를 활용하는 관점에서 분류한다(일반적인 암호화의 분류는 가명처리 기술 부분을 참조하기 바란다).

ISO/IEC 20889의 암호화 기법에 대한 분류는 다음과 같다.

- 결정성 암호화
- 순서보존 암호화
- 형태보존 암호화
- 동형 암호화

## 1) 결정성 암호화

동일한 알고리즘과 동일한 키로 동일한 값을 암호화한 경우 암호화된 값이 항상 일정한 값으로 생성되는 암호화 기법이다. 우리가 일반적으로 사용하는 대부분의 양방향 암호화 알고리즘과 해시 알고리즘이 결정성 암호화이다.

- 분석 시 기존 값과 동일하다, 동일하지 않다 정도의 비교만 필요한 경우 결정성 암호화는 안전한 데이터 사용을 가능하게 한다.
- 암호화된 열에 대한 지점조회, 동등조인, 그룹화 및 인덱싱 가능
- 암호화된 값 집합이 작은 경우 암호화된 값에 대한 정보의 추측 가능

가) 결정성 암호화의 종류

● 비밀키 암호화: 암호화할 때와 복호화할 때 같은 키를 사용하는 암호화 방식으로 대표적인 알고리즘으로 AES, SEED, ARIA 등이 있다. 키 배포에 대한 보안 이슈는 존재하지만 가명처리 기법으로 사용할 수 있다.

● 공개키 암호화: 암호화할 때와 복호화할 때 서로 다른 키를 사용하는 암호화 방식, 키 배포에 대한 보안 이슈는 없으나 암/복호화에 걸리는 시간이 비밀키 암호화 방식에 비해 많이 소요된다. 일반적으로 비밀키 암호화 방식으로 본문을 암호화하고 공개키 암호화 방식으로 키를 배포한다. RSA, ECC 등이 있다.

● 단방향 암호화: 비밀키 암호화와 공개키 암호화는 모두 양방향 암호화 방식으로 암호문에서 원문으로의 복원이 가능하나 단방향 암호화는 암호문에서 본문으로의 복원이 불가능한 방식이다. 일반적으로 본문의 크기보다 암호문의 크기가 매우 작아(대부분 동일한 크기로 암호화됨) 원문으로의 복원이 불가능하다. SHA 256, SHA 512, HMAC-SHA256 등이 있다.

표 4-23 단방향 암호화 적용 예시(SHA 256 no Salt)

| 이름 | SHA 256 암호화 |
|---|---|
| 조미선 | F67FED7C74D09511CB9A75A219308021A216D3FD2A65716298ED018D966BF0E4 |
| 홍길병 | B040B101DC52F1EF33F180E6CB8FF369ED254D9DDA92DB9963327ADACA217E0A |
| 김영심 | EB9F054A348ADB9376D5D1678B98D4C32C92A69D4FAE40562FE433819942FA7B |
| 이미정 | 5d2e387415514d6a30861f353fabd7eb3be682522f3f60fc9ccca6b717392bbc |
| 김경태 | c0d7b34289aad5a23b1355ade4f3accddb6dff69976f6706b804402b4628ac71 |
| 유영근 | ff0a8815dc0615c98ce55f1dd2891dacf0b6e543f0dc529e76cea3d2301979ce |
| 박을규 | a944576344a31ba20e1b882f3659dd86baf1b5b9f40fe6273ac0aadaa6713ef6 |
| 문정은 | 71b026571df2fd990befb3c8fc4e75330df0155dfcdb260d39e22160e285a58e |
| 오한근 | 4ac5d9d3fc5da58762b7056f3f465767f8fbd5786f7b1184e466927051fe29f3 |
| 전태홍 | fb6519f6fcf0f9995b6045c57b6e8187c6733f40e573b76f993c11ff93f916da |
| 이현주 | 611e5aaa81ae738d2c530f15e55a12cd79bb9c3873374aaa3b6affd79b3b16f2 |
| 백지연 | e3f5e91c327536c898e8d1c37c5aeabcf2d2bb03d3864e55e8f10f695a491168 |
| 민영기 | d978992c87838a39c6d9222a6142ece2a405cd7530afed84c501cb9f2677619a |
| 김수복 | 8326718173db5d40107b9ac186a08da59c6f4ab6f5defed2953af424a293878d |

## 2) 순서보존 암호화

원데이터의 순서와 암호화된 암호값의 순서가 동일하게 유지되는 암호화 방식이다.

암호화된 상태에서도 원본의 순서가 유지돼 검색속도 저하를 극복하고 분석 시 값 간의 크기에 대한 비교만 필요한 경우 순서보존 암호화를 통해 원본 사용 시보다 안전한 분석을 할 수 있다.

상대적으로 암호화 강도가 낮으며 순서 자체가 중요한 정보가 돼 식별성을 가질 수 있다.

**표 4-24** 순서보존 암호화 예시

| 값 | Order-preserving encryption 적용 값 |
|---|---|
| 1 | 0x0001102789d5f50b2beffd9f3dca4ea7 |
| 2 | 0x000422a6142ece2a405cd7530afed84 |
| 3 | 0x009fb3c8fc4e75330df0155dfcdb48sd |
| 4 | 0x010ce5aaa81ae738d2c530f15e55az7 |
| 5 | 0x04jo294lkksjlrops2365t9lk2jkml4m22 |
| 6 | 0x04zwoekrjfl3422ljfsadnml8s903ljkasjj |
| 7 | 0x05e75330df0155dfcdb230afed84c5a |
| 8 | 0x06002b6e8187c6733f40e573b76f99a |
| 9 | 0x07234e75330df0155dfcdb260d39eac |
| 만약 $x < y$, $Enc(x) < Enc(y)$ | |

## 3) 형태보존 암호화

원데이터의 형태와 암호화된 암호값의 형태가 동일하게 유지되는 암호화 방식이다.

원데이터와 동일한 크기의 동일한 구성 형태를 가지기 때문에 일반적인 암호화가 가지고 있는 저장공간의 스키마 변경 이슈가 없어 저장공간의 비용 증가를 해결할 수 있으며 암호화로 인해 발생하는 시스템의 수정이 거의 발생하지 않아 토큰화, 신용카드 번호의 암호화 등에서 기존 시스템의 변경 없이 암호화를 적용할 때 사용된다. 이전에는 암호화의 강도에 대한 논란이 있었으나 2016년 미국 NIST는 AES 기반의 FPE에 대해 미국 표준으로 승인되면서 안전성에 대한 논란이 적어지고 있다.

**그림 4-24** FPE 암호화를 이용한 신용카드 번호에 대한 암호화

## 4) 동형암호화

1970년대 처음 이론 연구가 시작된 이후 2009년에 IBM의 연구원인 Gentry에 의해 기술적 가능성이 증명됐으며 2011년 미국 MIT 대학의 기술보고서에서 10대 유망기술로 선정된 4세대 암호체계를 말한다.

암호화된 상태에서의 연산이 가능한 암호화 방법으로 원래의 값을 암호화한 상태로 연산 처리를 해 다양한 분석에 이용할 수 있다.

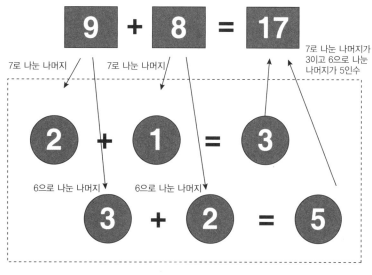

**그림 4-25** 동형암호화 예시

연산 중 덧셈 연산만 가능하거나 곱셈 연산만 가능한 기법을 반동형암호화 또는 부분동형암호화라고 하고 덧셈과 곱셈이 모두 가능한 기법을 완전동형암호화라고 한다.

동형암호화에 대한 이론적 배경은 1978년에 제안됐으나 안전성에 대한 증명이 부족했으며 2009년 IBM 왓슨연구센터의 크레이그 젠트리에 의해 정수론과 격자분야의 난제에 기반을 둔 동형암호를 설계하고 그 안전성이 난제로 환원됨을 증명한 후 여러 연구자가 참여해 부분적으로 실용화를 하고 있다. 다만 젠트리가 제안한 동형암호는 제한된 횟수의 연산을 수행한 후 재부팅이라는 과정을 거쳐야 하며 이로 인해 연산의 처리 속도가 매우 느리다. 현재는 재부팅 시간이 ms 단위로 빠르게 게선되고 있으며 이 개선에 따라 동형암호화의 성능도 높아질 수 있다.

현재 전 세계적으로 5개의 구현그룹에서 연구가 진행되고 있으며 서울대학교의 HeaAn, IBM의 HELib, 마이크로소프트의 SEAL, European HEAT 프로젝트의 PALISADE, cuHE 등의 알고리즘이 있다.

동형암호화 기술은 데이터의 정확한 값을 사용할 필요가 상대적으로 높은 의료 분야에서 매우 높은 요구사항을 가지고 있으며 생체 인식 분야에서도 생체 정보를 복호화하지 않고 인증을 수행할 수 있어 많은 연구가 진행되고 있다. 그러나 현재까지는 처리 및 저장에 들어가는 비용의 문제, 국제표준에 대한 문제, 동형암호화 인프라 간의 호환성 결여 등으로 활용에 걸림돌이 되고 있다.

동형암호의 난제성은 매우 높은 수준으로 양자컴퓨팅 환경에서도 안전하다는 것이 어느 정도 증명되고 있어 양자컴퓨팅 환경에서의 암호화 기법으로도 각광 받고 있다.

## 5) 동형비밀분산

식별자 또는 기타 민감정보를 메시지 공유 알고리즘에 의해 생성된 두 개 이상의 셰어로 대체하는 기법이다. 이 기법은 Shamir가 제안한 비밀분산기법 Secret Sharing 등을 응용해 식별자 또는 기타 민감정보값을 여러 개의 셰어 share 로 분할, 셰어 소유자 share-holder 에게 배포, 정보를 여러 명의 셰어 소유자가 공유하는 것을 말한다. 이 기법은 계산에 관한 성능 오버헤드가 상대적으로 낮지만, 셰어 소유자와 셰어를 교환할 때 발생하는 추가적인 오버헤드가 발생한다. 이용 기법에 따라 상당한 성능 비용이 발생할 수 있으나 공유 데이터의 통제된 재식별화는 비식별화된 데이터의 셰어를 소유한 셰어 소유자가 정해진 수만큼 재식별화에 모두 동의할 경우만 가능하게 되는 기법이다. 관련 기법과 연산에 대한 설명은 ISO/IEC 19592와 ISO/IEC 29101에 표준화돼 있다.

## 3. 삭제 기법

삭제 기법은 식별가능성이 높은 직접 식별자 또는 간접 식별자를 전체 또는 부분 삭제해 개인의 식별성을 낮추는 기법이다(로컬 삭제의 경우 민감속성에 대해서도 삭제를 하기도 함). ISO/IEC 20889에는 마스킹, 로컬삭제, 레코드 삭제의 세 가지 삭제 기법을 소개하고 있으나 실제 사용할 때는 마스킹, 칼럼 삭제, 부분 삭제, 레코드 삭제(로컬 삭제 포함), 전체 삭제 등 다양한 삭제 기법이 사용된다.

삭제 기법은 분석 목적에 필요 없는 칼럼이나 중복된 정보를 다루고 있는 칼럼을 삭제해 식별성을 낮추는 것을 포함한다.

### 1) 칼럼 삭제

- 직접 식별자나 식별가능성이 높은 간접 식별자, 중복된 정보 등을 삭제하는 것으로 일반적으로 대상 칼럼을 삭제한다.

**표 4-25** 환자번호, 이름, 생년 칼럼에 대한 칼럼삭제 예시

| 환자번호 | 이름 | 성별 | 생년 | 주소 | 나이 | 주상병 | 신장 | 체중 |
|---|---|---|---|---|---|---|---|---|
| 10010785 | 조미선 | F | 1985 | 대전 동구 용운동 | 33 | A15 | 163 | 43 |
| 10011953 | 홍길병 | M | 1957 | 경북 안동시 용상동 | 61 | C15 | 172 | 84 |
| 10012231 | 김영심 | F | 1968 | 경남 진주시 옥봉동 | 50 | J01 | 168 | 72 |
| 10012598 | 이미정 | F | 1948 | 서울 강서구 가양3동 | 70 | J00 | 156 | 51 |
| 10013649 | 김경태 | M | 1978 | 서울 은평구 역촌1동 | 40 | I21 | 169 | 56 |
| 10014221 | 유영근 | M | 1975 | 경기 고양시 고양동 | 43 | F02 | 174 | 78 |
| 10015665 | 박을규 | M | 1995 | 경기 수원시 고색동 | 23 | E11 | 172 | 70 |
| 10016386 | 문정은 | F | 1951 | 경기 고양시 일산4동 | 67 | K35 | 162 | 61 |
| 10016675 | 오한근 | M | 2010 | 경기 고양시 성사동 | 7 | J01 | 168 | 68 |
| 10017321 | 전태홍 | M | 1971 | 서울 금천구 독산1동 | 47 | I60 | 171 | 70 |
| 10017383 | 이현주 | F | 1943 | 경기 평택시 합정동 | 75 | K75 | 160 | 45 |
| 10018757 | 백지연 | M | 1939 | 서울 은평구 증산동 | 79 | C73 | 165 | 75 |
| 10018880 | 민영기 | M | 1973 | 강원 춘천시 근화동 | 45 | J03 | 172 | 64 |
| 10019912 | 김수복 | F | 1946 | 전남 광양시 진상면 | 72 | H25 | 174 | 52 |
| 10022529 | 엄경아 | F | 1957 | 서울 성북구 보문동 | 61 | K64 | 159 | 47 |

| 환자번호 | 이름 | 성별 | 생년 | 주소 | 나이 | 주상병 | 신장 | 체중 |
|---|---|---|---|---|---|---|---|---|
| | | F | | 대전 동구 용운동 | 33 | A15 | 163 | 43 |
| | | M | | 경북 안동시 용상동 | 61 | C15 | 172 | 84 |
| | | F | | 경남 진주시 옥봉동 | 50 | J01 | 168 | 72 |
| | | F | | 서울 강서구 가양3동 | 70 | J00 | 156 | 51 |
| | | M | | 서울 은평구 역촌1동 | 40 | I21 | 169 | 56 |
| | | M | | 경기 고양시 고양동 | 43 | F02 | 174 | 78 |
| | | M | | 경기 수원시 고색동 | 23 | E11 | 172 | 70 |
| | | F | | 경기 고양시 일산4동 | 67 | K35 | 162 | 61 |
| | | M | | 경기 고양시 성사동 | 7 | J01 | 168 | 68 |
| | | M | | 서울 금천구 독산1동 | 47 | I60 | 171 | 70 |
| | | F | | 경기 평택시 합정동 | 75 | K75 | 160 | 45 |
| | | M | | 서울 은평구 증산동 | 79 | C73 | 165 | 75 |
| | | M | | 강원 춘천시 근화동 | 45 | J03 | 172 | 64 |
| | | F | | 전남 광양시 진상면 | 72 | H25 | 174 | 52 |
| | | F | | 서울 성북구 보문동 | 61 | K64 | 159 | 47 |

## 2) 부분 삭제

부분 삭제는 칼럼의 일부를 삭제해 데이터의 식별성을 낮추는 기법으로 주소의 일부를 삭제하거나 날짜의 일부를 삭제하는 등 다양한 방법이 있다. 부분 삭제는 대부분의 경우 범주화 기법으로 자주 사용된다.

삭제 시 삭제 범위가 너무 적은 경우 데이터의 식별성을 낮추지 못할 수 있으므로 주의해야 한다.

**표 4-26** 주소 칼럼에 대한 부분 삭제 예시

| 성별 | 주소 | 나이 | 주상병 | 신장 | 체중 |
|---|---|---|---|---|---|
| F | 대전시 동구 용운동 | 33 | A15 | 163 | 43 |
| M | 경북 안동시 용상동 | 61 | C15 | 172 | 84 |
| F | 경남 진주시 옥봉동 | 50 | J01 | 168 | 72 |
| F | 서울시 강서구 가양3동 | 70 | J00 | 156 | 51 |
| M | 서울시 은평구 역촌1동 | 40 | I21 | 169 | 56 |
| M | 경기 고양시 고양동 | 43 | F02 | 174 | 78 |
| M | 경기 수원시 고색동 | 23 | E11 | 172 | 70 |
| F | 경기 고양시 일산4동 | 67 | K35 | 162 | 61 |
| M | 경기 고양시 성사동 | 7 | J01 | 168 | 68 |
| M | 서울시 금천구 독산1동 | 47 | I60 | 171 | 70 |
| F | 경기 평택시 합정동 | 75 | K75 | 160 | 45 |
| M | 서울시 종로구 신영동 | 79 | C73 | 165 | 75 |
| M | 강원 춘천시 근화동 | 45 | J03 | 172 | 64 |
| F | 전남 광양시 진상면 | 72 | H25 | 174 | 52 |
| F | 서울 성북구 동소문동3가 | 61 | K64 | 159 | 47 |

| 성별 | 주소 | 나이 | 주상병 | 신장 | 체중 |
|---|---|---|---|---|---|
| F | 대전 | 33 | A15 | 163 | 43 |
| M | 경북 | 61 | C15 | 172 | 84 |
| F | 경남 | 50 | J01 | 168 | 72 |
| F | 서울 | 70 | J00 | 156 | 51 |
| M | 서울 | 40 | I21 | 169 | 56 |

| M | 경기 | 43 | F02 | 174 | 78 |
|---|------|----|-----|-----|----|
| M | 경기 | 23 | E11 | 172 | 70 |
| F | 경기 | 67 | K35 | 162 | 61 |
| M | 경기 | 7 | J01 | 168 | 68 |
| M | 서울 | 47 | I60 | 171 | 70 |
| F | 경기 | 75 | K75 | 160 | 45 |
| M | 서울 | 79 | C73 | 165 | 75 |
| M | 강원 | 45 | J03 | 172 | 64 |
| F | 전남 | 72 | H25 | 174 | 52 |
| F | 서울 | 61 | K64 | 159 | 47 |

## 3) 레코드 삭제

특이한 값을 가지고 있어 식별성이 높거나 또는 아주 민감한 정보라 정보 주체에 대한 프라이버시 침해의 정도가 큰 경우 분석에 크게 문제가 되지 않을 때 레코드를 삭제하는 기법이다.

**표 4-27** 민감한 질병코드를 가진 레코드에 대한 레코드 삭제 예시

| 성별 | 주소 | 나이 | 주상병 | 신장 | 체중 |
|------|------|------|--------|------|------|
| F | 대전 | 33 | A15 | 163 | 43 |
| M | 경북 | 61 | C15 | 172 | 84 |
| F | 경남 | 50 | J01 | 168 | 72 |
| F | 서울 | 70 | J00 | 156 | 51 |
| M | 서울 | 40 | I21 | 169 | 56 |
| M | 경기 | 43 | F02 | 174 | 78 |
| M | 경기 | 23 | B20 | 172 | 70 |
| F | 경기 | 67 | K35 | 162 | 61 |
| M | 경기 | 7 | J01 | 168 | 68 |
| M | 서울 | 47 | I60 | 171 | 70 |
| F | 경기 | 75 | K75 | 160 | 45 |
| M | 서울 | 79 | C73 | 165 | 75 |

| | | | | | |
|---|---|---|---|---|---|
| M | 강원 | 45 | J03 | 172 | 64 |
| F | 전남 | 72 | H25 | 174 | 52 |
| F | 서울 | 61 | K64 | 159 | 47 |

| 성별 | 주소 | 나이 | 주상병 | 신장 | 체중 |
|---|---|---|---|---|---|
| F | 대전 | 33 | A15 | 163 | 43 |
| M | 경북 | 61 | C15 | 172 | 84 |
| F | 경남 | 50 | J01 | 168 | 72 |
| F | 서울 | 70 | J00 | 156 | 51 |
| M | 서울 | 40 | I21 | 169 | 56 |
| | | | | | |
| F | 경기 | 67 | K35 | 162 | 61 |
| M | 경기 | 7 | J01 | 168 | 68 |
| M | 서울 | 47 | I60 | 171 | 70 |
| F | 경기 | 75 | K75 | 160 | 45 |
| M | 서울 | 79 | C73 | 165 | 75 |
| M | 강원 | 45 | J03 | 172 | 64 |
| F | 전남 | 72 | H25 | 174 | 52 |
| F | 서울 | 61 | K64 | 159 | 47 |

## 4) 식별요소 전부 삭제

- 식별성이 있는 요소를 전부 삭제하는 방법이다.
- 실제 사용되는 사례는 HIPAA의 세이프 하버Safe Harbor 기법이 대표적인 사례다.

표 4-28 미국 HIPAA Safe harbor 방식의 식별자 유형

| ① 이름 | ⑦ 사회보장번호 | ⑬ 각종 장비 식별번호 |
|---|---|---|
| ② 주소 정보* | ⑧ 의료기록번호 | ⑭ 인터넷 주소(URL 정보) |
| ③ 날짜 정보* | ⑨ 건강보험번호 | ⑮ IP 주소 |
| ④ 전화번호 | ⑩ 계좌번호 | ⑯ 생체정보(지문, 음성 등) |
| ⑤ 팩스번호 | ⑪ 자격취득번호 | ⑰ 전체 얼굴사진 및 유사 이미지 |
| ⑥ 이메일 주소 | ⑫ 자동차번호(차량식별번호, 등록번호 등) | ⑱ 기타 특이한 식별번호 또는 코드 |

* ② 주소정보: 주(State)보다 작은 지리적 구획으로 세부주소(Street), 시(City), 군(County), 구역(Precinct), 우편번호 및 그와 대등한 지역번호(Geocode)를 포함하나 인구조사국의 공개적으로 이용 가능한 데이터를 따를 때 다음에 해당하는 우편번호 첫 3자리의 경우 예외로 함(우편번호 첫 3가지로 구성되는 지리적 단위가 2만 명 이상을 포함 등)
* ③ 날짜정보: 연도는 제외하고 개인과 직접적으로 관계된 날짜와 관련된 모든 요소(출생일자, 입원일자, 89세를 초과하는 나이는 90세로 단일 분류 등)

## 4. 가명처리 기법

가명처리 기법은 식별자나 식별가능 정보를 가명으로 대체하는 기법으로 가명처리 이후에도 서로 다른 테이블의 레코드를 연관시킬 수 있는 기법이다.

EU의 GDPR에서는 가명처리를 암호화와 유사한 데이터에 대한 보호 조치의 하나로 정의하고 있다.

가명처리는 단독으로 사용하는 경우 개별 데이터 주체에 대한 재식별 위험을 줄이는 데 충분하지 않고 다른 처리 기법을 함께 사용해야 한다.

가명처리 기법은 양방향 암호화, 일방향 암호화, 토큰기법, 마스킹, 카운터 등이 있으며 이에 대한 자세한 내용은 제1절 가명처리 기법을 참고하기 바란다.

## 5. 해부화

하나의 테이블을 두 개 이상의 테이블로 분할해 개인의 식별성을 낮추는 기법이다. 일반적으로 데이터의 가치는 특정한 정보가 누구의 것인지를 알 수 있어야 나타나게 된다. 예를 들어 단순히 화장품을 많이 구매한다라는 정보는 그리 가치가 있는 정보는 아니다. 그러나 서울의 20대 초반의 여성은 화장품을 많이 구매한다라는 정보

의 가치는 앞의 가치와 비교할 수 없다. 앞의 화장품을 많이 구매한다라는 정보는 대상이 없기 때문에 이는 정보로서의 가치를 가지지 못하는 사실일 뿐이다. 그러나 뒤의 정보는 이로 말미암아 화장품의 포장은 20대 초반의 취향에 맞게 해야 하며 포장지의 색상은 밝은 핑크색이 좋다라던지 20대 초반의 경우 구매력이 떨어지기 때문에 용량을 좀 적게 하더라도 판매 가격을 낮춰야 한다든지 등 정보로서의 부가가치를 일으킬 수 있게 된다. 해부화는 이를 뒤집어서 생각한 기법이다. 특정 테이블에 정보의 식별성이 발생하는 이유는 식별과 관련된 칼럼과 식별과 관계없는 칼럼이 함께 존재하기 때문이라고 생각하고 모든 칼럼을 분석해 식별과 관련있는 칼럼과 분석 대상의 칼럼을 분할해 실제 데이터 분석 시에는 속성들만으로 분석을 진행하게 하는 것이다.

그림 4-26은 영국의 공공데이터의 결합에 TTP모델[24]을 사용하는데 이 방식이 해부화를 이용해 식별성을 낮춘 방법의 하나라고 볼 수 있다.

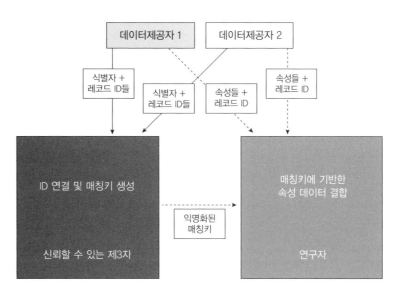

**그림 4-26** ADRN의 식별자와 속성의 분리를 통한 결합 방식

---

24   An Introduction to Data Linkage, ADRN, 영국, 8Page

- 일반적으로 해부화를 적용할 때 식별 관련 칼럼과 분석 대상 칼럼을 분할한다.

**표 4-29** 해부화 적용 예시

| 임시 일련번호 | 이름 | 성별 | 나이 | 주상병 | 신장 | 체중 |
|---|---|---|---|---|---|---|
| 1 | 조미선 | F | 33 | A15 | 163 | 43 |
| 2 | 홍길병 | M | 61 | C15 | 172 | 84 |
| 3 | 김영심 | F | 50 | J01 | 168 | 72 |
| 4 | 이미정 | F | 70 | J00 | 156 | 51 |
| 5 | 김경태 | M | 40 | I21 | 169 | 56 |
| 6 | 유영근 | M | 43 | F02 | 174 | 78 |
| 7 | 박을규 | M | 23 | E11 | 172 | 70 |
| 8 | 문정은 | F | 67 | K35 | 162 | 61 |
| 9 | 오한근 | M | 66 | J01 | 168 | 68 |
| 10 | 전태홍 | M | 47 | I60 | 171 | 70 |
| 11 | 이현주 | F | 75 | K75 | 160 | 45 |
| 12 | 백지연 | M | 79 | C73 | 165 | 75 |
| 13 | 민영기 | M | 45 | J03 | 172 | 64 |
| 14 | 김수복 | F | 72 | H25 | 174 | 52 |

**식별 관련 칼럼**

| 임시 일련번호 | 이름 | 성별 | 나이 |
|---|---|---|---|
| 1 | 조미선 | F | 33 |
| 2 | 홍길병 | M | 61 |
| 3 | 김영심 | F | 50 |
| 4 | 이미정 | F | 70 |
| 5 | 김경태 | M | 40 |
| 6 | 유영근 | M | 43 |
| 7 | 박을규 | M | 23 |
| 8 | 문정은 | F | 67 |
| 9 | 오한근 | M | 66 |
| 10 | 전태홍 | M | 47 |
| 11 | 이현주 | F | 75 |
| 12 | 백지연 | M | 79 |

**속성 관련 칼럼**

| 임시 일련번호 | 주상병 | 신장 | 체중 |
|---|---|---|---|
| 1 | A15 | 163 | 43 |
| 2 | C15 | 172 | 84 |
| 3 | J01 | 168 | 72 |
| 4 | J00 | 156 | 51 |
| 5 | I21 | 169 | 56 |
| 6 | F02 | 174 | 78 |
| 7 | E11 | 172 | 70 |
| 8 | K35 | 162 | 61 |
| 9 | J01 | 168 | 68 |
| 10 | I60 | 171 | 70 |
| 11 | K75 | 160 | 45 |
| 12 | C73 | 165 | 75 |

| 13 | 민영기 | M | 45 |     | 13 | J03 | 172 | 64 |
| --- | --- | --- | --- | --- | --- | --- | --- | --- |
| 14 | 김수복 | F | 72 |     | 14 | H25 | 174 | 52 |

이렇게 하나의 데이터를 식별 관련 칼럼과 속성 관련 칼럼으로 분할하고 기본적인 분석은 속성 관련 칼럼과 임시 일련번호를 통해 분석하고 필요한 경우 임시 일련번호를 통해 식별속성을 알 수 있게 된다.

또한 하나의 코드를 두 개 이상의 코드로 분할해 개인의 식별성을 낮추는 기법도 포함한다(코드화라고 함).

**표 4-30** 성별 칼럼에 대한 코드화 적용 예시

| 일련번호 | 이름 | 성별 | 해부화 적용 성별 |
| --- | --- | --- | --- |
| 10010785 | 조미선 | F | 3 |
| 10012231 | 김영심 | F | 9 |
| 10012598 | 이미정 | F | 7 |
| 10016386 | 문정은 | F | 1 |
| 10017383 | 이현주 | F | 2 |
| 10019912 | 김수복 | F | 5 |
| 10020238 | 박화순 | F | 9 |
| 10022529 | 김경태 | M | 15 |
| 10022950 | 유영근 | M | 19 |
| 10028752 | 박을규 | M | 11 |
| 10030386 | 문정은 | M | 14 |
| 10035485 | 오한근 | M | 16 |
| 10036391 | 전태홍 | M | 18 |

코드화의 경우 분석자에게 있어 개인의 식별성을 낮추는 것은 불가능하다. 데이터의 분석 목적을 달성하기 위해 어떤 코드가 어떤 값을 가지고 있는지를 알려줘야 하는 경우가 대부분이기 때문이다. 그럼에도 코드화 역시 하나의 비식별기법으로 포함하는 것은 데이터의 유출 시 개인의 식별성을 낮추는 데는 큰 효과를 나타내기 때문이다.

## 6. 일반화 기술

### 1) 라운딩

라운딩은 수치 데이터에 가장 일반적으로 사용하는 일반화 기술로 일반 라운딩, 랜덤 라운딩, 제어 라운딩 등의 다양한 기법이 포함된다.

### 가) 일반 라운딩

- 일반 라운딩은 반올림, 올림, 내림으로 사용된다.

표 4-31 일반 라운딩의 종류별 예시

| 나이 | 반올림 | 올림 | 내림 |
|---|---|---|---|
| 33 | 30 | 40 | 30 |
| 61 | 60 | 70 | 60 |
| 50 | 50 | 50 | 50 |
| 70 | 70 | 70 | 70 |
| 40 | 40 | 40 | 40 |
| 43 | 40 | 50 | 40 |
| 23 | 20 | 30 | 20 |
| 67 | 70 | 70 | 60 |
| 66 | 70 | 70 | 60 |
| 47 | 50 | 50 | 40 |

비식별의 관점에서 일반화 기법인 라운딩을 적용하는 경우 숫자의 어느 단위에서 라운딩을 적용해야 하는가에 대한 고려가 필요하다. 획일적인 라운딩 처리는 소수점을 기준으로 하나의 자리를 선택해 라운딩 처리를 하게 되며 아주 넓은 숫자 폭을 가지고 있는 경우 표 4-31에서 보는 것과 같이 일부 큰 숫자에 대해 식별성을 낮추지 못할 수 있다. 즉 라운딩을 적용할 때 적절한 단위에서의 라운딩은 비식별에 있어서 매우 중요한 요건이 된다.

**표 4-32** 적절한 라운딩과 잘못 적용된 라운딩 예시

| 적절한 라운딩 | | 적절하지 않은 라운딩 | |
|---|---|---|---|
| 원본 | 천 단위 라운딩 | 원본 | 천 단위 라운딩 |
| 10,173 | 10,000 | 983,116,785 | 983,117,000 |
| 10,228 | 10,000 | 984,715,591 | 984,716,000 |
| 10,325 | 10,000 | 984,932,383 | 984,932,000 |
| 10,333 | 10,000 | 985,660,262 | 985,660,000 |
| 10,358 | 10,000 | 986,047,778 | 986,048,000 |
| 10,424 | 10,000 | 987,288,188 | 987,288,000 |
| 10,597 | 11,000 | 988,608,036 | 988,608,000 |
| 10,603 | 11,000 | 988,934,487 | 988,934,000 |
| 10,698 | 11,000 | 993,085,508 | 993,086,000 |
| 10,707 | 11,000 | 993,799,087 | 993,799,000 |
| 10,730 | 11,000 | 996,566,982 | 996,567,000 |
| 10,752 | 11,000 | 999,338,359 | 999,338,000 |

적절하지 않은 라운딩은 라운딩 후에도 값의 유일성이 남아있게 돼 비식별 기술 처리를 통한 식별가능성을 낮추는 효과를 전혀 보지 못한다. 또한 의료 정보 중 투약 정보 같은 경우에는 정확한 값이 중요한 경우가 많으며 이 경우 라운딩을 적용하는 것은 바람직하지 않을 수 있다.

나) 랜덤 라운딩

랜덤 라운딩은 라운딩의 자리 수와 기준이 되는 수를 자유롭게 지정할 수 있는 라운 딩 기법이다.

● 라운딩 자리 수: 만 단위는 천 단위에서 반올림, 백만 단위는 만 단위에서 반올 림, 1억 단위는 백만 단위에서 라운딩 등

● 기준이 되는 수: 반올림에만 적용 가능한 방법으로 일반적인 사사오입이 아니라 기준점을 다르게 주고 그 기준점 미만은 모두 버리고 그 이상은 올리는 방법

**표 4-33** 자리수를 기반으로 하는 랜덤 라운딩 예시

| 소득금액 | 자리수 기반 랜덤 라운딩 |
|---|---|
| 869,250 | 869,000 |
| 4,559,120 | 4,560,000 |
| 13,601,564 | 13,600,000 |
| 979,118 | 979,000 |
| 5,501,809 | 5,500,000 |
| 609,622 | 610,000 |
| 3,885,329 | 3,890,000 |
| 23,992,801 | 23,990,000 |
| 185,878,354 | 186,000,000 |
| 274,489 | 274,000 |
| 7,185,105 | 7,190,000 |
| 1,606,685 | 1,610,000 |
| 868,878 | 869,000 |
| 5,260,714 | 5,260,000 |
| 761,039 | 761,000 |
| 13,595,307 | 13,600,000 |
| 6,722,935 | 6,720,000 |

　　표 4-33은 금융권에서 많이 사용하는 랜덤라운딩 기법으로 숫자의 앞자리수 3~4개만 남아 개인의 식별성을 낮추도록 사용한다. 금융권의 분석에서는 정확한 금액이 필요한 경우도 있으나 대략적인 금액이 필요한 경우가 더 빈번하다. 이런 경우 랜덤 라운딩을 적용해 개인의 식별성은 낮추고 사용 목적은 달성할 수 있게 된다.

다) 제어 라운딩

제어 라운딩은 원본의 행, 열의 합과 라운딩을 적용한 후 행, 열의 합이 동일하게 만드는 라운딩 기법이다. 일반적인 라운딩에는 특정한 수를 기준으로 라운딩을 적용하지만 제어 라운딩의 경우 계산에 의해 적절한 수에서 라운딩을 적용한다. 통계적으로 라운딩 처리를 통한 값의 왜곡을 막을 수 있는 기법이다. 그러나 처리해야 할 수의 개수가 증가할수록 처리하는 데 필요한 컴퓨팅 파워와 시간이 아주 많이 소모되

는 라운딩 기법으로 일반적으로 잘 사용되지 않는다. 다만 적절한 알고리즘을 이용해 처리하는 경우 수치 연산을 중심으로 하는 데이터의 분석에 높은 효과를 줄 수 있으나 처리 방법이 매우 어렵다.

표 4-34 제어 라운딩 예시

| 나이 | | 반올림 | 내림 |
| --- | --- | --- | --- |
| 33 | | 30 | 30 |
| 61 | | 60 | 60 |
| 50 | | 50 | 50 |
| 72 | | 70 | 70 |
| 43 | | 40 | 40 |
| **44** | | **40** | **50** |
| 23 | | 20 | 20 |
| 67 | | 70 | 70 |
| 68 | | 70 | 70 |
| 49 | | 50 | 50 |
| 합계 510 | | 합계 500 | 합계 510 |

## 2) 로컬 일반화

로컬 일반화는 전체 데이터 중 특정 부분에 대해서만 일반화를 적용하는 것으로 특정 부분이 분포상 특징 또는 값의 특이성으로 인해 식별성이 높아지는 경우 사용된다.

예를 들어 카드회사의 고객에 대한 데이터가 있다고 가정해 볼 때 카드회사의 고객의 연령은 일정 정도 제약이 있다. 국내법으로 체크카드를 발급받기 위해서는 만 14세 이상이 돼야 하며 신용카드는 만 20세 이상이 돼야 발급할 수 있다. 또한 나이가 아주 많은 연령대의 경우 신용카드의 사용량이 그다지 많지 않은 특징을 나타낸다. 이로 인해 카드 사용 고객의 모집단을 보면 20살 미만의 경우 매우 적은 분포를 가지고 있고 나이가 아주 많은 연령대 또한 매우 적은 분포를 가지게 된다. 이럴 때 나이 20세 미만을 하나로 묶어 일반화를 하면 로컬 일반화를 적용한 것이 된다. 로컬 일반화는 다음에 나올 상하단 코딩의 한 가지 방법이 되기도 하고 또는 특정 지역의 카드 사용량을 볼 때 특정 연령대가 매우 높은 카드 사용금액을 나타낼 때 이 부분만을 범주화할 때 사용하기도 한다.

### 3) 상하단 코딩

정규분포의 특성을 가진 데이터에서 양쪽 끝에 치우친 정보는 적은 수의 분포를 가지게 돼 개인의 식별성을 가질 수 있으므로 이를 해결하기 위해 적은 수의 분포를 가진 양끝단의 정보를 범주화 등의 비식별 기법을 적용해 개인의 식별성을 낮추는 기법이다.

이러한 특이치는 때로는 평균의 오류를 나타내기도 하고 분석에 있어 노이즈의 역할을 해 분석의 결과를 오히려 부정확하게 할 수 있다. 이러한 특이치에 대해 처리하는 것이 상하단 코딩이다. 즉 데이터 중 특정 값의 빈도가 아주 적거나 매우 특이한 값을 가지는 경우 이의 비식별처리를 위해 사용하는 기법이 상하단 코딩이다.

상하단 코딩의 실제 적용 기법은 이상치(데이터의 평균에서 멀리 떨어져 있는 값)의 처리를 위해 사용하며 상하단 코딩에 포함된 데이터의 값 변환은 총계처리에서 사용되는 5가지 종류를 필요에 따라 사용하게 된다. 이상치의 경우 레코드 삭제 기법을 사용하기도 한다.

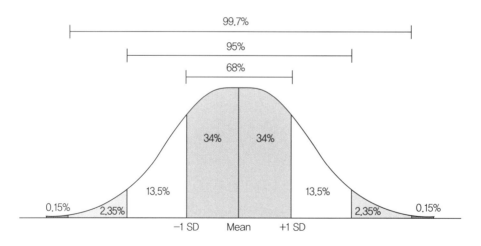

**그림 4-27** 정규분포에서의 Σ에 따른 분포 비율

상하단 코딩에서 가장 중요한 것은 어디까지를 정상적인 값으로 판단해 분석에 사용하고 어디까지를 특이한 값으로 판단해 특정한 처리를 하느냐에 있다.

특이치에 대한 판단은 데이터의 분포에 따라 모두 다르게 나타날 수 있고 이에 따라 상하단 코딩은 분석의 목적을 이해하는 사람이 적용해야 한다.

통계학적 관점에서는 일반적으로 $3\Sigma$를 벗어나는 데이터를 특이치로 판단한다. 그러나 비식별을 적용하다 보면 $3\Sigma$에 해당하는 값이 너무 적게 되면 오히려 처리에 따른 식별성을 가지는 경우도 발생할 수 있으며 이 경우 $2\Sigma$로 줄여 처리하는 경우도 발생한다.

## 4) 속성결합(범위 방법)

문자나 숫자의 하위의 공통된 특성을 찾아 하나의 상위 개념으로 묶는 기법을 의미한다. 또는 특정 정보를 해당 그룹의 대푯값이나 구간값으로 변환하는 방법으로 적용하기도 한다. 속성결합을 적용하면 특정 정보의 명확한 값을 숨길 수 있기 때문에 감추기라고도 한다.

비식별에서는 일반적으로 준식별자에 대해 분석 목적에 적합한 범위에서 범주화를 진행하거나 다른 속성에 대해 식별성을 낮추기 위해서 사용한다.

표 4-35는 숫자형 데이터에 대해 상위 개념으로 묶는 범주화를 적용한 것이다.

**표 4-35** 숫자형 데이터에 대한 범주화 적용 예시

| 나이(원데이터) | 5살 단위 범주화 | 10살 단위 범주화 | 20살 단위 범주화 |
|---|---|---|---|
| 33 | 30~34 | 30~39(30대) | 20~39 |
| 61 | 60~64 | 60~69(60대) | 40~59 |
| 50 | 50~54 | 50~59(50대) | 40~59 |
| 70 | 70~74 | 70~79(70대) | 60~79 |
| 40 | 40~44 | 40~49(40대) | 40~59 |
| 43 | 40~44 | 40~49(40대) | 40~59 |
| 23 | 20~24 | 20~29(20대) | 20~39 |
| 67 | 65~69 | 60~69(60대) | 60~79 |

| 66 | 65~69 | 60~69(60대) | 60~79 |
| 47 | 45~49 | 40~49(40대) | 40~59 |
| 75 | 75~79 | 70~79(70대) | 60~79 |
| 79 | 75~79 | 70~79(70대) | 60~79 |
| 45 | 45~49 | 40~49(40대) | 40~59 |

숫자형 데이터의 경우 범주화를 하면 데이터의 타입(Type)이 변경될 수 있어 이에 대한 주의가 필요하다.

표 4-36은 문자형 데이터에 대해 상위 개념으로 묶는 속성결합을 적용한 것이다.

**표 4-36** 문자형 데이터에 대한 속성결합 예시

| 상세 주소 | 시군구 단위 | 시도 단위 | 광역시, 도 구분 |
| --- | --- | --- | --- |
| 대전 동구 용운동 | 대전 동구 | 대전 | 광역시 |
| 경북 안동시 용상동 | 경북 안동시 | 경북 | 도 |
| 경남 진주시 옥봉동 | 경남 진주시 | 경남 | 도 |
| 서울 강서구 가양3동 | 서울 강서구 | 서울 | 광역시 |
| 서울 은평구 역촌1동 | 서울 은평구 | 서울 | 광역시 |
| 경기 고양시 고양동 | 경기 고양시 | 경기 | 도 |
| 경기 수원시 고색동 | 경기 수원시 | 경기 | 도 |
| 경기 고양시 일산4동 | 경기 고양시 | 경기 | 도 |
| 경기 고양시 성사동 | 경기 고양시 | 경기 | 도 |
| 서울 금천구 독산1동 | 서울 금천구 | 서울 | 광역시 |
| 경기 평택시 합정동 | 경기 평택시 | 경기 | 도 |
| 서울 은평구 증산동 | 서울 은평구 | 서울 | 광역시 |

## 7. 무작위화 기술

### 1) 잡음 추가

원래의 데이터에 아주 적은 잡음을 추가해 데이터의 식별성을 낮추는 기법이다.

이때 사용하는 잡음(노이즈)은 원 데이터의 분석에 영향을 주지 않을 정도의 노이

즈를 추가해야 한다. 이러한 노이즈의 범위는 각 데이터마다 달라질 수 있고 데이터의 분석 목적에 따라서도 달라질 수 있다. 노이즈를 추가할 때 가장 중요한 것은 종방향 일관성Longitudinal Consistency을 보장해야 한다는 것이다. 종방향 일관성은 분석의 영향과 오류를 최소화하기 위해 연관 칼럼에 대해 동일한 노이즈를 추가해야 한다는 것으로 다음의 예를 통해 살펴볼 수 있다. 예를 들어 입원일자에 노이즈를 +3일을 추가했다면 연관칼럼인 퇴원일자에도 동일한 +3일의 노이즈를 추가해 입원일수라는 데이터에 변경이 없도록 적용해야 한다는 뜻이다. 연관칼럼에 대한 종방향 일관성을 적용하지 않는 경우 데이터를 분석하는 중요 칼럼에 잡음을 추가하면 데이터의 분석결과에 많은 오류가 포함될 수 있다.

표 4-37 퇴원일자에 대한 잡음 추가 예시

| 퇴원일자 | 노이즈 | 노이즈퇴원일자 |
|---|---|---|
| 2001-11-05 | 3 | 2001-11-08 |
| 2007-09-27 | −1 | 2007-09-26 |
| 2002-06-11 | −5 | 2002-06-06 |
| 2002-10-27 | −6 | 2002-10-21 |
| 2006-01-18 | 3 | 2006-01-21 |
| 2007-06-17 | 4 | 2007-06-21 |
| 2005-10-10 | −4 | 2005-10-06 |
| 2002-08-13 | 4 | 2002-08-17 |
| 2008-08-08 | −4 | 2008-08-04 |
| 2006-01-18 | −7 | 2006-01-11 |
| 2001-05-06 | −3 | 2001-05-03 |
| 2007-10-10 | 0 | 2007-10-10 |
| 2005-03-25 | 5 | 2005-03-30 |

잡음을 추가할 때 두 번째로 중요한 것은 적절한 수준의 잡음을 추가해야 한다는 것이다. 잡음의 크기가 원데이터의 크기를 능가하거나 분석결과에 오류를 줄 가능성이 있을 정도의 노이즈를 추가하는 것은 결코 바람직하지 않다. 이런 관점에서 잡음

추가 역시 앞부분의 상하단 코딩과 같이 데이터의 분석 목적을 정확하게 이해한 상태에서 잡음을 추가해야 한다.

마지막으로 잡음의 크기가 예측될 수 있어서는 안 된다는 것이다. 잡음의 크기가 예측이 가능하거나 일률적인 잡음을 주는 경우 잡음을 추가한 이유인 식별성을 낮추는데 도움이 되지 못할 수 있다. 이에 따라 잡음을 추가하는 경우 특정 범위 내에서 무작위로 발생한 잡음을 추가해야 하며 이렇게 잡음을 추가하는 모델로 차분 프라이버시Differential privacy 등의 방법이 있다. 차분 프라이버시는 뒷부분의 프라이버시 보호 모델 부분에서 상세하게 다룬다.

## 2) 순열

순열Permutation, 재배열은 특정 칼럼의 데이터를 무작위로 순서를 변경하는 기법(일명 재배열이라고도 부름)으로 데이터의 훼손 정도가 매우 크기 때문에 무작위로 순서를 변경하는 조건 선정에 주의가 필요하다. 분석 목적이 대상 칼럼의 값이 다른 칼럼의 값들과 연관성이 없는 경우에만 적용해야 한다.

특정 조건하(전체 칼럼에 적용이 아니라 일부 칼럼에만 제한적으로 적용)에서 재배열을 하는 경우 식별성은 낮추면서 분석결과에 영향을 최소화할 수 있다.

**표 4-38** 전체 재배열 예시

| 시도 | 나이 | 월소득(원본) | 월소득(전체 재배열) |
|---|---|---|---|
| 인천 | 20대 | 64,167 | 10,169,741 |
| 인천 | 20대 | 10,169,741 | 61,667 |
| 인천 | 20대 | 1,054,167 | 5,987,923 |
| 인천 | 20대 | 3,009,167 | 23,333 |
| 인천 | 20대 | 5,987,923 | 1,054,167 |
| 울산 | 20대 | 1,904,819 | 3,009,167 |
| 울산 | 20대 | 10,395,123 | 8,031,667 |
| 울산 | 20대 | 45,833 | 10,395,123 |
| 서울 | 20대 | 8,031,667 | 2,671,137 |
| 서울 | 20대 | 2,671,137 | 1,904,819 |

| 서울 | 20대 | 7,048,333 | 7,048,333 |
|------|------|-----------|-----------|
| 서울 | 20대 | 61,667 | 45,833 |
| 서울 | 20대 | 1,820,267 | 1,820,267 |
| 서울 | 20대 | 23,333 | 64,167 |

● 순열을 적용한 데이터의 분석 오류

적용 후 분석결과와 원데이터의 분석결과는 다음 표와 같이 다른 결과를 나타낼 수 있으며 이는 분석에 큰 영향을 미친다.

| 지역 | 인천 | 울산 | 서울 |
|------|------|------|------|
| 원본의 평균 월소득 | 4,057,033 | 4,115,258 | 3,276,067 |

| 지역 | 인천 | 울산 | 서울 |
|------|------|------|------|
| 전체 순열 적용 후 평균 월소득 | 3,459,366 | 7,145,319 | 2,259,093 |

이런 문제를 해결하기 위해 분석에 영향을 미치지 않는 재배열이 필요하다. 표 4-39는 동질집합 내에 있는 월소득 값에 대해서 순열을 적용했다. 이 경우 다음과 같은 분석결과를 가지고 온다.

표 4-39 동질집합에 대한 재배열 예시

| 시도 | 나이 | 통장 잔액 | 월소득(원본) | 월소득(전체 재배열) |
|------|------|-----------|--------------|---------------------|
| 인천 | 20대 | 9,028,603 | 64,167 | 1,054,167 |
| 인천 | 20대 | 787,361 | 10,169,741 | 64,167 |
| 인천 | 20대 | 4,044,007 | 1,054,167 | 5,987,923 |
| 인천 | 20대 | 906,293 | 3,009,167 | 10,169,741 |
| 인천 | 20대 | 2,051,262 | 5,987,923 | 3,009,167 |
| 울산 | 20대 | 332,399 | 1,904,819 | 10,395,123 |
| 울산 | 20대 | 294,947 | 10,395,123 | 45,833 |
| 울산 | 20대 | 150,070 | 45,833 | 1,904,819 |
| 서울 | 20대 | 3,511,981 | 8,031,667 | 2,671,137 |
| 서울 | 20대 | 880,789 | 2,671,137 | 8,031,667 |
| 서울 | 20대 | 226,306 | 7,048,333 | 7,048,333 |

| 서울 | 20대 | 8,041,154 | 61,667 | 1,820,267 |
|---|---|---|---|---|
| 서울 | 20대 | 5,329,932 | 1,820,267 | 23,333 |
| 서울 | 20대 | 880431 | 23,333 | 61,667 |

적용 후 분석결과와 원데이터의 분석결과는 동일한 결과를 나타낸다. 다음은 원데이터의 소득 분석결과다.

| 지역 | 인천 | 울산 | 서울 |
|---|---|---|---|
| 원본의 평균 월소득 | 4,057,033 | 4,115,258 | 3,276,067 |

다음은 동질집합 내에 순열을 적용한 데이터의 소득 분석결과다.

| 지역 | 인천 | 울산 | 서울 |
|---|---|---|---|
| 부분 순열의 평균 월소득 | 4,057,033 | 4,115,258 | 3,276,067 |

통장 잔액과 월소득 등 연관관계 분석 시 재배열된 칼럼이 포함되면 재배열로 인한 분석 오류가 발생하므로 연관관계 분석이 필요한 경우 재배열을 적용하지 않고 다른 기법을 적용하거나 종방향 일관성에 따라 동일하게 재배열이 되도록 적용해야 한다. 한편 일부 기법으로 데이터를 1대 1로 맞교환 할 수도 있다.

## 3) 부분총계

부분총계는 특정 조건에 따라 부분적으로 총계처리를 적용하는 것을 의미한다.

표 4-40 동질집합 내의 특정 칼럼을 총계처리한 예시

| 시도 | 나이 | 월 소득(원본) | |
|---|---|---|---|
| 인천 | 20대 | 4,057,033 | |
| 인천 | 20대 | 4,057,033 | |
| 인천 | 20대 | 4,057,033 | 동질집합 |
| 인천 | 20대 | 4,057,033 | |
| 인천 | 20대 | 4,057,033 | |

| 울산 | 20대 | 4,115,258 | 동질집합 |
|------|------|-----------|---------|
| 울산 | 20대 | 4,115,258 | |
| 울산 | 20대 | 4,115,258 | |
| 서울 | 20대 | 3,276,067 | |
| 서울 | 20대 | 3,276,067 | |
| 서울 | 20대 | 3,276,067 | 동질집합 |
| 서울 | 20대 | 3,276,067 | |
| 서울 | 20대 | 3,276,067 | |
| 서울 | 20대 | 3,276,067 | |

표 4-41 특정 조건에 너무 특이한 값이 있을 때의 부분총계 예시

| 시도 | 나이 | 월 소득(원본) | 월 소득 부분총계 처리 |
|------|------|---------------|----------------------|
| 인천 | 20대 | 64,167 | 7,657,033 |
| 인천 | 20대 | 28,169,741 | 7,657,033 |
| 인천 | 20대 | 1,054,167 | 7,657,033 |
| 인천 | 20대 | 3,009,167 | 7,657,033 |
| 인천 | 20대 | 5,987,923 | 7,657,033 |
| 울산 | 20대 | 1,904,819 | 1,904,819 |
| 울산 | 20대 | 2,395,123 | 2,395,123 |
| 울산 | 20대 | 45,833 | 45,833 |
| 서울 | 20대 | 8,031,667 | 8,031,667 |
| 서울 | 20대 | 2,671,137 | 2,671,137 |
| 서울 | 20대 | 7,048,333 | 7,048,333 |
| 서울 | 20대 | 61,667 | 61,667 |
| 서울 | 20대 | 1,820,267 | 1,820,267 |
| 서울 | 20대 | 23,333 | 23,333 |

　　부분총계의 사용 목적은 순열의 사용 목적과 동일하다. 즉 특정 동질집합 또는 레코드가 식별성이 높거나 민감도가 높을 때 이를 완화하기 위해 사용한다. 부분총계에 사용하는 값의 변경은 총계처리에서 사용하는 것과 같이 평균값, 중간값, 최빈값, 최댓값, 최솟값 중 하나로 변경한다.

## 8. 재현 데이터

재현 데이터에는 다양한 기법이 있으나 최근 많이 사용되는 것은 머신러닝을 통한 모델과 통계학적 기법을 이용한 모델로 나눠진다. 이중에서 머신러닝을 통한 모델에도 다양한 모델이 있으나 일반적으로 다음과 같은 진행단계를 거처 데이터를 생성한다.

| 데이터 수집 및 전처리 | 데이터 합성모델 학습 | 데이터 생성 및 검증 |
|---|---|---|
| • 데이터 변환<br>• 규격화, 빈 값 채워넣기<br>• 데이터 증강 | • 네트워크 디자인<br>• 손실함수 및 학습 인자 정의 | • 테스트 프로그램 개발<br>• 데이터 생성<br>• 데이터 유효성/비식별성 측정 |

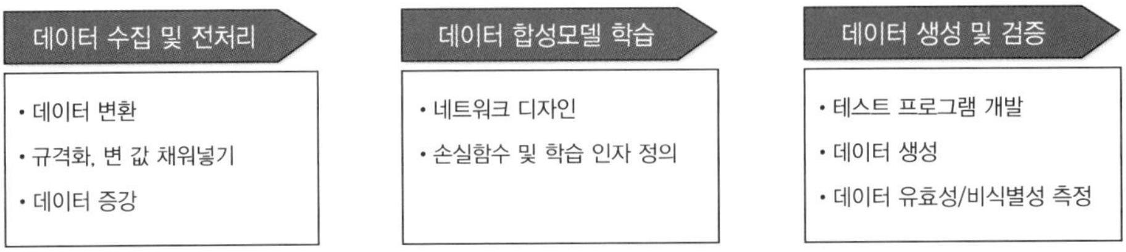

**그림 4-28** 재현 데이터 생성을 위한 진행단계

각 단계별 작업은 다음과 같이 진행된다.

### 1) 데이터 수집 및 전처리

#### 가) 데이터 변환

범주형 데이터의 경우, 뉴럴 네트워크 입력으로 넣기 위해 단순히 범주 크기에 맞는 원핫one-hot 인코딩 방식으로 변환하면 데이터의 차원이 지나치게 커지게 돼 효과적인 학습을 위해 필요한 데이터의 크기가 폭증하는 문제 발생. 이를 위해 범주형 데이터 값을 밀도있는 저차원의 값으로 변환하는 기법을 적용해야 함. 실수형 데이터의 경우에는 이진 데이터와 달리 별도의 필드 내에서 평균 및 분산을 계산해 생성적 적대신경망(GAN, Generative Adversarial Network, 이하 GAN으로 표기)에 입력해 넣어줄 수 있음.

#### 나) 규격화, 빈 값 채워 넣기

테이블형 데이터의 경우, 실제 셀 값이 비어있더라도 신경망에는 특정한 값을 입력해줘야 함. 각 데이터 필드의 특성에 따라 확률 분포에 지장을 주지 않도록 0, 평균, 중간값 등으로 빈 셀을 채워주는 작업이 필요함. 또한 필드별로 데이터 값의 범위(평균 및 분산)가 상이할 수 있어서 값이 큰 특정 필드가 전체적인 데이터의 확률 분포를 추정하는 데 지배적인 역할을 하는 것을 방지하기 위해 주로 정규분포를 따르도록 필드 내 데이터를 규격화해 줄 필요가 있음

다) 데이터 증강

학습된 모델이 보다 보편성을 가지고 치우치지 않은 재현 데이터를 생성하기 위해 입력 데이터의 분포도 또한 고르게 넣어줘야 할 필요가 있음. 예를 들어 종양을 진단하는 모델의 경우, 양성 데이터를 음성 데이터보다 훨씬 많이 입력하거나, 위암 데이터를 유방암 데이터보다 훨씬 많이 입력해 학습하면 편향된 데이터 때문에 진단에도 편향성이 나타남. 데이터 재현도 이와 유사하기 때문에 다양한 데이터 증강 방식을 사용해 입력 데이터의 밸런스를 맞춰줌으로써 재현된 데이터의 편향을 막을 수 있음.

## 2) 데이터 재현모델 학습

가) 네트워크 디자인

테이블형, 이미지, 시계열 등 데이터의 종류에 따라 기반이 되는 GAN 구조를 차용(medGAN, DCGAN, RGAN 등)하고 데이터의 상세 특성에 따른 변형이 필요.

나) 손실함수 및 학습 인자정의

여러 딥 신경망이 조합된 Siamese 네트워크로 구성될 예정이며, 각 모듈마다 특성에 맞도록 ReLU, sigmoid 등 손실함수를 정의함. Epoch, batch size, learning rate, optimizer 설정 등 모델 전반적인 학습에 필요한 hyper 파라미터를 정의함. 일부 인자들은 실험을 거듭하면서 경험적으로 수정을 가해야 할 것으로 예상됨.

## 3) 데이터 생성 및 검증

가) 테스트 프로그램 개발

재현 데이터의 유효성을 검증하기 위해 기본적으로 두 가지 방법이 있음. 하나는 실데이터와 재현 데이터를 섞어서 해당 데이터 분야에 대한 전문 지식이 있는 의사에게 진위 판정을 설문하는 방식이고, 다른 하나는 데이터를 사용하는 머신러닝 시스템을 이용해 실제와 재현 데이터의 차이로 인한 결과 차이가 발생하는지 비교하는

방법이 있음. 이를 위해 해당 데이터를 사용하는 머신러닝 시스템 개발이 필요.

나) 데이터 생성

API로 요청을 받아 요청된 양만큼의 재현 데이터를 생성해 리턴하는 기능 및 API 개발

다) 데이터 유효성/비식별성 측정

- 머신러닝 시스템을 이용해 재현 데이터 유효성을 검증. (1) 실 데이터로 시스템을 학습하고 실 데이터로 테스트한 결과, (2) 실 데이터로 시스템을 학습하고 재현 데이터로 테스트한 결과, (3) 재현 데이터로 학습하고 실 데이터로 테스트한 결과를 비교해 유의미한 차이가 없음을 보이는 방식으로 재현 데이터 유효성 검증이 가능.

- Uniqueness, parametric distance, Kolmogorov-Smirnov distance, g-Distance 등의 측정 함수를 이용해 데이터의 퍼짐 정도 및 자료 연계와 같은 재식별 리스크를 측정할 수 있음.

참고

**1. 비식별 조치 도구, 기술 및 모델에 대한 특성(ISO/IEC 20889 Annex A)**

표 4-42 [참고] 비식별 조치 도구, 기술 및 모델에 대한 특성(ISO/IEC 20889 Annex A)

| 기술 | 레코드 단위 데이터 적용 | 값 유형에 따른 적용 | 속성 유형에 대한 적용 | 위험 감소 요인에 따른 적용 기준 | | |
|---|---|---|---|---|---|---|
| | | | | 특정 가능성 (single out) | 연결 가능성 | 추론 가능성 |
| 1. 통계도구 | | | | | | |
| 1.1 총계처리 | 해당없음 | 연속형, 이산형 | 모든 속성 | 예 | 예 | 예 |
| 2. 암호화 | 예 | | | | | |
| 2.1 결정성 암호화 | 예 | 모두 | 모든 속성 | 아니오 | 부분적 | 아니오 |
| 2.2 순서보존 암호화 | 예 | 모두 | 모든 속성 | 아니오 | 부분적 | 아니오 |
| 2.3 동형 암호화 | 예 | 모두 | 모든 속성 | 아니오 | 아니오 | 아니오 |
| 2.4 동형 비밀분산 | 예 | 모두 | 모든 속성 | 아니오 | 아니오 | 아니오 |

| | | | | | | |
|---|---|---|---|---|---|---|
| 3. 삭제 | 예 | | | | | |
| 3.1 마스킹 | 예 | 범주형 | 로컬식별자 | 예 | 부분적 | 아니오 |
| 3.2 로컬삭제 | 예 | 범주형 | 식별 가능속성 | 부분적 | 부분적 | 부분적 |
| 3.3 레코드 삭제 | 예 | 해당없음 | 해당없음 | 부분적 | 부분적 | 부분적 |
| 3.4 표본추출 | 예 | 해당없음 | 해당없음 | 부분적 | 부분적* | 부분적 |
| 4. 가명처리 | 예 | 범주형 | 직접 식별자 | 아니오 | 부분적 | 아니오 |
| 5. 일반화 | 예 | 모두, 의미상 데이터 주체 | 식별가능 속성 | | | |
| 5.1 라운딩 | 예 | 연속형 | 식별가능 속성 | 아니오 | 부분적 | 부분적 |
| 5.2 상하단 코딩 | 예 | 연속형, 순서 | 식별가능 속성 | 아니오 | 부분적 | 부분적 |
| 6. 무작위화 | 아니오 | | 식별가능 속성 | | | |
| 6.1 잡음추가 | 아니오 | 연속형 | 식별가능 속성 | 부분적 | 부분적 | 부분적 |
| 6.2 순열 | 아니오 | 모두 | 식별가능 속성 | 부분적 | 부분적 | 부분적 |
| 6.3 부분총계 | 아니오 | 연속형 | 간접 식별자, 모든 속성 | 아니오 | 부분적 | 부분적 |
| 7. 차분 프라이버시 | 아니오 | 모두 | 식별가능 속성 | 예 | 예 | 부분적 |
| 8. k-익명성 | 예** | 모두 | 준식별자 | 예 | 부분적 | 아니오 |

\* 만일 주요 레코드값이 샘플에 포함되지 않았을 경우
\*\* 만일 마이크로 어그리게이션을 이용해 구현되지 않았을 경우

비식별처리에 있어 모든 사례에 적용 가능한 최선의 혹은 표준화된 방법은 없다. 다만 상기 제시하고 있는 기법은 비식별처리를 활용하려는 기관 또는 업계에서 적용할 수 있는 방법의 일부로 제시한 것이다. 예를 들어, 직접 식별자의 경우 삭제suppression 또는 가명화pseudonymization를, 간접 식별자의 경우 일반화generalization, 무작위화randomization, 삭제suppression 혹은 암호 기반의 비식별처리 기술을 선택적으로 사용할 수 있을 것이다. 다수의 기술이 적용 가능할 경우, 도출되는 결과의 유용성이 가장 적합한 비식별화 기술의 선택에 중요한 요소로 작용되며 프라이버시 모델 적용 또한 익명처리 완전공개의 경우 고려할 필요가 있고 기타 부가적인 기술적, 조직적 조치가 필요하다. 한편 차분 프라이버시와 k-익명성은 주로 익명처리에서 사용하는 프라이버시 보호 모델로 9장을 참조하길 바라며 그 외 보다 자세한 사항은 국제표준 ISO/IEC 20889 문건을 참조하길 바란다.

# PART 2

# 비식별 조치 실무

# 05

# 데이터 상황의 이해

## 5.1 데이터 상황이란?

데이터 상황이란 용어는 2016년 영국의 비식별 전문가그룹인 UKAN(United Kingdom Anonymization Network)에서 펴낸 "익명처리 의사결정 프레임워크(The Anonymisation Decision-making Framework[1]"에서 익명처리의 종류 중 기능적 익명처리 개념으로 처음 사용됐다.

여기서 잠깐 익명처리의 유형을 얘기해보고자 한다. 엘리엇 등(2015)[2]은 익명처리의 유형을 다음과 같이 크게 4가지로 분류했다.

1. 형식적 익명처리(Formal Anonymisation)
2. 보장된 익명처리(Guaranteed Anonymisation)
3. 통계적 익명처리(Statistical anonymisation)

---

1    https://ukanon.net/ukan-resources/ukan-decision-making-framework/
2    ELLIOT, M. J., DIBBEN, C., GOWANS, H., MACKEY, E., LIGHTFOOT, D., O'HARA, K., & PURDAM, K. (2015) Functional Anonymisation: The crucial role of the data environment in determining the classification of data as (non-) personal; CMIST work paper 2015-2 available at http://tinyurl.com/FUNCANON [accessed 27/5/2016].

## 4. 기능적 익명처리 Functional Anonymisation

형식적 익명처리는 어떤 형태로든 주어진 데이터셋에서 직접 식별자를 제거하거나 가리는 것을 말한다. 보장된 익명처리는 확실히 보장되고 복구가 불가능한 처리 방법으로, 해당 데이터셋 내에서 어떠한 가정을 해도 식별될 위험이 사실상 제로여야 한다. 그러나 우리는 안전한 집과 쓸 만한 집을 가질 수는 있지만 둘 다 가질 수는 없다.

**그림 5-1** 레이첼 화이트리드(1993, https://en.wikipedia.org/wiki/House_(sculpture))

여기서 말하는 안전한 집은 완전히 안전한 집을 말하는 것이다. 완전히 안전한 집은 문이나 창문이 부족할 수 있고, 쓸 만한 집이라고 하기 어려울 수 있다(그림 5-1[3] 참고). 그러나 집을 더 안전하게 만드는 행동이 잘못됐다는 뜻도 아니고, 집을 안전하게 만들기 위해 적절한 노력을 하는 것이 좋지 않은 생각이라는 것도 아니다. 도둑이 벽을 부수는 도구를 들고 오거나 거실 창문을 깨고 들어온다면 문에 걸쇠를 걸어 놓아봐야 소용이 없지만, 잠금 장치가 전혀 쓸모 없다는 뜻이 아니라 그것만으로는 완전한 안전을 보장하지 않는다(할 수도 없다)는 의미다. 데이터 역시 마찬가지다. 데이터 활용성이 항상 어느 정도는 존재할 재식별화의 위험 사이에서 균형을 잡아야 한다.

영국 정부의 경우, 조직 내 데이터 보호 관리자로 하여금 익명처리를 통해 위험을 완전히 없애도록 요구하는 것이 아니라, 데이터의 공유나 배포를 통해 재식별화 위험을 최소화할 것을 요구하고 있다. 따라서 유용한 데이터를 공유하고자 할 때 일반

---

3    영국 UKAN의 익명처리 의사결정 프레임워크(The Anonymisation Decision-making Framework)에서는 이러한 집을 예시로 영국 조각가 화이트 리드의 작품 HOUSE를 예시로 들고 있다. 그림 5-1을 참조하길 바란다.

적으로 보장된 익명처리는 어느 정도의 위험이 따르기 때문에 실용적이지 않다. 위험은 자연스레 통계적 처리를 수반하고 이는 세 번째 유형의 익명처리를 고려하게 만든다.

세 번째 유형의 익명처리는 통계적 익명처리다. 통계적 익명처리의 개념은 통계적 노출 제어(Statistical Disclosure Control, SDC)라는 기술 분야와 관계가 있다. SDC의 기본적인 원리는 재식별화의 가능성을 제로로 만드는 것이 불가능하기 때문에 그 대신 노출 상황의 위험을 통제하거나 제한할 필요가 있다는 것이다. 형식적 익명처리와 보장된 익명처리는 모두 단순히 통계적 익명처리의 특별한 경우라고 말할 수도 있다. 형식적 익명처리는 재식별화의 가능성을 1 이하로 낮추는 메커니즘이고, 보장된 익명처리는 이 가능성을 0으로 만들기 위한 메커니즘이다.

그러나 개인과 관련된 데이터를 공유하고 배포하려는 사람의 목표는 두 가지다. 첫째는 유용한 데이터를 공유하고 배포하는 것과 둘째는 이 데이터의 기밀성(과 프라이버시)을 유지하는 형태로 만드는 것이다. 형식적 익명처리는 위 두 번째의 목적을 달성할 수 없으며, 보장된 익명처리는 위 첫 번째의 목적을 달성할 수 없다. 통계적 익명처리는 이 양 극단 사이에 여러 입장이 있음을 인정하는 것으로 프라이버시 보호 모델에서 말하는 k-익명성 모델이 대표적인 통계적 익명처리 방법에 해당한다.

끝으로 네 번째 유형의 익명처리는 기능적 익명처리다. 기능적 익명처리를 설명하기에 앞서 UKAN에서 펴낸 익명처리 의사결정 프레임워크에서는 위험을 결정하는 요인에 대해 다음과 같이 6가지로 분류하고 있다.

1. 익명처리된 데이터에 포함된 개인을 재식별하려는 공격 동기(이 경우 문제가 되는 것은 '무엇이, 어떻게 일어났는가?'일 것이다).

2. 노출(disclosure)에 따른 결과(이로 인해 개인이 재식별화를 시도하도록 하는 동기에 영향을 미칠 수 있다)

3. 악의적인 의도 없이[4] 노출이 발생하는 경우

4. 위험 결정 요인에 영향을 줄 수 있는 데이터 접근 관리를 위한 정부의 절차, 데이터 보안 및 다른 인프라

---

4   이를 자연스러운 식별(spontaneous identification) 이슈라 부른다.

5. 해당 데이터와 연관이 있을 수 있고 (데이터가 비식별화되면 노출/식별화를 위해 반드시 필요한) 다른 데이터/지식

6. 해당 데이터와 다른 데이터/지식의 차이[5]

통계적 익명처리에 이러한 요인을 고려해 생성된 것이 네 번째 익명처리 유형인 기능적 익명처리다. 기능적 익명처리에서는 매키Mackey와 엘리엇(Elliot, 2013)[6]이 '데이터 환경data environment'이라고 통틀어 말하는 맥락에 따른 요인을 다루고 있으며, 이 유형이 UKAN의 익명처리 의사결정 프레임워크에서 주장하는 바로 그 개념이다.

그러면 다시 UKAN의 익명처리 의사결정 프레임워크에서 말하는 데이터 상황이라는 용어로 돌아가 보자. UKAN에서 정의하는 데이터 상황에 대한 정의는 다음과 같다.

"데이터 상황은 데이터와 데이터 환경과의 관계를 가리키는 말로 고정 데이터 상황(데이터 공개 이후)과 유동 데이터 상황(데이터 공유나 혹은 공개 시)으로 나뉘며, 이때 데이터 환경은 다시 데이터, 행위자, 관리절차, 인프라의 4가지 구성요소로 이루어진다." 이것은 다시 환경 중심 솔루션 부분에서도 언급되고 있는데 "데이터 환경을 고려하지 않고는 데이터가 익명처리 됐는지의 여부를 판단할 수 없다는 것이다. 즉, 환경 제어를 통해 데이터 자체를 제어하는 것으로 효과적인 데이터 익명처리가 가능하다는 것이다." Duncan 등(2011)[7]에 따르면, 환경 제어는 크게 다음과 같이 '누가who', '무엇을what', '어디서where', '어떻게how'라는 질문의 답을 통해 특징짓는 것으로 정의하고 있다.

1. 누가who 데이터에 접근할 수 있는가?

2. 무슨what 분석이 이뤄지거나 이뤄지지 않는가?

3. 어디서where 데이터 접근/분석이 이뤄지는가? 그리고 어떻게how 접근하는가?(공개 접속Open access, 인도 접속Delivered access, 현장 안전 설정On-site safe settings, 가상 접속Virtual access으로 나뉨)

---

5   주로 데이터 차이(data divergence)라고 한다.

6   MACKEY, E. & ELLIOT, M. J. (2013) Understanding the Data Environment; XRDS: Crossroads, 20 (1): 37–39.

7   DUNCAN, G. T. ELLIOT, M. J. & SALAZAR-GONZALEZ, J. J. (2011) Statistical Confidentiality. New York: Springer.

한편 미국의 경우 2016년 12월에 발표된 표준 문건, NIST SP 800-188(2nd Draft) 정부 데이터셋의 비식별화(De-Identifying Government Datasets)를 통해 영국의 데이터 상황과 유사한 다섯 안전(Five Safes)이라는 개념을 소개하고 있다. 다섯 안전은 말 그대로 다섯 개의 안전을 위한 위험(혹은 접근) 범위를 제시한 것으로, 국가 통계로부터 데이터를 연구 커뮤니티와 공유, 접근, 평가하기 위해 설계된 일반 프레임워크다. 다섯 안전의 내용은 다음과 같다.

1. Safe projects - 자료의 사용은 적절합니까?
2. Safe people - 연구자가 적절한 방법으로 그것을 사용한다고 신뢰받을 수 있습니까?
3. Safe data - 자료 자체에 공개 위험이 있습니까?
4. Safe settings - 접근 시설이 승인되지 않은 사용을 제한합니까?
5. Safe outputs - 통계적 결과는 비폭로적(non-disclosive)입니까?

이러한 다섯 안전의 장점은 데이터 컨트롤러로 하여금 단지 데이터만이 아닌 데이터 접근이나 평가 시 데이터 공개에 대한 여러 가지 다른 측면을 고려하도록 강제할 수 있다는 점이다. 이러한 이유로 미국에서는 표준 문건 제정을 통해 정부 기관이 자료 공개 시 위험 분석을 체계화해 이용할 수 있도록 하고 있다.


## 5.2 데이터 상황에 대한 분류

우리는 이 책을 통해 영국의 UKAN과 Duncan의 이론 및 미국의 다섯 안전 프레임워크를 바탕으로 우리나라의 실정과 환경에 적합한 데이터 상황에 대한 구성을 크게 3가지(세부적으로는 총 12가지 관점)에서 다음과 같이 확장해 정의하고자 한다.


### 1. 데이터 활용 방법(7가지 관점)

- 단순 사용
- 데이터 결합(내부결합, 외부결합)에 따라

1. 왜<sup>Why</sup> 비식별 조치를 하고자 하는가? 즉, 그 활용 목적이 무엇인가?
2. 무엇을<sup>What?</sup> (원천관점) 데이터 결합 시 동일기관 내 데이터를 가지고 결합을 하는가? 아니면 서로 다른 기관의 데이터를 가지고 결합을 하는가?
3. 어디서<sup>Where?</sup> (장소관점) 데이터를 활용하려는 장소가 내부, 외부 혹은 모두 사용 등 어디에서 이뤄지는가?
4. 어디서<sup>Where?</sup> (처리 관점) 데이터에 대한 비식별 조치가 어디(기관 내부, 외부, 전문기관)에서 이뤄지는가?
5. 어떻게<sup>How</sup> (3가지 관점으로 세분화됨) (① 데이터 공개관점) 데이터 접근/분석이 이뤄지는가?, (② 데이터 제공관점) 어느 기간 동안 데이터 제공이 이뤄지는가?, (③ 데이터 활용관점) 활용목적 관점에서 단일, 다용도 혹은 계약상 등 어떤 목적으로 데이터를 활용하는가?

## 2. 데이터 이용환경(2가지 관점)

1. 데이터 이용자 또는 제공받는 자의 재식별 시도 가능성
2. 재식별됐을 때 정보 주체에게 미치는 영향

## 3. 데이터 자체에 대한 위험도(3가지 관점)

1. 데이터 구성
2. 데이터 분포
3. 데이터의 민감도

우리가 정의한 12가지 관점에서 데이터 상황에 대한 분류(그림 5-2 참조)를 정리하면 다음과 같다.

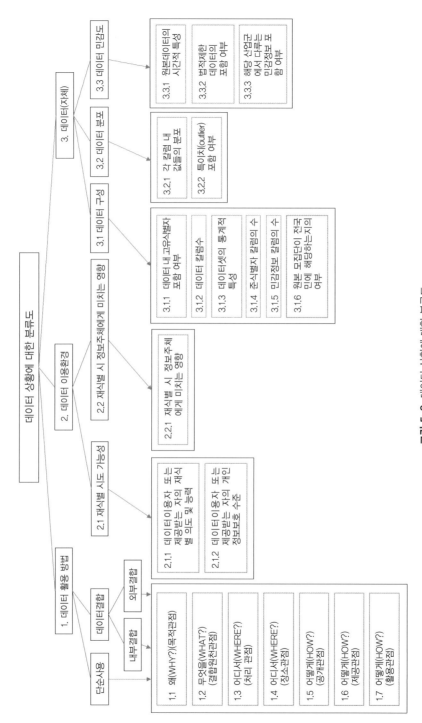

데이터 상황에 대한 분류도

1. 데이터 활용 방법
- 단순사용
- 데이터결합
  - 내부결합
  - 외부결합

1.1 왜(WHY?)(목적관점)
1.2 무엇을(WHAT?)(결합원천관점)
1.3 어디서(WHERE?)(처리 관점)
1.4 어디서(WHERE?)(장소관점)
1.5 어떻게(HOW?)(공개관점)
1.6 어떻게(HOW?)(제공관점)
1.7 어떻게(HOW?)(활용관점)

2. 데이터 이용환경
- 2.1 재식별 시도 가능성
- 2.2 재식별 시 정보주체에게 미치는 영향

2.1.1 데이터 이용자 또는 재식별을 받는 자의 능력 및 동기
2.1.2 데이터 이용자 또는 재식별을 받는 자의 개인정보보호 수준

2.2.1 재식별 시 정보주체에게 미치는 영향

3. 데이터(자체)
- 3.1 데이터 구성
- 3.2 데이터 분포
- 3.3 데이터 민감도

3.1.1 데이터 내 고유식별자 포함 여부
3.1.2 데이터 칼럼수
3.1.3 데이터셋의 통계적 특성
3.1.4 준식별자 칼럼의 수
3.1.5 민감정보 칼럼의 수
3.1.6 원본 모집단이 전국민에 해당하는지의 여부

3.2.1 각 칼럼 내 값들의 분포
3.2.2 특이치(outlier) 포함 여부

3.3.1 원본데이터의 시간적 특성
3.3.2 범직적한 데이터의 포함 여부
3.3.3 해당 산업군에서 다루는 민감정보 포 함 여부

**그림 5-2** 데이터 상황에 대한 분류도

그림 5-2의 내용을 보다 자세히 소개하면 다음과 같다.


## 1. 데이터 활용 방법

앞서 정의한 데이터 활용 방법에 대해 7가지 관점에서 세부 구성을 살펴보면 그림 5-3과 같이 모두 19가지로 분류할 수 있다.

| 1. 데이터 활용 방법 분류도 | | | | | | |
| --- | --- | --- | --- | --- | --- | --- |
| 1.1 왜(WHY?)(목적관점) | 1.2 무엇을(WHAT?)(결합원천관점) | 1.3 어디서(WHERE?)(처리 관점) | 1.4 어디서(WHERE?)(장소관점) | 1.5 어떻게(HOW?)(공개관점) | 1.6 어떻게(HOW?)(제공관점) | 1.7 어떻게(HOW?)(활용관점) |
| 1.1.1 통계작성, 과학적연구, 공익적 기록 보존 등 | 1.2.1 동일기관 | 1.3.1 기관 내부 | 1.4.1 내부사용 | 1.5.1 내부분석실 | 1.6.1 일회성 | 1.7.1 단일목적사용 |
| | 1.2.2 서로 다른 기관 | 1.3.2 기관 외부(민간전문기관) | 1.4.2 외부사용 | 1.5.2 완전 공개 | 1.6.2 주기적 | 1.7.2 다용도 사용 |
| 1.1.2 그외 | | 1.3.3 전문기관 | 1.4.3 모두사용(2개 이상) | 1.5.3 데이터이용합의서 | 1.6.3 일정기간 | |
| | | | | 1.5.4 외부사용자를 위한 샌드박스(밀실) | | |

**그림 5-3** 데이터 활용 방법 분류도


### 1.1 왜(Why?)(목적관점-데이터의 활용 목적에 따라)

1.1.1 우리나라 개인정보보호법 제18조 2항 4호의 목적에 따른 통계작성, 과학적 연구, 공익적 기록 보존의 목적을 말함

1.1.2 앞서 1.1.1에서 기술한 이외의 목적을 말함

### 1.2 무엇을(What?)(결합원천관점)

1.2.1 결합하려는 대상 원천 데이터가 동일 기관인 경우에 해당함

1.2.2 결합하려는 대상 원천 데이터가 서로 다른 기관인 경우에 해당함

### 1.3 어디서(Where?)(처리 관점- 데이터의 비식별 조치 관점에서)

1.3.1 기관 내부에서의 데이터 비식별 조치를 말함

1.3.2 기관 외부(예: 민간전문기관[8])에서의 데이터 비식별 조치를 말함

1.3.3 전문기관[9]에서의 데이터 비식별 조치를 말함

## 1.4 어디서(Where?)(장소관점)

1.4.1 데이터를 활용하려는 장소가 기관 또는 기업 내부에서만 사용하는 경우에 해당함

1.4.2 데이터를 활용하려는 장소가 기관 또는 기업의 외부(예: 민간전문기관)에서 사용하는 경우에 해당함

1.4.3 위 1.4.1과 1.4.2 모두의 경우에 해당함

## 1.5 어떻게(How?)(공개관점-데이터 공개의 관점에서 데이터가 비식별 조치된 이후의 데이터를 어떠한 방식으로 공개할 것인가에 따라)

1.5.1 기업 또는 기관 내부의 자체 분석실 내에서만 공개를 말함

1.5.2 일반 대중들에게 완전공개[10]를 말함

1.5.3 데이터 제공기관과 데이터 이용기관 간 상호 계약에 의한 공개[11]를 말함

1.5.4 외부 사용자를 위한 보안시설을 갖춘 샌드박스 내에서만 공개[12]를 말함

---

8　현행법상 불가하나 추후 법개정 등 제도 도입 시 가능

9　여기서 전문기관이란 지난 2016년 5월 6개 정부부처합동으로 발간한 개인정보 비식별 조치 가이드라인에서 지정한 6개의 전문기관(한국인터넷진흥원 등)이 이에 해당될 수 있음. 또한 법개정 이후에는 개인정보보호위원회나 관계부처의 장관이 지정하는 결합전문기관이 이에 해당될 수 있음

10　미국 NIST IR 8053 De-identification of Personal Information, 2.5 공개모형과 개인정보통제에서 소개하고 있는 3가지 모델 중 하나로 일반 공개 모형(the Release and Forget model)에 해당하며 그 정의는 다음과 같음. 통상적으로 인터넷에 게시함으로써 비식별 조치된 개인정보를 대중에 공개할 수 있다. 이러한 방식으로 일단 개인정보가 공개되면 기관이 개인정보를 회수하기는 거의 불가능하다.

11　미국 NIST IR 8053 De-identification of Personal Information, 2.5 공개모형과 개인정보통제에서 소개하고 있는 3가지 모델 중 하나로 데이터 이용 합의서(DUA) 모형에 해당하며 그 정의는 다음과 같음. 개인정보를 어떻게 이용할 수 있는가를 세부적으로 규정한 법적 구속력이 있는 데이터 이용 합의서에 따라 비식별 조치된 개인정보를 공개할 수 있다. 통상적으로 데이터 이용 합의서는 재식별 시도, 다른 정보와의 연결, 정보 재배포를 금지한다. DUA는 개인정보 보유자와 자격을 갖춘 연구자 간에 협상하는 것이 보통이지만 정보를 다운로드하기 전에 합의해야 하는 사용자 클릭(click-through) 라이선스 합의서로 인터넷에 쉽게 게시할 수 있다.

12　미국 NIST IR 8053 De-identification of Personal Information, 2.5 공개모형과 개인정보통제에서 소개하고 있는 3가지 모델 중 하나로 밀실 모형(the Enclave model)에 해당하며 그 정의는 다음과 같음. 비식별 조치된 개인정보를 원본 정보의 유출(export)을 제한하는 일종의 밀실(enclave)에 유지하고, 대신에 유자격 연구자의 문의를 수락하고 비식별 조치된 개인정보에 대한 문의를 운영하며 결과를 응답할 수 있다. 우리나라의 경우 건강보험공단이나 건강보험심사평가원과 같은 곳에서 운영하는 세이프 존이 이에 해당됨

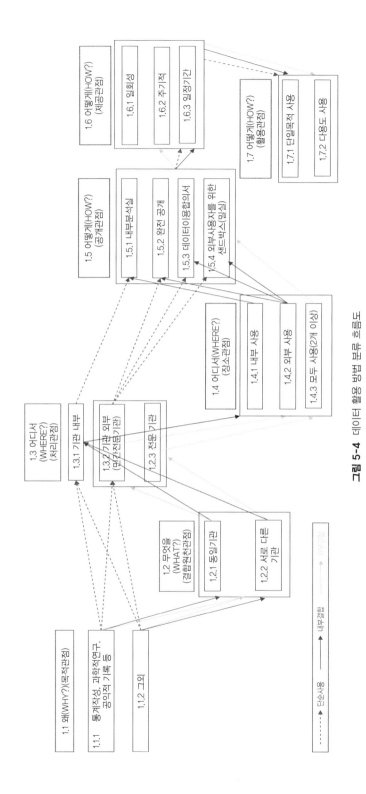

**그림 5-4** 데이터 활용 방법 분류 흐름도

범례:
- - - - → 단순사용
──────→ 내부결합
━━━━━━→ 외부결합

1.1 왜(WHY?)(목적관점)
1.1.1 통계작성, 과학적연구, 공익적 기록 등
1.1.2 그외

1.2 무엇을 (WHAT?) (결합관련관점)
1.2.1 동일기관
1.2.2 서로 다른 기관

1.3 어디서 (WHERE?) (처리관점)
1.3.1 기관 내부
1.3.2 기관 외부 (암가전문기관)
1.2.3 전문 기관

1.4 어디서(WHERE?) (장소관점)
1.4.1 내부 사용
1.4.2 외부 사용
1.4.3 모두 사용(2개 이상)

1.5 어떻게(HOW?) (공개관점)
1.5.1 내부분석실
1.5.2 완전 공개
1.5.3 데이터이용합의서
1.5.4 외부사용자를 위한 샌드박스(밀실)

1.6 어떻게(HOW?) (제공관점)
1.6.1 일회성
1.6.2 주기적
1.6.3 일정기간

1.7 어떻게(HOW?) (활용관점)
1.7.1 단일목적 사용
1.7.2 다용도 사용

## 1.6 어떻게(How?)(제공관점)

1.6.1 데이터 제공이 일회성인 경우에 해당함

1.6.2 데이터 제공이 주기적(매달, 분기별, 반기별 등)인 경우에 해당함

1.6.3 데이터 제공이 미리 정한 일정기간 동안인 경우에 해당함

## 1.7 어떻게(How?)(활용관점)

1.7.1 데이터를 활용하려는 목적이 단일 목적인 경우에 해당함

1.7.2 데이터를 활용하려는 목적이 다용도인 경우에 해당함

한편 위 데이터 활용 방법을 1) 단순사용일 경우와 2) 데이터 결합(기관 또는 기업 내부에서의 내부결합과 외부에서의 외부결합)으로 분류해 순서에 따른 흐름도를 기술해보면 그림 5-4와 같다.

## 2. 데이터 이용환경[13]

### 2.1 재식별 시도 가능성: 데이터 이용자 또는 제공받는 기관 또는 기업의 재식별 의도 및 능력과 개인정보보호 수준을 말함

2.1.1 데이터 이용자 또는 제공받는 기관 또는 기업의 재식별 의도, 재식별 능력, 그리고 외부정보와의 연계 가능성을 말함

2.1.2 데이터 이용자 또는 제공받는 기관 또는 기업의 개인정보보호 능력을 말함

### 2.2 재식별 시 정보주체에게 미치는 영향: 데이터가 의도적 또는 비의도적으로 재식별 되었을 때 정보주체에게 미치는 영향을 말함

2.2.1 위 2.2와 내용이 동일함

---

13 2016년 6월 정부가 발간한 개인정보 비식별 조치 가이드라인의 적정성 평가 수행 시, 재식별 시도 가능성 분석에 기초했음

## 3. 데이터(자체)

### 3.1 데이터 구성: 원본 데이터 자체의 구성도를 말함

3.1.1 데이터 내에 고유 식별자 포함 여부

3.1.2 데이터 총 칼럼수

3.1.3 데이터셋의 단일 또는 다중 통계적 특성

3.1.4 준식별자 총 칼럼의 수

3.1.5 민감정보 총 칼럼의 수

3.1.6 원본의 모집단이 전 국민에 해당하는지 여부

### 3.2 데이터 분포: 원본 데이터의 각 칼럼 내 속성 값의 분포와 이상치(outlier) 포함 여부를 말함

3.2.1 각 칼럼(속성) 내 속성 값의 분포

3.2.2 개인 식별이 가능한 이상치(outlier)에 대한 포함 여부

### 3.3 데이터 민감도: 원본 데이터 자체의 민감성을 말함

3.3.1 원본 데이터의 단일, 다중, 연결(행위 또는 위치적)의 시간적 특성

3.3.2 우리나라 법에서 제한하는 데이터의 포함 여부

3.3.3 해당 산업군에서 다루는 민감정보의 포함 여부

06

# 비식별 조치 적용 방법론

## 6.1 국제 표준에서의 비식별처리를 위한 방법론

다양한 국제 혹은 국가표준에서 비식별을 위한 방법론을 이야기하고 있다. 이번 절에서는 다양한 비식별을 위한 방법론을 살펴본다.

### 1. ISO 25237에서의 비식별 방법론

가명처리에 대한 국제표준인 ISO 25237에서는 비식별을 위한 절차를 다음과 같이 정의하고 있다. 이 표준은 의료 정보에 대한 표준으로 너무 강력한 기준을 세우고 있다고 이야기하는 사람도 있으나 비식별 조치를 위한 방법론의 관점에서 일반 정보에 사용하는 방법론과 크게 다르지 않다.

　모든 데이터 활용에 적절한 비식별처리 절차는 없으며 데이터를 활용할 때 다음을 고려해서 비식별처리를 해야 한다.

1. 데이터 사용 목적

2. 데이터 사용 목적을 달성하기 위해 필요한 최소한의 정보의 범위

3. 데이터를 사용함으로써 발생하는 위험(재식별 위험을 포함)

4. 데이터의 분류

5. 데이터의 안전한 제공을 위한 전략

## 2. 미국 NIST SP 800-188 De-identifying Government Datasets

다섯 안전 프레임워크는 자료 접근 시스템 설계, 현존하는 시스템 평가, 소통, 그리고 훈련을 위한 도구로써 사용될 수 있다. 각 기관에서는 자료 공개에 따른 위험 분석을 체계화하기 위해 다섯 안전과 같은 프레임워크를 사용하는 것을 고려해야 한다. 비식별 조치를 위한 기술적 단계는 각 기관에서 비식별 조치를 수행하고 비식별 절차에 따른 결과를 검증하기 위한 기술적 옵션에 대한 것이다.

비식별화를 위한 기술적 조치에 있어, 기관들은 HIPPA 프라이버시 규정, IHE 비식별화 안내서 혹은 HITRUST 비식별 프레임워크와 같은, 현존하는 비식별화 표준을 고려하기를 원할 수 있다. 비식별 조치를 수행하는 기관들은 비식별 조치 알고리즘 및 그런 알고리즘을 실행하는 소프트웨어에 대한 요건을 명확하게 정의해야 한다. 즉, 사용하려고 의도한 알고리즘이 검증된다는 것, 알고리즘을 실행하는 소프트웨어가 예상대로라는 것, 그리고 동 소프트웨어의 작업에서 비롯된 데이터가 정확하다는 것을 확신할 수 있어야 한다.

## 3. 영국 NHS의 데이터 공개를 위한 위험 평가 및 비식별 수준 지정 방법

영국의 NHS에서 2013년 발간한 건강과 소셜 케어 데이터 스펙을 위한 익명조치 표준에서 데이터 공개를 위한 위험평가 및 비식별 수준 지정에 그림 6-1과 같은 프로세스로 검증을 진행한다. 이때 칼디콧 가디언(Caldicott Guardian) 및 SIRO(Senior Information Risk Owner)가 최종 검토의 역할을 수행하도록 하고 있다.

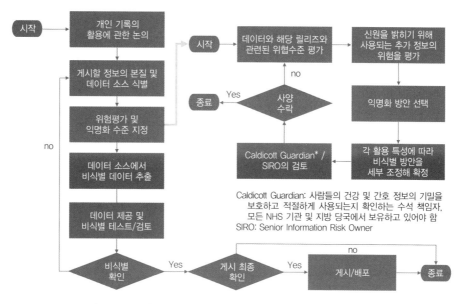

**그림 6-1** NHS의 데이터 공개를 위한 위험 평가 및 비식별 수준 지정 방법

해외의 여러 사례를 보면 결국 가명처리와 익명처리를 포함한 비식별은 단순히 데이터에 대한 처리만이 아니라 데이터, 데이터를 이용하는 환경, 그리고 활용 목적 등을 모두 포함한 판단이 필요하다는 것을 알 수 있다.

## 6.2 데이터 상황을 고려한 비식별 조치 절차

5장 데이터 상황의 이해를 통해 데이터 상황이 무엇인지에 대해 살펴봤다. 6장에서 는 이러한 데이터 상황을 고려해 비식별 조치 실무자가 현업에서 어떻게 비식별 조 치를 수행할 것인지에 대한 절차와 내용을 소개하고자 한다.

### 1. 비식별 조치 절차에 대한 개요

5장에서 우리가 소개한 데이터 상황을 바탕으로 한 비식별 조치의 일반적 절차는 다 음과 같이 총 6가지 단계로 나뉜다. 참고로 소개된 절차는 가명처리와 익명처리를 모두 고려했다.

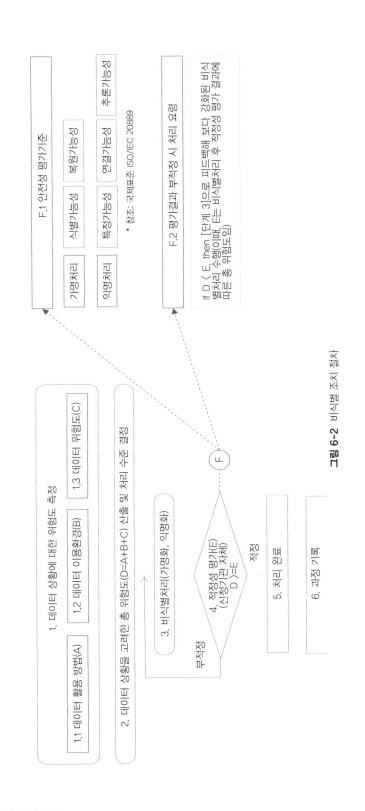

**그림 6-2** 비식별 조치 절차

위 4. 적정성 평가(E)에 대한 예시
- 2. 데이터 상황을 고려한 데이터 총 위험도(D) 결과가 '높음', 적정성 평가 결과 (E)가 '보통'일 경우 적정
- 2. 데이터 상황을 고려한 데이터 총 위험도(D)가 '보통', 적정성 평가 결과(E)가 '낮음'일 경우 부적정

### [단계 1] 데이터 상황에 대한 위험도 측정

앞서 1장 데이터 상황에 대한 이해 2. 데이터 상황에 대한 분류에서 정의한 3가지(데이터 활용 방법(A), 데이터 이용환경(B), 데이터 자체(C))의 데이터 상황에 대해 위험도를 측정함

### [단계 2] 데이터 상황을 고려한 총 위험도 산출 및 처리 수준 결정

[단계 1]에서 측정한 3가지 데이터 상황을 고려한 총 위험도(D=A+B+C)를 산출하고 처리 수준[1]을 결정함

### [단계 3] 비식별 조치(가명처리, 익명처리)

[단계 2]에서 산출된 처리 수준에 따라 [단계 1]의 데이터 상황을 고려해 이용 목적[2]에 맞게 가명 또는 익명처리를 수행함(보다 자세한 사항은 다음의 제3절을 참조하기 바람)

### [단계 4] 적정성 평가[3]

[단계 3]에서 가명 또는 익명처리한 비식별 데이터셋이 적정하게 처리됐는지를 신청기관이 자체적으로 평가(적정성 평가에 대한 자세한 사항은 아래 4. 적정성 평가 절차 부분을

---

1   처리수준은 다시 가명처리와 익명처리로 구분될 수 있다. 예를 들어, 가명처리의 경우 3가지 수준(낮음, 보통, 높음)으로, 익명처리의 경우 5가지 수준(매우 낮음, 낮음, 보통, 높음, 매우 높음)으로 나뉠 수 있다.

2   예를 들어, 앞서 제1절 데이터 상황에 대한 이해 부분 1. 데이터 활용 방법의 1.1 왜(Why?)(목적관점)에 따라 1.1.1 통계작성, 과학적 연구, 공익적 기록 보존의 경우에 있어서는 개정된 개인정보보호법 제28조의 2(가명정보의 처리 등) 1항에 따라 정보주체의 동의없이 가명처리를 할 수 있음

3   이때 적정성 평가 시 안전성에 대한 기준은 가명처리의 경우 식별가능성과 복원가능성을, 익명처리의 경우 특정가능성, 연결가능성, 그리고 추론가능성을 기준으로 하며 보다 자세한 사항은 아래 4. 적정성 평가 절차 부분과 국제표준 ISO/IEC 20889 Privacy enhancing data de-identification terminology and classification of techniques를 참조하기 바람

참조하기 바람)해 적정으로 판정될 경우는 [단계 5]로, 부적정으로 판정될 경우는 [단계 3]으로 이동해 처리 수준이 적정 수준이 될 때까지 계속 반복해 처리를 수행함 (즉, 위 그림의 F.2.에 해당함)

### [단계 5] 처리 완료

[단계 4]의 적정성 평가 결과가 적정인 경우는 처리를 완료하고 [단계 6]으로 이동함

### [단계 6] 과정 기록

[단계 1]에서부터 [단계 5]까지의 전 과정을 문서로 기록하고 보관함

---

캐나다 IPCO(Information and Privacy Commissioner of Ontario)에서 2016년 6월에 발간한 De-identification Guidelines for Structured Data에서는 비식별 조치 단계를 다음과 같이 총 9가지로 구분하고 있음

1. 공개 모형을 결정한다.
2. 변수를 분류한다.
3. 재식별 위험 한계치를 결정한다.
4. 데이터 위험을 측정한다.
5. 문맥적 위험을 측정한다.
6. 총 위험을 산출한다.
7. 데이터를 비식별화 한다.
8. 데이터 실용성을 평가한다.
9. 과정을 기록한다.

여기서 1~3단계는 우리가 소개하고 있는 일반적 절차의 [단계 1] 과정에 해당함

---

## 2. 데이터 상황에 따른 위험도(계량화) 측정

앞서 1. 비식별 조치 절차에 대한 개요에서 소개한 절차 중 [단계 1] 데이터 상황에 대한 위험도 측정 부분에 있어 그 세부사항을 소개한다. 먼저 데이터 상황 중 1) 데이터 활용 방법, 2) 데이터 이용환경, 3) 데이터 자체에 대한 위험도 측정 방법은 다음과 같다.

**표 6-1** 데이터 상황에 따른 위험도 측정 방법

**데이터 상황에 대한 위험도 측정 방법**

1) 데이터 활용 방법에 대한 위험도 측정
   - 단순사용, 내부결합 및 외부결합 사용 등 각 경우에 따라 각 단계별로 매우 낮음(Very low)(1점), 낮음(Low)(2점), 보통(Normal)(3점), 높음(High)(4점), 매우 높음(Very High)(5점) 부여 후 점수를 합산하여 반영
2) 데이터 이용환경에 대한 위험도 측정
   - 가명의 경우와 익명의 경우로 나뉘며 체크리스트를 이용, 5점 척도의 경우 1~5점을 부여하고 예/아니오의 경우 각각 5점과 1점을 부여 후 점수를 합산해 반영
3) 데이터 자체에 대한 위험도 측정
   - 가명과 익명의 경우 모두 동일하며 체크리스트를 이용, 5점 척도의 경우 1~5점을 부여하고 예/아니오의 경우 각각 5점과 1점을 부여 후 점수를 합산해 반영

| 측정 분야 | 측정 항목 | |
|---|---|---|
| 1. 데이터 활용 방법 | 단순사용, 내부결합, 외부결합 | |
| 2. 데이터 이용환경 | 재식별 시도 가능성 | 재식별 의도 및 능력 |
| | | 개인정보보호 수준 (가명에만 해당) |
| | 재식별 시 정보주체에게 미치는 영향 | |
| 3. 데이터 자체 | 데이터 구성 | |
| | 데이터 분포 | |
| | 데이터 민감도 | |

## 가. 데이터 활용 방법에 대한 위험도 측정 방법

5장에서도 소개한 바와 같이 데이터 활용 방법은 1) 단순사용, 2) 내부결합, 3) 외부결합의 3가지 경우로 나뉜다. 이 책에서는 예시로 단순사용의 경우에 있어 순서에 따른 흐름 및 각각의 세부 상황에 대한 위험도에 대해 살펴보고자 한다. 그림 6-3에서 각 단계별로 매우낮음Very low(1점), 낮음Low(2점), 보통Normal(3점), 높음High(4점), 매우높음Very high(5점)을 부여하고 합산 점수(이 점수에 대한 기준은 해당 조직에서 자체적으로 정의할 수 있을 것이다)에 따라 예를 들어 10점 이하일 경우 보통Normal으로, 11점~13점일 경우 높음High으로 판정, 14점 이상일 경우 매우높음Very high으로 판정한다.

가령 가명처리(단순사용)에 따른 측정 흐름이 그림 6-4와 같을 때 위험도는 다음 예시와 같이 산출해 볼 수 있다.

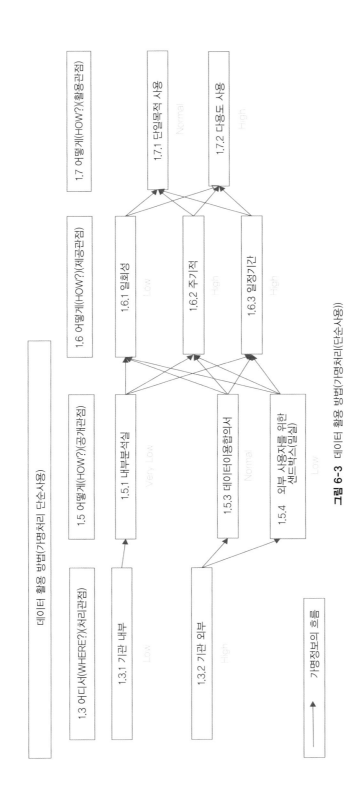

**그림 6-3** 데이터 활용 방법(가명처리(단순사용))

○ 예시

예시 1) 자사에서 사용하며 주기적인 분석을 필요로 하고 단일 목적으로 사용하는 경우: 보유기관 3점 + 주기적 4점 + 단일목적 사용 3점 = 10점(보통<sup>Normal</sup>으로 판정)

예시 2) DUA(데이터이용합의서) 계약을 맺고 외부기관에 일정기간 동안의 데이터를 제공하고 단일 목적으로 사용하는 경우: 외부기관 4점 + DUA(데이터이용합의서) 3점 + 일정기간 4점 + 단일목적 3점 = 14점(매우 높음<sup>Very high</sup>으로 판정)

## 나. 데이터 이용환경 및 데이터 자체에 대한 위험도 측정

데이터 이용환경은 2016년 6월 정부부처합동으로 발간된 '개인정보 비식별 조치 가이드라인'의 적정성 평가 시 사용된 위험도 측정 지표(표 6-2 참조)를 활용해 다음과 같이 측정할 수 있다. 보다 자세한 사항은 가이드라인의 참고4 '비식별조치 적정성 평가단 세부 평가수행방법'을 참고하길 바란다.

**표 6-2** 데이터 이용환경 위험도 측정

| 데이터 이용환경에 대한 위험도 | |
| --- | --- |
| 1. 재식별시도 가능성 | 1.1 데이터 이용자 또는 제공받는자의 재식별의도 및 능력 |
| | 1.2 개인정보보호 수준 |
| 2. 재식별 시 정보주체에게 미치는 영향분석 | |

데이터 자체에 대한 위험도 측정은 제2절 데이터 상황에 대한 분류에서 살펴본 바와 같이 데이터 구성도, 데이터 분포도, 데이터 민감도 각 3개의 영역 총 11개의 소영역으로 구분된다. 이러한 소영역 각각에 대해 해당 조직 내에서 해당 산업군별 특성을 반영해 적절히 계량화해 위험도를 산출할 수 있다. 예를 들어 측정 지표의 여부를 묻는 경우 예/아니오로 처리하고 다른 지표의 경우 5점 척도를 활용할 수 있을 것이다.

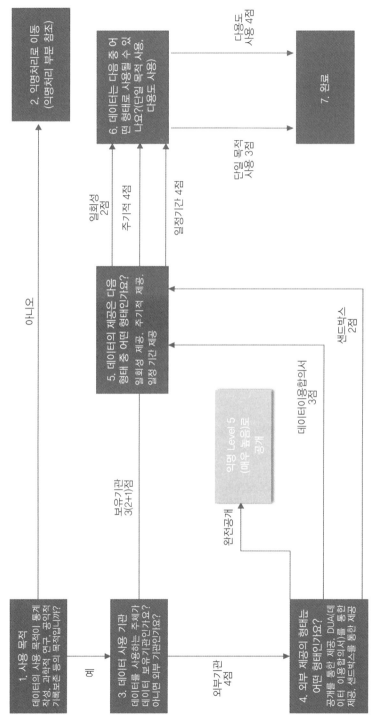

**그림 6-4** 위험도 측정 흐름도(가명처리(단순사용))

## 6.3 비식별 조치의 세부 절차

비식별을 데이터의 관리 관점에서 접근하는 경우 데이터의 생명주기에 따라 비식별 조치를 적용한다. 이 경우 데이터의 수집부터 폐기까지의 모든 과정에서 비식별을 감안해 모든 처리를 진행한다. 하지만 이렇게 데이터의 생명주기에 따라 비식별을 적용하는 경우는 국내에서는 거의 찾아볼 수 없다. 일반적인 기업에서 대부분 자사의 개인정보로 저장된 데이터를 활용하기 바로 전 단계에서 비식별을 해 사용한다. 이러한 비식별에서는 다음과 같은 절차를 거쳐 진행한다.

1. 데이터의 활용 목적 분석
2. 데이터 활용 목적에 따른 데이터 추출
3. 데이터 활용 목적에 따른 비식별 수준 결정
4. 데이터 특성 분석
5. 데이터 전처리
6. 칼럼별 개인정보 속성 분석
7. 데이터 분포 검토
8. 데이터의 위험도 분석
9. 비식별 조치 방안 수립
10. 비식별 방안 적용
11. 비식별 결과 분석
12. 추가 비식별 조치 적용(필요 시)

각 단계는 다음과 같이 진행된다.

### 1. 데이터 활용 목적 분석

개인정보보호법 개정 후 가장 중요한 단계로 최종 데이터의 가명정보·익명정보를 결정한다. 2020년 8월 5일 시행된 개인정보보호법에 의하면 통계, 과학적 연구, 공익적 기록보존의 목적으로 데이터를 사용하는 경우 가명정보의 활용이 가능해졌으며 이에 따라 최초 데이터의 활용 목적 분석에서 정확한 목적을 분석해야 한다. 개인정보보호법에서 명시하고 있는 통계목적의 경우와 공익적 기록보존의 목적은 일반 기업에서는 크게 해당하지 않는 부분이며 대부분 과학적 연구의 목적에 해당 분석이 포함되는지에 대해 판단해야 한다.

과학적 연구는 연구의 방법에 과학적인 기법을 사용하는가를 의미하며 실제 데이터에 대한 분석은 거의 모두 과학적 연구로 포함할 수 있다. 그러나 그 연구결과를 가지고 직접적으로 특정 대상을 파악해 그 대상에게 마케팅 등을 하는 것은 가명정보의 식별을 금지하고 있는 개인정보보호법을 위반하는 것이다.

익명처리의 경우 데이터의 사용 목적에 대한 제한은 없으나 목적에 따른 최적의 비식별을 적용하기 위해서는 정확한 목적에 대한 이해가 이뤄져야 한다.

목적에 따라 필요한 데이터 칼럼의 구성이 달라질 수 있으며 데이터의 스키마 분석에서 어떤 칼럼을 목표 대상 속성<sub>Target Attribute</sub>으로 지정해야 하는지도 결정되고 각 칼럼별 중요도에 대한 판단도 가능해지기 때문이다. 예를 들어 모델링 작업을 위한 분석인지, 상관관계 분석인지, 머신러닝을 위한 데이터인지, 내부에서의 분석을 위한 것인지, 외부 데이터와의 결합을 위한 것인지, 외부기관에 데이터를 제공하기 위한 것인지 등을 파악해야 그에 따른 적절한 비식별 방안을 수립할 수 있다.

## 2. 데이터 활용 목적에 따른 데이터 추출

데이터 활용 목적과 비식별 수준이 결정되면 전체 데이터를 사용하는 경우가 아니라 샘플을 통해 분석하는 경우 분석을 위한 데이터를 추출하게 된다. 가명정보의 활용 목적으로 데이터를 추출하는 경우 필요 데이터의 105% 정도면 충분하게 추출하게 되는 것이며 익명정보의 활용의 경우 가장 높은 수준의 익명정보를 생성하기 위해서는 150% 정도의 데이터를 추출해야 한다. 이정도의 데이터를 추출해야만 비식별 처리한 후 남는 데이터의 양이 필요한 데이터의 양을 만족할 수 있다. 데이터의 추출 방법은 4장의 3절 비식별 기법(ISO/IEC 20889) 부분의 통계적 기법의 표본추출을 참고하기 바란다.

## 3. 데이터 활용 목적에 따른 비식별 수준 결정

1단계에서 개인정보의 활용 목적을 정의하면 가명처리 · 익명처리의 사용이 결정되며 이제 세부적인 활용 목적, 데이터의 사용 환경, 데이터의 사용 방법, 기술적 보호 수준 등에 따라 가명처리 · 익명처리의 수준을 결정해야 한다.

　가명처리의 경우 앞 절에서 본 것과 같이 세 가지 단계의 가명처리 중 하나를 결정하게 되며 익명처리의 경우 다섯 가지 단계의 익명처리 중 하나를 결정해야 한다.

## 4. 데이터 특성 분석

데이터 특성 분석은 데이터에 대한 비식별 필요 여부, 데이터의 민감도 등을 판단하기 위해 데이터의 소스, 사용할 데이터의 스키마, 각 칼럼별 특성 등을 분석한다. 원 데이터의 특성은 비식별 작업 대상 데이터의 세부적인 특성을 파악해야 하며 이 단계에서 비식별 대상 데이터의 스키마 구성, 시간적인 흐름에 대한 구성 여부, 전체 데이터의 민감도 등을 파악해야 한다. 이 정보를 기반으로 이후 개인정보 속성 분석에서 각 칼럼에 적합한 개인정보 속성을 설정할 수 있다.

## 5. 데이터 전처리

이 과정에서 실제 비식별에 적용할 데이터에 대한 전처리 작업을 거친다. 전처리 작업에서 가장 중요한 것은 데이터의 오류를 바로 잡는 것으로 다음과 같은 오류를 잡아나가야 한다.

　데이터 값의 오류는 예를 들어 성별로 돼 있는 칼럼에 1(남자), 2(여자)의 값이 아닌 다른 값이 있다면 그 값의 의미를 파악하고 이를 제거할지 1, 2로 변경할지, 그대로 사용할지를 결정하고 적용해야 한다. 대부분의 기업이나 기관의 데이터는 전체 데이터에서 약 5% 이상의 잘못된 값을 가지고 있는 경우가 대부분으로 이에 대한 처리를 하는 과정이다.

　Null의 처리는 실제 데이터에서 있어야 할 값이 없는 필드에 대한 처리를 진행한다. 특정 레코드에 분석 목적에 꼭 필요한 값이 제외돼 있다면 그 레코드는 삭제하는 것을 고려해야 하며 분석에 별 관계없는 칼럼의 경우 특정한 값을 입력해서 기계적인 처리 시 오류가 발생하지 않도록 처리해야 한다. 일부 비식별 솔루션의 경우 Null이 있으면 오류가 나는 경우도 존재한다.

비식별에 적합하도록 변경, 프라이버시 보호 모델로 k-익명성(9장 프라이버시 보호 모델 부분을 참조하기 바란다)을 적용한다면 트랜잭션 데이터를 하나의 테이블로 변경해야 하는 경우도 발생한다. 각 트랜잭션 데이터에 있는 식별과 관련된 정보를 중복해서 사용할지 또는 최종날짜의 정보만 사용할지 등도 결정해야 한다. 그림 6-5는 트랜잭션 데이터를 하나의 테이블로 만드는 작업을 나타낸다.

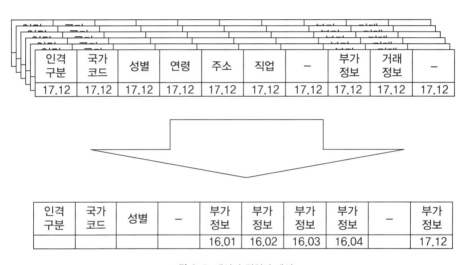

**그림 6-5** 데이터 전처리 예시

또 아주 드물게 나타나는 일이긴 하지만 하나의 칼럼에 있는 값에 식별성을 가지고 있는 값과 속성을 나타내는 값이 함께 포함돼 있을 수 있다. 이런 경우에는 두 개의 칼럼으로 분리하는 것도 고려해 볼 필요가 있다.

## 6. 칼럼별 개인정보 속성 분석

2단계의 데이터 사용 목적을 감안해 각 칼럼에 대해 필요 여부와 개인정보 속성을 선정(식별자[ID], 준식별자[QI], 민감속성[SA], 비민감속성[NSA], 목표 속성[TA])한다. 선정의 기준은 2장 5절 개인정보의 속성 결정 원칙 부분을 참고하기 바란다.

## 7. 데이터 분포 검토

각 칼럼에 대한 특이치 처리 등 비식별 방안 수립을 위한 칼럼별 데이터 분포 검토를 위한 단계다. 이 단계에서 잡음 추가에 사용할 잡음의 크기의 폭의 결정, 이상치로 처리할 데이터에 대한 칼럼별 기준 등 실제 비식별을 적용하기 위한 다양한 값을 확인한다. 또한 데이터의 활용 목적에 적합하지 않은 이상치 값에 대한 처리 방법을 결정하는 것을 꼭 포함해야 한다. 분석에 필요 없는 이상치의 경우 삭제의 원칙을 진행하며 분석에 꼭 필요한 경우 상하단 코딩의 기법을 총계처리와 함께 사용해 분석의 결과에 최소한의 영향만을 줄 수 있도록 해야 한다.

## 8. 데이터의 위험도 분석

데이터 분포 분석을 바탕으로 각 칼럼에 대한 위험도, 전체 데이터에 대한 영향도 및 동질집합을 분석한다. 준식별자 칼럼은 각 칼럼의 분포에 따라 칼럼의 위험도가 다르게 나타난다. 칼럼의 위험도는 그 칼럼이 가지고 있는 값의 분포 중 적은 수를 가지고 있는 값의 분포에 의해 결정된다. 이러한 칼럼의 위험도는 각 칼럼이 가지고 있는 값의 구성에 따라 달라지며 유니크한 값이나 적은 분포를 가지고 있는 값이 많이 구성되는 경우 이러한 위험도는 높아진다.

- 다음 나이에 대한 구성표 중 왼쪽의 구성은 양끝단의 나이가 식별성이 매우 높지만 오른쪽의 구성은 왼쪽에 비해 나이에 대한 식별성이 상대적으로 낮게 나타난다.

**표 6-3** 데이터셋에 따른 나이의 분포 차이 예시

| A 데이터셋 | | B 데이터셋 | |
|---|---|---|---|
| 나이 | 각 나이의 분포값 | 나이 | 각 나이의 분포값 |
| 10 | 1 | 10 | 192 |
| 11 | 2 | 11 | 194 |
| 12 | 2 | 12 | 161 |
| 13 | 4 | 13 | 115 |
| 14 | 2 | 14 | 168 |
| 15 | 1 | 15 | 385 |
| 16 | 3 | 16 | 383 |
| 17 | 6 | 17 | 423 |
| 18 | 44 | 18 | 286 |
| 19 | 25 | 19 | 326 |
| ∼ | ∼ | ∼ | ∼ |
| 71 | 20 | 71 | 301 |
| 72 | 16 | 72 | 251 |
| 73 | 12 | 73 | 237 |
| 74 | 5 | 74 | 133 |
| 75 | 3 | 75 | 118 |
| 76 | 2 | 76 | 105 |
| 77 | 1 | 77 | 196 |
| 78 | 2 | 78 | 132 |
| 79 | 1 | 79 | 143 |
| 80 | 2 | 80 | 101 |

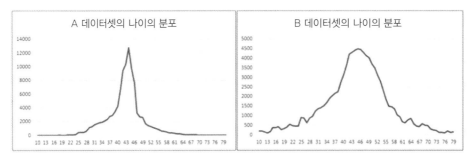

**그림 6-6** 표 6-3에 따른 나이의 분포 비교(10만건 데이터)

이렇게 위험도를 분석하면 다른 칼럼과의 영향도를 분석하게 된다. 영향도의 경우 각 칼럼이 가지고 있는 중복되지 않은 값의 개수에 따라 식별에 대한 영향이 다르게 나타난다. 예를 들어 성별의 경우 가지고 있는 값이 2개로 다른 준식별자에 비해 동질집합 구성에 큰 영향을 미치지 않으나, 나이나 주소의 경우 그 값의 다양성으로 인해 동질집합 구성에 많은 영향을 줄 수 있고 그 영향에 따라 식별가능성이 높은 준식별자 칼럼과 식별가능성이 상대적으로 낮은 준식별자 칼럼을 구분할 수 있다. 또한 직업이나 종교 등의 경우에는 특별히 적은 수를 차지하는 직업, 종교가 있는 경우 역시 식별에 영향을 줄 수 있다. 이런 영향도를 측정해 영향도가 많은 준식별자에 대해 비식별을 적용하는 것이 영향도가 낮은 준식별자에 비식별을 적용하는 것보다 높은 효과를 볼 수 있게 된다. 이렇게 위험도와 영향도를 분석하면 이제 각 데이터에 적용할 비식별 조치 방안을 수립하기 위한 기초 작업이 마무리된다.

## 9. 비식별 조치 방안 수립

위험 분석을 기반으로 적절한 비식별 방안 및 적용 기법을 도출하고 적용 수준과 범위를 데이터의 이용자 또는 제공자와 협의하게 된다. 현황 파악에 의해 파악된 데이터 사용 목적, 사용 환경, 데이터의 식별가능성 등을 기반으로 각 칼럼에 대해 적절한 비식별 방안에 대해 도출하는 과정으로 각 칼럼의 특성에 따른 비식별 방안을 수립해 분석 대상자와 협의를 통해 분석에 영향을 최소화하면서 식별가능성을 낮추는 기법을 선정하는 단계다. 일반적으로 식별자에 대해서는 삭제기법과 가명처리 기법을 주로 사용하고 준식별자는 데이터 분석의 대상이 되는 칼럼으로 일반화, 범주화 등의 기법을 사용해 비식별 조치를 진행한다. 민감정보와 비민감정보 중 직접 분석에 영향을 미치는 칼럼에 대해서는 분석에 영향을 주지 않는 범위의 잡음 추가 기법이나, 분석에 적합한 형태의 범주화 등을 적용하게 된다. 각 칼럼별 비식별 조치 방안을 협의할 때는 분석자와의 협의가 필요하며 분석자와의 협의가 불가능한 경우에도 데이터의 활용목적과 방법에 적합한 방법으로 비식별 조치를 진행해야 한다. 실제 비식별 컨설팅 작업 시 가장 많이 하는 작업이 분석자와 협의를 하는 과정이다.

## 10. 비식별 방안 적용

비식별 조치 방안 수립에서 결정된 방안에 따라 실제 데이터에 비식별을 적용하는 과정이다. 이 작업은 데이터의 크기, 시스템의 처리 능력, 적용된 비식별 기법의 난이도에 따라 처리 시간이 아주 많이 달라질 수 있다. 특히 프라이버시 보호 모델을 적용하는 경우 아주 많은 시간이 소요된다.


## 11. 비식별 결과 분석

실제 적용된 비식별 결과에 대해 분석한다. 이때 위험도에 대한 분석은 6장의 프라이버시 보호 모델을 참조하거나 전문가의 검토를 거쳐 결정하면 되며 유용성에 대한 분석은 10장 비식별 정보의 유용성 평가 부분을 참조해서 평가를 진행한다.


## 12. 추가 비식별 조치 적용(필요 시)

비식별 결과 분석을 통해 적정하지 않은 수준의 비식별이라는 결과가 도출되는 경우 추가 비식별 조치가 필요하다. 추가 비식별 조치는 위의 단계 중 필요한 단계에서 다시 시작하면 된다.

# 개인정보 비식별 조치의 적정성 평가

## 7.1 데이터 상황 기반 적정성 평가

적정성 평가의 주체는 개인정보보호법 등 법령에 따라 신청기관이 자체적으로 수행하거나 별도 외부 전문가로 구성된 적정성 평가단이 수행할 수 있다.[1] 평가 주체가 적정성 평가단일 경우, 평가 시 이용된 k-익명성 모델(사용됐을 경우에 한함)에 대한 계량분석[2]이 포함될 수 있다. 아울러 이 책에서 제시하는 적정성 평가는 가명처리와 익명처리 기준을 분리해 고려했으며 세부적인 적정성 평가 절차는 그림 7-1과 같다.

---

1   개정된 개인정보보호법에서는 적정성 평가가 필수사항은 아니며, 가명정보 제공 시 안전성 검토 사항의 일부로 활용할 수 있도록 돼 있음
2   계량분석이란 2016년 정부부처합동 비식별조치가이드라인의 적정성 평가 부분에 소개된 것으로 비식별 조치 시 신청기관에서 처리한 프라이버시보호 모델(k-익명성 등)에 대해 검증하는 절차를 말함. 여기서 검증이란 예를 들어 k-익명성 모델의 경우, 신청기관에서 제시한 k값이 실제 맞는지 아닌지를 별도 툴 등을 이용해 확인하는 과정을 말함

## 1. 가명처리의 경우에 대한 적정성 평가 세부 절차

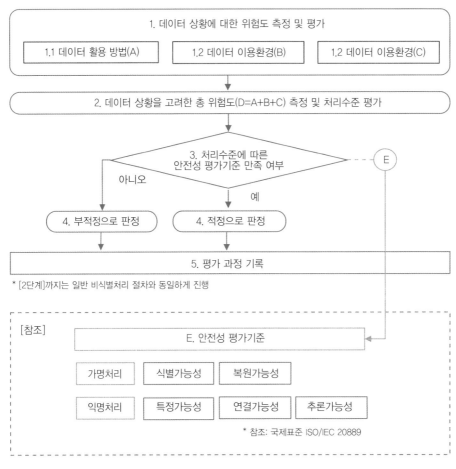

**그림 7-1** 적정성 평가 절차

가명처리의 경우에 대한 적정성 평가 세부 절차는 다음과 같이 5단계로 나뉜다.

**[1단계]** 데이터 상황에 대한 위험도 측정 및 평가(평가 방법: 앞서 서술한 2. 데이터 상황에 대한 위험도(계량화) 측정 부분 참조)

**[2단계]** 데이터 상황을 고려한 총 위험도(D=A+B+C) 측정 및 처리수준 평가[3]

---

3   [2단계]의 처리 부분까지는 일반 비식별 절차와 동일하게 진행되며 다만 평가 주체(신청기관 혹은 적정성 평가단)가 다름

**[3단계]** [2단계]의 처리수준 평가 결과(위험도 총 3단계 수준)에 따라 가명처리 안전성 평가 기준 적용에 대한 만족 여부 평가로, 처리 기준(표 7-1 참조)의 적용 여부에 대해 적정성 평가단이 판단해 평가

**[4단계]** [3단계] 평가 결과 가부에 따라 처리 기준을 만족할 경우 적정, 그렇지 않을 경우 부적정으로 판정

**[5단계]** 평가 전 과정을 기록 보관

## 가. 가명처리 안전성 평가 기준(위 [3단계]에 해당, 표 7-1 참조)

**표 7-1** 가명처리 안전성 평가 기준

| 구분 | 수준 | 안전성 평가 기준 | | 평가(가명처리) 대상 및 범위 | | |
| --- | --- | --- | --- | --- | --- | --- |
| | | 식별 가능성 | 복원 가능성 | 고유 식별자 | 준식별자 중 일부 (또는 전부) | 특이치 (Outlier) |
| 비가역적 가명 | 약한가명 | 가능성이 모두 없어야 함 | | ○ | – | – |
| | 일반가명 | | | ○ | ○ | – |
| | 강한가명 | | | ○ | ○ | ○ |

**참고**

**특이치(이상치라고도 부름, Outlier)란?**

I. 직업상 분류(출처: 나무위키)

1. 공인 : 세금을 받고 나라를 위해 일하는 사람들(공공의 업무를 하는 사람)*

   * 국립국어원의 해석

   ** 법원의 해석: (판례) 현직 공무원(고위공직자), 현직 정치인, 고위 공직자의 친인척, 고등 교육계열 종사자, 종교인, 시민운동가, 기업인, 은퇴한 법조인, 국회의원, 시장 등의 공직자의 제1비서가 비상시 대리로 발언하거나 집행 대행한 경우, 언론 인터뷰에 응한 세무관련 공무원 등

2. 공인 : 공개된 사람, 대중매체에 알려진 인물들, 유명인

- (저명) 연예인, 스포츠 선수, 교육자, 사회운동가, 왕족(의 후손), 재벌(또는 재벌의 후손) 또는 이들의 후손, 사교계 명사socialite, 인터넷(으로 알려진) 유명인

2.1 특정 집단 내인 경우

- 특정 집단 내에서 압도적인 권력, 재력, 지력, 매력 등을 보유해 그 자체로 유명세를 타고, 그걸 이용해 이득을 얻는 사람이 존재
- 학교의 예를 들 경우 이런 케이스 등이 있으며, 학원 소재 서브컬처에서 의외로 자주 볼 수 있는 타입
  ① 엄청나게 공부를 잘해서 이름이 알려진 학생
  ② 엄청난 매력으로 동네에 소문나는 미소녀, 미소년
  ③ 집에 돈이 엄청 많아서 부모가 학교에 돈을 뿌리는 학생
  ④ 부모의 힘(권력 등) 때문에 교사가 절절맬 정도의 권력을 가진 학생

II. 특이치의 사례

1. 직업이 소득 또는 재산 등 금융정보, 의료 민감정보, 희귀(질환) 정보와 함께 있는 경우
2. 부모가 유명인인 후손의 교육 데이터 즉, 교육 데이터에 부모가 유명 연예인이 있는 경우
3. 희귀(질환, 희귀 성씨) 정보와 낙인성*(다문화가정, HIV, AIDS, Corona virus 등) 정보

**국내 희귀 성씨(姓氏)**

| | |
|---|---|
| 누 摟 씨 24명 | 망절 網切 씨 10명 |
| 내 柰 씨 63명 | 소봉 小捀 씨 18명 |
| 묘 苗 씨 61명 | 어금 魚金 씨 51명 |
| 삼 森 씨 49명 | |
| 초 礎 씨 45명 | |

**그림 7-2** 국내 희귀성씨(출처: SBS 보도자료 재구성)

\* 불명예스럽거나 욕된 평판

- 낙인성 정보: 외모와 관련(신체 기형), 소속집단(국적, 특이종교, 유색인종 등)

- 희귀정보: 수요에 비해 공급이 상대적으로 부족한 경우의 정보(주로 질환, (예시)

https://rarediseases.org/for-patients-and-families/information-resources/rare-disease-information/

## III. 특이치 발생 원인(데이터 분석관점)

(출처: https://www.analyticsvidhya.com/blog/2016/01/guide-data-exploration/)

1. 특이치의 분류

1.1 대분류: 인적, 자연적

1.2 소분류

① 데이터 입력 오류

예: 어느 고객의 연간 수입이 1억일 때 실수로 0을 붙여 10억이 되는 경우

② 측정 오류

예: 바이탈사인 측정기 오류, 계량기 측정 오류

③ 실험 오류

예: 100미터 달리기에서 출발신호에 집중하지 못해 늦게 출발해 전체 달린 시간이 평상시보다 느리게 나올 경우

④ 의도적인 이상치

예: 음주량에 대한 설문 분석 시 10대 청소년의 경우 고의적으로 다르게 응답할 수 있음

⑤ 데이터 처리 오류

예: 데이터 마이닝 시 조작 또는 추출 오류로 발생

⑥ 샘플링 오류

예: 운동선수의 평균키 측정 시 실수로 샘플에 농구선수 몇 명을 포함시킨 경우

⑦ 자연적인natural 오류

예: 데이터 자체에서 우연히 특이값(들)이 발견된 경우

## Ⅳ. 특이치가 데이터셋에 미치는 영향

(출처: https://www.analyticsvidhya.com/blog/2016/01/guide-data-exploration/)

### 1. 오차 분산 증가로 통계 검증력 감소 유발

### 2. 통계 모델이나 분석의 기본 가정에 영향을 줄 수 있음

## Ⅴ. 특이치의 탐지방법

(출처: https://www.analyticsvidhya.com/blog/2016/01/guide-data-exploration/)

### 1. 시각화(Box-plot, Histogram, Scatter Plot)

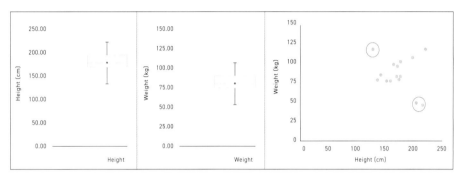

[Box-Plot](univariate distribution)          [Scatter Plot](bivariate distribution)

**그림 7-3** 시각화(Box-plot, Histogram, Scatter Plot)

### 2. $-1.5 \times IQR^4$에서 $1.5 \times IQR$ 범위를 벗어난 모든 값(쉽게 말해 $\pm 2.698$시그마를 벗어난 값)

---

4   IQR(InterQuartile Range, 사분범위): 1/4로 데이터를 쪼개어 중간에 두 구간을 나타내는 것으로 중간 50% 범위 데이터의 흩어진 정도를 나타냄

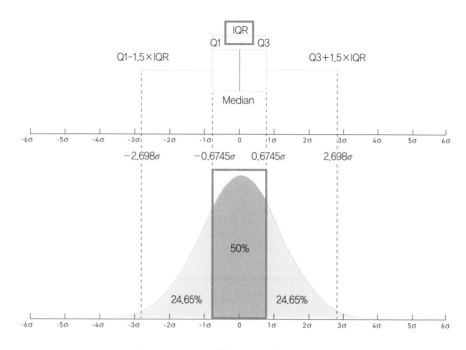

**그림 7-4** −1.5×IQR에서 1.5×IQR 범위를 벗어난 모든 값

3. 캡핑 방법capping method: 데이터 분포에서 5~95% 범위를 벗어난 값

4. 평균에서 3시그마 이상의 표준편차를 보이는 값

5. 마할라노비스의 거리 또는 쿡의 거리Mahalanobis' distance and Cook's D를 이용

## VI. 이상치 제거방법

(출처: https://www.analyticsvidhya.com/blog/2016/01/guide-data-exploration/)

1. 삭제

2. 변형 및 비닝binning: 구간을 나눠 구간평균 또는 구간중앙값으로 대체

3. 대치imputing: 평균 또는 중간값으로 대치

4. 개별 처리: 개별 그룹으로 분리해 처리 후 결합

○ 가명처리에 대한 정의(ISO 25237, Health informatics – Pseudonymization 참조)

모든 데이터 주체와 연결을 제거하고 데이터 대상 및 하나 이상의 가명과 관련된 특성의 특정 집합 사이의 연관성을 추가하는 비식별의 특정 유형

○ 비가역적 가명처리와 가역적 가명처리에 대한 정의(ISO 25237, Health informatics – Pseudonymization 참조)

　1) 비가역적

　　- 가명에서 원본 식별자로 다시 추적, 계산될 수 없는 상황을 말하는 것으로 임시표temporary table가 프로세스 중에 사용될 수 있지만 프로세스가 완료되면 제거됨

　2) 가역적

　　- 가명에서 원본 식별자로 다시 추적, 계산될 수 있는 상황으로 인증된 곳에서 원래의 신원을 발견하는 데 사용할 수 있는 비밀 조회표secret lookup-table일 수 있음

○ 식별가능성과 복원 가능성에 대한 정의

　1) 식별가능성

　　- 가명처리된 데이터셋으로부터 주어진 데이터셋만으로 특정 정보 주체를 알아볼(식별할) 가능성

　2) 복원 가능성

　　- 가명처리 과정에서 생성된 추가적인 정보(암호키, 매핑테이블 등)가 없는 상황에서 원본 데이터 주체를 복원해 낼(가명처리 이전으로 되돌릴) 가능성

○ 개정 개인정보보호법에 따른 처리원칙

　1) 가명정보에 대한 안전조치의무 준수

　　- 제28조의 4 ①항에 따라 추가 정보를 별도로 분리해 보관·관리, 내부관리 계획 수립 등 안전성 확보에 필요한 기술적·관리적 및 물리적 조치 이행

2) 개인정보처리자의 개인정보보호원칙 준수

개인정보를 익명 또는 가명으로 처리해도 개인정보 수집목적을 달성할 수 있는 경우 익명처리가 가능한 경우에는 익명에 의해, 익명처리로 목적을 달성할 수 없는 경우에는 가명에 의해 처리될 수 있도록 하는 등 제3조 개인정보보호원칙 준수

O 처리대상 및 범위에 대한 정의

1) 개정 개인정보보호법에 따른 정의

- 제2조 1호의 다목에 따라 특정 개인을 알아볼 수 있는 가목의 개인식별정보 또는 나목의 개인식별가능정보

2) 기술적 정의

① 고유식별자(ISO/IEC 20889, Privacy enhancing data de-identification terminology and classification of techniques 부록 E 참조)

- 데이터셋에서 데이터 주체를 독립적으로 선정(singles out)해 내는 데이터셋에서의 속성

② 준식별자 중 일부(또는 전부)(ISO 25237, Health informatics — Pseudonymization, 5.5.2 Levels of assurance of privacy protection 참조)

- 공격자가 가명처리된 데이터와 외부 데이터를 결합해 공격할 경우에 대비한 것으로, 여기서 준식별자 중 일부라 함은 쉽게 얻을 수 있는 준식별자나 혹은 공격자로부터 외부 데이터와의 결합 위험도가 높은 속성들을 말함

③ 특이치[Outlier](ISO 25237, Health informatics — Pseudonymization, 5.5.2 Levels of assurance of privacy protection 참조)

- 특이한 혹은 드문(rare) 자료를 말하는 것으로 이상치라고도 부른다. 예로, 의원을 방문했을 때 특정한 날에 단지 한 사람만이 특정한 병리검사를 받았다면 그 관측 데이터는 그날에 의원을 방문한 그 사람임을 간접적으로 식별할 수 있음

## 나. 익명처리의 경우에 대한 적정성 평가 세부 절차

익명처리의 경우에 대한 적정성 평가 세부 절차는 다음과 같이 5단계로 나뉜다.

[1단계] 데이터 상황에 대한 위험도 측정 및 평가(위 가명처리 평가기준과 동일)

[2단계] 데이터 상황을 고려한 총 위험도(D = A + B + C) 측정 및 처리수준 평가(평가 방법: 앞서 서술한 3. 데이터 상황에 따른 총 위험도(계량화) 산출 및 처리수준 결정 부분 참조)[5]

[3단계] [2단계]의 처리수준 평가 결과(위험도 총 5단계 수준)에 따라 익명처리 안전성 평가 기준 적용에 대한 만족 여부 평가로, 처리 기준(표 7-2, 표 7-3, 표 7-4 참조)의 적용 여부에 대해 적정성 평가단이 판단해 평가

[4단계] [3단계] 평가 결과 가부에 따라 처리 기준을 만족할 경우 적정, 그렇지 않을 경우 부적정으로 판정

[5단계] 평가 전 과정을 기록 보관

## 다. 익명처리 안전성 평가 기준(위 [3단계]에 해당, 표 7-2, 표 7-3, 표 7-4 참조)

익명처리에 대한 안전성 평가기준은 국제표준인 ISO/IEC 20889에서 제시한 3가지(특정가능성 Single out, 연결가능성, 추론가능성) 기준에 따라 각 수준 Level별로 표 7-2, 표 7-3, 표 7-4의 평가 기준 및 방법을 적용해 평가한다. 다만, 이 책에서 제시하는 평가 기준 및 방법은 예시일 뿐이며 해당 조직의 환경이나 산업군별 특성에 따라 여러 케이스별로 달라질 수 있다. 따라서 해당 조직에서 활용 시는 단순 참고용으로 사용하길 바란다.

O 국제표준 ISO/IEC 20889에서의 정의

- 특정가능성 Single out: 우리말로 '선정가능성'이라고도 부르며 데이터 주체를 고유 식별하기 위해 데이터셋의 특성 집합을 관찰해 해당 데이터 주체에 속한 레코드를 격리 Isolation하는 행위를 말함

---

5    [2단계]의 처리 부분까지는 일반 비식별 절차와 동일하게 진행되며 다만 평가 주체(신청기관 혹은 적정성 평가단)가 다름

- 연결가능성: 동일한 데이터 주체 혹은 데이터 주체 그룹과 관련된 레코드를 별도의 데이터셋에 연결하는 행위를 말함
- 추론가능성: 무시할 수 없는 확률로 다른 속성 집합의 값에서 속성의 값을 추론하는 행위를 말함

1) 익명처리 기준: 특정가능성(Single out)

**표 7-2** 익명처리 기준(특정가능성)

| 분류 | | 사용 형태[6] | 평가 기준 및 방법 |
|---|---|---|---|
| 최종 위험도 측정 결과의 Level | Level 1 | 내부분석실 | • [단계 1] 식별자들에 대한 유일성(Unique) 확인, 유일성이 있으면 부적정, 그렇지 않으면 적정 |
| | | 샌드박스 (밀실) | • [단계 1] 준식별자에 대한 유일성 확인, 유일성이 있으면 부적정, 그렇지 않으면 적정 |
| | | 데이터이용 합의서 | • [단계 1] 준식별자에 대한 유일성 확인, 유일성이 있으면 부적정, 그렇지 않으면 [단계 2]로 이동<br>• [단계 2] 이상치(Outlier)에 대한 유일성 처리 여부 확인, 이상치에 대해 처리돼 있지 않으면 부적정, 그렇지 않으면 적정 |
| | Level 2 | 내부분석실 | • [단계 1] 준식별자들에 대한 유일성 확인, 유일성이 있으면 부적정, 그렇지 않으면 적정 |
| | | 샌드박스 (밀실) | • [단계 1] 준식별자들에 대한 유일성 확인, 유일성이 있으면 부적정, 그렇지 않으면 적정 |
| | | 데이터이용 합의서 | • [단계 1] 준식별자에 대한 유일성 확인, 유일성이 있으면 부적정, 그렇지 않으면 [단계 2]로 이동<br>• [단계 2] 이상치에 대한 유일성 처리 여부 확인, 이상치에 대한 처리가 돼 있지 않으면 부적정, 그렇지 않으면 적정 |

---

6  사용 형태: 1장 1. 데이터 상황에 대한 이해 부분에서 소개하고 있는 데이터 활용 방법 1.5 어떻게(HOW?)(공개관점)에 해당하는 것으로 자세한 사항은 이전 부분을 참조하기 바람

| 최종 위험도 측정 결과의 Level | | | |
|---|---|---|---|
| | Level 3 | 내부분석실 | • [단계 1] 준식별자에 대한 유일성 확인, 유일성이 있으면 부적정, 그렇지 않으면 [단계 2]로 이동<br>• [단계 2] 이상치에 대한 유일성 처리 여부 확인, 이상치에 대한 처리가 되어 있지 않으면 부적정, 그렇지 않으면 [단계 3]으로 이동<br>• [단계 3] 준식별자가 아닌 칼럼에 대한 원 데이터와의 완전 일치 여부 확인, 완전 일치하는 데이터가 없으면 적정, 완전 일치하는 데이터가 있으면 [단계 4]로 이동<br>• [단계 4] 완전 일치하는 데이터의 값의 분석 목적에 대한 필요성 확인, 필요성이 있으면 관리적 절차와 이용환경의 보호 수준을 감안해 적정 여부를 평가단이 판단, 필요성이 없으면 부적정<br>　– 원본과의 대조 가능성을 제거하기 위한 관리적 절차와 이용환경의 보호 수준을 중점적으로 검토 |
| | | 샌드박스 (밀실) | • [단계 1] 준식별자에 대한 유일성 확인, 유일성이 있으면 부적정, 그렇지 않으면 적정 |
| | | 데이터이용 합의서 | • [단계 1] 준식별자에 대한 유일성 확인, 유일성이 있으면 부적정, 그렇지 않으면 [단계 2]로 이동<br>• [단계 2] 이상치에 대한 유일성 처리 여부 확인, 이상치에 대한 처리가 돼 있지 않으면 부적정, 그렇지 않으면 적정 |
| | Level 4 | 내부분석실 | • [단계 1] 준식별자에 대한 유일성 확인, 유일성이 있으면 부적정, 그렇지 않으면 [단계 2]로 이동<br>• [단계 2] 이상치에 대한 유일성 처리 여부 확인, 이상치에 대해 처리돼 있지 않으면 부적정, 그렇지 않으면 [단계 3]으로 이동<br>• [단계 3] 준식별자가 아닌 칼럼에 대한 원 데이터와의 완전 일치 여부 확인, 완전 일치하는 데이터가 없으면 적정, 완전 일치하는 데이터가 있으면 [단계 4]로 이동<br>• [단계 4] 완전 일치하는 데이터 값의 분석 목적에 대한 필요성 확인, 필요성이 있으면 관리적 절차와 이용환경의 보호 수준을 감안해 적정 여부를 평가단이 판단, 필요성이 없으면 부적정<br>　– 원본과의 대조 가능성을 제거하기 위한 관리적 절차와 이용환경의 보호 수준을 중점적으로 검토 |
| | | 샌드박스 (밀실) | • [단계 1] 준식별자에 대한 유일성 확인, 유일성이 있으면 부적정, 그렇지 않으면 적정 |
| | | 데이터이용 합의서 | • [단계 1] 준식별자에 대한 유일성 확인, 유일성이 있으면 부적정, 그렇지 않으면 [단계 2]로 이동<br>• [단계 2] 이상치에 대한 유일성 처리 여부 확인, 이상치에 대한 처리가 돼 있지 않으면 부적정, 그렇지 않으면 [단계 3]으로 이동<br>• [단계 3] 준식별자가 아닌 칼럼에 대한 원 데이터와의 완전 일치 여부 확인, 완전 일치하는 데이터가 없으면 적정, 완전 일치하는 데이터가 있으면 [단계 4]로 이동<br>• [단계 4] 완전 일치하는 데이터 값의 분석 목적에 대한 필요성 확인, 필요성이 있으면 계약서의 내용 및 사용 환경에 대한 내용을 파악해 적정 여부를 결정 |

| 최종<br>위험도<br>측정<br>결과의<br>Level | Level<br>5 | 데이터이용<br>합의서 | • [단계 1] 준식별자에 대한 유일성 확인, 유일성이 있으면 부적정, 그렇지 않으면 [단계 2]로 이동<br>• [단계 2] 이상치에 대한 유일성 처리 여부 확인, 이상치에 대한 처리가 돼 있지 않으면 부적정, 그렇지 않으면 [단계 3]으로 이동<br>• [단계 3] 준식별자가 아닌 칼럼에 대한 원 데이터와의 완전 일치 여부 확인, 완전 일치하는 데이터가 없으면 적정, 완전 일치하는 데이터가 있으면 [단계 4]로 이동<br>• [단계 4] 완전 일치하는 데이터 값의 분석 목적에 대한 필요성 확인, 필요성이 있으면 계약서의 내용 및 사용 환경에 대한 내용을 파악해 적정 여부를 결정 |
|---|---|---|---|
| | | 완전공개 | • [단계 1] 준식별자에 대한 유일성 확인, 유일성이 있으면 부적정 그렇지 않으면 [단계 2]로 이동<br>• [단계 2] 이상치에 대한 유일성 처리 여부 확인, 이상치에 대한 처리가 돼 있지 않으면 부적정, 그렇지 않으면 [단계 3]으로 이동<br>• [단계 3] 준식별자가 아닌 칼럼에 대한 원 데이터와의 완전 일치 여부 확인, 완전 일치하는 데이터가 없으면 적정, 완전 일치하는 데이터가 있으면 [단계 4]로 이동<br>• [단계 4] 완전 일치하는 데이터가 있으면 그 데이터에 대한 유일성 확인, 유일성이 있으면 부적정, 그렇지 않으면 적정<br>　– 완전하게 일치하지 않게 하는 기법으로는 잡음추가, 범주화 등이 있으며 이 기법의 칼럼별 적용 여부를 확인 |

## 2) 익명처리 기준: 연결가능성(Linkability)

**표 7-3** 익명처리 기준(연결가능성)

| 분류 | | 사용 형태 | 평가 기준 및 방법 |
|---|---|---|---|
| 최종<br>위험도<br>측정<br>결과의<br>Level | Level<br>1 | 내부분석실 | • [단계 1] 내부의 정보관리 방안 등을 검토해 원본과의 연결가능성의 위험에 대해 충분한 통제가 있으면 적정, 그렇지 않으면 평가단이 판단해 적정 여부를 결정 |
| | | 샌드박스<br>(밀실) | • [단계 1] 샌드박스(밀실)에 분석 대상 이외에 다른 데이터가 있는지 확인<br>• [단계 2] 다른 데이터가 없으면 연결가능성은 없는 것으로 적정으로 판단, 있으면 [단계 3]으로 이동<br>• [단계 3] k-익명성의 적용 여부를 확인하고 k-익명성이 적용돼 있으면 적정으로 판단, k-익명성이 적용돼 있지 않으면 적정성 평가단의 검토 후 적정 여부를 결정<br>　– k-익명성에 대한 보호 수준(대표 또는 평균 K값 등)은 적정성 평가단이 판단 |

| 최종 위험도 측정 결과의 Level | Level 1 | 데이터이용 합의서 | • [단계 1] 준식별자에 대한 k-익명성 적용 여부 검토해 적용돼 있으면 [단계 2]로 이동, 적용돼 있지 않으면 부적정<br>• [단계 2] k-익명성의 K값에 대해 적정성 평가단이 판단해 충분한 수준의 K값이 적용돼 있으면 [단계 3]으로 이동, 충분하지 않으면 부적정<br>• [단계 3] 계약서를 검토해 계약서의 내용에 연결공격을 충분히 감소시킬 수 있는 기술적, 관리적, 절차적 방안이 수립돼 있는지를 검토해 적정 여부를 결정 |
|---|---|---|---|
| | Level 2 | 내부분석실 | • [단계 1] 내부의 정보관리 방안 등을 검토해 원본과의 연결가능성의 위험에 대해 충분한 통제가 있으면 적정, 그렇지 않으면 평가단이 판단해 적정 여부를 결정 |
| | | 샌드박스 (밀실) | • [단계 1] 샌드박스(밀실)에 분석 대상 이외에 다른 데이터가 있는지 확인<br>• [단계 2] 다른 데이터가 없으면 연결가능성은 없는 것으로 적정으로 판단, 있으면 [단계 3]으로 이동<br>• [단계 3] k-익명성의 적용 여부를 확인하고 k-익명성이 적용돼 있으면 적정으로 판단, k-익명성이 적용돼 있지 않으면 적정성 평가단의 검토 후 적정 여부를 결정<br>　－ k-익명성에 대한 보호 수준(대표 또는 평균 K값 등)은 적정성 평가단이 판단 |
| | | 데이터이용 합의서 | • [단계 1] 준식별자에 대한 k-익명성 적용 여부를 검토해 적용돼 있으면 [단계 2]로 이동, 적용돼 있지 않으면 부적정<br>• [단계 2] k-익명성의 K값에 대해 적정성 평가단이 평가해 충분한 수준의 K값이 적용돼 있으면 [단계 3]으로 이동, 충분하지 않으면 부적정<br>• [단계 3] 계약서를 검토해 계약서의 내용에 연결공격을 충분히 감소시킬 수 있는 기술적, 관리적, 절차적 방안이 수립돼 있는지를 검토해 적정 여부를 결정 |
| | Level 3 | 내부분석실 | • [단계 1] 준식별자에 대한 k-익명성 적용 여부를 검토해 적용돼 있으면 [단계 2]로 이동, 적용돼 있지 않으면 부적정<br>• [단계 2] k-익명성의 K값에 대해 적정성 평가단이 판단해 충분한 수준의 K값이 적용돼 있으면 [단계 3]으로 이동, 충분하지 않으면 부적정<br>• [단계 3] 내부의 정보관리 방안 등을 검토해 원본과의 연결가능성의 위험 및 다른 데이터와의 연결가능성에 대해 충분한 통제가 있으면 적정, 그렇지 않으면 평가단이 판단해 적정 여부를 결정 |

| | | | |
|---|---|---|---|
| 최종 위험도 측정 결과의 Level | Level 3 | 샌드박스 (밀실) | • [단계 1] 샌드박스(밀실)에 분석 대상 이외에 다른 데이터가 있는지 확인<br>• [단계 2] 다른 데이터가 없으면 연결가능성은 없는 것으로 적정으로 판단, 있으면 [단계 3]으로 이동<br>• [단계 3] k-익명성의 적용 여부를 확인하고 k-익명성이 적용돼 있으면 적정으로 판단, k-익명성이 적용돼 있지 않으면 부적정으로 판단<br>   − k-익명성에 대한 보호 수준(대표 또는 평균 K값 등)은 적정성 평가단이 판단 |
| | | 데이터이용 합의서 | • [단계 1] 준식별자에 대한 k-익명성 적용 여부를 검토해 적용돼 있으면 [단계 2]로 이동, 적용돼 있지 않으면 부적정<br>• [단계 2] k-익명성의 K값에 대해 적정성 평가단이 평가해 충분한 수준의 K값이 적용돼 있으면 [단계 3]으로 이동, 충분하지 않으면 부적정<br>• [단계 3] 이전 특정 가능성에 대한 평가에서 완전공개 수준으로 데이터가 비식별돼 있는 경우 적정, 그렇지 않으면 [단계 4]로 이동<br>• [단계 4] 계약서를 검토해 계약서의 내용에 연결공격을 충분히 감소시킬 수 있는 기술적, 관리적, 절차적 방안이 수립돼 있는지를 검토해 적정 여부를 결정 |
| | Level 4 | 내부분석실 | • [단계 1] 준식별자에 대한 k-익명성 적용 여부를 검토해 적용돼 있으면 [단계 2]로 이동, 적용돼  있지 않으면 부적정<br>• [단계 2] k-익명성의 K값에 대해 적정성 평가단이 평가해 충분한 수준의 K값이 적용돼 있으면 [단계 3]으로 이동, 충분하지 않으면 부적정<br>• [단계 3] 내부의 정보관리 방안 등을 검토해 원본과의 연결가능성의 위험 및 다른 데이터와의 연결가능성에 대해 충분한 통제가 있으면 [단계 4]로 이동, 그렇지 않으면 부적정<br>• [단계 4] 데이터가 주기적으로 제공되는지를 확인해 주기적으로 제공되는 데이터의 특성에 따른 연결가능성(제공되는 데이터 사이의 연결가능성)을 충분히 배제할 수 있는 기법을 적용한 경우 적정, 그렇지 않으면 적정성 평가단이 연결공격을 충분히 감소시킬 수 있는 기술적, 관리적, 절차적 방안이 수립돼 있는지를 검토해 적정 여부를 결정<br>   − 원본과의 대조 가능성을 제거하기 위한 관리적 절차와 이용환경의 보호 수준을 중점적으로 검토 |

| | | 샌드박스<br>(밀실) | • [단계 1] 샌드박스(밀실)에 분석 대상 이외에 다른 데이터가 있는지 확인<br>• [단계 2] 다른 데이터가 없으면 연결가능성은 없는 것으로 적정으로 판단, 있으면 [단계 3]으로 이동<br>• [단계 3] k-익명성의 적용 여부를 확인하고 k-익명성이 적용돼 있으면 적정으로 판단, k-익명성이 적용돼 있지 않으면 부적정으로 판단<br>    – k-익명성에 대한 보호 수준(대표 또는 평균 K값 등)은 적정성 평가단이 판단 |
|---|---|---|---|
| 최종<br>위험도<br>측정<br>결과의<br>Level | Level<br>4 | 데이터이용<br>합의서 | • [단계 1] 활용하고자 하는 데이터의 민감도를 확인해 제 2절 [단계 2]의 데이터 민감도 평가에서 매우 높음 이상의 평가를 받은 경우 부적정, 그렇지 않으면 [단계 2]로 이동<br>• [단계 2] 준식별자에 대한 k-익명성 적용 여부를 검토해 적용돼 있으면 [단계 3]으로 이동, 적용돼 있지 않으면 부적정<br>• [단계 3] k-익명성의 K값에 대해 적정성 평가단이 평가해 충분한 수준의 K값이 적용돼 있으면 [단계 4]로 이동, 충분하지 않으면 부적정<br>• [단계 4] 이전 특정 가능성에 대한 평가에서 완전공개 수준으로 데이터가 비식별돼 있는 경우 적정, 그렇지 않으면 [단계 5]로 이동<br>• [단계 5] 데이터가 주기적으로 제공되는지를 확인해 주기적으로 제공되는 데이터의 특성에 따른 연결가능성(제공되는 데이터 사이의 연결가능성)을 충분히 배제할 수 있는 기법을 적용한 경우 [단계 6]으로 이동, 그렇지 않으면 부적정<br>• [단계 6]으로 이동, 계약서를 검토해 계약서의 내용에 연결공격을 충분히 감소시킬 수 있는 기술적, 관리적, 절차적 방안이 수립돼 있는지를 검토해 적정 여부를 결정 |
| | Level<br>5 | 데이터이용<br>합의서 | • [단계 1] 활용하고자 하는 데이터의 민감도를 확인해 제2절의 2. 데이터 상황에 따른 위험도(계량화) 측정, 데이터 자체의 위험도 부분의 '데이터 민감도' 평가에서 높음~매우 높음 이상의 평가를 받은 경우 부적정, 그렇지 않으면 [단계 2]로 이동<br>• [단계 2] 준식별자에 대한 k-익명성 적용 여부를 검토해 적용돼 있으면 [단계 3]으로 이동, 적용돼 있지 않으면 부적정<br>• [단계 3] k-익명성의 K값에 대해 적정성 평가단이 평가해 충분한 수준의 K값이 적용돼 있으면 [단계 4]로 이동, 충분하지 않으면 부적정<br>• [단계 4] 이전 특정 가능성에 대한 평가에서 완전공개 수준으로 데이터가 비식별돼 있는 경우 적정, 그렇지 않으면 [단계 5]로 이동<br>• [단계 5] 데이터가 주기적으로 제공되는지를 확인해 주기적으로 제공되는 데이터의 특성에 따른 연결가능성(제공되는 데이터 사이의 연결가능성)을 충분히 배제할 수 있는 기법을 적용한 경우 [단계 6]으로 이동, 그렇지 않으면 부적정<br>• [단계 6] 계약서를 검토해 계약서의 내용에 연결공격을 충분히 감소시킬 수 있는 기술적, 관리적, 절차적 방안이 수립돼 있는지를 검토해 적정 여부를 결정 |

| 분류 | | 사용 형태 | 평가 기준 및 방법 |
|---|---|---|---|
| 최종<br>위험도<br>측정<br>결과의<br>Level | Level<br>5 | 완전공개 | • [단계 1] 활용하고자 하는 데이터의 민감도를 확인해 제2절의 2.<br>데이터 상황에 따른 위험도(계량화) 측정, 데이터 자체의 위험도<br>부분의 '데이터 민감도' 평가에서 보통(Normal) 이상의 평가를 받<br>은 경우 부적정, 그렇지 않으면 [단계 2]로 이동<br>• [단계 2] 준식별자에 대한 k-익명성 적용 여부 검토해 적용돼 있으<br>면 [단계 3]으로 이동, 적용돼 있지 않으면 부적정<br>• [단계 3] k-익명성의 K값에 대해 적정성 평가단이 평가해 충분<br>한 수준의 K값이 적용돼 있으면 적정, 충분하지 않으면 부적정<br>  – (참고: 해외 사례[7] – 미국, 캐나다의 경우 대표 K값이 20 이상<br>인 경우 완전 공개에 사용함) |

## 3) 익명처리 기준: 추론가능성(Inference ability)

**표 7-4** 익명처리 기준(추론가능성)

| 분류 | | 사용 형태 | 평가 기준 및 방법 |
|---|---|---|---|
| 최종<br>위험도<br>측정<br>결과의<br>Level | Level<br>1 | 내부분석실 | • [단계 1] 내부의 정보관리 방안 등을 검토해 추론공격으로 인한 식<br>별에 대한 충분한 통제가 있으면 적정으로 판단하고, 그렇지 않으<br>면 평가단이 판단해 적정 여부를 결정 |
| | | 샌드박스<br>(밀실) | • [단계 1] 추론가능성이 없는 것으로 판정 |
| | | 데이터이용<br>합의서 | • [단계 1] 준식별자에 대한 k-익명성 적용 여부를 검토해 적용돼 있<br>으면 [단계 2]로 이동, 적용돼 있지 않으면 부적정<br>• [단계 2] k-익명성의 K값에 대해 적정성 평가단이 평가해 충분<br>한 수준의 K값이 적용돼 있으면 [단계 3]으로 이동, 충분하지 않<br>으면 부적정<br>• [단계 3] 계약서를 검토해 계약서의 내용에 추론공격을 충분히 감<br>소시킬 수 있는 기술적, 관리적, 절차적 방안이 수립돼 있는지를<br>검토해 적정 여부를 결정 |
| | Level<br>2 | 내부분석실 | • [단계 1] 내부의 정보관리 방안 등을 검토해 추론공격으로 인한 식<br>별에 대한 충분한 통제가 있으면 적정으로 판단하고, 그렇지 않으<br>면 평가단이 판단해 적정여부를 결정 |
| | | 샌드박스<br>(밀실) | • [단계 1] 추론가능성이 없는 것으로 판정 |

---

7    Khaled El Emam, Guide to de-identification of personal health information, pp 223~229, 279~280 참조

| | | | |
|---|---|---|---|
| 최종<br>위험도<br>측정<br>결과의<br>Level | Level<br>2 | 데이터이용<br>합의서 | • [단계 1] 준식별자에 대한 k-익명성 적용 여부를 검토해 적용돼 있으면 [단계 2]로 이동, 적용돼 있지 않으면 부적정<br>• [단계 2] k-익명성의 K값에 대해 적정성 평가단이 평가해 충분한 수준의 K값이 적용돼 있으면 [단계 3]으로 이동, 충분하지 않으면 부적정<br>• [단계 3] 계약서를 검토해 계약서의 내용에 추론공격을 충분히 감소시킬 수 있는 기술적, 관리적, 절차적 방안이 수립돼 있는지를 검토해 적정 여부를 결정 |
| | Level<br>3 | 내부분석실 | • [단계 1] 준식별자를 제외한 모든 칼럼에 추론 공격을 방어할 수 있는 비식별 조치 기법(노이즈 추가 등 ISO/IEC 20889 참조)이 충분히 적용돼 있는지를 검토해 모든 칼럼에 적용돼 있는 경우 적정으로 판단, 그렇지 않은 경우 [단계 2]로 이동<br>• [단계 2] 추론공격을 방어할 수 있는 비식별 조치 기법이 적용된 칼럼의 비율을 검토해 평가단의 판단에 의해 부적정이 아니라고 판단되면 [단계 3]으로 이동**(추론가능성을 칼럼별로 검토해 가능성이 높은 칼럼으로부터 위험도가 매우 높음의 경우 3/5, 높음의 경우 1/2 이상, 보통의 경우 최소 2/5 이상, 낮음의 경우 최소 1/3 이상, 매우 낮음의 경우 최소 1/5 이상 적용 권고)**<br>• [단계 3] 내부의 정보관리 방안 등을 검토해 추론공격으로 인한 식별에 대한 충분한 통제가 있으면 적정으로 판단, 그렇지 않으면 평가단이 판단해 적정 여부를 결정 |
| | | 샌드박스<br>(밀실) | • [단계 1] 데이터의 구성이 일반적인 상식으로 추론이 가능한 내용이 포함돼 있는지 확인해 포함돼 있지 않으면 적정으로 판단하고, 그렇지 않고 포함돼 있는 경우 적정성 평가단이 판단해 적정 여부를 결정 |
| | | 데이터이용<br>합의서 | • [단계 1] 준식별자를 제외한 모든 칼럼에 추론 공격을 방어할 수 있는 비식별 조치 기법(노이즈 추가 등 ISO/IEC 20889 참조)이 충분히 적용돼 있는지를 검토해 모든 칼럼에 적용돼 있는 경우 적정으로 판단하고, 그렇지 않은 경우 [단계 2]로 이동<br>• [단계 2] 추론공격을 방어할 수 있는 비식별 조치 기법이 적용된 칼럼의 비율을 검토해 평가단의 판단에 의해 부적정이 아니라고 판단되면 [단계 3]으로 이동**(추론가능성을 칼럼별로 검토해 가능성이 높은 칼럼으로부터 위험도가 매우 높음의 경우 3/4 이상, 높음의 경우 2/3 이상, 보통의 경우 최소 1/2 이상, 낮음의 경우 최소 1/3 이상, 매우 낮음의 경우 최소 1/4 이상 적용 권고)**<br>• [단계 3] 계약서를 검토해 계약서의 내용에 추론공격을 충분히 감소시킬 수 있는 기술적, 관리적 절차적 방안이 수립돼 있는지를 검토해 적정 여부를 결정 |

| 최종<br>위험도<br>측정<br>결과의<br>Level | Level<br>4 | 내부분석실 | • [단계 1] 준식별자를 제외한 모든 칼럼에 추론 공격을 방어할 수 있는 비식별 조치 기법(노이즈 추가 등 ISO/IEC 20889 참조)이 충분히 적용돼 있는지를 검토해 모든 칼럼에 적용돼 있는 경우 적정으로 판단하고, 그렇지 않은 경우 [단계 2]로 이동<br>• [단계 2] 추론공격을 방어할 수 있는 비식별 조치 기법이 적용된 칼럼의 비율을 검토해 평가단의 판단에 의해 부적정이 아니라고 판단되면 [단계 3]으로 이동**(추론가능성을 칼럼별로 검토해 가능성이 높은 칼럼으로부터 위험도가 매우 높음의 경우 4/5, 높음의 경우 3/4 이상, 보통의 경우 최소 2/3 이상, 낮음의 경우 최소 1/2 이상, 매우 낮음의 경우 최소 2/5 이상 적용 권고)**<br>• [단계 3] 내부의 정보관리 방안 등을 검토해 추론공격으로 인한 식별에 대해 충분한 통제가 있으면 적정으로 판단하고, 그렇지 않으면 평가단이 판단해 적정 여부를 결정 |
|---|---|---|---|
| | | 샌드박스<br>(밀실) | • [단계 1] 데이터의 구성이 일반적인 상식으로 추론이 가능한 내용이 포함돼 있는지 확인해 포함돼 있지 않으면 적정, 그렇지 않고 포함돼 있는 경우 적정성 평가단이 판단해 적정 여부를 결정 |
| | | 데이터이용<br>합의서 | • [단계 1] 활용하고자 하는 데이터의 민감도를 확인해 2단계의 데이터 민감도 평가에서 매우 높음 이상의 평가를 받은 경우 부적정, 그렇지 않으면 [단계 2]로 이동<br>• [단계 2] 준식별자를 제외한 모든 칼럼에 추론 공격을 방어할 수 있는 비식별 조치 기법(노이즈 추가 등 ISO/IEC 20889 참조)이 충분히 적용돼 있는지를 검토해 모든 칼럼에 적용돼 있는 경우 적정, 그렇지 않은 경우 [단계 3]으로 이동<br>• [단계 3] 추론공격을 방어할 수 있는 비식별 조치 기법이 적용된 칼럼의 비율을 검토해 평가단의 판단에 의해 부적정이 아니라고 판단되면 [단계 4]로 이동**(추론가능성을 칼럼별로 검토해 가능성이 높은 칼럼으로부터 위험도가 높음의 경우 3/4 이상, 보통의 경우 최소 2/3 이상, 낮음의 경우 최소 1/2 이상, 매우 낮음의 경우 최소 1/4 이상 적용 권고)**<br>• [단계 4] 계약서를 검토해 계약서의 내용에 추론공격을 충분히 감소시킬 수 있는 기술적, 관리적 절차적 방안이 수립돼 있는지를 검토해 적정 여부를 결정 |

| 최종 위험도 측정 결과의 Level | Level 5 | 데이터이용 합의서 | • [단계 1] 활용하고자 하는 데이터의 민감도를 확인해 제2절의 2. 데이터 상황에 따른 위험도(계량화) 측정, 데이터 자체의 위험도 부분의 '데이터 민감도' 평가에서 높음~매우높음 이상의 평가를 받은 경우 부적정으로 판단하고, 그렇지 않으면 [단계 2]로 이동<br>• [단계 2] 준식별자를 제외한 모든 칼럼에 추론 공격을 방어할 수 있는 비식별 조치 기법(노이즈 추가 등 ISO/IEC 20889 참조)이 충분히 적용돼 있는지를 검토해 모든 칼럼에 적용돼 있는 경우 적정으로 판단하고, 그렇지 않은 경우 [단계 3]으로 이동<br>• [단계 3] 추론공격을 방어할 수 있는 비식별 조치 기법이 적용된 칼럼의 비율을 검토해 평가단의 판단에 의해 부적정이 아니라고 판단되면 [단계 4]로 이동**(추론가능성을 칼럼별로 검토해 가능성이 높은 칼럼으로부터 보통의 경우 최소 3/4 이상, 낮음의 경우 최소 2/3 이상, 매우 낮음의 경우 최소 1/2 이상 적용 권고)**<br>• [단계 4] 계약서를 검토해 계약서의 내용에 추론공격을 충분히 감소시킬 수 있는 기술적, 관리적 절차적 방안이 수립돼 있는지를 검토해 적정 여부를 결정 |
| | | 완전공개 | • [단계 1] 활용하고자 하는 데이터의 민감도를 확인해 제2절의 2. 데이터 상황에 따른 위험도(계량화) 측정, 데이터 자체의 위험도 부분의 '데이터 민감도' 평가에서 보통(Normal) 이상의 평가를 받은 경우 부적정으로 판단하고, 그렇지 않으면 [단계 2]로 이동<br>• [단계 2] 준식별자를 제외한 모든 칼럼에 추론 공격을 방어할 수 있는 비식별 조치 기법(노이즈 추가 등 ISO/IEC 20889 참조)이 충분히 적용돼 있는지를 검토해 모든 칼럼에 적용돼 있는 경우 적정으로 판단하고, 그렇지 않은 경우 부적정 |

## 7.2 비식별 평가를 위한 조직

개인정보보호법 개정에 따라 개인정보를 활용할 때 그 목적에 따라 가명처리, 익명처리의 선택이 가능해졌으며 가명처리를 선택하는 경우 분명히 익명처리보다 훨씬 높은 분석의 정확성을 가질 수 있다. 그러나 가명처리된 정보는 개인정보이고 이러한 가명정보를 사용하는 것은 조직에 심각한 위험을 초래할 수 있다. 개정된 개인정보보호법에 의하면 가명정보를 의도적으로 재식별하는 행위에 대해서 전체 매출액의 3% 이하의 과징금을 부과[8]할 수 있고 가명정보의 사용은 아주 큰 사용상의 위험을 가지게 됐다. 이러한 위험을 완화하기 위한 기업의 준비가 필요하며 이에 따라 비식별화된 데이터에 대한 정확한 평가가 매우 중요하다. 또한 비식별화된 데이터에

---

8 개정된 개인정보보호법 제 28조의 6(가명정보 처리에 대한 과징금 부과 등) 참조

대해 가명처리의 수준이나 익명처리의 수준을 평가하는 것은 매우 기술적이고 전문적인 범위의 작업으로 이의 수행을 위한 전문가가 필요하다. 그러나 최종적인 판단은 결코 기술 파트에서 결정할 수 없다.

이에 따라 다음과 같은 절차와 조직이 필요하다.


## ○ 심의 위원회

미국의 DRB(Data Review Board 또는 Data Release Board라고도 부름)[9]와 같은 조직으로 전체 데이터 활용에 대한 최종 결정 및 관리를 하는 조직이다(DRB의 경우 관리에 가까우나 우리나라의 기업의 경우 관리적인 부분보다 최종 결정이 더 필요하다). 이 심의 위원회는 데이터 활용 및 제공에 대한 최종 심의 기구의 역할을 해야 하고 위험의 크기에 따라 전사 거버넌스 조직으로의 구성이 필요하며 내부 인력만으로 심의를 하는 것보다 외부의 자문인력을 포함해 구성하는 것이 필요하다.

다음 예시는 내부 심의 기구의 구성에 대한 예시로 실제 구성 시 참고하기 바란다.

**내부 심의 기구의 구성**

- 기업 · 기관 내부의 인력과 외부의 인력이 함께 포함돼야 하며 기업 내부의 인력과 외부의 인력의 비율은 자율적으로 결정이 가능하나 외부 인력이 전체의 50% 이상을 포함하는 것이 좋다. 이는 Risk 분산 차원에서 결정이 필요한 사안이다.
- 내부 인력으로는 개인정보보호부서, 데이터 활용부서의 장 또는 각 부서장이 위임하는 인원이 1인 이상 포함돼야 한다.
- 외부 인력은 법조계의 1인, 가명처리/익명처리의 기술적인 전문가 1인, 데이터 활용 전문가 1인이 포함돼야 한다.
- 심의는 전체 심의 위원 중 과반수가 참석한 심의위원회에서 협의를 통해 결과를 도출한다.

다음 내용은 미국의 데이터 공개 검토 위원회[DRB]에 대한 설명이다. 참고하길 바란다.

**공개 검토 위원회**

- 자료 발표 위원회라고도 알려진 데이터 공개 검토 위원회(DRBs: Data Review(Release) Board)는 자료 발표가 조직의 정책과 절차적 요건에 부합한다는 것을 보장할 책임을 지고 있는 동 조직 내에 설립된 행정적 기구이다. DRBs는, 동 조직이 다른 조직 전체의 정책을 승인하기 위해서 사용하는 동일한 메커니즘에 의해 이상적으로 승인된 서면 강령 및 현장에 의해서 통제돼야 한다. DRB는 그의 활동을 안내하는 강령이 있어야 한다. 예를 들어, 미국 교육부의 DRB는 다음과 같은 강령이 있다.

---

9   NIST 800-188 Data release board 참조

- "교육부 공개 검토 위원회(ED-DRB)의 임무는, 법에 의해 요구되는 대로 개인들의 프라이버시와 그들 자료의 기밀성을 보호함과 동시에 동 부처가 가능한 한 많은 유용한 자료를 발표하도록 도우면서, 공동 기술 지원을 통해서 부처의 주요 부서들(POs)에 의한 자료 발표 제안을 검토하는 것입니다."
- DRB 헌장은 어떻게 임무가 수행돼야 하는지에 대한 기법을 상세히 명시하고 있다. 공식적인 서면 헌장은 의사 결정 과정에서 투명성을 촉진하고, 그것의 정책 적용에서 일관성을 보장한다. 대부분의 DRB들은 자료 발표의 이익과 개인 프라이버시 보호의 정도를 비교하기 위해 설립될 것이라고 예상된다. 그러나 어떤 DRB는 개인 프라이버시에 대한 피해를 넘어서는 자료 집합의 공개에서 비롯될 수 있는 집단의 피해를 고려하기 위해서 설립될 수도 있다. 이러한 고려는 현존하는 조직의 정책, 규정 및 법령 내에서 이뤄져야 한다. 일부 기관들은, 비식별화 이외의 자료 사용 모델을 이용함으로써 - 예를 들어, 제한된 숫자의 심사받은 연구원들이 피해의 가능성은 최소화하려고 시도하면서 자료 가치를 제공하는 방식으로 민감한 자료 집합에 접근할 수 있는 자료 고립 구역을 설립함으로써, 이러한 우려들의 균형을 맞출 수 있다. 그러한 기관들 속에서 DRB는 이러한 메커니즘의 활용을 승인할 수 있는 권한을 부여받을 것이다.
- DRB 헌장은 DRB의 구성을 구체적으로 명시해야 한다. 효과적이기 위해서는, DRB는 다수의 집단으로부터의 대표자들을 포함해야 하고, 프라이버시 기술 및 정책 모두의 전문가들을 포함해야 한다. 특히, DRB는 다음을 구성원으로 포함하기를 원할 수 있다.
  - 잠재 사용자들의 이익을 대변하는 개인들: 이러한 개인들이 조직의 외부에서 올 필요는 없다.
  - 대중으로부터의, 그리고 특히 대중들의 범위가 제한된 경우 자료 집합에 나타나는 그룹들로부터의 대표.
  - 조직의 지도부 팀으로부터의 대표. 대표는 동 조직의 나머지 구성원들과 함께 DRB의 신뢰성을 구축하는 데 도움을 준다.
  - 조직의 고위 프라이버시 관리의 대표자
  - 주제 전문가
  - 외부 전문가들
- 헌장은 정족수를 확보하기 위한 규정을 제정해야 하고, 구성원들이 상시적인 혹은 회의에 참석하는 대리인들을 지명할 수 있는지를 구체적으로 명시해야 한다. DRB는 구성원들이 임명되고 승인되는 메커니즘, 그들의 임기, 제명 조건 및 제명 절차를 구체적으로 명시해야 한다.
- 헌장은 기록과 보고가 공개적 혹은 제한적으로 간주되는지를 포함해, 기록, 유지 및 보고를 위한 정책 기대치를 설정해야 한다. 헌장은, 이러한 요건들과 메커니즘으로부터 민감한 자료를 배제하는 것이 가능한지를 표시해야 한다.
- 자료 발표를 평가하는 요건을 충족시키기 위해서 DRB는, 자료 집합의 본질, 비식별화 방법 및 결과를 구체적으로 명시하는 서면 신청서가 DRB에 제출되도록 요구해야 한다. 신청서는 제출자가 재식별화 위험, 자료 집합이 재식별화되는 경우 개인들에게 끼치는 위험 및 성공적인 재식별화를 탐지하고 완화하기 위해 제안된 계획을 제출하도록 요구할 수 있다. 추가적으로 DRB는 개인들이 그들의 정보가 비식별화될 것이라고 통보받는 경우, 비식별화에도 불구하고 프라이버시 위험이 남을 수 있다는 것 또한 통보받도록 요구해야 한다.
- DRB는 두 단계 절차를 도입하기를 원할 수 있는데, 이를 통해 신청자는 특정 자료 집합에 적용될 구체적인 비식별화 과정을 위한 승인을 먼저 받고, 그 다음에 동 제안에 따라 비식별화된 자료 집합의 발표에 대한 승인을 받게 된다. 그러나, 임의의 자료 집합에 임의의 과정을 적용한 결과를 예측하는 것은 이론적으로 불가능하기 때문에, 비록 그것이 승인된 절차에 따라 비식별화됐다고 하더라도, 동 비식별화를 수행하는 것이 동 절차가 프라이버시를 보호하기에 미흡했다는 것을 입증할 수 있기에, DRB는 자료 집합의 공개를 거절할 수 있는 권한을 부여받아야 한다. DRB는 비식별화된 자료 집합을 검토할 책임을 위임할 수 있지만, 그것이 동 비식별화를 수행한 개인에게 위임돼서는 안 된다.

- DRB 헌장은 위원회가 조직에 의한 각각의 자료 발표를 승인할 필요가 있는지 혹은 특정 방법에 따라서 비식별화되는 특정 형태의 모든 자료에 대해서 일괄 승인을 부여할 수 있는지에 대해서 구체적으로 명시해야 한다. 헌장은 승인의 존속 기간을 명시해야 한다. 비식별화를 위한 과학 및 기술에서의 진보를 고려하면, 위원회가 무기한으로 공개 권한을 수여할 수 있는 권리를 부여받는 것은 바람직하지 않다.
- 대부분의 경우, 단일한 프라이버시 보호 방법은 기관이 발표하기를 원할 수 있는 다양한 자료 집합을 보호하기에는 미흡할 것이다. 다시 말해서, 상이한 기술들이 자료 집합의 각각의 종류의 특성에 따라서, 재식별화 위험과 자료 유용성 사이의 상쇄를 가장 잘 최적화할 수 있다. 그럼에도 불구하고, DRB는 사용될 구체적인 비식별화 기술들에 대한 지침, 권고 사항 및 훈련 자료를 개발하기를 원할 수 있다. 작은 수의 비식별화 기술들에 대해 표준화하는 기관들은 이러한 기술들에 익숙해질 것이고 그리고 이러한 지침이나 표준화가 없는 결과보다 더 높은 수준의 일관성과 성과를 가지는 결과를 얻게 될 것이다.
- DRB가 비식별화된 자료를 발표하려고 하는 기관 내부 사람들과 협력적이고, 공동적이고, 동질적인 방법으로 작업할 것이라고 예상된다고 하더라도, 가끔은 의견의 불일치도 있을 것이다. 이런 이유 때문에, DRB의 헌장은 DRB가 공개 사안에 대한 최종적인 발언권을 가지는 것인지 혹은 DRB의 결정이 누구에 의해서, 그리고 어떤 절차에 따라서 번복될 수 있는지를 명시해야 한다. 예를 들어서, 어느 기관이 DRB에게 공개 사안에 대한 최종 발언권을 줄 수 있지만, 동 기관의 지도부가 필요에 따라 DRB의 구성원을 교체하는 것을 허락할 수 있다. 그렇지 않으면, DRB의 결정은 기관 지도부 혹은 그의 대리인들에 의해서 개별적으로 승인되는 모든 자료 발표에 대해서 단순히 권고적일 수 있다.
- 마지막으로, 기관들은 DRB는 어떠한 종류의 수행 시간표라도 포함할 것인지 혹은 DRB가 책임지는 용역의 수준을 정의하는 용역 수준 합의(SLA:Service level agreement)에 의해 구속받을 것인지 아닌지를 결정해야 한다.
- DRB의 핵심 요소들
  - 서면 강령 및 헌장
  - 지도부를 포함해, 조직 내부의 여러 집단을 대표하는 구성원들
  - 위원회는 비식별화된 자료를 발표하기 위한 서면 신청서를 수령한다.
  - 위원회는 제안된 방법론과 동 방법론을 적용한 결과 모두를 검토한다.
  - 신청서는 재식별화 확률, 개인들이 재식별화되는 경우 발생할 잠재적으로 부정적인 사건 및 재식별화가 발생하는 경우의 완화 전략을 포함해 자료 발표와 관련된 위험을 파악해야 한다.
  - 승인은 다수의 발표에 대해 유효할 수 있으나, 무한정 유효해서는 안 된다.
  - 분쟁 해결을 위한 메커니즘
  - 시간표 혹은 용역 수준 합의(SLA)
  - 프라이버시에 대한 법적, 기술적 이해
- DRB의 표본 결과물은 이상적으로는 발표된 자료 집합과 사용된 프라이버시 보호 방법을 포함하면서, 여러 종류의 자료 발표를 위한 접근 방법을 구체적으로 명시하는 것, 재식별화 위험(예를 들어, k 혹은 e의 가치)에 대한 수용 가능한 수준을 설정하는 것, 그리고 이전의 자료 발표에 대한 세부 기록을 유지하는 것을 포함한다.

## ○ 기술 위원회

가명정보와 익명정보에 대한 기술적인 적정성을 판단하는 조직이다. 데이터의 적정성을 판단하기 위해서는 다양한 가명처리 기술, 익명처리 기술에 대한 이해와 가명

정보, 익명정보에 내재돼 있는 위험에 대한 이해가 필수적으로 필요하며 이는 매우 전문적인 분야로 볼 수 있다. 이에 따라 기술위원회는 심의위원회 산하에 전문가의 집단으로 구성돼야 하고, 기술위원회의 검토 결과는 심의위원회에 제출돼 심의위원회의 심의 시 사용돼야 한다.

## ○ 반출 절차

반출 절차는 조직의 특성에 따라 다르게 구성될 수 있으나 일반적으로 그림 7-5와 같은 프로세스에 따라 수행한다.

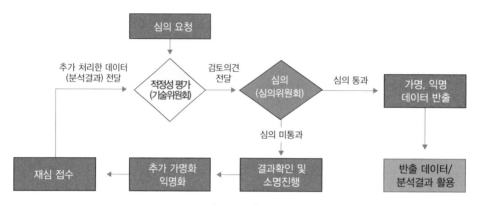

**그림 7-5** 반출 절차

　　7장에서는 가명처리 및 익명처리된 데이터에 대한 적정성을 평가하는 방법에 대해 알아봤다. 비식별 조치된 데이터에 대한 적정성 평가 절차는 2016년 6월에 발간된 개인정보 비식별 조치 가이드라인에서도 다루고 있다. 물론 가이드라인에서는 가명처리와 익명처리를 별도로 다룬 것이 아니라 EU GDPR에서 말하는 익명정보 수준의 비식별 조치에 대한 적정성 평가를 다룬 것이라 개인정보보호법이 개정된 지금 그 제도를 그대로 사용하는 것은 적절하지 않을 수 있다. 그러나 내부 평가 절차의 수립이 필요한 경우 참고가 될 수 있어 부록 C의 개인정보 비식별 조치 가이드라인의 적정성 평가 절차에 그 내용을 별도로 정리했으니 참고하길 바란다.

# 08

# 사후관리

우리는 지금까지 비식별 정보 생성과 생성 시 고려해야 할 사항, 비식별 정보의 적정성 평가에 대해 살펴봤다. 비식별처리된 정보는 반드시 사후관리를 할 필요가 있다. 가명정보의 사후관리는 개인정보이기 때문에 너무도 당연한 것이고, 익명정보는 기본적으로 개인의 식별성이 없지만 이후 발생할 수 있는 과학적 기술, 그리고 새로운 통계적 방법에 대해서도 완벽하게 안전하다고 말할 수는 없다. 이에 따라 그 정도가 약하더라도 사후관리를 할 수 있다면 하는 것이 안전하다 할 수 있다.

우리나라의 2016년 개인정보 비식별 조치 가이드라인에는 비식별 정보에 대한 사후관리를 규정하고 있고 개인정보보호법 개정안에는 가명정보에 대한 관리를 명시하고 있다. 8장에서는 먼저 사후관리에 대해 데이터를 이용하는 환경의 분류에 따라 데이터 관점의 관리 및 보호 방안에 대해 기술적, 관리적, 물리적 방안을 먼저 알아보고 마지막 부분에서는 개인정보 비식별 조치 가이드라인의 사후 관리의 내용과 개인정보보호법의 가명정보에 대한 관리 방안을 포함해 알아보고자 한다.

## 8.1 사후관리 방안

### 1. 완전공개 환경

홈페이지 등을 통해 비식별처리된 데이터가 공개되거나 보호 수준을 확인할 수 없는 경진대회 등에 제공되는 완전공개 환경에서는 원칙적으로 데이터의 사용 환경에 대한 통제를 적용할 수 없다. 이로 인해 활용되는 데이터의 안전성은 오직 데이터에 대한 통계학적 통제만을 가지고 보증해야 한다. 즉, 공개되는 데이터의 비식별에는 고려해야 할 사항이 데이터의 활용에 따른 유용성보다 식별가능성에 중점을 두고 이를 제거하기 위한 노력과 방법이 필요하다.

최근 로체Rocher 등이 네이처Nature지에 발표한 논문 'Estimating the success of re-identifications in incomplete datasets using generative models'[1]에 따르면 완전 공개된 마이크로데이터의 안전성에 대해 기존의 익명처리 방법의 한계를 머신러닝을 통해 제시했다.

실제 데이터의 사용자를 지정할 수 없고 사용자가 데이터를 활용하는 환경의 안전성을 측정할 수 없는 완전공개 환경에서의 마이크로데이터[2] 제공 시 안전성 확보는 현실적으로 매우 어렵다. 다만 ISO/IEC 20889에서는 이런 환경에서도 안전하게 사용할 수 있는 2가지 기술적 방법을 제공하고 있다. 동형암호화와 합성데이터는 이러한 완전공개 환경에서도 데이터를 안전하게 사용할 수 있는 방법이지만 아직은 상용화하기에 기술적 한계가 있고 적용에 많은 비용이 필요해 아직 대안이 되긴 이르다.

이로 인해 현재의 기술적 환경에서 완전공개 환경의 데이터 제공에 대한 안전성 확보에 대한 최선의 방법은 데이터의 칼럼의 크기 제한, 그리고 프라이버시 보호 모델의 매우 높은 수준의 적용 등이 필요하다. 이에 대한 필요성 측면에서 매우 보수적인 평가 및 강력한 익명처리 수준의 정의가 필요하다.

---

1  L Rocher, JM Hendrickx, YA De Montjoye, Estimating the success of re-identifications in incomplete datasets using generative models, Nature communications, 2019 - nature.com.
2  마이크로데이터는 주어진 테이블에서 하나의 레코드가 한 명의 개인정보를 가진 데이터를 말하며 이와 달리 매크로데이터는 통계적인 집계 데이터로 구성된 테이블을 말한다.

완전공개 환경의 데이터 제공에 대한 관리적 방안은 데이터 제공 전 충분한 검토와 제공에 대한 제도적 근거의 확인, 기존 공개 데이터와의 연관성 검토 등이 있을 수 있으나 실효성이 매우 낮다. 다만 국내의 공공데이터에 대한 완전공개 환경의 제공에 대해서는 국가 차원에서 이들에 대한 통합관리와 컨트롤 타워가 필요할 것으로 판단되며 완전공개용 통계 마이크로데이터에 대한 비식별 조치의 안전성을 담보하기 위한 매뉴얼 등 가이드라인의 마련이 추가적으로 필요하다.

## 2. 데이터 이용합의서 기반 환경

데이터 제공자와 데이터 이용자 간의 계약서를 통한 데이터 이용합의서(DUA, Data usage agreement) 기반 환경에서의 기술적 관리 방안은 데이터의 제공 형태가 가명정보인지 익명정보인지에 따라 많은 차이를 보인다.

### 가. 가명정보에 대한 기술적/관리적 보호 방안

가명정보는 원칙적으로 개인정보이며 이에 따라 개인정보의 보호와 동일한 관리적·기술적 보호 수준을 적용해야 한다. 국내에서는 개인정보에 대한 안전조치를 관련 법률에서 제공하고 있으며 다음과 같은 절차를 통해 기술적 보호조치를 적용해야 한다. 개인정보보호법 개정안의 사후관리 방안은 3절에서 다룬다.

- **(적용 법률 식별)** 원본 데이터의 성격, 유형, 수집 경로 등에 따라 적용 대상이 되는 개인정보보호 관련 법령 식별, 현재 가명정보를 다루는 법령은 개인정보보호법 개정안과 신용정보의 이용 및 보호에 관한 법률 개정안뿐이지만 이후 여러 법률에 이에 대한 내용이 포함될 것으로 예측할 수 있다. 표 8-1의 관계 법률에서 요구하는 안전조치는 추후 시행령, 고시 등의 확정에 따라 변경될 수 있다.

**표 8-1** 가명정보에 대한 적용 법률

| 관계 법률 | 안전조치 내용 |
|---|---|
| 개인정보보호법 | **〈개인정보 관리적 · 기술적 보호조치〉**<br>• 가명정보의 안전한 처리를 위한 내부관리계획의 수립<br>  – 보호책임자 지정, 책임자 또는 취급자의 역할과 책임, 안전성 확보에 필요한 조치, 취급자 교육, 그 밖에 필요한 사항 등 포함<br>• 가명정보에 대한 접근 통제 및 접근 권한의 제한 조치<br>  – 접근권한은 업무 수행에 필요한 최소한의 범위에서 담당자별로 부여<br>  – 권한 부여 · 변경 · 말소 등에 대한 내역을 기록해 최소 3년 보관<br>• 가명정보를 안전하게 저장 · 전송할 수 있는 암호화 기술의 적용 또는 이에 상응하는 조치<br>  – 고유식별정보, 비밀번호, 바이오정보가 포함된 경우 암호화 의무 적용(송 · 수신 시 또는 보조저장매체를 통해 전달 시, 인터넷 구간 저장 시)<br>• 가명정보 침해사고 발생에 대응하기 위한 접속기록의 보관 및 위조 · 변조 방지를 위한 조치<br>  – 가명정보 처리 시스템에 접속한 기록을 최소 6개월 이상 보관 · 관리<br>  – 접속기록이 위 · 변조되지 않도록 안전하게 보관하고 반기별로 점검<br>• 가명정보에 대한 보안프로그램의 설치 및 갱신<br>  – 악성 프로그램 등을 방지 · 치료하는 보안프로그램 설치(백신 등)<br>  – 보안프로그램은 자동 또는 1일 1회 이상 업데이트해 현행화<br>• 가명정보의 안전한 보관을 위한 보관시설의 마련 또는 잠금장치의 설치 등 물리적 조치<br>  – 가명정보를 보관하는 장소에는 출입 · 통제 절차를 수립 운영<br>  – 가명정보가 포함된 서류 등은 잠금장치가 있는 안전한 장소에 보관<br>**〈가명정보 처리에 관한 안전조치〉**<br>• 가명정보를 원 상태로 복원하기 위한 추가 정보를 별도로 분리하여 보관 · 관리<br>• 가명정보 또는 정보집합물 처리 시 관련 기록 작성 및 보관 |
| 신용정보의 이용 및 보호에 관한 법률 등 | **〈신용정보업 감독규정 제20조(기술적 · 물리적 보안대책)〉**<br>• 접근통제<br>• 접속기록의 위 · 변조 방지<br>• 신용정보의 암호화<br>• 컴퓨터바이러스 방지<br>• 출력 · 복사 시 보호조치<br>• 신용정보관리 · 보호인<br>• 개인신용정보의 조회권한 구분<br>• 개인신용정보의 이용제한 등<br>• 제재기준 마련<br>**〈신용정보의 이용 및 보호에 관한 법률 제 40조의 2(가명처리 · 익명처리에 관한 행위 규칙)〉**<br>• 가명처리에 사용한 추가 정보를 대통령령으로 정하는 방법으로 분리해 보관하거나 삭제<br>• 가명처리한 정보에 대한 내부관리계획 수립과 접속 기록 보관 등의 보안대책 수립하고 시행(상세 내용은 대통령령으로 정함)<br>• 영리 또는 부정한 목적으로의 재식별 금지 등 |

- **(관리적 보호조치)** 가명정보의 안전한 관리를 위한 내부관리계획의 수립·시행, 가명정보 취급자의 접근권한 관리, 가명정보 활용자의 직무분리를 통한 원데이터 및 연관 데이터에 대한 접근 차단, 가명정보 보관 장소에 대한 물리적 보호조치 적용 등의 조치가 필요하다.
- **(기술적 보호조치)** 가명정보에 대한 접근 통제, 상대적으로 민감한 정보 및 암호화 적용 후 분석이 가능한 형태의 분석 시 암호화 적용[3], 가명정보에 대한 접속기록의 보관 및 점검, 분석 환경에 대한 악성프로그램 방지, 기관 보유 정보와의 물리적 네트워크 분리 등의 조치가 필요하다.

## 나. 가명처리를 위한 추가 정보의 기술적/관리적 보호 방안

가명정보에 대해 가장 중요한 보호는 추가 정보이며 가명처리 과정에서 생성된 추가 정보(암호키, 매핑표 등)가 유출되거나 불법적인 재식별 조치에 악용되지 않도록 다음과 같은 별도 보관 및 추가적인 기술적·관리적 보호조치 적용이 필요하다.

- **(추가 정보 별도 보관)** 원본 데이터 및 가명정보와 물리적으로 분리해 저장·관리. 다만 불가피한 사유로 물리적인 분리가 어려운 경우 테이블 분리 등 논리적으로 분리하되 엄격한 접근 통제를 적용한다.
- **(접근권한 최소화 및 접근통제 조치)** 추가 정보에 대해서는 일반 직원의 접근을 제한하는 등 접근권한을 최소화하고 불법적인 접근을 탐지·차단 및 대응할 수 있도록 접근 통제 조치를 적용한다.
- **(추가 정보 사용자 관리)** 추가 정보를 다루는 사용자의 경우 관련 데이터를 통한 분석 업무에 투입되지 않도록 직무를 분리하며 가능한 데이터 분석 부서가 아닌 개인정보보호 부서에서 관리하도록 담당 부서 분리도 고려해야 한다.
- **(추가 정보 사용 승인절차 마련)** 추가 정보를 사용해야 하는 업무 발생 시 별도의 추가 정보 사용 프로세스를 통한 승인을 거쳐 사용해야 한다. 이때 승인자에 개인정보보호 부서를 필수적으로 포함, 업무 담당부서와 개인정보보호부서의 승인을

---

3   단순히 원 데이터의 크기의 차이에 대한 분석이 필요한 경우 순서보존 암호화(Order-Preserving Encryption)는 원본의 공개의 위험 없이 데이터를 분석할 수 있는 좋은 대안이 될 수 있음.

거친 경우에만 추가 정보의 사용이 가능하도록 한다.

- (보안서약서 작성) 추가 정보 접근권한자에 대해 재식별 시도 금지 등이 포함된 보안서약서를 작성하도록 하고, 정기적인 보안교육을 통해 인식 제고가 필요하다.
- (추가 정보 접속단말기 지정 및 관리) 추가 정보에 접속할 수 있는 관리용 단말기를 지정하고 목적 외 이용금지, 악성프로그램 방지 등의 보호조치를 적용한다.
- (추가 정보 암호화) 매핑표 등 노출 시 가명정보의 재식별에 악용될 수 있는 정보는 안전한 알고리즘으로 암호화해 저장한다.
- (암호키 관리) 가명처리를 위해 활용되거나 추가 정보의 암호화에 사용되는 암호키는 원본 데이터, 가명정보 및 부가정보와 물리적으로 분리해 저장·관리하고, 안전한 암호키 생성, 이용, 보관, 배포 및 파기 등에 관한 절차를 수립·시행한다.

  ISO/IEC 11770-1, 암호키 관리 안내서, 개인정보의 안전성 확보조치 기준 해설서 참고

**안전한 암호키 관리 예시**

1. **준비단계: 암호키가 사용되기 이전의 단계**
- 암호키 생성
  - 암호키 생성에 필요한 난수는 안전한 난수발생기(RNG)를 이용해 생성
  - 비대칭키 알고리즘 키 생성 방식: 디지털 서명을 위한 키 쌍 생성, 키 설정을 위한 키 쌍 생성
  - 대칭 키 알고리즘 방식: 미리 공유된 키, 패스워드, 다수의 암호키를 이용한 키 생성 등
- 암호키 분배
  - 대칭키 알고리즘 키 분배 방식: 수동적 키 분배, 자동화된 키 전송 등
  - 비대칭키 알고리즘의 키 분배 방식
  - 기타 키 자료 생성 및 분배 방식: 영역 파라미터, 초기값, 공유된 비밀, RNG 시드, 다른 공개 및 비밀 정보, 중간 값, 난수, 패스워드 등
2. **운영단계: 암호키가 암호 알고리즘 및 연산에 사용되는 단계**
- 암호키의 유효기간 동안 사용되는 키 자료는 필요에 따라 장비 모듈에 보관되거나 별도의 저장매체에 보관 등으로 저장해야 함
- 암호키는 하드웨어 손상 또는 소프트웨어 오류 등의 사유로 손상될 가능성이 있으므로 가용성 보장을 위해서는 키 백업 및 키 복구 등이 가능해야 함
- 암호키가 노출되거나 노출의 위험이 있는 경우 그리고 암호키 유효기간의 만료가 가까워지는 경우에는 암호키를 다른 암호키로 안전하게 변경해야 함

3. **정지단계: 암호키가 더 이상 사용되지 않지만, 암호키에 대한 접근은 가능한 단계**
- 암호키 보관 및 복구
  - 암호키는 수정이 불가한 상태이거나 새로운 보관 키를 이용해 주기적으로 암호화
  - 운영 데이터와 분리돼 보관하며, 암호 정보의 사본들은 물리적으로 분리된 곳에 보관
  - 암호키는 응용프로그램의 소스 프로그램 내에 평문으로 저장 금지
  - 암호화되는 중요한 정보에 대한 보관키는 백업돼야 하며, 사본은 다른 곳에 보관 등
- 모든 개인키나 대칭키의 복사본이 더 이상 필요하지 않다면 즉시 파기해야 함
- 암호키 손상 시 유효기간 내에 키 자료를 제거하고, 보안 도메인에 속해있는 실체의 권한을 삭제해 말소된 실체의 키 자료의 사용을 방지해야 함

4. **폐기단계: 암호키가 더 이상 사용될 수 없는 단계(폐기 또는 사고 상태)**
- 일반적으로 폐기단계의 키 자료에 대한 모든 기록은 삭제(다만, 일부기관에서는 감사를 목적으로 특정 키 속성 유지가 필요할 수도 있음)
- 폐기 상태의 암호키와 사고 상태의 암호키들의 특성에 대한 기록 유지 등

- **(접속기록 모니터링 및 감사)** 추가 정보에 접속해 사용한 내역에 대해 접속자, 접속 일시, 접속 위치 및 수행업무 등을 포함해 기록을 남기고 최소 6개월 이상 안전하게 보관. 또한 접속기록을 정기적으로 분석해 불법적인 접근 및 재식별 시도가 있었는지 감독한다.

## 다. 익명정보에 대한 기술적/관리적 보호 방안

8장의 서두 부분에서 서술한 것처럼 익명정보라 하더라도 이를 다른 개인정보와 연결해 재식별을 시도하는 행위는 금지해야 한다. 이때 다음과 같은 조치가 필요하다.

- 익명처리를 통해 익명처리된 정보를 활용하는 경우에는 기술의 발전 등에 따라 재식별화의 가능성이 있는지에 대해 정기적으로 모니터링할 필요가 있다.

- 익명정보가 처리 과정에서 의도치 않게 재식별이 되거나 재식별 가능성이 있을 것으로 판단되는 경우 신속하게 그 정보의 처리를 중단하고, 해당 정보가 추가적으로 처리되거나 유출되지 않도록 삭제 등 필요한 조치를 해야 한다.

- 익명정보의 익명처리 수준(익명처리 Level 1~4)은 데이터 사용 상황에 의한 평가에 의한 것으로 평가 대상기관보다 낮은 수준의 보호 수준을 가진 곳으로의 데이터 제공은 엄격히 제한해야 한다. 단 보호 수준이 높은 곳으로의 데이터 제공은 최초 데이터 이용 합의서의 내용을 기준으로 판단할 수 있으나 권장하지 않는다.

- 익명정보를 제3자에게 재제공하는 경우 또는 재제공에 따른 위험에 대한 내부적인 평가가 필요하다. 필요 시 전문기관 또는 전문가를 통한 재평가를 수행할 수 있다. 단, Level 5로 익명처리된 익명정보에 대해서는 별도의 처리 절차 없이 재제공이 가능하다.
  ○ 익명처리 레벨(Level0에 관한 이해가 부족할 경우 6장 제2절 '데이터 상황을 고려한 비식별 조치 절차' 부분을 참고하기 바람)

## 3. 밀실 혹은 샌드박스를 통한 데이터 이용환경의 보호방안

물리적으로 폐쇄된 안전한 독립환경인 밀실<sup>Enclave</sup>이나 샌드박스<sup>Sandbox</sup>를 통한 데이터 이용환경에서의 안전도는 샌드박스의 고립도에 따라 달라지며 고립환경의 수준에 따라 보호 방안이 적용돼야 한다. 완전히 동일하지는 않지만(반출정보의 차이가 있음) 이와 유사한 사례는 영국의 ADRN이나 우리나라 건강보험심사평가원 혹은 건강보험공단의 빅데이터센터가 해당될 수 있다.

- **(분석 승인 절차)** 샌드박스에서의 데이터 분석 시 분석의 목적 및 이에 대한 법적 근거, 사용 데이터, 사용자 등에 대한 검토를 통해 분석을 허용하는 절차를 갖춰야 한다.
- **(출입통제)** 분석 승인 절차를 통해 승인된 분석에 대해 지정된 사용자가 샌드박스 접근 시 물리적인 출입 통제를 통해 허용된 분석이 가능하도록 제어해야 한다. 특히 사전 신청에 의해 허용된 사용자의 출입카드를 통해 다른 사용자가 샌드박스에 들어오는 것을 방지하는 절차를 물리적, 제도적으로 갖춰야 하며 환경적으로 이의 적용이 어려운 경우 보안 서약서 등을 통해 통제할 수 있어야 한다.
- **(분석 시스템에 대한 보안 조치)** 분석 시스템은 샌드박스에서 제공하는 시스템을 사용하는 것을 원칙으로 하나 분석툴의 제공이 어려운 경우 분석 시스템의 반입도 허용할 수 있다. 분석 시스템을 반입해 분석하는 경우 분석 시스템의 분석 환경 구성은 샌드박스 관리자의 입회 또는 환경 구성 완료 후 샌드박스 관리자의 검증 절차를 갖춰야 한다. 또한 분석 시스템의 모든 네트워크 인터페이스와 저장장

치에 대한 인터페이스는 모두 시스템 또는 솔루션에 의한 통제를 통해 통제돼야 하며 화면캡처에 대한 보호수단도 제공해야 한다. 또한 분석 후 분석결과는 샌드박스 관리자에 의해 다른 시스템으로의 반출이 허용돼야 하며 이 경우에도 분석결과 파일 등에 대한 접근통제, 접속 로그의 관리가 포함돼야 한다.

- **(CCTV)** 샌드박스 출입 환경은 CCTV에 의해 통제돼야 하며 내부 분석실에도 CCTV를 통한 통제가 필요하다. 다만 CCTV에 분석 시스템의 모니터가 직접적으로 노출되지 않도록 설치해야 한다.

- **(분석 데이터)** 샌드박스에서 사용할 분석 데이터는 최초 분석 승인절차에 의해 승인된 데이터만 사용 가능하며 외부에서의 데이터 반입은 불가능해야 한다. 단 추가적인 예외 조치가 가능한 프로세스를 통해 승인과 반입되는 데이터에 대해 검토한 후 제한적인 데이터 반입은 허용할 수 있다.

- **(보안서약서 작성)** 샌드박스 사용자에 대해서는 재식별 시도 금지 등이 포함된 보안 서약서를 작성하도록 하고 최초 샌드박스 사용 시 관련 보안 교육을 통해 인식 제고를 하는 것이 필요하다.

- **(접속기록 모니터링 및 감사)** 샌드박스에서의 데이터 분석에 대한 작업일시, 데이터 접근 현황 등을 포함해 기록을 남기고 최소 1년 이상 안전하게 보관하고 접속기록을 정기적으로 분석해 불법적인 접근 및 재식별 시도가 있었는지 감독해야 한다.

## 8.2 개인정보 비식별 조치 가이드라인의 사후관리 방안

개인정보 비식별 조치 가이드라인은 법령의 개정으로 큰 의미가 없을 수 있으나 별도로 익명정보에 대한 가이드라인이 발간되기 전까지 익명정보에 대한 관리방안으로 충분히 활용 또는 참조할 수 있다.

가이드라인에서는 비식별 조치된 정보(익명추정 정보)가 유출되는 경우 다른 정보와 결합해 식별될 우려가 있으므로 '비식별 정보의 안전조치'와 '재식별가능성 모니터링', '비식별 정보 제공 및 위탁계약 시 준수사항'을 이행하도록 돼 있다.

비식별 정보의 안전장치로는 '관리적 · 기술적 보호조치'와 '비식별 정보 유출 시 보호조치'를 이행하도록 돼 있는데 구체적인 내용은 다음과 같다.

**개인정보 비식별조치 가이드라인의 비식별 정보 안전조치 사항**

〈관리적 보호조치〉
- 비식별 · 결합 정보파일의 관리담당자 지정
- 비식별 · 결합 정보파일의 관리대장
  - 활용 일시, 이용 목적, 관리담당자 등의 비식별 · 결합 정보의 이력을 관리
- 원본정보의 관리부서와 비식별 · 결합 정보의 관리부서 간 비식별 조치 관련 정보 공유 금지
- 비식별 · 결합 정보의 이용목적 달성 시 즉각 파기
- 비식별 · 결합 정보파일 유출 시의 대응계획 수립

〈기술적 보호조치〉
- 비식별 · 결합 정보파일에 대한 접근권한 및 접근통제 관리
- 비식별 · 결합 정보파일을 저장 · 관리하는 보관시스템에 대한 접속기록 관리
  - 접속 사용자ID, 접속 일시, 접속 사유 및 활용 내역 등을 관리
- 악성 코드 등을 방지하기 위해 보안프로그램의 설치 및 운영

〈비식별 정보 유출 시 보호조치〉
- 유출 원인 분석 및 추가 유출 방지를 위한 관리적 · 기술적 보호조치
- 유출된 비식별 정보의 회수 · 파기

두 번째로 재식별가능성 모니터링을 수행해야 한다. 재식별가능성을 측정하는 수준으로는 크게 '내부 요인의 변화'와 '외부 환경의 변화'가 있는데, 내부에서 생성한 비식별 정보의 활용 목적이 변경되거나, 적정성 평가 대상 데이터의 레코드 수의 항목이 가감됐을 경우 및 비식별 조치 수준이 변경됐을 경우 등이 해당한다. 외부 환경 변화의 요인으로는 신기술 · 기술발전 및 유사한 정보가 외부에 출현/공개됐을 경우처럼 외부 환경 변화에 따라 기업에서 생성한 비식별 정보가 재식별 우려가 있을 때를 정의하고 있다. 구체적인 사항은 표 8-2와 같다.

**표 8-2** 재식별 모니터링이 필요한 경우(예시)

| 구분 | 점검 항목 |
|---|---|
| 내부 요인의 변화 | • 익명 조치된 정보와 연계해 재식별 우려가 있는 추가적인 정보를 수집했거나 제공받은 경우<br>• 데이터 이용과정에서 생성되는 정보가 익명정보와 결합해서 새로운 정보가 생성되는 경우<br>• 이용부서에서 비식별 정보에 대한 비식별 수준을 당초보다 낮춰 달라는 요구가 있는 경우<br>• 신규 또는 추가로 구축되는 시스템이 비식별 정보에 대한 접근을 관리·통제하는 보안체계에 중대한 변화를 초래하는 경우 |
| 외부 환경의 변화 | • 이용 중인 데이터에 적용된 익명처리 기법과 유사한 방법으로 익명 조치한 사례가 재식별됐다고 알려진 경우<br>• 이용 중인 데이터에 적용된 익명처리 기법과 기술을 무력화하는 새로운 기술이 등장하거나 공개된 경우<br>• 이용 중인 데이터와 새롭게 연계 가능한 정보가 출현하거나, 공개된 것으로 알려진 경우 |

마지막으로 비식별 정보 제공 및 위탁계약 시 준수사항으로 '재식별 금지', '재제공 또는 재위탁 제한', '재식별 위험 시 통지'에 대한 사항을 계약서에 명기해 체결을 하도록 하고 있다. 그 외 비식별 정보 처리 계약서에는 '업무 범위, 비식별 적정성 평가(자율) 등' 다음과 같은 일반사항이 추가적으로 포함돼야 할 것이다. 비식별 정보 제공에 관한 위탁계약서의 샘플은 부록을 참고하기 바란다.

**표준 비식별 정보협약서 내용**

- (업무 범위) 비식별 정보 업무 수행시 업무 목적 범위에 맞게 명시할 것
- (비식별 적정성 평가) 비식별 정보를 적정성 평가를 거쳐 활용해야 한다고 명시할 것
- (재식별 금지) 비식별 정보를 제공받거나 처리를 위탁 받은 사업자 등은 다른 정보와 결합을 통한 재식별 시도가 금지됨을 명시할 것
- (재식별가능성 모니터링) 비식별 정보의 재식별가능성 점검항목을 명시
- (재제공 또는 재위탁 제한) 비식별 정보를 제공 또는 처리를 위탁하는 사업자 등은 재제공 또는 재위탁이 가능한 범위를 정하여 계약서에 명시할 것
- (재식별 위험 시 통지) 재식별이 되거나 재식별가능성이 높아지는 상황이 발생하는 경우에는 비식별 정보의 처리를 중지하고, 비식별 정보의 제공자 및 위탁자에게 통지해야 함을 명시할 것
- (비식별 정보 안전성 확보 조치) 비식별 정보 유출방지를 위해 필요한 관리적·기술적 보호조치를 명시할 것
- (비식별 정보 접근권 제한 및 관리자 지정) 비식별 정보에 접근자 제한 및 관리자를 명시해야 할 것

- (이용자 관리·감독) 비식별 정보와 관련하여 상대방에 관리를 요구할 수 있으며, 상대방은 특별한 사유가 없는 한 이에 응해야 한다고 명시해야 할 것
- (비식별정보 파기) 이용목적 달성 시 결과보고서를 제외한 해당 비식별 정보를 즉시 파기
- (손해배상) 본 협약에 규정된 의무 위반 및 법률·규정 위반시 당사자는 상대방 또는 제3자에게 손해를 배상해야 할 것을 명시
- (효력 및 유효기간) 협약 효력기간은 체결일로부터 양사 상호간의 유효기간을 명시해야 할 것
  - 비식별 정보를 제공·위탁한 자가 재식별가능성을 발견한 경우, 즉시 그 정보를 처리하는 자에게 통지하고 처리 중단 요구 및 해당 정보를 회수·파기 등 필요한 조치를 취해야 함

## 8.3 개정 개인정보보호법의 사후관리 방안

개인정보 비식별 조치 가이드라인과 달리 새로 신설된 개인정보보호법은 가명정보 처리에 관해 어떠한 안전성 확보조치가 있는지 살펴보도록 하자. 일단 개인정보보호법에서는 법 제28조의4[4]에 따라 가명정보에 대한 안전조치를 의무적으로 규정했다. 가명정보는 법 제2조(정의)에 따라 개인정보로 취급되며, 제73조(벌칙)1호를 살펴보면 '제28조의4제1항 또는 제29조를 위반하여'라는 문구를 살펴봤을 때 개인정보와 동일하게 제29조의 안전조치 의무를 이행해야 할 것으로 판단되며 일반적인 기술적/관리적 보호조치 외 가명정보의 특성을 고려한 안전조치를 법령에 정의해 놓고 있다. 구체적인 사항은 다음과 같다.

**개인정보보호법 개정안에 따른 가명정보에 대한 안전성 확보조치**

〈개인정보 관리적·기술적 보호조치〉
- 가명정보의 안전한 처리를 위한 내부관리계획의 수립
  - 보호책임자 지정, 책임자 또는 취급자의 역할과 책임, 안전성 확보에 필요한 조치, 취급자 교육, 그 밖에 필요한 사항 등 포함
- 가명정보에 대한 접근 통제 및 접근 권한의 제한 조치
  - 접근권한은 업무 수행에 필요한 최소한의 범위에서 담당자별로 부여
  - 권한 부여·변경·말소 등에 대한 내역을 기록하여 최소 3년 보관

---

4　제28조의4(가명정보에 대한 안전조치 의무 등) ① 개인정보처리자는 제28조의2에 따른 정보를 처리하거나 제28조의3에 따라 정보집합물의 결합을 수행한 경우에는 원상태로 복원하기 위한 추가 정보를 별도로 분리하여 보관·관리하는 등 ~(중략)~안전성 확보에 필요한 기술적·관리적 및 물리적 조치를 해야 한다. 구체적인 사항은 개인정보보호위원회에서 발간한 '가명처리 가이드라인'을 참조

- 가명정보를 안전하게 저장·전송할 수 있는 암호화 기술의 적용 또는 이에 상응하는 조치
  - 고유식별정보, 비밀번호, 바이오정보가 포함된 경우 암호화 의무 적용(송·수신 시 또는 보조저장매체를 통해 전달 시, 인터넷 구간 저장 시)
- 가명정보 침해사고 발생에 대응하기 위한 접속기록의 보관 및 위조·변조 방지를 위한 조치
  - 가명정보 처리 시스템에 접속한 기록을 최소 6개월 이상 보관·관리
  - 접속기록이 위·변조되지 않도록 안전하게 보관하고 반기별로 점검
- 가명정보에 대한 보안프로그램의 설치 및 갱신
  - 악성 프로그램 등을 방지·치료하는 보안프로그램 설치(백신 등)
  - 보안프로그램은 자동 또는 1일 1회 이상 업데이트하여 현행화
- 가명정보의 안전한 보관을 위한 보관시설의 마련 또는 잠금장치의 설치 등 물리적 조치
  - 가명정보를 보관하는 장소에는 출입·통제 절차를 수립 운영
  - 가명정보가 포함된 서류 등은 잠금장치가 있는 안전한 장소에 보관

**〈가명정보 처리에 관한 안전조치〉**
- 가명정보를 원 상태로 복원하기 위한 추가 정보를 별도로 분리하여 보관·관리
- 가명정보 또는 정보집합물 처리시 관련 기록 작성 및 보관

    가명정보 처리에 관한 안전조치에 관한 세부사항은 법 시행령을 참고해 이행해야 할 것이며, 가명정보는 개인정보에 준해 관리해야 하지만 특례조항을 통해 제공 및 결합이 가능하기에 개인정보처리자의 책임성을 강화했다. 가명정보 처리 규정 위반에 관한 세부사항은 표 8-3과 같다.

**표 8-3** 개인정보보호법상 가명정보 처리 규정 위반에 대한 세부 사항

| 구분 | 위반 행위 | 처벌 내용 | 비고 |
|---|---|---|---|
| 가명정보 처리 규정 위반 | • 특정 개인을 알아보기 위한 목적으로 가명정보 처리<br>※ 제28조의5제1항, 제71조4의3호 | 과징금(전체매출액 3% 이하), 벌칙(5년 이하 징역 또는 5천만 원 이하 벌금)<br>※병과 가능 | 과징금 추가<br>※벌칙은 개인정보 목적 외 이용과 동일 |
| | • 통계작성, 과학적 연구, 공익적 기록 보존 목적 외 가명정보를 이용하거나 추가 정보를 제3자에게 제공<br>※ 제28조의2, 제71조2호 | 벌칙(5년 이하 징역 또는 5천만 원 이하 벌금) | 개인정보 목적 외 이용·제공 행위와 동일 처벌 |
| | • 정보집합물 관련 규정을 위반하여 결합하거나 제3자에게 제공<br>※ 제28조의3, 제71조4의2호 | 벌칙(5년 이하 징역 또는 5천만 원 이하 벌금) | |
| | • 안전조치 미이행으로 가명정보가 분실·도난·유출·위조·변조된 경우<br>※ 제28조의4, 제73조1호 | 벌칙(2년 이하 징역 또는 2천만 원 이하 벌금) | 개인정보 안전조치 미이행 행위와 동일 수준 처벌 |
| | • 안전조치를 미이행한 경우<br>※ 제28조의4, 제75조제2항6호 | 과태료(3천만 원 이하) | 개인정보 안전조치 미이행 행위와 동일 수준 처벌 |
| | • 가명정보 처리 과정에서 개인정보가 생성됐음에도 이용 중지 또는 회수·파기하지 않은 경우<br>※ 제28조의5, 제75조제2항4의4호 | 과태료(3천만 원 이하) | 가명정보 특성을 고려해 신설 |
| 개인정보 처리 규정 위반 | • 공공기관의 개인정보처리 업무를 방해할 목적으로 개인정보 변경·말소<br>※ 제70조제1호 | 벌칙(10년 이하 징역 또는 1억 원 이하 벌금) | 가명정보 처리에 준용 가능 |
| | • 거짓이나 부정한 수단·방법으로 개인정보 취득 후 이를 영리 또는 부정한 목적으로 제3자에게 제공<br>※ 제70조제2호 | | |
| | • 업무상 알게 된 개인정보를 누설하거나 권한 없이 제3자 제공<br>※ 제59조제2호, 제71조제5호 | 벌칙(5년 이하 징역 또는 5천만 원 이하 벌금) | |
| | • 정당한 권한 없이 다른 사람의 개인정보를 훼손·멸실·위조·유출<br>※ 제59조제3호, 제71조제6호 | 벌칙(5년 이하 징역 또는 5천만 원 이하 벌금) | |
| | • 거짓이나 부정한 방법으로 개인정보를 취득<br>※ 제59조제1호, 제72조제1호 | 벌칙(3년 이하 징역 또는 3천만 원 이하 벌금) | |

| | | |
|---|---|---|
| 개인정보 처리 규정 위반 | • 법인 대표자 또는 사용인 등이 벌칙을 부과받은 경우 관리책임이 있는 법인 · 개인 등에게도 벌금 부과<br>※ 제74조 | 벌금(제70조 위반 시 7천만 원 이하, 제71조~73조 위반 시 5천만 원 또는 3천만 원 벌금) |
| | • 제70~73조 위반으로 취득한 금품이나 그 밖의 이익은 몰수 추징<br>※ 제74조의2 | 몰수 · 추징(법 위반으로 취득한 이익 상당액) |
| | • 시정명령에 따르지 아니한 경우<br>※ 제64조제1항, 제75조제2항제13호 | 과태료(3천만 원 이하) |
| | • 개인정보 처리 업무 위탁 시 문서에 의하지 아니한 경우<br>※ 제26조제1항, 제75조제3항제4호 | 과태료(1천만 원 이하) |
| | • 위탁하는 업무의 내용과 수탁자를 공개하지 아니한 경우<br>※ 제26조제2항, 제75조제3항제5호 | 과태료(1천만 원 이하) |
| | • 개인정보 처리방침 미수립 · 미공개<br>※ 제30조, 제75조제3항제7호 | 과태료(1천만 원 이하) |
| | • 보호책임자 미지정<br>※ 제31조제1항, 제75조제3항제8호 | 과태료(1천만 원 이하) |
| | • 자료제출 미이행 및 출입검사 방해<br>※ 제63조, 제75조제3항제10~11호 | 과태료(1천만 원 이하) |

## 8.4 사후관리를 위한 체크리스트

사후관리를 위해서는 개인정보처리자가 운영하는 시스템 및 환경에 따라 예시로 다음과 같은 체크리스트를 마련해 주기적으로 관리를 하는 체계 마련이 필요하다.

**표 8-4** 사후관리를 위한 체크리스트

| 분야 | 진단지표 | 체크리스트 | Y | N | NA | 체크 내용 |
|---|---|---|---|---|---|---|
| 관리 | 비식별 정보 관리 | • 비식별 정보파일에 대한 관리 담당자 지정<br> - 비식별(개인정보에 기본지식 소양 있는 사람)으로 비식별 정보 데이터 입력 및 관리할 수 있는 담당자 지정<br> - 확인 자료: CPO 지정 인사 발령증 |  |  |  |  |
|  |  | • 비식별 정보파일 대장관리 여부<br> - 담당자를 통해 비식별 관련 데이터 및 정보파일을 요청해 대장(이력) 관리 수행하고 있는지 확인<br> - 확인 자료: 비식별 데이터 관리대장 |  |  |  |  |
|  |  | • 비식별 정보파일 유출 시 대응계획 수립<br> - 정보파일 유출 시 개인정보 대응계획 수립을 기초해 비식별 또한 재식별이 가능성 있는 파일이기에 충분한 대응계획을 수립하는도록 함<br> - 개인정보(비식별) 유출 대응계획서 |  |  |  |  |
|  |  | • 원본정보 부서와 비식별 부서 간 정보공유 현황<br> - 비식별 정보파일을 송수신한 부서끼리 정보공유가 되고 있는지 담당자 인터뷰를 통해 확인(정보공유금지 안내사항 인식 제고 필요) |  |  |  |  |
| 기술 (시스템) | 비식별정보 접근통제 | • 접근자에 대한 안전성(자동 접근권한 삭제) 조치 |  |  |  |  |
|  |  | • 전보 또는 퇴직 인력에 대한 접근 권한(즉시 삭제) 조치 |  |  |  |  |
|  |  | • 접근권한 삭제 및 부여에 대한 이력관리 수행<br> - 입사, 전보, 퇴직 인력에 관해 접근조치 부여 및 말소 조치를 확인해야 하며, 이에 따른 이력을 기록하며 관리해야 한다.<br> - 확인 자료: CPO 인사발령 공문 또는 조치도 확인 |  |  |  |  |

표 8-4 사후관리를 위한 체크리스트(계속)

| 분야 | 진단지표 | 체크리스트 | Y | N | NA | 체크 내용 |
|---|---|---|---|---|---|---|
| 기술<br>(시스템) | 비식별정보<br>처리시스템 | - 접근 통제(방화벽, 침입방지시스템 등) 기능 설치·운영<br>• 접근 통제 보안을 위한 관련 보안시스템 설치 및 운영 확인<br>  확인자료: 보안시스템 설치 관련 계약서 |  |  |  |  |
|  |  | - 외부 접속 시 VPN, 전용선 등을 통한 접속<br>• 외부 접속 시 데이터 침입을 대비해 VPN, 전용선 등을 통한 보안 조치<br>- 보안 프로그램 설치 |  |  |  |  |
|  |  | • 보안프로그램(v3, 얄약 등) 설치 여부<br>• 확인자료: 보안프로그램 설치 계약서 |  |  |  |  |
|  |  | - 보안프로그램 정기적 업데이트 수행<br>- 일일 자동 업데이트 및 정기적으로 업데이트 수행 여부 확인 |  |  |  |  |
|  | 출입 통제 | - 물리적 보관장소 별도 운영 시 출입통제 절차 수립·시행<br>• 별도 장소(물리적 장소) 운영 시 출입 관리대장 비치 등 출입관리 시행 |  |  |  |  |
|  | 비식별<br>파일 관리 | - 서류, 보조저장매체 등이 안전한 장소 보관<br>• 비식별 서류(보조매체) 보관 시 시건장치를 사용해 안전한 장소 안내<br>- 보조저장매체 반출·입 통제 |  |  |  |  |
|  |  | • 보조저장매체 반출·입 시 사용대장 이력 작성 및 통제 계획수립<br>• 확인자료: 보조저장매체 반출입 관리 대장 |  |  |  |  |

**표 8-4** 사후관리를 위한 체크리스트(계속)

| 분야 | 진단지표 | 체크리스트 | Y | N | NA | 체크 내용 |
|---|---|---|---|---|---|---|
| 재식별 가능성 점검 항목 | 내부요인 | • 비식별 조치된 정보와 연계해 재식별 우려가 있는 추가적인 정보를 수집했거나 제공 | | | | |
| | | • 데이터 이용과정에서 생성되는 정보가 비식별 정보와 결합해 새로운 정보 생성 | | | | |
| | | • 이용부서에서 비식별 정보에 대한 비식별 수준을 당초보다 낮춰 달라는 요구 | | | | |
| | | • 신규 또는 추가로 구축되는 시스템이 비식별 정보에 대해 접근 관리하는 보안체계 변환 | | | | |
| | 외부요인 | • 이용 중인 데이터에 적용된 비식별 조치 기법과 유사한 방법으로 비식별 조치한 사례 | | | | |
| | | • 이용 중인 데이터에 적용된 비식별 기법과 기술을 무력화하는 새로운 기술 등장 및 공개 | | | | |
| | | • 이용 중인 데이터와 새롭게 연계 가능한 정보가 출현하거나, 공개된 것으로 알려진 경우 | | | | |
| | 계약서확인 | • 정보제공 및 위탁계약 확인 및 재식별 위험관리 계약서 체결 여부<br>  – 위험관리 계약서 내용<br>  1. 재식별금지 2. 재제공 또는 재위탁 제한 3. 재식별 위험 시 통지 | | | | |
| 회수 및 파기 | 재식별 검토 | • 비식별 데이터 재식별가능성 여부<br>  – 비식별 조치된 데이터에 대해 재식별가능성 확인 후 데이터 회수 또는 보안성 강화를 위한 프라이버시 모델(k-익명성 등) 적용 | | | | |
| | | • 재식별성 평가 또는 회수 및 파기 안내<br>  – 재식별가능성 있는 데이터를 대상으로 재식별성 평가 안내 또는 데이터 완전 파기 조치<br>  – 확인 장소: 파쇄기 설치 및 소각장 위치 여부 | | | | |

**표 8-4** 사후관리를 위한 체크리스트(계속)

| 분야 | 진단지표 | 체크리스트 | Y | N | NA | 체크 내용 |
|------|----------|------------|---|---|----|-----------|
| 유출 신고 | 유출 통지 | • 데이터 변경 여부 확인<br>　－ 적정성 평가를 받은 컬럼수 및 프라이버시 모델값 유지 여부 확인<br>　－ 데이터 제공 현황 파악<br>　－ 데이터 사용 현황 파악(목적 외 사용 여부 확인)<br>• 유출 등 침해사고 발생 시 대응절차 마련<br>　－ 확인자료 : 침해사고 대응절차 계획서 | | | | |

## 8.5 데이터 파기 및 계약 관련 고지 사항

이번 절에서는 비식별 데이터의 파기에 대한 절차 및 데이터 활용에 필요한 계약 관련 고지사항에 대해 알아본다.

개정 개인정보보호법에서는 가명정보의 파기 조항이 적용 제외되었기 때문에 파기에 대한 의무는 없으나, 가명정보 활용 시 발생할 수 있는 오남용을 예방하기 위해 제공 시 계약서 내 파기에 대한 조항을 추가하는것을 권고하고 싶다.

아래의 내용은 법률에 근거한 의무보다는 안전한 가명정보 활용을 위한 보호조치로 참고를 하면 될 것이다.


### 1. 데이터 파기

데이터 파기는 데이터의 사용 목적을 달성하거나 비식별된 데이터의 사용 시 승인된 데이터의 사용기간이 만료되면 파기한다. 두 가지 조건 중 하나의 조건이라도 해당하는 경우 데이터는 파기돼야 한다. 데이터 파기에 사용되는 방법은 데이터가 저장된 형태와 매체에 따라 각 형태와 매체에 맞는 방법으로 파기를 진행해야 한다.


### 가. 데이터 파기 방안

데이터 파기는 다음 파기 방법 중 저장장치의 종류, 저장돼 있는 비식별 데이터의 종류(가명정보, 익명정보)에 따라 선택해 파기한다. 다음은 저장 매체에 따른 삭제 방법을 기술하고 있다.

- **(물리적 완전 파기)** 물리적 파기는 비식별 정보가 저장돼 있는 저장 매체 자체를 물리적으로 파기하는 것으로 파쇄, 소각, 용해를 통해 물리적으로 파기하게 된다. 파쇄의 경우 하드디스크에 구멍을 뚫는 천공, 찌그러뜨리는 만곡, 파쇄기 등이 존재하며 광디스크를 파쇄한 경우 파쇄된 조각의 크기가 0.25mm 이하가 되도록 파기해야 한다.

- **(전용 소자 장비(Degaussing 장비)를 이용한 저장 자료 삭제)** 전용 소자 장비를 이용한 저장자료 삭제는 자성을 이용한 저장장치(하드디스크, 자기테이프, 플로피 디스크 등)

에 사용한다. 기술적으로 전용소자 장비는 한번에 강한 자성을 내는 충전 발산식과 전자석 방식이 많이 사용되며 일부 천연 자석을 활용하는 방식이 사용되기도 한다. 천연 자석을 활용하는 방식의 경우 반드시 저장매체의 자기력보다 큰 자기력을 보유하고 있어야 한다.

- (스와핑(Swapping)을 이용한 저장 자료 삭제) 자성을 이용한 저장장치와 전기신호를 이용한 저장장치에 사용한다. 스와핑은 저장되는 물리적인 모든 공간에 동일한 정보를 여러 번 반복해서 저장해 원래의 정보를 삭제하는 방식으로 미국 국방성의 삭제 표준인 DoD 5220.22-M은 동일한 장소에 3번 또는 7번 반복해서 덮어쓰기를 하는 방식으로 동작한다. 독일의 Peter Gutmann 방식의 경우 35번 반복해서 덮어쓰기를 하는 방식으로 동작한다. 이 방식은 저장장치의 연속 사용을 가능하게 하나 저장장치의 수명에 많은 영향을 미친다. 또한 플래시 메모리를 사용하는 SSD 등 전기적 신호를 통한 저장장치의 경우 스와핑 방식으로 완전한 삭제를 보장할 수 없다.

## 나. 저장매체별 데이터 파기 방법

데이터 파기는 저장장치의 종류에 따라 위에서 지정한 세 가지 방법 중 한 가지를 사용한다. 각 저장장치의 종류에 따라 사용되는 파기 방법은 표 8-5를 참고하기 바란다.

**표 8-5** 저장매체별 데이터 파기 방법

| 저장매체 | 파기 방법 |
| --- | --- |
| USB 메모리 | 물리적 완전 파기 |
| 광디스크(CD, DVD 등) | 물리적 완전 파기 |
| 반도체메모리(SSD 등) | 물리적 완전 파기, 스와핑을 이용한 저장자료 삭제 |
| | 스와핑이 동작하지 않는 경우 물리적 완전 파기 |
| 하드디스크 | 물리적 완전 파기, 전용소자 장비를 이용한 저장자료 삭제, 스와핑을 이용한 저장자료 삭제 |

## 2. 데이터 활용 관련 계약 시 고지 사항

비식별 데이터의 활용 관련 계약 시 고지사항은 가명데이터와 익명데이터에 따라 서로 다른 내용을 계약서에 포함해야 한다. 특히 가명데이터의 경우 개인정보의 제공과 동일한 수준의 안전에 대한 내용이 계약서에 포함돼 있어야 한다. 특히, 사용 기간과 사용 기간 만료 또는 목적 달성 후 데이터 폐기에 관한 항목이 꼭 포함돼 있어야 한다.

### 가. 가명정보 제공 및 위탁 계약 시 고지사항

가명정보를 제3의 기관에 제공하거나 처리 위탁하는 경우 재식별 위험관리에 관한 내용을 계약서에 포함해야 한다.

- **(사용기간 및 만료 후 파기 관련 명시)** 가명정보의 제공목적 달성 또는 사용 기간이 정확하게 명시됐는지와 명시된 사용기간 만료 후 파기에 대한 내용을 명시
- **(재식별 금지)** 가명정보를 제공받거나 처리를 위탁 받은 사업자 등은 다른 정보와 결합을 통해 재식별 시도가 금지됨을 명시
- **(목적외 이용 · 재제공 금지)** 가명정보는 법령 등에서 허용한 목적을 초과해 이용 및 재제공할 수 없음을 명시
- **(재제공 또는 재위탁 제한)** 가명정보를 제공하거나 처리를 위탁하는 자는 재제공 또는 재위탁 가능 범위를 정해 계약서에 명시
- **(재식별 위험 시 통지)** 재식별이 되거나 재식별가능성이 높아지는 상황이 발생한 경우에는 데이터 처리 중지 및 가명정보 제공자 또는 위탁자에게 통지 의무 등 명시
- **(관리주체에 대한 명시)** 데이터 제공의 경우 관리주체가 데이터를 제공받는 기관으로 명시돼야 하며 위탁의 경우 데이터를 제공하는 기관이 관리주체가 되어야 함

**계약서 특수조건 반영 내용 사례**

**제00조(재식별 금지)**
- ○은 △으로부터 제공받은 가명정보를 ××한 목적으로 안전하게 이용하고, 이를 이용해서 개인을 재식별하기 위한 어떠한 행위도 하여서는 아니 된다.
- △으로부터 제공받은 정보를 ○이 제3자에게 제공하거나 처리를 위탁하고자 하는 경우에는 사전에 △의 동의를 얻어야 하며, 이 경우 ○는 재식별 방지를 위해 필요한 조치를 하여야 한다.
- ○은 △으로부터 제공받은 정보가 재식별 되거나 재식별가능성이 현저하게 높아지는 상황이 발생하면 즉시 해당 정보의 처리를 중단하고 관련 사항을 △에게 알리며, 필요한 협조를 하여야 한다.
- ○은 제1항에서 제3항까지의 사항을 이행하지 않아 발생하는 모든 결과에 대해 형사 및 민사상 책임을 진다.
   - 비식별 정보를 제공받은 기업은 "○", 제공한 기업은 "△"로 표시

## 나. 익명정보 제공 및 위탁 계약 시 고지사항

익명정보를 제3의 기관에 제공하거나 처리 위탁하는 경우 재식별 위험관리에 관한 내용을 계약서에 포함(6장에서 기술한 익명 수준 Level 5(매우 높음)의 경우 제공에 대한 제한이 없으므로 본 항목에서 제외됨)

- **(재식별 금지)** 익명정보를 제공받거나 처리를 위탁 받은 사업자 등은 다른 정보와 결합을 통해 재식별 시도가 금지됨을 명시
- **(재제공 또는 재위탁 제한)** 익명정보를 제공하거나 처리를 위탁하는 자는 재제공 또는 재위탁 가능 범위를 정해 계약서에 명시
- **(재식별 위험 시 통지)** 재식별이 되거나 재식별가능성이 높아지는 상황이 발생한 경우에는 데이터 처리 중지 및 익명정보 제공자 또는 위탁자에게 통지 의무 등 명시

# PART 3

# 비식별 조치 심화

09

# 프라이버시 보호 모델

## 9.1 프라이버시 보호 모델이란?

국제표준 ISO/IEC 20889에 따르면 프라이버시 보호 모델은 재식별화 Re-identification 위험성의 계산을 가능하게 만들고, 경우에 따라 재식별화 위험에 대해 수학적 보장을 제공하는, 데이터 비식별처리 기술의 적용에 관한 접근법으로 정의하고 있다. 예를 들어 표 9-1을 살펴보자.

**표 9-1** 원본 테이블

| 주민등록번호 | 성별 | 입원날짜 | 연령 | 병명 |
|---|---|---|---|---|
| 760914-1111111 | 남 | 2015/06/20 | 38 | MERS |
| 830930-2111111 | 남 | 2015/10/02 | 30 | 폐렴 |
| 720119-1010101 | 여 | 2014/01/22 | 44 | 독감 |
| 670619-2101010 | 여 | 2014/09/24 | 38 | 당뇨 |
| 730425-1212121 | 남 | 2015/04/17 | 32 | 고혈압 |
| 960804-2222222 | 여 | 2014/11/18 | 28 | 간염 |

**표 9-2** 직접 식별자인 주민등록번호 칼럼이 삭제된 테이블

| 성별 | 입원날짜 | 연령 | 병명 |
|:---:|:---:|:---:|:---:|
| 0 | 2015/06/20 | 38 | MERS |
| 0 | 2015/10/02 | 30 | 폐렴 |
| 1 | 2014/01/22 | 44 | 독감 |
| 1 | 2014/09/24 | 38 | 당뇨 |
| 0 | 2015/04/17 | 32 | 고혈압 |
| 1 | 2014/11/18 | 28 | 간염 |

가령 주민등록번호, 성별, 입원날짜, 연령, 그리고 병명으로 이뤄진 의료정보 원본 데이터 테이블이 있다고 하자. 여기서 주민등록번호는 직접 식별자로 정보 자체만으로 누구인지를 제3자가 직접 식별할 수 있기 때문에 식별 방지를 위해 표 9-2와 같이 해당 칼럼을 삭제하는 것이 원칙이다. 이것이 첫 번째 비식별 조치다. 대개 이러한 조치로 비식별 조치가 끝났다고 생각할 수 있을 것이다.

그러나 여전히 재식별 가능한 문제가 남아 있다. 왜냐하면 재식별 공격자는 남아 있는 성별, 입원날짜, 연령, 그리고 병명으로 이뤄진 칼럼을 조합해 공격자가 원하는 신원에 대한 추론이 가능하기 때문이다. 공격자가 알아내고자 하는 대상에 대한 배경지식이 있다면 쉽게 누구인지를 식별할 수 있을 것이다. 예컨대 공격자가 '2015년에 입원한 38세 남성'이라는 배경지식이 있다면 공격자의 병명이 'MERS'라는 것을 쉽게 알아낼 수 있다. 이것을 '배경지식에 의한 공격'이라고 한다. 따라서 이러한 공격을 방어하기 위한 방법으로 맨 먼저 생각해 볼 수 있는 비식별 조치기법은 칼럼 삭제나 일반화 혹은 범주화 등이다. 이때 칼럼 삭제의 경우는 가장 안전한 방법이기는 하지만 데이터를 활용하려는 분석가의 입장에서는 그다지 환영할 일은 아닐 것이다.

두 번째로 일반화나 범주화를 생각해 볼 수 있다. 예컨대 35세를 30대로 일반화하는 것은 유사한 표현이긴 하지만 [30, 40)의 구간으로 범주화할 수 있다. 그러나 일반화나 범주화 기법의 경우를 포함해 4장에서 살펴본 일련의 일반적인 비식별 조치 기법의 가장 큰 단점은 이러한 비식별 조치 기법을 적용했을 경우 재식별가능성 즉, 위험도가 얼마인지에 대해 수치로 정량화할 수 없다는 점이다. 가령 일반화를 적

용하면 재식별 위험이 0.5가 된다는 식으로 말이다. 프라이버시 보호 모델은 이러한 비정량화의 단점을 보완하면서 공격자로부터의 공격을 방어하기 위해 등장한 일종의 비식별 조치 기법이라 할 수 있다.

**표 9-3** 3-익명성 프라이버시 보호 모델이 적용된 테이블

| 성별 | 입원날짜 | 연령 | 병명 |
|------|----------|------|------|
| 0 | 2015 | [30, 40) | MERS |
| 0 | 2015 | [30, 40) | 폐렴 |
| 0 | 2015 | [30, 40) | 독감 |
| 1 | 2014 | [20, 45) | 당뇨 |
| 1 | 2014 | [20, 45) | 고혈압 |
| 1 | 2014 | [20, 45) | 간염 |

다시 표 9-2로 돌아가 보자. 앞서 설명한 남아있는 나머지 칼럼에 대한 추론을 방어하기 위해 성별이 0인 즉, 남성(이를 앞서 살펴본 4장의 기법에서는 코드화라고 부른다)과 성별이 1인 여성으로 된 레코드를 그룹화한 후 입원날짜는 일반화를, 연령은 범주화 기법을 각각 적용해보면 표 9-3의 테이블로 변형할 수 있다. 즉, 입원날짜는 입원한 연도로 일반화를, 연령은 구간별로 그룹화해 범주화를 적용했다. 이렇게 변형하고 보니 성별, 입원날짜, 연령이 각각 동일한 집합으로 3개씩 그룹화된 것을 알 수 있다. 이때 각 3개의 동일한 집합을 동질집합(EC, Equivalence Class)이라 부르며 이러한 방식으로 주어진 원본 테이블의 값을 변형하는 방법을 k-익명성(k-anonymity) 프라이버시 보호 모델이라 부른다. 이때 각 레코드가 3개씩 그룹화됐다 해서 k-익명성의 k값을 3으로 해 3-익명성을 만족하는 모델이라 부른다.

표 9-3에서 공격자가 알고 있는 배경지식이 앞서 살펴본 예와 동일하게 '2015년에 입원한 38세 남성'이라고 할 경우, 이전과는 달리 공격자가 알고 있는 병명은 'MERS'뿐만 아니라 '폐렴' 그리고 '독감' 셋 중의 하나로 추론할 수 있을 것이다. 이 경우 공격자가 신원을 재식별할 가능성, 즉, 위험도는 셋 중의 하나이므로 1/3(0.333333)이 된다. 결국 3-익명성 프라이버시 보호 모델의 적용을 통해 재식

별가능성을 정량화할 수 있다. 이것이 프라이버시 보호 모델이며 4장에서 살펴본 일반적인 비식별 조치 기법과의 차이점이다.

이러한 차이점은 비식별 조치를 수행하는 사람의 입장에서는 안전성에 대해 수치화할 수 있다는 것이 큰 장점일 것이다. 그러나 반대로 비식별 조치된 데이터를 활용하려는 분석가의 입장에서 바라보면 이러한 조치는 가장 큰 단점이기도 하다. 왜냐하면 이러한 조치를 통해 데이터의 품질이 훼손되기 때문이다. 여기서 훼손이라 함은 데이터 손실로 개인의 레코드가 삭제되거나 일반화 혹은 범주화를 통해 데이터가 소위 뭉개진다는 것을 의미한다.

프라이버시 보호 모델은 말 그대로 개인의 프라이버시를 보호하기 위한 즉, 안전성 면에서 바라보는 입장이다. 쉽게 말해 개인의 정보 보호를 위해 데이터 손실은 피할 수 없다는 얘기다. 따라서 비식별 조치를 수행하는 처리자의 입장에서는 데이터의 활용 목적을 고려해 익명처리 시 데이터의 안전성과 유용성에 대한 균형을 맞추는 시각이 중요하다. 즉, 데이터의 손실을 최소화하면서 안전성을 유지하는 최선의 방법을 찾는 것이 무엇보다 중요하다.

그렇다면 데이터 안전성 즉, 익명처리를 달성하기 위해 프라이버시 보호 모델이 반드시 적용돼야 하는가?라는 의문이 생길 수 있다. 이 의문에 대한 우리의 대답은 '그럴 수도, 아닐 수도 있다'이다. 데이터의 상황 즉, 데이터 활용 환경이나 활용 목적 등을 고려할 필요가 있다는 의미다. 이에 대한 자세한 설명은 5장 데이터 상황의 이해와 6장 비식별 조치 적용 방법론 부분을 참조하기 바란다.

이 책을 읽는 독자는 이 시점에서 몇 가지 궁금한 사항이 생길 것이다. 왜 '병명' 칼럼에 대해서는 비식별 조치를 적용하지 않았을까?, 왜 하필 3개씩 그룹화했을까? 2개나 4개로 그룹화하면 안되나? 만일 위 예시처럼 6개의 레코드가 아니라 1,000개의 레코드가 있을 때 무조건 3개씩이 아니라 2개, 5개, 10개씩 동질집합으로 그룹화할 수도 있지 않나?, 데이터 칼럼 속성상 3개씩으로 그룹화할 수 없는 경우는 어떻게 되나? 이러한 질문에 대한 해답은 제3절 프라이버시 보호 모델의 분류, k-익명성 모델 편에서 논의하기로 하자.

## 9.2 프라이버시 보호 모델의 정의

프라이버시 보호 모델의 용어에 대해 2018년 11월에 제정된 국제표준 ISO/IEC 20889에서는 '정규 프라이버시 측정 모델(Formal Privacy Measurement Model)로 부르고 있으며, 미국 NIST IR 8053에서는 '개인 정보의 프라이버시 보존을 위한 모델(Models for Privacy-Preserving use of Private Information)' 2016년 6월 정부부처합동 개인정보 비식별 조치 가이드라인에서는 '프라이버시 보호 모델'로 부르고 있다.

이 책에서는 우리나라의 가이드라인을 준용해 명칭을 편의상 '프라이버시 보호 모델'이라 부르기로 한다.

### 1. 국제표준 ISO/IEC 20889에서의 정의

2018년 11월에 제정된 국제표준인 ISO/IEC 20889에서 프라이버시 보호 모델은 '정규 프라이버시 측정 모델Formal Privacy Measurement Model'이라 부르고 있으며 그 정의는 다음과 같다.

> 재식별화 위험성의 계산을 가능하게 만들고, 경우에 따라 재식별화 위험에 대해 수학적 보장을 제공하는, 데이터 비식별화 기술의 적용에 관한 접근법(an approach to the application of data de-identification techniques that enables the calculation of re-identification risk and, in some cases, provides mathematical guarantees against re-identification risk)

본 표준 문건 10장에서는 대표적인 모델로 k-익명성(l-다양성, t-근접성), 차분 프라이버시Differential privacy(서버모델, 로컬모델), 그리고 선형 민감도 모델Linear sensitivity model 3가지를 언급하고 있으며 부록 E를 통해 각 모델에 대해 보다 자세하게 소개하고 있다.

### 2. 미국 NIST IR 8053 "De-identification of personal information"에서의 정의

2015년 10월에 제정된 미국 국가표준인 NIST IR 8053에서는 프라이버시 보호 모델에 대해 국제표준인 ISO/IEC 20889와는 다른 접근법을 소개하고 있다.

프라이버시 보호를 위한 모델을 '개인 정보의 프라이버시 보존을 위한 모델Models for Privacy-Preserving use of Private Information'이라 기술하고 이에 대해 다음과 같이 정의하고 있다.

학계에서는 정보주체의 프라이버시를 보호하면서 데이터베이스에 있는 개인정보를 이용하기 위한 2가지의 서로 다른 모델로 구분했다.

- 프라이버시 보존형 데이터 공개(PPDP, Privacy Preserving Data Publishing)
  - 이 모형에서는 개인정보를 처리해 사용자에게 배포할 수 있는 비식별처리 되거나 합성한(Synthetic) 새로운 정보를 생산한다.
- 프라이버시 보존형 데이터 마이닝(PPDM, Privacy Preserving Data Mining)
  - 이 모형에서는 개인정보가 공개되지 않으며, 대신에 통계적 처리나 기계 학습(machine learning)에 사용된다. 계산 결과는 기계 학습 알고리즘을 이행하는 요약화(summarization), 총계처리(aggregation), 분류자(classifier)를 기초로 한 통계표의 형태나 및 다른 형태의 결과로 공개할 수 있다.

이 두 모형은 모두 원본 정보 집합에 있는 특정인에게 귀속시킬 수 있는 정보를 노출하지 않고 일부 개인정보(예, 총계처리 한 정보, 통계적 결과, 분류자 또는 합성한 개인정보)를 노출하도록 하기 위한 것이기 때문에 '프라이버시 보존형'이라 부른다.

## ○ 프라이버시 보존형 데이터 공개(PPDP)

PPDP Privacy Preserving Data Publishing를 이용하는 목적은 분석을 위해 정보주체의 신원을 노출시키지 않으면서도 효용성이 높은 정보를 제공하기 위한 것으로 다음 2가지로 구분된다.

### 1) 비식별처리(De-identification)

"식별 정보와 정보주체 간의 연계성을 제거하는 과정을 나타내는 일반적인 용어이다."[1] 비식별 조치는 개인의 신원을 보호하기 위한 것으로 다른 목적을 위한 정보 집합의 유용성의 일부를 보존하면서, 정보 집합에 있는 개인정보가 특정 개인에 관련돼 있다면 알기 어렵거나 불가능하도록 처리한다. 비식별 조치는 PPDP를 달성하기 위한 주요한 도구다.

### 2) 재현 데이터 생성(synthetic data generation)

원본 정보와 유사한 정보 집합을 생성하기 위해 PPDM 기법을 일부 이용하지만, 이 때 정보 요소의 일부 또는 전부가 생성되고, 실제 개인을 참조 mapping 하지 않는다. 그렇기 때문에 재현 데이터 생성은 PPDM과 PPDP가 융합된 것으로 간주할 수 있다.

---

1    ISO/TS 25237:2008(E) Health Informatics, Pseudonymization, ISO, Geneva, Switzerland, 2008.

## ○ 프라이버시 보존형 데이터 마이닝(PPDM)

PPDM(Privacy Preserving Data Mining)은 공식 통계를 발표하기 위해 민감한 개인정보를 이용하는 것을 가리키는 일반적인 용어다. 비공개 설문조사 정보를 요약한 통계 보고서가 그 예라고 할 수 있으며 다음 2가지로 구분된다.

### 1) 통계적 공개 한도(Statistical Disclosure Limitation)

"제3자가 정보를 이용해 정보에 있는 개인을 인지하는 것을 방지하기 위해 통계적 정보를 변경하는 원칙이다."[2] 공개 제한을 위해 개발된 기법에는 보고된 정보를 더 큰 범주로 일반화하는 기법, 유사한 개체 간에 정보를 교환하는 기법, 문서에 잡음(noise)을 삽입하는 기법 등이 있다.[3]

### 2) 차분 프라이버시

정보 집합의 계산에서 비롯되는 신원 공개와 정보 누출에 관한 수학적 정의를 이용하는 기법을 말한다. 차분 프라이버시(Differential Privacy)는 수학적 계산의 결과를 보고하기 전에 비결정적 잡음(non-deterministic noise)(보통 작은 임의 값)을 삽입함으로써 공개를 방지한다.[4] 차분 프라이버시의 수학적 정의에 따르면 정보 집합의 분석결과는 하나의 데이터 레코드(보통은 단일한 인물의 개인정보로 간주됨)를 추가하거나 제거한 전과 후에 대략적으로(roughly) 동일해야 한다. 잡음 추가를 통해 개인 정보를 마스킹하며 동일한 정도는 변수 $\varepsilon$으로 정의한다. $\varepsilon$ 값이 작을수록 더 많은 잡음이 추가되며, 주어진 데이터셋 내에 단일 레코드의 존재 혹은 비존재의 여부를 분간하기가 더욱 어려워진다. 결과적으로 정보주체 전체의 프라이버시가 높아진다. 가장 기본적인 형태의 차분 프라이버시는 온라인 문의 시스템 등에만 적용되지만, 차분 프라이버시를 이용해 기계 학습 통계 분류자(classifiers)와 재현(synthetic) 정보를 생성할 수도 있다.

미국 NIST IR 8053에 따르면 차분 프라이버시 적용 시 결과의 정확도가 낮아진다고 설명하고 있다. 예를 들면, Fredrikson 등은 임상시험 자료를 이용해 유전자

---

2   Leon Willenborg and Ton de De Wall, Elements of Statistical Disclosure Control, 2001, Springer

3   Statistical Policy Working Paper 22 (Second version, 2005), Report on Statistical Disclosure Limitation Methodology, Federal Committee on Statistical Methodology, December 2005.

4   Cynthia Dwork, Differential Privacy, in ICALP, Springer, 2006

정보와 와파린<sup>warfarin</sup> 투여의 상관관계에 관한 통계적 모형을 수립하기 위해 차분 프라이버시를 사용하는 경우에 미치는 영향을 확인했다.[5] 이 연구는 비록 실제 임상시험이 아니라 시뮬레이션에서만 시험됐지만, 차분 프라이버시를 이용해 수립한 모형은 차분 프라이버시를 이용하지 않고 수립한 모형에 비해 유의미한 숫자의 환자에게서 더 열악한 임상적 결과가 나오는 경향이 있음을 밝혔다.

## 3. '개인정보 비식별 조치 가이드라인[6]'에서의 정의

우리나라의 가이드라인 '참고 3'에서는 프라이버시 보호 모델에 대해 '개인정보 비식별 조치 방법'의 일부로 기술하고 있다.

'개인정보 비식별 조치 방법'은 다시 1) 일반적 기법(개인 식별요소 삭제 방법)과 2) 프라이버시 보호 모델로 나뉘며 프라이버시 보호 모델에 대해 재식별가능성 검토 기법으로 정의하고 있다.

"재식별가능성 검토 기법"으로 기술하고 있으며 k-익명성, l-다양성, t-근접성으로 나눠 다음과 같이 정의하고 있음.

**프라이버시 보호 모델: 재식별 검토 기법(k, l, t값은 전문가들이 검토해 마련)**

| 기법 | 의미 | 적용 예 |
|---|---|---|
| k-익명성 | 특정인임을 추론할 수 있는지 여부를 검토, 일정 확률 수준 이상 비식별되도록 함 | 동일한 값을 가진 레코드를 k개 이상으로 함. 이 경우 특정 개인을 식별할 확률은 1/k임 |
| ℓ-다양성 | 특정인이 추론이 안된다고 해도 민감한 정보의 다양성을 높여 추론가능성을 낮추는 기법 | 각 레코드는 최소 1개 이상의 다양성을 가지도록 해 동질성 또는 배경지식 등에 의한 추론 방지 |
| i-근접성 | ℓ-다양성뿐만 아니라, 민감한 정보의 분포를 낮춰 추론가능성을 더욱 낮추는 기법 | 전체 데이터 집합의 정보 분포와 특정 정보의 분포 차이를 t 이하로 해 추론 방지 |

지금까지 기술된 ISO/IEC 20889, NIST IR 8053, 그리고 정부부처합동 개인정보 비식별 조치 가이드라인에서 정의한 프라이버시 보호 모델을 종합해보면 다음과 같은 결론을 도출해 볼 수 있다.

---

5    Fredrikson et al., Privacy in Pharmacogenetics: An End-to-End Case Study of Personalized Warfarin Dosing, 23rd Usenix Security Symposium, August 20-22, 2014, San Diego, CA.

6    정부부처 합동, 2016년 6월 30일 발행, 개인정보 비식별조치 가이드라인

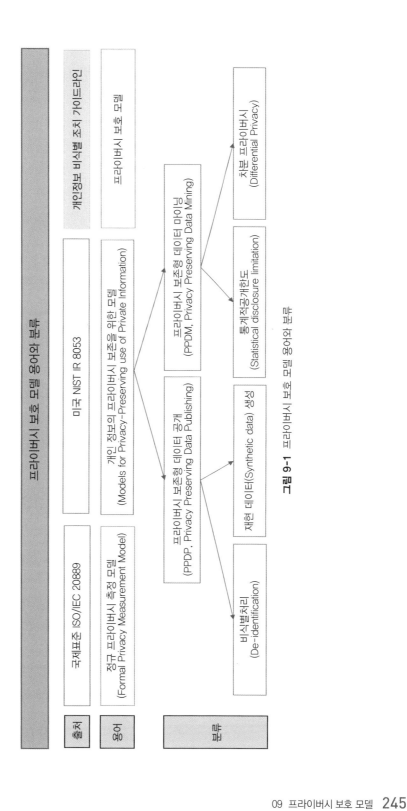

**그림 9-1** 프라이버시 보호 모델 용어와 분류

이 책에서는 위 프라이버시 보호 모델 중 특히, 미국 NIST IR 8053에서 정의한 '프라이버시 보존형 데이터 공개PPDP 모델'에 대해 중점적으로 논의하되 차분 프라이버시 모델을 함께 기술하고자 한다.[7]

## 9.3 프라이버시 보호 모델의 분류

우리는 앞서 8.3에서 프라이버시 보호 모델의 정의에 대해 살펴봤다. 본 절에서는 국제표준과 학계에서 소개하고 있는 현재까지 알려진 재식별 공격 유형별로 프라이버시 보호 모델을 분류하고 소개하고자 한다.

### 1. 모델 분류의 기준 및 근거

프라이버시 보호 모델의 분류 기준 및 원칙과 관련해 이 책에서는 국제표준인 ISO/IEC 20889 Annex E(informative) Overview of approaches to formal privacy measurement models와 아울러 학계에서 논문을 통해 분류하고 있는 접근법인 **'재식별 공격 유형'**에 따라 모델을 분류하고자 한다. 국제표준 및 학계에서 소개하고 있는 4가지의 재공격 유형 및 정의는 다음과 같다.

① 레코드 연결 공격
- 공격자는 준식별자를 기반으로 레코드를 매치[8]시키며 알 수 없었던 특정한 개인의 신원이 드러나는 프라이버시 유출 공격이다.

② 속성 연결 공격
- 공격자는 공개(동일한 준식별자 값의 집합을 공유하는 그룹과 관련된 민감한 값을 기준으로)된 데이터로부터 중요한 값을 유추하며 알 수 없었던 특정한 개인의 민감한 속성값이 드러나는 프라이버시 유출 공격이다.

---

7    k-익명성 등 일반적으로 우리가 알고 있는 대부분의 프라이버시 보호 모델은 그림 9-1에서 볼 때 '비식별 조치(De-identification)' 부분에 속한다고 볼 수 있다.

8    주어진 익명처리된 대상 테이블 내 레코드와 외부의 관련있는 테이블 내 레코드나 혹은 정보를 서로 연결해보는 공격으로, 예를 들어 어느 병원에서 공개한 퇴원 환자에 대한 익명 테이블과 퇴원이 일어날 당시의 사건 기사를 연결해보는 공격을 말한다. 이 공격은 실제 미국에서 일어난 공격이기도 하다.

### ③ 테이블 연결 공격

- 공격자는 공개된 데이터의 레코드(HIV 클리닉과의 관계 등 민감한 정보를 공개할 가능성이 있는)의 유무를 추론할 수 있으며 테이블에 개인의 포함 여부가 드러나는 프라이버시 유출 공격이다.

### ④ 확률론적 공격[9]

- 공격자가 테이블을 참조한 후 특정한 개인의 민감한 속성값의 유추 확률을 증가시키려는 프라이버시 유출 공격이다.

## 2. 프라이버시 보호 모델 분류 체계 및 요약

이 책에서 소개하고 있는 프라이버시 보호 모델은 국제표준 ISO/IEC 20889에서 소개하고 있는 모델을 기준으로 최근까지 학계를 통해 연구된 논문[10,11]과 그 외 인터넷을 통해 조사한 논문을 수집해 정리한 것이다. 또한 이 책에서 제시한 모델은 지난 2002년 L. Sweeney가 제안한 최초의 k-익명성 모델에서부터 2019년 현재까지 알려진 모델을 대상으로 했다.

2019년 12월 현재까지 각종 문헌을 통해 수집한 프라이버시 보호 모델의 종류는 총 34종[12]으로, 이들 모델을 앞서 말한 재식별 공격 유형에 따라 분류해 보면 그림 9-2와 같다. 그 외 한 개인에 대한 데이터가 주어진 테이블[13] 내에서 여러 레코드에 존재할 경우를 다룬 1:M 모델((k, l)-다양성, (p, l)-엔젤화Angelization 등)과 한 칼럼에 여러 개의 속성값이 들어있는 트랜잭션 데이터 모델(KC-슬라이스, KCi-슬라이스 등), 그리고 통계 속성을 갖는 매크로데이터로 구성된 선형민감도 모델은 제외했다.

현재까지 알려진 프라이버시 보호 모델은 대부분 이론적인 측면에 집중한 나머지

---

9  이 공격에 대한 방어 관점에서 살펴보면 익명처리된 테이블을 참조한 후에 공격자의 배경 지식의 증가를 최소화하는 것을 목표로 함

10  김종선 외, 프라이버시 보호 데이터 배포를 위한 모델 조사, 정보과학회논문지 제44권 제2호(2017. 2)

11  Amita Sharma, N. Badal, Literature Survey of Privacy Preserving Data Publishing (PPDP) Techniques, International Journal Of Engineering And Computer Science, ISSN:2319-7242, Volume 6 Issue 5 May 2017, Page No. 21258-21268

12  1:1 모델에 대해 다룬 것으로, 1:1 모델은 주어진 테이블에서 한 개인에 대한 레코드가 각각 1개의 레코드에 존재하는 것을 말한다.

13  이 책에서 사용되는 '테이블'이란 용어는 타 문헌에서는 '데이터셋' 혹은 '데이터 집합'이라 부르기도 한다.

현실의 요구를 반영하지 못하는 부분이 있다. 독일의 뮌헨공대 의료정보연구실에서 만든 ARX 익명처리 툴[14] 등 연구용 익명처리 소프트웨어가 일부 소개되고 있지만 연구용이 아닌 실무 차원에서 최신의 그리고 다양한 프라이버시 보호 모델을 적용한 사례는 거의 없는 실정이다.

프라이버시 보호 모델은 기본적으로 데이터의 유용성보다는 안전성을 기반으로 한 모델이다. 따라서 프라이버시 보호 모델은 유용성에 도움을 주지는 않는다. 개인정보의 유용성을 고려할 경우는 별도 데이터 품질$^{Quality}$ 모델에 대한 고려가 필요하다. k-익명성 기반 모델의 경우는 정보손실측도(height, precision, Discernability Metric, Entropy 등)를 이용해 정보손실에 대해 어느 정도 제한을 가할 수 있으며 차분 프라이버시 보호 모델의 경우는 근사적 차분 프라이버시 보호 모델을 이용해 프라이버시 손실율 $\delta$를 활용할 수 있다. 데이터의 유용성은 앞서 언급한 정보손실 측도를 이용해 측정할 수 있는데 이 부분에 대한 사항은 10장에서 다뤄보도록 한다.

프라이버시 보호 모델의 안전성의 측면은 앞서 말한 공격자의 공격 유형에 따라 4가지로 나뉘며 이들 모두를 만족하기 위한 모델로 특히, 폐쇄 환경이 아닌 홈페이지 등 완전 공개 환경에서 익명처리를 할 경우 아래 모델을 각 유형별로 하나 이상 적용할 것을 권장한다. 이 경우 4가지의 공격 모두를 방어할 수 있는 안전성은 갖출 수 있지만 반대로 그만큼 데이터의 손실이 늘어날 수 있으므로 5장에서 설명한 데이터 상황에 따라 달리 적용할 필요가 있다.

- 레코드연결공격: 단일테이블의 경우 k-익명성, (X,Y)-익명성, 다중 테이블의 경우 다중 테이블 k-익명성
- 속성연결공격: l-다양성, ($\varepsilon$, m)-익명성, t-근접성, (p+)-민감 t-근접성
- 테이블연결공격: $\delta$-존재성, k-존재 비밀
- 확률론적공격: $\beta$-가능도, $\varepsilon$-차분 프라이버시, 근사적(($\varepsilon, \delta$)-) 차분 프라이버시

한편 프라이버시 보호 모델의 용도를 고려할 경우에는 그 용도에 따라 다음 모델을 적용해 볼 수 있다.

---

14  [Online]. Available: http://arx.deidentifier.org/anonymization-tool/

- 여러 대상 테이블이 있고 조인이 필요한 경우: 다중 테이블 k-익명성
- 테이블에서 준식별자와 민감속성을 나눌 수 없는 경우: FF-익명성
- 기존 테이블이 주기적으로 업데이트돼 재공개될 경우: m-불변성

　다음 절에서 그림 9-2에 제시한 34종의 프라이버시 모델 가운데 가장 대표적으로 알려진 k-익명성k-anonymity, l-다양성l-diversity, t-근접성t-closeness, 그리고 차분 프라이버시differential privacy 모델에 대해 소개하고자 한다. 4가지의 모델은 2016년에 우리나라에서 발간된 개인정보 비식별 조치 가이드라인에서 소개된 모델이기도 하다. 아울러 다중 테이블 k-익명성 등 그 외의 주요 프라이버시 모델도 함께 개괄적으로 소개하고자 한다.

　부록 F를 통해 이들 5종의 기타 모델[15]을 포함해 총 39종의 프라이버시 보호 모델에 대한 연도별 주요 특징과 알고리즘을 수록했으니 보다 자세한 사항은 부록 F를 참조하길 바란다.

---

15  앞서 언급한 1:M 모델 2종((k, l)-다양성, (p, l)-엔젤화)과 한 칼럼에 여러 개의 속성값이 들어있는 트랜잭션 데이터 모델 2종 (KC-슬라이스, KCi-슬라이스), 그리고 통계 속성을 갖는 매크로데이터로 구성된 선형민감도모델 총 5종을 말함

○ 현재까지 알려진 공격 34종의 제식별 공격 유형별 프라이버시 보호 모델 분류 체계도

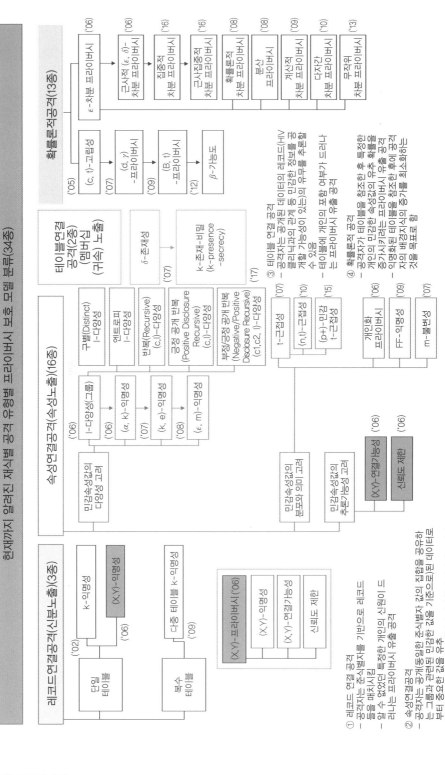

**그림 9-2** 현재까지 알려진 공격 34종의 제식별 공격 유형별 프라이버시 보호 모델 분류 체계도

## 9.4 주요 프라이버시 보호 모델의 종류

### 1. 레코드연결 공격의 취약점 방어를 위한 주요 모델

레코드연결 공격에 대해 ISO/IEC 20889에서는 공격자가 준식별자를 기반으로 레코드를 매치시킬 수 있으며 알 수 없었던 특정한 개인의 신원이 드러나는 프라이버시 유출 공격이라 기술하고 있다. 또 다른 문헌에서는 이를 '신원노출 공격'이라고도 부른다. 이 공격에 대한 방어 모델은 그림 9-2에서 보는 바와 같이 k-익명성을 비롯해, 3종의 모델이 현재까지 알려져 있으며 원본 테이블이 단일 테이블을 대상으로 하는지와 복수 개의 테이블을 대상으로 하는지에 따라 다시 2가지로 분류된다. 원본 테이블이 단일 테이블을 대상으로 할 경우는 'k-익명성 모델'과 '(X,Y)-익명성' 두 모델이 현재까지 알려져 있으며 복수 개의 테이블을 대상으로 할 경우는 '다중 테이블 k-익명성' 모델이 알려져 있다.

### 1.1 k-익명성 모델[16]

**그림 9-3** k-익명성 모델을 제안한 미 하버드대 L. Sweeney 교수

---

16  Sweeney L, k-anonymity: A model for protecting privacy, International Journal of Uncertainty, Fuzziness and Knowledge-Based Systems, Vol. 10, No. 3, pp. 557-570, 2002.

k-익명성 모델k-anonymity은 2002년 단일 테이블에서 레코드 연결공격으로 인한 신원 노출을 방어하기 위해 L. Sweeny(그림 9-3 사진 참조)가 제안한 모델이다. 이 모델은 제안된 최초의 프라이버시 보호 모델이며 가장 기본이 되는 모델이다. 이 모델은 앞서 설명한 재식별 공격 유형에 따른 레코드 연결 공격[17]으로 공격자는 준식별자를 기반으로 레코드를 매치시키게 된다. 이 모델의 정의는 다음과 같다.

정의) k-익명성은 각 식별자마다 적어도 k개의 레코드가 포함된 상응하는 동질집합(EC, Equivalence Class)의 존재를 보장하는 모델이다. 여기서 동질집합이라 함은 주어진 테이블에서 동일한 준식별자 속성값을 가지는 레코드의 집합을 말한다.

예시) k-익명성 모델의 예시는 우리나라 정부부처합동 개인정보 비식별 조치 가이드라인에서 쉽게 찾아볼 수 있으며 표 9-4와 같다. 먼저 공개 의료 데이터 사례 테이블과 선거인 명부 사례 테이블을 살펴보면 이 두 테이블을 서로 연결했을 때 지역코드, 연령, 그리고 성별이 일치하는 개인의 신원을 선거인 명부 사례에서 발견할 수 있다. 예를 들어 지역코드가 13053, 연령이 28세, 그리고 성별이 남자인 속성값을 연결해보면 대상의 신원이 김민준이고 질병이 전립선염임이 쉽게 드러날 수 있다. 이를 학계에서는 '연결공격linkage attack'이라 부른다.

이러한 공격을 방어하고자 공개 의료 데이터 사례 테이블을 '4-익명성 모델에 의해 비식별 조치된 의료 데이터 사례' 테이블로 변형했다. 변형된 테이블을 살펴보면 지역코드, 연령, 그리고 성별 칼럼이 각각 4개 레코드씩 동일한 속성의 집합(즉, 동질집합)으로 그룹화된 것을 알 수 있다. 즉, 지역코드의 경우, 끝자리 혹은 끝 2자리를 '*'로 마스킹 처리했고, 연령의 경우 30세 미만(<30), 40세 초과(>40), 30대(3*)로 범주화했으며 성별의 경우 모두 '*'로 마스킹 처리했다. 이러한 마스킹이나 범주화 처리는 비식별처리 기법의 범주에서는 '일반화' 기법에 속한다. 즉, 주어진 데이터 속성을 일반화를 통해 동질집합으로 변형함으로써 연결공격을 방어하는 것이 주목적이다. 이렇게 되면 앞서 설명한 예에서 지역코드가 13053,

---

17  예로 표 9-4 왼편의 공개 의료 데이터가 오른편의 선거인명부와 지역 코드, 연령, 성별에 의해 결합되면, 개인의 민감한 정보인 병명이 드러날 수 있다(예: 김민준(13053, 28, 남자) → 환자 레코드 1번 → 전립선염).

연령이 28세, 그리고 성별이 남자인 속성값을 연결했을 때 병명이 적어도 전립선염, 고혈압으로 공격자의 입장에서는 어느 질병인지를 정확히 추론하기 어렵다.

표 9-4 k-익명성 모델의 예시

| 〈공개 의료 데이터 사례〉 | | | | |
|---|---|---|---|---|
| 구분 | 지역코드 | 연령 | 성별 | 질병 |
| 1 | 13053 | 28 | 남 | 전립선염 |
| 2 | 13068 | 21 | 남 | 전립선염 |
| 3 | 13068 | 29 | 여 | 고혈압 |
| 4 | 13053 | 23 | 남 | 고혈압 |
| 5 | 14853 | 50 | 여 | 위암 |
| 6 | 14853 | 47 | 남 | 전립선염 |
| 7 | 14850 | 55 | 여 | 고혈압 |
| 8 | 14850 | 49 | 남 | 고혈압 |
| 9 | 13053 | 31 | 남 | 위암 |
| 10 | 13053 | 37 | 여 | 위암 |
| 11 | 13068 | 36 | 남 | 위암 |
| 12 | 13068 | 35 | 여 | 위암 |

| 〈선거인 명부 사례〉 | | | | |
|---|---|---|---|---|
| 구분 | 이름 | 지역코드 | 연령 | 성별 |
| 1 | 김민준 | 13053 | 28 | 남 |
| 2 | 박지훈 | 13068 | 21 | 남 |
| 3 | 이지민 | 13068 | 29 | 여 |
| 4 | 최현우 | 13053 | 23 | 남 |
| 5 | 정서연 | 14853 | 50 | 여 |
| 6 | 송현준 | 14853 | 47 | 남 |
| 7 | 남예은 | 14850 | 55 | 여 |
| 8 | 성민재 | 14850 | 49 | 남 |
| 9 | 윤건우 | 13053 | 31 | 남 |
| 10 | 손윤서 | 13053 | 37 | 여 |
| 11 | 민우진 | 13068 | 36 | 남 |
| 12 | 허수빈 | 13068 | 35 | 여 |

| 〈4-익명성 모델에 의해 비식별 조치된 의료데이터 사례〉 | | | | |
|---|---|---|---|---|
| 구분 | 지역코드 | 연령 | 성별 | 질병 |
| 1 | 130** | <30 | * | 전립선염 |
| 2 | 130** | <30 | * | 전립선염 |
| 3 | 130** | <30 | * | 고혈압 |
| 4 | 130** | <30 | * | 고혈압 |
| 5 | 1485* | >40 | * | 위암 |
| 6 | 1485* | >40 | * | 전립선염 |
| 7 | 1485* | >40 | * | 고혈압 |
| 8 | 1485* | >40 | * | 고혈압 |
| 9 | 130** | 3* | * | 위암 |
| 10 | 130** | 3* | * | 위암 |
| 11 | 130** | 3* | * | 위암 |
| 12 | 130** | 3* | * | 위암 |

이제 9.1 프라이버시 보호 모델이란? 부분에서 언급한 궁금증으로 돌아가 보자. 이 궁금증을 위 예시에 맞게 분류해보면 다음과 같이 크게 4가지로 요약해 볼 수 있다.

① 왜 '병명' 칼럼에 대해서는 비식별 조치를 적용하지 않았을까?

② 왜 하필 4개씩 그룹화 했을까? 3개나 5개로 그룹화하면 안되나? 위 예시처럼 12개의 레코드가 아니라 1,000개의 레코드가 있을 때 무조건 4개씩이 아니라 2개, 4개, 5개, 10개씩 동질집합으로 그룹화할 수도 있지 않나?

③ 만일 데이터 칼럼 속성상 4개씩으로 그룹화할 수 없는 경우는 어떻게 되나?

지금부터 이들 궁금증에 대해 답을 해보고자 한다.

먼저 ① 왜 '병명' 칼럼에 대해서는 비식별 조치를 적용하지 않았을까?

2장의 개인정보 활용 관점에서의 개인정보 분류 부분에서 우리는 이미 '준식별자'와 '민감속성'에 대해 설명한 바가 있다. 이 부분이 기억나지 않는다면 다시 2장을 참조하길 바란다. 앞서 $k$-익명성의 정의 부분을 보면 "동질집합이라 함은 주어진 테이블에서 동일한 준식별자 속성값을 가지는 레코드의 집합을 말한다."라고 돼 있다. 따라서, 위 예시에서는 '병명' 칼럼을 준식별자가 아닌 '민감속성'으로 분류했기 때문이다. 즉, $k$-익명성의 적용을 위한 기본 대상 속성은 '준식별자'란 것이다. '민감속성'은 이후에 설명할 'l-다양성'과 't-근접성'이 적용 대상이 된다. 이를 달리 말하면 '$k$-익명성' 적용이 필수이고 'l-다양성'과 't-근접성'은 부가적인 선택이란 것이다. 반대로 'l-다양성'과 't-근접성'은 '$k$-익명성' 적용이 없이는 모델 적용이 불가능하다는 의미이기도 하다.

둘째로 ② 왜 하필 4개씩 그룹화했을까? 3개나 5개로 그룹화하면 안되나? 위 예시처럼 12개의 레코드가 아니라 1,000개의 레코드가 있을 때 무조건 4개씩이 아니라 2개, 4개, 5개, 10개씩 동질집합으로 그룹화할 수도 있지 않나?

이 질문에 대한 대답은 '그렇다'이다. 위 예시에서는 동질집합을 4개의 레코드로 그룹화했지만 실제 적용 시에는 3개 또는 5개 등 원본 테이블의 총 레코드 범위 내에서 다양한 $k$값으로 그룹화할 수 있다. 위 예시에서는 $k$를 4로 해 즉, 4개의 레코드 단위로 그룹화했다. 이는 바꿔 말해 공격자가 준식별자로 지정한 지역코드, 연령, 성별에 대한 배경지식이 있다 하더라도 최소한 1/k 즉, 1/4의 재식별가능성(네 사람 중 누구인지를 구별할 수 없어)으로 안전하다는 의미이기도 하다. 그렇다면 위 질문에서처럼 1,000개의 레코드가 있을 때 무조건 4개씩이 아니라 2개, 4개, 5개, 10개씩 동질 집합으로 그룹화한 경우는 어떨까? 각각에 대한 가능성은 1/2, 1/4, 1/5, 1/10이 된다. 분모가 되는 k값이 크면 클수록 안전하다는 의미이기도 하다. 이때 k값은 위 4개의 가능성 중 가장 위험도가 높은 1/2 즉, k는 가장 최솟값인 2가 대표 k값으로 지정된다.

세 번째로 ③ 데이터 칼럼 속성상 4개씩으로 그룹화할 수 없는 경우는 어떻게 되나?

이 질문은 바꿔 말해 최소 단위인 4개 미만으로 그룹화될 수밖에 없는 레코드는 어떻게 되는가?라는 질문이다. 아마도 독자들도 짐작하겠지만 가장 쉬운 대답은 '레코드 삭제'일 것이다. 처리자 입장에서 가장 쉬운 방법은 레코드 삭제이나 최근 연구된 바에 의하면 이를 삭제하지 않고 더미(가상) 레코드를 추가하거나 혹은 기존 레코드를 분할하는 방법 등을 통해 데이터 손실을 줄일 수 있는 방법을 시도해볼 수 있다. 그렇다 하더라도 결국 범주화 등 일반화를 통해 데이터의 품질이 손실되는 부분은 피할 수 없다. 앞서 설명한 것처럼 이 부분은 데이터의 안전성과 유용성에 대한 균형을 맞추는 시각이 중요하다. 즉, 데이터의 활용 목적 등 상황에 따라 손실을 최소화하면서 안전성을 유지하는 최선의 방법을 찾는 것이 무엇보다 중요하며, 이에 대한 자세한 설명은 5장의 데이터 상황의 이해와 6장의 비식별 조치 적용 방법론 부분을 참조하기 바란다.

## 1.2 (X, Y)-익명성((X,Y)-anonymity) 모델[18]

2006년 K. Wang 등이 원본 테이블의 스키마에 새로운 준식별자가 추가됐을 때, 이전에 익명처리해 배포한 테이블과 연결해 신원 노출이 발생할 수 있음을 발견하고, 이러한 문제를 해결하기 위해 k-익명성 모델을 일반화한 (X,Y)-익명성 모델을 제안했다.

18  K. Wang and B. C. M. Fung. Anonymizing sequential releases. In Proc. of the 12th ACM SIGKDD International Conference on Knowledge Discovery and Data Mining (SIGKDD), pages 414 - 423, Philadelphia, PA, August 2006.

테이블의 여러 레코드가 동일한 데이터 주체를 나타내는 경우, k개의 레코드가 속한 그룹은 k개의 데이터 주체보다 적을 수 있으며, 데이터 주체는 보호가 부족할 수 있다. 정의는 다음과 같다.

> 정의) X와 Y는 서로 공통된 속성을 가지지 않는 분리 집합($X \cap Y = \phi$)이라 가정한다. x를 X 속성에 해당하는 값이라 할 때, x 값을 가지는 레코드의 Y의 속성값의 종류의 수를 $ay(x)$라 정의한다. 여기서 $AY(x) = \min \{ay(x) \mid x \in X\}$라 할 때, 테이블 T는 자연수 k에 대해 $AY(x) \geq k$일 때, (X, Y)-익명성을 만족한다.

또한 위 정의를 도식화 해보면 그림 9-4와 같다.

**그림 9-4** (X,Y)-익명성 모델

이때 X와 Y는 분리된 속성 집합을 나타내며 X의 각 값이 Y의 적어도 k개의 별개 값에 연결되도록 특정한다. 예를 들어 X의 각 값이 데이터 주체 그룹을 나타내고 Y가 민감정보를 나타내는 경우, 각 그룹은 다양한 민감한 값의 집합과 연결되므로 특정 민감한 값을 추론하기 어렵다.

## 1.3 다중 테이블 k-익명성(MultiRelational k-anonymity) 모델[19]

2009년 Nergiz 등이 여러 개의 테이블이 조인된 테이블에서 신원 노출을 막기 위해 제안한 모델로 실제로도 다중 테이블 형태가 단일 테이블 형태보다 일반적으로 많이 쓰인다. 정의는 다음과 같다.

---

19  Nergiz ME, Clifton C, Nergiz AE, "Multirelational k-anonymity," Knowledge and Data Engineering, IEEE Transactions on, Vol. 21, No. 8, pp. 1104-1117, 2009.

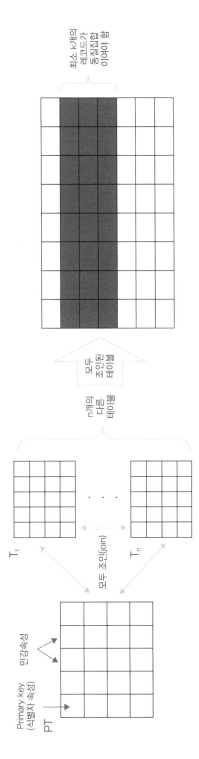

**그림 9-5** 다중 테이블 k-익명성 모델

정의) 특정한 개인을 식별할 수 있는 기본 키[primary key]와 민감한 정보로 이뤄진 PT 테이블이 있고, PT와 조인할 수 있는 테이블 $T_1, \cdots, T_n$이 있을 때, 모든 테이블을 자연 조인[natural join]한 테이블 $JT = PT \bowtie T_1 \bowtie \cdots \bowtie T_n$에 임의의 레코드와 서로 구별되지 않는 k-1개의 레코드가 있다면 다중 테이블 k-익명성을 만족한다.

또한 위 정의를 도식화해보면 그림 9-5와 같다.

## 2. 속성연결 공격의 취약점 방어를 위한 주요 모델

공격자는 공개(동일한 준식별자 값의 집합을 공유하는 그룹과 관련된 민감한 값을 기준으로)된 데이터로부터 중요한 값을 유추할 수 있으며, 이러한 공격을 속성연결 공격이라 한다. 속성연결 공격은 알 수 없었던 특정한 개인의 민감한 속성값이 드러나는 경우 발생하는 프라이버시 유출 공격으로 공격자가 대상의 준식별자 속성값을 모르는 경우에도 발생할 수 있다.

이 문제는 동질집합 내 민감속성값의 다양성이 충분치 않다는 점에 기인한 것으로 l-다양성과 t-근접성 모델이 이러한 유형의 공격을 방어할 수 있다. 속성노출 공격에 대한 방어를 위해 현재까지 알려진 모델의 종류는 그림 9-2에서 보는 바와 같이 모두 16종이며 크게 1) 민감속성값의 다양성을 고려한 모델(8종), 2) 민감속성값의 분포와 의미를 고려한 모델(6종), 그리고 3) 민감속성값의 추론가능성을 고려한 모델(2종)로 나뉜다. 이 책에서는 그 중 l-다양성 모델, t-근접성 모델, $(\varepsilon, m)$-익명성 모델, 그리고 (p+)-민감 t-근접성 모델에 대해 살펴보고자 한다.

### 2.1 l-다양성 모델[20]

l-다양성[l-diversity] 모델은 2007년 Machanavajjhala(그림 9-6 사진 참조) 등이 네 가지 재식별 공격 유형 중 속성연결공격의 방어를 위해 제안한 대표적인 모델이다.

---

20  Machanavajjhala A, Kifer D, Gehrke J, Venkitasubramaniam M, l-diversity: Privacy beyond kanonymity, ACM Transactions on Knowledge Discovery from Data (TKDD), Vol. 1, No. 1, pp. 3, 2007.

**그림 9-6** 미국 듀크대, 마찬나반찌할라 교수

앞서 k-익명성에 대한 두 가지 공격, 즉 동질성 공격Homogeneity attack21 및 배경지식에 의한 공격Background knowledge attack22을 방어하기 위한 모델로 각 동질집합이 민감정보를 대상으로 적어도 l개의 잘 표현된 값을 가지도록 보장해 추론 시도로부터 보호하도록 설계됐다. 다만, 동질집합 내 각 민감정보에 관한 속성값이 어떻게 분포되는지에 따라 데이터 유용성에 상당한 손실을 초래할 수 있으며 데이터 값이 고르지 않게 분산될 경우 추론으로부터 보호할 수 있는 기능도 제한될 수 있다는 것이 단점이다. 이는 이후에 소개할 't-근접성' 모델이 등장한 배경이기도 하다. 정의는 다음과 같다.

정의) 모든 동질집합에 서로 다른 l개의 민감한 속성값이 있을 때, 테이블 T는 l-다양성을 만족한다.

문제점) 모든 민감한 속성값의 민감한 정도를 동일하게 취급한다는 것이다. 예를 들어 같은 병명이라도 감기와 AIDS의 프라이버시 위협 정도는 다르게 받아들여질 수 있을 것이다.

---

21  k-익명성에 의해 레코드가 범주화됐더라도 일부 정보가 모두 같은 값을 가질 수 있기 때문에 데이터 집합에서 동일한 정보를 이용해 공격 대상의 정보를 알아내는 공격이다. 예를 들어, 앞서 표 6-4에서 지역코드 130**, 연령 >40, 성별 *인 경우 질병이 모두 '위암'으로 공격자가 준식별자(지역코드, 연령, 성별)에 대한 배경지식이 있을 경우 질병이 드러날 수 있다.

22  주어진 데이터 이외의 공격자의 배경 지식을 통해 공격 대상의 민감한 정보를 알아내는 공격

예시) l-다양성 모델에 대한 예시는 우리나라 정부부처합동 개인정보 비식별 조치 가이드라인에서 쉽게 찾아볼 수 있으며 표 9-5와 같다. 표 9-5의 예시에서 모든 각 동질집합에 대해 질병이 '전립선염', '고혈압', '위암'으로 3개의 민감속성값으로 분포돼 있다. 따라서 l값이 3이 돼 3-다양성을 만족한다.

l-다양성 모델은 적용대상이 '준식별자'가 아닌 '민감속성'이라는 점이 중요하다. 그리고 k-익명성의 경우와 마찬가지로 해당 익명처리 테이블에 대해 동질집합별로 최대 k개 이하의 다양한 l개의 값으로 구성할 수 있다. 이때, 대표 l값은 가장 위험도가 높은 l값(즉, 최소 l값)이 대표 l값으로 지정된다. 아울러 l값은 앞서 설명한 동질성 공격의 방어를 위해 최소 2 이상의 값들로 구성하며 값이 클수록 안전하다.

표 9-5 표 9-4의 민감속성인 '질병' 속성에 대해 3-다양성을 만족하는 모델 예시

| 구분 | 지역코드 | 연령 | 성별 | 질병 |
|---|---|---|---|---|
| 1 | 1305* | ≤40 | * | 전립선염 |
| 4 | 1305* | ≤40 | * | 고혈압 |
| 9 | 1305* | ≤40 | * | 위암 |
| 10 | 1305* | ≤40 | * | 위암 |
| 5 | 1485* | >40 | * | 위암 |
| 6 | 1485* | >40 | * | 전립선염 |
| 7 | 1485* | >40 | * | 고혈압 |
| 8 | 1485* | >40 | * | 고혈압 |
| 2 | 1306* | ≤40 | * | 전립선염 |
| 3 | 1306* | ≤40 | * | 고혈압 |
| 11 | 1306* | ≤40 | * | 위암 |
| 12 | 1306* | ≤40 | * | 위암 |

이외 l-다양성 모델의 변종으로 2007년 에쉬윈 마찬나반찌할라Machanavajjhala 등이 처음 l-다양성을 제안할 당시에 논문 내에 포함돼 소개된 다양한 종류(엔트로피 l-다양

성 등)가 있다. 이들에 대한 자세한 사항을 알고자 한다면 다음 논문[23]을 참고하길 바란다.

## 2.2. t-근접성 모델[24]

t-근접성 모델t-closeness은 한마디로 말해 동질집합 내 민감속성값이 불균등하게 분포되거나 작은 범위의 값에 속하거나 범주적이라는 특성을 가진 테이블에 대한 l-다양성 모델의 개선 모델이다. 즉, 모든 동질집합에 속한 민감한 속성의 분포와 전체 테이블의 속성 분포 사이의 거리가 한계값 t보다 작도록 보장해, 통계적 추론 시도로부터 보호하도록 설계됐다. 이 기술은 결과 테이블이 원본 테이블 데이터와 최대한 근접하게 유지되는 것이 중요한 경우에 유용하게 사용된다. 반면 t-근접성을 적용하면 준식별자와 민감속성 사이의 상관 관계가 제거돼 데이터 유효성이 상당히 저하될 수 있어 사용 시 주의를 요한다. 아울러 이후에 소개될 $\varepsilon$-차분 프라이버시와 t-근접성과는 동등하지는 않지만 서로 밀접하게 관계돼 있다.

　t-근접성 모델은 2007년 l-다양성 모델을 만족하는 테이블이 유사성 공격similarity과 쏠림skewness 공격에 취약하다는 것을 발견한 닝후이 리Ninghui Li 등(그림 9-7 사진 참조)이 제안한 모델이다.

**그림 9-7** 미국 퍼듀대, 닝후이 리 교수

23　Machanavajjhala A, Kifer D, Gehrke J, Venkitasubramaniam M, l-diversity: Privacy beyond kanonymity, ACM Transactions on Knowledge Discovery from Data (TKDD), Vol. 1, No. 1, pp. 3, 2007.

24　Li N, Li T, Venkatasubramanian S, t-closeness: Privacy beyond k-anonymity and l-diversity, Data Engineering, 2007 ICDE 2007 IEEE 23rd International Conference on, pp. 106-115, 2007.

- 유사성 공격: 동질집합을 구성하는 레코드의 민감속성값이 서로 비슷한 의미를 가질 때(예: 폐암, 폐렴, 기관지염은 모두 폐와 관련된 질병으로 확신) 발생
- 쏠림 공격: 정보가 특정한 값에 쏠려 있을 경우(예: 임의의 동질집합이 99개의 '대장암 양성' 레코드와 1개의 '대장암 음성' 레코드로 구성돼 있다고 가정할 때, 공격자는 공격 대상이 99%의 확률로 '대장암 양성'이라는 것을 알 수 있음)

Earth Mover's Distance[EMD][25]를 사용해 원본 테이블과 동질집합 내 민감속성값의 분포가 얼마나 가까운지[closeness]를 계산하며 EMD가 $t(0 \leq t \leq 1)$ 이하일 때 만족하는 프라이버시 모델이다. 이때 t값이 0에 가까울수록 전체 데이터의 분포와 특정 데이터 구간의 분포 유사성이 강해지기 때문에 그 익명성의 방어가 더 강해지는 경향이 있다. 익명성 강화를 위해 특정 데이터를 재배치해도 전체 속성자의 값 자체에는 변화가 없기 때문에 일반적인 경우에 정보 손실의 문제는 크지 않다.

정의) 원본 테이블을 T, 익명처리한 테이블의 어떤 동질집합을 EC라 하자. 모든 동질집합에서 EMD(T,EC) ≤ t일 때, t-근접성을 만족한다.

문제점) 모든 동질집합별로 EMD를 t 이하로 강제하기 때문에 익명처리 과정에서 준식별자와 민감속성값 간의 관계가 크게 손상될 가능성이 높다.

예시) 그림 9-8에서 원본 테이블은 각각 ZIP Code, Age, Salary 그리고 Disease로 구성돼 있으며, 이때 ZIP 코드와 Age는 준식별자로 Salary와 Disease는 민감속성으로 분류됐다. 또한 원본 테이블 아래에 3-익명성과 3-다양성을 만족하는 테이블 예시가 있다. 이 예시를 살펴보면 첫 번째 동질집합 내 민감속성인 Salary 값의 분포가(두 번째 동질집합들과는 달리) 전체 3K~11K 분포에 비해 3K~5K의 분포로 쏠려있다는 것을 발견할 수 있다. 이는 앞서 설명한 쏠림공격을 통해 적이 준식별자에 대한 배경지식이 있을 경우 낮은 소득임을 추론할 수 있는 위험이 있다. 이는 Disease 속성의 경우 또한 동일하다. gastric ulcer(위궤양), gastritis(위염), 그리고 stomach cancer(위암) 3가지 질병 속성

---

25 Rubner Y, Tomasi C, Guibas LJ, The earth mover's distance as a metric for image retrieval, International journal of computer vision, Vol. 40, No. 2, pp. 99–121, 2000.

모두 위장 질환과 관련이 있어 역시 쏠림공격에 취약하다. 이는 세 번째 동질집합의 경우도 그러하다.

| | ZIP Code | Age | Salary | Disease |
|---|---|---|---|---|
| 1 | 47677 | 29 | 3K | gastric ulcer |
| 2 | 47602 | 22 | 4K | gastritis |
| 3 | 47678 | 27 | 5K | stomach cancer |
| 4 | 47905 | 43 | 6K | gastritis |
| 5 | 47909 | 52 | 11K | flu |
| 6 | 47906 | 47 | 8K | bronchitis |
| 7 | 47605 | 30 | 7K | bronchitis |
| 8 | 47673 | 36 | 9K | pneumonia |
| 9 | 47607 | 32 | 10K | stomach cancer |

원본 테이블

| | ZIP Code | Age | Salary | Disease |
|---|---|---|---|---|
| 1 | 4767* | $\leq 40$ | 3K | gastric ulcer |
| 3 | 4767* | $\leq 40$ | 5K | stomach cancer |
| 8 | 4767* | $\leq 40$ | 9K | pneumonia |
| 4 | 4790* | $\geq 40$ | 6K | gastritis |
| 5 | 4790* | $\geq 40$ | 11K | flu |
| 6 | 4790* | $\geq 40$ | 8K | bronchitis |
| 2 | 4760* | $\leq 40$ | 4K | gastritis |
| 7 | 4760* | $\leq 40$ | 7K | bronchitis |
| 9 | 4760* | $\leq 40$ | 10K | stomach cancer |

Salary 속성에 0.167-근접성과
Disease 속성에 0.278-근접성을 적용한 테이블

| | ZIP Code | Age | Salary | Disease |
|---|---|---|---|---|
| 1 | 476** | 2* | 3K | gastric ulcer |
| 2 | 476** | 2* | 4K | gastritis |
| 3 | 476** | 2* | 5K | stomach cancer |
| 4 | 4790* | $\geq 40$ | 6K | gastritis |
| 5 | 4790* | $\geq 40$ | 11K | flu |
| 6 | 4790* | $\geq 40$ | 8K | bronchitis |
| 7 | 476** | 3* | 7K | bronchitis |
| 8 | 476** | 3* | 9K | pneumonia |
| 9 | 476** | 3* | 10K | stomach cancer |

원본 테이블에 3-다양성을 적용한 버전

$$D[\mathbf{P}, \mathbf{Q}] = \frac{1}{m-1}(|r_1| + |r_1 + r_2| + \ldots + |r_1 + r_2 + \ldots r_{m-1}|)$$

$$= \frac{1}{m-1} \sum_{i=1}^{i=m} \left| \sum_{j=1}^{j=i} r_j \right|$$

t값 계산식(이때, m은 전체 레코드수, r은 속성값 간의 거리임)

그림 9-8 t-근접성 모델의 예시

결론적으로 말해 이러한 쏠림공격을 방어하고자 각 동질집합별로 민감속성값들의 분포에 따른 t값을 계산해 가장 취약한 민감속성값의 분포를 갖는 값(가장 큰 t값 즉, 가장 1에 가까운 t값을 갖는) 중 한 개를 다른 동질집합(동일한 가장 큰 t값 또는 2번째로 큰 t값을 갖는) 내 민감속성값과 교환하는 것이다. 그림 9-8의 예시에서 민감속성값 Salary의 경우, 첫 번째와 세 번째 동질집합의 t값은 0.375, 두 번째는 0.167로 계산된다.

따라서 위 예시의 경우 가장 큰 t값을 갖는 첫 번째와 세 번째 동질집합 내 민감속성값이 교환의 대상이 된다. 또한 분포를 고르게 함이 목적이므로 동질집합 내 민감속성값의 교환 대상은 중간에 위치한 값이 된다. 위 예시에서는 그림 9-8의 상단 오른쪽 테이블에서 보는 바와 같이 첫 번째 동질집합 내 Salary 속성값 4K와 세 번째 동질집합 내 9K가 교환됐다.

이때 각 동질집합별 t값에 대한 계산은 다음과 같다. 예로 Salary 속성에 대해 첫 번째 동질집합을 P1, 두 번째 동질집합을 P2, 그리고 세 번째 동질집합을 P3이라 하고, 전체 테이블 내 Salary 속성을 오름차순으로 정렬한 집합을 Q라 하자. 이때 t값 즉, EMD를 이용한 거리 D는 다음과 같이 계산된다.

> P1={3K, 4K, 5K}, P2={6K, 8K, 11K}, Q={3K, 4K, 5K, 6K, 7K, 8K, 9K, 10K, 11K}라 할 때, EMD를 이용한 D[P1, Q] 즉 t값은 다음과 같이 계산됨.
>
> 이때 집합 Q의 원소 수는 모두 9이며 즉, 1/9의 확률로 다음 쌍((5K→11K), (5K→10K), (5K→9K), (4K→8K), (4K→7K), (4K→6K), (3K→5K), (3K→4K))이 이동한 최적의 평균거리를 말함
>
> 따라서 t 즉, D[P1, Q]=1/9*(6+5+4+4+3+2+2+1)/8=0.375이며, 이러한 방식으로 D[P2, Q]를 계산하면 0.167, D[P3, Q]를 계산하면 0.375가 나옴. 더 자세한 사항은 그림 6-6의 오른편 아래 t값 계산식이나 혹은 Ninghui Li 등이 제안한 논문 "t-closeness: Privacy beyond k-anonymity and l-diversity," Data Engineering, 2007 ICDE 2007 IEEE 23rd International Conference on, pp. 106-115, 2007을 참조하기 바란다. 한편 t-근접성 모델은 민감속성값이 위와 같은 수치 속성외에도 카테고리(범주) 속성을 갖는 값들의 분포에도 적용될 수 있으며 보다 자세한 사항은 위 논문을 참조하길 바란다.

한편 t-근접성을 구현한 알고리즘으로는 SABRE[26]가 있다.

## 2.3 $(\varepsilon, m)$-익명성$((\varepsilon, m)$-anonymity) 모델[27]

2008년 Li 등이 (k, e)-익명성 모델의 개선을 위해 민감속성값의 범위 내에 포함된 값의 분포를 함께 제안한 모델이다. 그 정의는 다음과 같다.

정의) 테이블 T에서 각 레코드 t에 대해, t의 민감속성값 t.S가 실수 $\varepsilon$에 대해, 범위 $I(t) = [t.S-\varepsilon, t.S+\varepsilon]$를 가지고 있다고 하자. 모든 동질 클래스 EC = {EC₁, ···, ECₘ}에서, 각 레코드 t가 자연수 m에 대해 $x/|EC_i| \leq 1/m$을 만족할 때, $(\varepsilon, m)$-익명성을 만족한다. x는 동질 클래스 $EC_i$ 안에서 레코드 t의 민감속성값의 범위 I(t) 내의 값을 민감한 속성값으로 가지는 레코드의 수를 의미한다.

그림 9-9를 참조하자.

---

26  Cao J, Karras P, Kalnis P, Tan K-L, SABRE: a Sensitive Attribute Bucketization and REdistribution framework for t-closeness, The VLDB Journal, Vol. 20, No. 1, pp. 59-81, 2011.

27  Li J, Tao Y, Xiao X, "Preservation of proximity privacy in publishing numerical sensitive data," Proc. of the 2008 ACM SIGMOD international conference on Management of data, pp. 473-486, 2008.

전체 EC수가 30이면서 EC 내 값들의 interval이 3,000 초과임

- 범위 l(t) : $t.S-\varepsilon \leq t.S \leq t.S+\varepsilon$
- m은 T내 전체 동질집합의 개수
- x는 $EC_i$의 범위 l(t) 내 레코드수일 때,

EC내 해당 속성값(t.S)의 범위(t.S)의 범위(+ε)내에 있는 레코드들의 비율 ≤ 전체 EC(m)중 해당 EC가 차지하는 비율

원본 테이블

| Name | Zipcode | Age | Salary |
|---|---|---|---|
| Andy | 37258 | 35 | $3,600 |
| Brown | 37201 | 45 | $3,500 |
| Carol | 37214 | 40 | $3,400 |
| Dennis | 37222 | 50 | $7,000 |
| Edwin | 37236 | 47 | $7,300 |
| Fiona | 37214 | 36 | $7,700 |
| Galen | 37206 | 45 | $11,000 |
| Harry | 37229 | 42 | $3,000 |
| Isaac | 37213 | 33 | $20,000 |

(3,000, 3)-익명성을 만족하는 테이블

| Name | Zipcode | Age | Salary |
|---|---|---|---|
| Carol | 372** | [40, 50] | $3,400 |
| Dennis | 372** | [40, 50] | $7,000 |
| Galen | 372** | [40, 50] | $11,000 |
| Brown | 372** | [35, 47] | $3,500 |
| Edwin | 372** | [35, 47] | $7,300 |
| Harry | 372** | [35, 47] | $15,000 |
| Andy | 372** | [33, 55] | $3,600 |
| Fiona | 372** | [33, 55] | $7,700 |
| Isaac | 372** | [33, 55] | $20,000 |

**그림 9-9** (ε, m)-익명성 모델의 예시

민감 속성

T
t
$EC_i$  i={1, …, m}
t.S

## 2.4 (p+)-민감 t-근접성((p+)-sensitive t-closeness) 모델

2015년 Sownyarani CN 등이 기존 t-근접성을 만족하면서 동시에 각 동질집합 내 민감속성에 대해 최소 p개 이상의 다른 민감도 레벨값을 갖는 속성들이 존재할 때, 이를 (p+)-민감 t-근접성을 만족하는 모델로 제안했다. (2+)-민감 0.2-근접성에 대한 예시는 그림 9-10과 같다. 보다 자세한 사항은 해당 논문[28]을 참고하길 바란다.

| Zip Code | Age | Salary | Disease |
|---|---|---|---|
| 47977 | 21 | 360000 | Heart Attack |
| 47901 | 57 | 430000 | Heart Attack |
| 47982 | 47 | 380000 | Diabetes |
| 47904 | 45 | 590000 | Diabetes |
| 47609 | 34 | 143000 | Brain Tumour |
| 47605 | 21 | 600000 | Bladder Cancer |
| 47654 | 23 | 360000 | Brain Tumour |
| 47609 | 30 | 650000 | Brain Tumour |
| 47604 | 10 | 230000 | Flu |
| 47602 | 45 | 230000 | Gastritis |
| 47678 | 50 | 160000 | Neck Pain |
| 47903 | 21 | 467000 | Neck Pain |

원 데이터셋

| Sln | Disease attribute values | Sensitivity level |
|---|---|---|
| 1 | Brain Tumour, Bladder Cancer | Top level |
| 2 | Heart Attack | Middle level |
| 3 | Diabetes, Gastritis | Low level |
| 4 | Flu, Neck Pain | poor level |

민감속성에 대한 민감도 레벨

| Zip code | Age | Salary | Disease | |
|---|---|---|---|---|
| 47*** | >20 | 6LPA | Brain Tumor | |
| 47*** | >20 | 4LPA | Heart Attack | |
| 47*** | >20 | 2LPA | Gastritis | p=3 |
| 47*** | >20 | 3LPA | Heart Attack | |
| 47*** | >20 | 6LPA | Bladder Cancer | |
| 47*** | >20 | 5LPA | Diabetes | |
| 47*** | >20 | 1LPA | Brain Tumor | p=2 |
| 47*** | >20 | 3LPA | Diabetes | |
| 47*** | >10 | 1LPA | Neck Pain | |
| 47*** | >10 | 2LPA | Flu | |
| 47*** | >10 | 4LPA | Neck Pain | p=2 |
| 47*** | >10 | 3LPA | Brain Tumour | |

(2+) sensitive, 0.2-closeness

**그림 9-10** (p+)-민감 t-근접성 모델의 예시

## 2.5 FF-익명성(FreeForm-anonymity) 모델[29]

2009년 Wang 등이 제안한 모델로 속성에 민감한 값과 준식별자 값이 모두 포함돼 있는 테이블에서 준식별자와 민감한 속성으로 나눌 수 없는 경우에 발생하는 자유형태(freeform attack)의 공격을 제거하기 위해 제안한 모델이다. 즉, (비)민감속성 중 모두가 아닌 특정 가능성이 있는 부분만(FreeForm 공격 조건)을 민감속성 중에서 일반화(데이터 대량 유실을 고려)한 것이다. 값의 수준에서 식별자 및 민감한 속성을 모델링하고, 자유형태 공격을 제거한 방법이다. 다음 예시를 참고하길 바란다.

---

28 Sownyarani CN and Dr. GN Srinivasan, A Robust Privacy Preserving Model for data Publishing, ICCCI-2015, 2015.

29 Wang K., Xu Y., Fu A.W.C., Wong R.C.W. "FF-anonymity: when quasi-identifiers are missing", In: Proceedings of the 25th IEEE International Conference on Data Engineering, 29 March . 2 April 2009, IEEE (2009), pp.1136–1139.

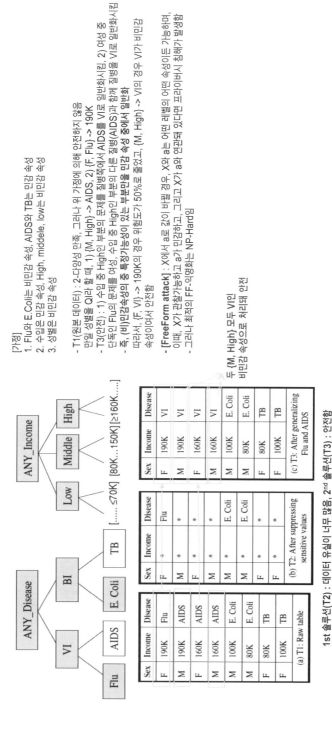

**[가정]**
1. Flu와 E.Coli는 비민감 속성, AIDS와 TB는 민감 속성
2. 수입은 민감 속성; High, middele, low는 비민감 속성
3. 성별은 비민감 속성

- T1(원본 데이터) : 2-다양성 만족, 그러나 위 가정에 의해 안전하지 않음
  만일 성별을 QI라 할 때, 1) {M, High} -> AIDS, 2) {F, Flu} -> 190K
- T3(안전) : 1) 수입 중 High인 부분의 문제를 질병쪽에서 AIDS를 VI로 일반화시킴, 2) 여성 중
  단독인 Flu의 문제를 여성, 수입 중 High인 부분의 다른 질병(AIDS)과 함께 질병을 VI로 일반화시킴
- 즉, (비)민감속성의 중 특정가능성이 있는 부분만을 민감 속성 중에서 일반화
  따라서, {F, VI} -> 190K의 경우 위험도가 50%로 좋았고, {M, High} -> VI의 경우 VI가 비민감
  속성이어서 안전함

- **[FreeForm attack]** : X에서 a로 같이 바뀔 경우, X와 a는 어떤 레벨의 어떤 속성이든 가능하며,
  이때, X가 관찰가능하고 a가 민감하고, 그리고 X가 a와 연관돼 있다면 프라이버시 침해가 발생함
- 그러나 최적의 FF-익명화는 NP-Hard임

두 {M, High} 모두 VI인
비민감 속성으로 처리돼 안전

**(a) T1: Raw table**

| Sex | Income | Disease |
| --- | --- | --- |
| F | 190K | Flu |
| M | 190K | AIDS |
| F | 160K | AIDS |
| M | 160K | AIDS |
| M | 100K | E. Coli |
| M | 80K | E. Coli |
| F | 80K | TB |
| F | 100K | TB |

**(b) T2: After suppressing sensitive values**

| Sex | Income | Disease |
| --- | --- | --- |
| F | * | Flu |
| M | * | * |
| F | * | * |
| M | * | * |
| M | * | E. Coli |
| M | * | E. Coli |
| F | * | * |
| F | * | * |

**(c) T3: After generalizing Flu and AIDS**

| Sex | Income | Disease |
| --- | --- | --- |
| F | 190K | VI |
| M | 190K | VI |
| F | 160K | VI |
| M | 160K | VI |
| M | 100K | E. Coli |
| M | 80K | E. Coli |
| F | 80K | TB |
| F | 100K | TB |

1st 솔루션(T2) : 데이터 유실이 너무 많음, 2nd 솔루션(T3) : 안전함

**그림 9-11** FF-익명성 모델의 예시

## 2.6 m-불변성(m-invariance) 모델[30]

2007년 Xiao X 등이 제안한 모델로 기존 일회성 공개 대신 마이크로데이터의 삽입, 삭제 등을 통해 데이터가 재공개됐을 경우(즉, 삽입, 삭제가 허용되는 fully-dynamic dataset)를 다룬 것이다. 다음 예시를 살펴보자.

○ [예시] 6개월 이전의 분기별 병원 공개 환자 레코드

| Name | Age | Zip. | Disease |
|------|-----|------|---------|
| Bob | 21 | 12000 | dyspepsia |
| Alice | 22 | 14000 | bronchitis |
| Andy | 24 | 18000 | flu |
| David | 23 | 25000 | gastritis |
| Gary | 41 | 20000 | flu |
| Helen | 36 | 27000 | gastritis |
| Jane | 37 | 33000 | dyspepsia |
| Ken | 40 | 35000 | flu |
| Linda | 43 | 26000 | gastritis |
| Paul | 52 | 33000 | dyspepsia |
| Steve | 56 | 34000 | gastritis |

(a) Microdata $T(1)$

| G. ID | Age | Zip. | Disease |
|-------|-----|------|---------|
| 1 | [21, 22] | [12k, 14k] | dyspepsia |
| 1 | [21, 22] | [12k, 14k] | bronchitis |
| 2 | [23, 24] | [18k, 25k] | flu |
| 2 | [23, 24] | [18k, 25k] | gastritis |
| 3 | [36, 41] | [20k, 27k] | flu |
| 3 | [36, 41] | [20k, 27k] | gastritis |
| 4 | [37, 43] | [26k, 35k] | dyspepsia |
| 4 | [37, 43] | [26k, 35k] | flu |
| 4 | [37, 43] | [26k, 35k] | gastritis |
| 5 | [52, 56] | [33k, 34k] | dyspepsia |
| 5 | [52, 56] | [33k, 34k] | gastritis |

(b) Generalization $T^*(1)$

**그림 9-12** 마이크로데이터와 첫 번째 공개 시 일반화된 테이블

이유는 두번째 공개 시 동일 QI의 Alice가 삭제됐기 때문

| Name | Age | Zip. | Disease |
|------|-----|------|---------|
| Bob | 21 | 12000 | dyspepsia |
| David | 23 | 25000 | gastritis |
| Emily | 25 | 21000 | flu |
| Jane | 37 | 33000 | dyspepsia |
| Linda | 43 | 26000 | gastritis |
| Gary | 41 | 20000 | flu |
| Mary | 46 | 30000 | gastritis |
| Ray | 54 | 31000 | dyspepsia |
| Steve | 56 | 34000 | gastritis |
| Tom | 60 | 44000 | gastritis |
| Vince | 65 | 36000 | flu |

(a) Microdata $T(2)$

| G. ID | Age | Zip. | Disease |
|-------|-----|------|---------|
| 1 | [21, 23] | [12k, 25k] | dyspepsia |
| 1 | [21, 23] | [12k, 25k] | gastritis |
| 2 | [25, 43] | [21k, 33k] | flu |
| 2 | [25, 43] | [21k, 33k] | dyspepsia |
| 2 | [25, 43] | [21k, 33k] | gastritis |
| 3 | [41, 46] | [20k, 30k] | flu |
| 3 | [41, 46] | [20k, 30k] | gastritis |
| 4 | [54, 56] | [31k, 34k] | dyspepsia |
| 4 | [54, 56] | [31k, 34k] | gastritis |
| 5 | [60, 65] | [36k, 44k] | gastritis |
| 5 | [60, 65] | [36k, 44k] | flu |

(b) Generalization $T^*(2)$

**그림 9-13** 마이크로데이터와 2차 공개 시 일반화된 테이블

---

30  Xiao X., & Tao Y. "M-invariance: towards privacy preserving re-publication of dynamicdatasets". In: Proceedings of the 2007 ACM SIGMOD International Conference on Management ofData (SIGMOD 07). ACM, 2007, pp. 689–700.

즉, 2차 공개 시 Alice, Andy, Helen, Ken, Paul 5명이 제거되고 Emily, Mary, Ray, Tom, Vince 5명이 새로 삽입됐으며 1차 및 2차 공개된 두 테이블 모두 2-익명성, 2-다양성을 만족한다. 그러나 공격자가 Bob의 age와 Zipcode를 가지고 있고 두 테이블 모두에 Bob이 있다는 것을 안다고 가정할 때, 그림 9-12(b)에서 질병이 dyspepsia나 혹은 bronchitis 둘 중 하나이고 그림 9-13(b)로부터 dyspepsia 또는 gastritis임을 추론할 수 있다. 따라서 조합을 통해 Bob의 질병이 실제 dyspepsia라는 것을 알아챌 수 있다. 이에 대한 해결 방안은 다음과 같다.

● 해결 방안: m-불변성 및 위조된 일반화 counterfeited generalization

| Name | G. ID | Age | Zip. | Disease |
|------|-------|-----|------|---------|
| Bob | 1 | [21, 22] | [12k, 14k] | dyspepsia |
| $c_1$ | 1 | [21, 22] | [12k, 14k] | bronchitis |
| David | 2 | [23, 25] | [21k, 25k] | gastritis |
| Emily | 2 | [23, 25] | [21k, 25k] | flu |
| Jane | 3 | [37, 43] | [26k, 33k] | dyspepsia |
| $c_2$ | 3 | [37, 43] | [26k, 33k] | flu |
| Linda | 3 | [37, 43] | [26k, 33k] | gastritis |
| Gary | 4 | [41, 46] | [20k, 30k] | flu |
| Mary | 4 | [41, 46] | [20k, 30k] | gastritis |
| Ray | 5 | [54, 56] | [31k, 34k] | dyspepsia |
| Steve | 5 | [54, 56] | [31k, 34k] | gastritis |
| Tom | 6 | [60, 65] | [36k, 44k] | gastritis |
| Vince | 6 | [60, 65] | [36k, 44k] | flu |

(a) $T^*(2)$ with counterfeits

| Group-ID | Count |
|----------|-------|
| 1 | 1 |
| 3 | 1 |

(b) Published
counterfeit statistics

**그림 9-14** 그림 C-20의 (b)를 수정한 테이블

즉, Bob의 유일성으로 인한 문제를 해결(당초 부록 그림 9-12(a)에서 Bob의 동질그룹 내 레코드 수 2를 유지)하기 위해 당초 그림 9-13(b)에서 삭제된 Alice의 레코드를 그림 9-14의 $c_1$(위조레코드)으로 추가했다. 그리고 Jane의 경우 당초 그림 9-12(a)에서 Jane의 동질그룹 내 레코드 수 3을 유지하기 위해 당초 그림 9-13(b)에서 삭제된 Ken의 레코드를 그림 9-14에서 $c_2$(위조레코드)로 추가했다. 핵심은 2차 공개 시 삭제되지 않고 그대로 남아있는 각 레코드들에 대해 기존 1차 공개에서 사용된 동질

그룹 내 레코드의 수를 그대로 유지하는 데 있다. 이때 유지하는 방법은 기존 1차에서 삭제된 레코드를 위조 레코드로 추가하는 것이다. 정의는 다음과 같다.

- **[m-유일성(m-uniqueness)]** 매 재공개 시마다 각 민감속성값이 모든 준식별자 그룹 내에서 최소 한번 존재해야(즉, 서로 다른 민감속성값을 가져야)함. 즉, m-유일성이면 m-다양성이나 그 반대는 아님
- **[m-불변성(m-invariance)]** 만일 레코드 t가 몇 번 재공개될 때 레코드 t에 속한 모든 일반화된 준식별자 그룹은 같은 민감속성값을 가져야(즉, 바뀌지 않고 변함이 없어야)한다는 것을 의미. 이때 m은 레코드의 개수를 말함
- **[정의]** j번째로 재공개된 익명처리 테이블 T*(j) 내에 있는 각 QI 그룹이 최소 m개의 레코드를 가지고 있고 그룹 내에 모든 레코드가 다른 민감속성값을 가지고 있다면 m-유일 이다. 이때 n번의 재공개가 일어날 때 만일 다음 두 조건을 만족하면 m-불변 이라 한다.
  - **(조건 1)** 모든 재공개 시 만일 j번째로 재공개된 익명처리 테이블 T*(j)는 유일 하다.
  - **(조건 2)** lifespan [x, y]를 갖는 레코드 t에 대해, t.QI*(x), t.QI*(x+1), …, t.QI*(y)는 동일한 서명 을 가져야 한다. 이때, t.QI*(j)는 j번째 재공개 시 레코드 t의 일반화된 호스팅 그룹 ID를 말한다.

## 3. 테이블연결 공격의 취약점 방어를 위한 모델

테이블에 개인의 포함 여부가 드러나는 프라이버시 유출 공격으로 이 공격에서 공격자는 공개된 데이터의 레코드(예: HIV 클리닉과의 관계 등 민감한 정보를 공개할 가능성이 있는)의 유무를 추론할 수 있다. 예를 들어, 익명처리된 AIDS 환자 테이블을 배포했을 때, 공격자가 특정한 개인이 이 테이블에 존재하는 사실을 안다면 특정한 개인이 AIDS 환자임이 드러나 프라이버시가 유출될 수 있어 이러한 공격을 방어하기 위해 제안된 모델이다. 테이블연결 공격은 다른 말로 귀속 노출 공격이라고도 하며 이를 방어하기 위한 모델로 현재까지 2종(δ-존재성, k-존재 비밀)의 모델이 알려져 있다. 테이블연결 공격의 예시는 그림 9-15와 같다.

**원본 모집단 테이블**

| Name | Zip | Age | Sex | MERS |
|---|---|---|---|---|
| Alice | 23872 | 31 | Male | O |
| Bob | 23881 | 39 | Female | X |
| Catrine | 23888 | 32 | Male | O |
| Duggan | 23885 | 31 | Female | O |
| Frank | 23860 | 35 | Male | X |
| Gary | 23881 | 38 | Female | X |
| Harry | 23868 | 36 | Male | O |
| Iria | 23867 | 39 | Female | X |
| James | 23874 | 33 | Male | O |

**4-익명성을 만족하는 테이블**

| Name | Zip | Age | Sex | MERS |
|---|---|---|---|---|
| Alice | 28* | >30 | * | O |
| Catrine | 28* | >30 | * | O |
| Duggan | 28* | >30 | * | O |
| Harry | 28* | >30 | * | O |
| James | 28* | 30 | * | O |
| Bob | 28* | 30 | * | X |
| Frank | 28* | >30 | * | X |
| Gary | 28* | >30 | * | X |
| Iria | 28* | >30 | * | X |

**그림 9-15** 테이블연결 공격의 예시

**왼쪽 테이블의 부분연구 테이블**

| Name | Zip | Age | Sex | MERS |
|---|---|---|---|---|
| Alice | 28* | >30 | * | O |
| Catrine | 28* | >30 | * | O |
| Duggan | 28* | >30 | * | O |
| Harry | 28* | >30 | * | O |
| James | 28* | >30 | * | O |

- 그림 9-15에서 오른쪽 두 개의 테이블 배포, 공격자가 맨 오른쪽 테이블을 가지고 있고 Alice의 준식별자 속성값 {Zip, Age, Sex} = {21842, 51, Male}을 알고 있다고 가정하면
- 이때 공격자는 그림 9-15의 오른쪽 표를 통해 모든 레코드가 Alice에 포함돼 있으므로 Alice가 MERS 환자임을 확신할 수 있다.

## 3.1 δ-존재성 모델[31]

공개된 데이터 레코드의 유무는 데이터 공개 그 자체의 민감성에 따라 민감한 정보가 공개될 가능성이 있다. 이때 잠재적 개인의 레코드가 존재할 확률을 δ-존재성 presence 모델을 사용해 지정된 범위 내로 한정 지을 수 있다. 즉, 익명처리한 테이블에서 특정 개인의 레코드가 존재한다고 유추할 확률을 $(\delta min, \delta max)$ 사이의 값으로 제한하는 모델이다. δ-존재성 모델은 2007년 Nergiz M.E 등이 제안한 모델로 공개될 데이터를 공격자가 소유하고 있을 것으로 예상되는 외부 테이블과 비교해, 둘 사이의 연결 확률이 최대 δ가 될 때까지 공개될 데이터셋을 수정한 것이다. 다만 해당 모델을 사용하려면, 데이터 게시자가 공격자와 동일한 외부 테이블에 접근 가능해야 한다. 정의는 다음과 같다.

> 정의) 원본 테이블을 E라 하고 E에서 배포용으로 사용할 레코드가 있는 테이블 T와 T를 익명처리한 테이블 V가 있다고 하자. T에 존재하는 레코드 t에 대해 t가 V에 존재할 확률 $Pr(t \sqsubseteq T|V)$이 $\delta min \leq Pr(t \sqsubseteq T|V) \leq \delta max$를 만족할 때, $(\delta min, \delta max)$-존재성을 만족한다.

문제점으로는 공격자에 대한 거의 모든 배경지식을 알고 있어야 하기에 실용적이지 못하다. 이 문제를 해결하기 위해 일본 Yamaoka 등이 2017년에 적의 배경지식에 대한 정도를 몰라도 해결 가능한 k-존재-비밀 모델을 제안했다.

---

31  Nergiz M.E., Atzori M., Clifton C. "Hiding the presence of individuals from shared databases". In: Proceedings of the 2007 ACM SIGMOD International Conference on Management of Data (SIGMOD 07), ACM, 2007, pp. 665–676

## 3.2. k-존재-비밀(k-presence-secrecy) 모델[32]

2017년 Yamaoka 등이 제안한 모델로 임의의 개인이 개인 데이터 테이블에 포함돼 있는지의 여부를 추론하려는 공격자를 방어하는 모델이다. 그의 논문에서 이 모델은 기존 k-익명성의 속성연결 공격과 최소성minimality 공격을 함께 방어할 수 있다고 한다. 최소성 공격[33]은 다음과 같다.

최소성 공격(Minimality Attack)

- k-익명성, l-다양성 프라이버시 모델을 이해하고 있는 공격자에 의해 민감한 정보가 유출될 수 있음
- 최소성 공격의 예
  - 공격자는 2-익명성과 2-다양성을 만족하는 공개된 데이터베이스 테이블 〈표 7〉에서 Ben의 준식별자는 q1이고, 모든 가능한 준식별자는 q1 또는 q2뿐이라는 사실을 인지하고 가정
  - 공격자는 2-익명성과 2-다양성을 만족하는 공개된 데이터베이스 테이블을 통해 Ben이 HIV에 걸렸다는 것을 알아낼 수 있음
  - 공격자는 〈표 7〉의 하단 2개 레코드는 (q2, NO)라고 공개돼 있기 때문에 상단 4개의 레코드만 변화하면서, 〈표 8〉과 같이 모든 가능한 경우의 테이블을 도출할 수 있음
  - 공격자는 〈표 8〉에서 중복이 없는 9개 테이블(1, 2[3], 4, 5[9], 6[7,10,11], 8[12], 13, 14[15], 16)을 도출 가능
  - 〈표 8〉의 9개 테이블 중 2-익명성과 2-다양성을 만족하는 7개 테이블은 그대로 공개 가능하지만, 2-익명성과 2-다양성을 만족하지 못하는 2개 테이블(4, 8[12])에서 q1은 HVI가 있는 것을 발견할 수 있어, 공격자는 〈표 9〉와 같이 Ben이 HIV에 감염된 것을 확인할 수 있음

---

32  Yamaoka, Y.; Itoh, K. k-presence-secrecy: Practical privacy model as extension of k-anonymity. IEICE Trans. Inf. Syst. 2017, 100, 730–740.

33  개인정보 비식별화에 대한 적정성 자율평가 안내서, 행정자치부, 한국정보화진흥원, 2014. 12

<가정>

① 공격자는 QID의 q1이 Ben인 것을 알 수 있음

② Q는 q1 또는 q2인 것을 알고 있음

③ 익명화 테이블은 2-익명성과 2-다양성을 만족하는 것을 알고 있음

<예시>

| 원본테이블 | | 익명화 테이블 | |
|---|---|---|---|
| QID | 질병 | QID | 질병 |
| q1* | HIV | Q | HIV |
| q1* | HIV | Q | HIV |
| q2 | NO | Q | NO |
| q2 | NO | Q | NO |
| q2 | NO | q2 | NO |
| q2 | NO | q2 | NO |

| 추측테이블1 | | 추측테이블2 | | 추측테이블3 | | 추측테이블4 | |
|---|---|---|---|---|---|---|---|
| QID | 질병 | QID | 질병 | QID | 질병 | QID | 질병 |
| q1 | HIV | q1 | HIV | q1 | HIV | q1 | HIV |
| q1 | HIV | q1 | HIV | q1 | HIV | q1 | HIV |
| q1 | NO | q1 | NO | q2 | NO | q2 | NO |
| q1 | NO | q2 | NO | q1 | NO | q2 | NO |
| q2 | NO | q2 | NO | q2 | NO | q2 | NO |
| q2 | NO | q2 | NO | q2 | NO | q2 | NO |

| 추측테이블5 | | 추측테이블6 | | 추측테이블7 | | 추측테이블8 | |
|---|---|---|---|---|---|---|---|
| QID | 질병 | QID | 질병 | QID | 질병 | QID | 질병 |
| q1 | HIV | q1 | HIV | q1 | HIV | q1 | HIV |
| q2 | HIV | q2 | HIV | q2 | HIV | q2 | HIV |
| q1 | NO | q1 | NO | q2 | NO | q2 | NO |
| q1 | NO | q2 | NO | q1 | NO | q2 | NO |
| q2 | NO | q2 | NO | q2 | NO | q2 | NO |
| q2 | NO | q2 | NO | q2 | NO | q2 | NO |

‖ ‖ ‖ ‖

| 추측테이블9 | | 추측테이블10 | | 추측테이블11 | | 추측테이블12 | |
|---|---|---|---|---|---|---|---|
| QID | 질병 | QID | 질병 | QID | 질병 | QID | 질병 |
| q2 | HIV | q2 | HIV | q2 | HIV | q2 | HIV |
| q1 | HIV | q1 | HIV | q1 | HIV | q1 | HIV |
| q1 | NO | q1 | NO | q2 | NO | q2 | NO |
| q1 | NO | q2 | NO | q1 | NO | q2 | NO |
| q2 | NO | q2 | NO | q2 | NO | q2 | NO |
| q2 | NO | q2 | NO | q2 | NO | q2 | NO |

| 추측테이블13 | | 추측테이블14 | | 추측테이블15 | | 추측테이블16 | |
|---|---|---|---|---|---|---|---|
| QID | 질병 | QID | 질병 | QID | 질병 | QID | 질병 |
| q2 | HIV | q2 | HIV | q2 | HIV | q2 | HIV |
| q2 | HIV | q2 | HIV | q2 | HIV | q2 | HIV |
| q1 | NO | q1 | NO | q2 | NO | q2 | NO |
| q1 | NO | q2 | NO | q1 | NO | q2 | NO |
| q2 | NO | q2 | NO | q2 | NO | q2 | NO |
| q2 | NO | q2 | NO | q2 | NO | q2 | NO |

| 원본테이블 | | 익명화 테이블 | | 추측테이블4 | | 추측테이블8 | |
|---|---|---|---|---|---|---|---|
| QID | 질병 | QID | 질병 | QID | 질병 | QID | 질병 |
| q1 | HIV | Q | HIV | q1 | HIV | q1 | HIV |
| q1 | HIV | Q | HIV | q1 | HIV | q2 | HIV |
| q2 | NO | Q | NO | q2 | NO | q2 | NO |
| q2 | NO | Q | NO | q2 | NO | q2 | NO |
| q2 | NO | q2 | NO | q2 | NO | q2 | NO |
| q2 | NO | q2 | NO | q2 | NO | q2 | NO |

2–다양성 만족

*두 테이블을 비교해서 q1(Ben)이
HIV에 걸렸다는 것을 도출 가능

출처: 개인정보 비식별화에 대한 적정성 자율평가 안내서, 행정자치부, 한국정보화진흥원, 2014. 12)

**그림 9-16** 최소성 공격 예시

이 모델은 몇몇 소수의 일반적이지 않은 개인에 대해 알고 있는 공격자에 대해 높은 확률로 개인 데이터 테이블 내에 알고자 하는 개인의 존재 여부를 추론하지 못하도록 방어하는 모델이다.

기본 아이디어는 다음은 같다.

① 부재를 숨김(hiding absence): k개 레코드 중 uncommon(일반적이지 않은 드문) 값을 갖는 레코드를 랜덤하게 억제(suppressing) 또는 샘플링으로 해결

② 존재를 숨김(hiding presence): (a, k)-presence hiding 적용 즉, (1) 각 셀값의 카운트가 k보다 작게 삭제(suppressing), (2) 추가 셀($c < -\log_p u$, p는 공격자의 추론가능성으로 랜덤값, u는 0에서 1 사이의 랜덤값)을 삭제(suppressing)

정의 및 예시는 다음과 같다.

정의) 만일 $K_2$의 지식(익명처리 알고리즘(예: k-익명성 등)과 k값을 알고 있는)을 가진 공격자가 높은 확률로 익명처리 테이블 내에 임의의 개인에 대한 존재 여부를 추론할 수 없다면 알고리즘 $f_A$는 k-존재-비밀을 만족한다.

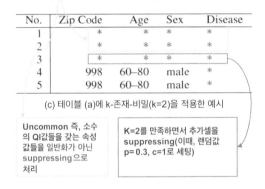

| No. | Zip Code | Age | Sex | Disease |
|-----|----------|-----|-----|---------|
| 1 | 998 | 20–40 | female | lung cancer |
| 2 | 998 | 20–40 | male | lung cancer |
| 3 | 998 | 60–80 | female | cold |
| 4 | 998 | 60–80 | male | influenza |
| 5 | 998 | 60–80 | male | cold |

(a) 개인 데이터의 예시(여기서 No.는 설명을 위해
추가된 컬럼으로 실제는 존재하지 않음)

| No. | Zip Code | Age | Sex | Disease |
|-----|----------|-----|-----|---------|
| 1 | 998 | 20–40 | * | lung cancer |
| 2 | 998 | 20–40 | * | lung cancer |
| 3 | 998 | 60–80 | * | * |
| 4 | 998 | 60–80 | * | * |
| 5 | 998 | 60–80 | * | * |

적의 배경지식이 만일
Alice가 "998", "28세",
"여성"임을 알 경우
폐암임을 100% 확신함

(b) 테이블 (a)에 k-익명성(k=2)을 적용한 예시

| No. | Zip Code | Age | Sex | Disease |
|-----|----------|-----|-----|---------|
| 1 | * | * | * | * |
| 2 | * | * | * | * |
| 3 | * | * | * | * |
| 4 | 998 | 60–80 | male | * |
| 5 | 998 | 60–80 | male | * |

(c) 테이블 (a)에 k-존재-비밀(k=2)을 적용한 예시

Uncommon 즉, 소수
의 QI값들을 갖는 속성
값들을 일반화가 아닌
suppressing으로
처리

K=2를 만족하면서 추가셀을
suppressing(이때, 랜덤값
p= 0.3, c=1로 세팅)

**그림 9-17** k-존재-비밀 모델(k = 2)의 예시

## 9.5 확률론적 공격에 대한 취약점 방어를 위한 모델

확률론적 공격은 공격자가 테이블을 참조한 후 특정한 개인의 민감한 속성값의 유추 확률을 증가시키려는 프라이버시 유출 공격을 말한다. 확률 공격은 익명처리된 테이블을 보기 전과 후에 특정한 개인의 민감한 속성에 대한 확률적 믿음(probabilistic belief)의 차이가 커질 때 발생한다. 공격자는 확률 공격을 통해 익명처리된 테이블을 참조해 배경지식 이상의 정보를 얻는 것이 목표다. 따라서 확률 공격을 막기 위한 프라이버시 모델은 익명처리된 테이블을 참조한 후에 공격자의 배경지식의 증가를 최소화하는 것을 목표로 한다. 일반적으로 차분 프라이버시(Differential Privacy) 모델이 이러한 유형

의 공격을 해결하지만 그 외의 모델도 있다. 확률론적 공격을 방어하기 위한 프라이버시 보호 모델은 2005년에 발표된 (c, t)-고립성 모델을 개선한 모델(4종)과 2006년 D. Work 등이 발표한 차분 프라이버시 모델을 개선한 모델(9종)로 나뉘며 현재까지 총 13종의 모델이 알려져 있다. 이 책에서는 그 중 주요 모델로 $\beta$-가능도<sup>β-likeliness</sup> 모델과 대표적인 차분 프라이버시 모델 2가지(ε-차분 프라이버시 모델, 근사적 차분 프라이버시 모델)에 대해 살펴보고자 한다.

## 4.1 $\beta$-가능도 모델[34]

- 2012년 Cao 등이 기존의 (B, t)-프라이버시 모델의 문제점을 개선하기 위해 제안한 모델임

  정의) 원본 테이블의 민감한 속성값이 V = ($v_1$, ⋯, $v_m$)이며, 민감한 속성값의 분포가 P = ($p_1$, ⋯, $p_m$)이다. 익명처리된 테이블의 어떤 동질 클래스의 민감한 속성값의 분포가 Q = ($q_1$, ⋯, $q_m$)이라 하자. 모든 동질 클래스에서 다음의 식을 만족하면 $\beta$-가능도를 만족한다. $\max[D(p_i, q_i) \mid p_i \in P, p_i < q_i] \leq \beta (\beta > 0)$, 이때 두 분포 간의 거리는 $D(p_i, q_i) = (q_i - p_i)/p_i$로 계산한다.

## 4.2 차분 프라이버시 모델

차분 프라이버시는 비식별화된 테이블이 시스템 응답으로부터 테이블 내부에 속한 특정 데이터 주체의 존재 여부가 추론될 확률을 제한한 프라이버시 보존형 데이터 마이닝<sup>PPDM</sup> 모델[35]이다. 이 확률 구속은 개인 정보 유실이 특정 수준으로 제한될 경우, 공격자가 다른 관련 테이블에 접근이 가능하더라도 유지된다. 이때 통계적 분석의 결과가 개인 정보 보존 기능을 가졌다고 여겨지려면 분석결과가 테이블로부터 데이터 주체의 추가 혹은 제거에 독립적인 혹은 본질적으로 같은 통계적 분포를 나타

---

34  Cao J, Karras P, "Publishing microdata with a robust privacy guarantee," Proc. of the VLDB Endowment, Vol. 5, No. 11, pp. 1388-1399, 2012.

35  6장 제1절의 1. 프라이버시 보호 모델의 정의 부분을 참조하길 바란다.

내야 한다는 프라이버시의 수학적 정의를 제공하고 있다. 또한 누적프라이버시 손실의 모니터링 및 유실 한도에 관한 "예산budget" 설정을 가능하게 만드는 개인정보보호 수단을 제공한다. 이 두 요소는 적절하게 구현하고 사용할 경우, 수학적으로 입증된 개인정보보호의 보장을 제공할 수 있는 차분 프라이버시 알고리즘 설계에 적용된다.

차분 프라이버시 알고리즘의 설계 및 구축에는 확률 및 통계 분야와 차분 프라이버시 이론에 관한 적절한 전문 지식이 필요하다. 차분 프라이버시 알고리즘은 신중하게 선택한 확률 분포에서 생성되는 일정량의 '무작위 노이즈'를 추가해 구축되기 때문에 희망하는 데이터 유용성이 유지된다. 이때 무작위 노이즈는 차분 프라이버시 시스템에서 분석가(서버 모델)로 제공되는 출력이나 사용자 장치에서 각 데이터 주체(로컬 모델)의 입력에 추가된다.

### 4.2.1 차분 프라이버시 구현 고려사항

#### ① 확률 분포

차분 프라이버시 맥락에서, 무작위 노이즈는 선택된 확률 분포에 따라 생성된 난수의 형태를 가진다. 연구 문헌은 평균 0을 가진 가우스Gaussian(벨 커브bell curve라고도 알려져 있음), 라플라시안Laplacian 혹은 지수 확률적 분포의 사용을 제안한다. 각 사례에 가장 적합한 선택은 사용 모델에 관한 질의나 기타 세부 사항에 따라 다르다. 노이즈 생성기가 더 높거나 낮은 노이즈 값을 생성하는 여부를 결정하는 매개변수는, 가장 가능성이 높은 노이즈 값이 0으로 그룹화되는 근접도를 측정하는 표준 편차. 주어진 차분 프라이버시 시스템에 적용되는 표준 편차의 크기는 지수 $S/\varepsilon$에 비례하며, 여기서 $S$는 주어진 질의의 민감도를 나타내고 $\varepsilon$는 연관된 개인정보보호 예산을 나타낸다.

#### ② 민감도

특정 질의 또는 함수의 민감도 $S$는 단일 데이터 주체가 데이터베이스에서 제거된 경우 해당 질의에 관한 응답의 양이 얼마나 변하는지에 관한 최악의 경우를 설명한다. 따라서, 데이터 주체에서 응답에 가장 큰 변화를 일으키는 데이터의 존재를 "숨기려면", 비례적인 양의 노이즈를 특정 질의나 함수에 관한 모든 대답에 추가해야 한다.

### ③ 개인정보보호 예산

그리스 문자 $\varepsilon$로 지정된 개인정보보호 예산Privacy budget은 일명 '개인정보보호 변수'라고도 하며 설계상의 선택이다. 주어진 차분 프라이버시 알고리즘 또는 질의에 대해 최상의 값을 선택하는 것은 간단한 과정이 아니다. 노이즈의 표준 편차가 $S/\varepsilon$에 비례한다는 것을 감안할 때, $\varepsilon$이 클수록 표준 편차가 더 작아지고, 일반적으로 사용자에게 응답이 제공될 때 개인정보보호 예산의 '지출'이 더 커지지만, 작은 노이즈 값이 실제 결과에 추가될 가능성이 높기 때문에 개인정보 침해 위험도 높아진다. 반면에 $\varepsilon$이 작을수록 표준 편차의 크기가 커지기 때문에 결과적으로, 더 큰 노이즈 값이 실제 결과에 추가될 가능성을 높여 개인정보보호 기능이 강화된다. 이 책의 출판 시점에 최상의 $\varepsilon$을 선택하는 방법은 아직 연구가 진행중이다.

### ④ 누적개인정보 손실(Cumulative privacy loss)

차분 프라이버시 알고리즘이 응답하는 모든 질의에는 개인정보보호 비용 또는 개인정보 손실이 수반된다. 훌륭히 잘 설계된 차분 프라이버시 알고리즘에서 개인 정보 손실은 개인 정보 침해로 이어지지 않을 만큼 작지만, 그 누적 효과는 결과적으로 개인 정보 침해로 이어질 수 있다. 개인정보보호 예산의 변경 사항을 계산하기 위해 여러 질의에서 누적 손실의 개념을 정의한다. 단순한 사례에서, 유사한 개인정보보호 비용 C를 갖는 n개의 쿼리가 차분 프라이버시 알고리즘에 배치되는 경우, 총 개인정보보호 예산은 nC보다 크지 않을 것이다(n개의 쿼리가 모두 같은 질문인 경우에도 동일).

  서로 다른 민감도의 질의가 요구되고 무작위의 노이즈 성분이 다른 확률 분포로부터 획득되는 사례를 포함해, 일반적인 경우에 주어진 질의의 정확한 개인정보보호 비용을 추정하는 것은 간단하지 않다. 그러나 특정 시스템의 개인정보보호 예산의 소진이 자동으로 개인정보의 유출을 의미하지는 않고, 수학적 보장의 무효화를 의미한다는 점이 중요하다. 보장이 무효화되면 알고리즘의 출력은 공격자가 추론, 연결 및 다른 유형의 재식별화 접근법을 적용하는 데 사용할 수 있다. 이 접근법은 성공적인 재식별화 공격을 초래할 수도 있지만, 그렇지 않을 수도 있다.

## 4.2.2 ε-차분 프라이버시 모델[36]

이 모델은 차분 프라이버시의 대표 모델로서 최초로 알려진 모델로 2006년 Dwork C(그림 9-18 사진 참조)에 의해 제안된 대화식 PPDM 모델이다.

**그림 9-18** 미국 하버드대 Dwork C 교수

정의) ε-차분 프라이버시 모델의 정의는 다음 수식과 같다.

$$\Pr[\mathcal{M}(x) \in \mathcal{S}] \leq \exp(\varepsilon)\Pr\{\mathcal{M}(y) \in \mathcal{S}\}$$

2가지 버전의 데이터베이스(1명의 포함 여부가 다른) $x$, $y$에 대한 질의의 응답값에 $\mathcal{M}$이라는 메커니즘으로 랜덤성을 추가(라플라스Laplace 노이즈 생성 알고리즘 등을 이용)함으로서 응답값 $\mathcal{M}(x)$와 $\mathcal{M}(y)$가 될 때, $\mathcal{M}$이라는 메커니즘에 의해 생성되는 값의 확률 분포(질의 때마다 랜덤성에 의해 다른 값들이 나오는데 이때, 그 응답값의 확률분포를 가리킴)에서 특정값이 나올 확률의 차이가 $\exp(\varepsilon)(=e^{\varepsilon})$ 이하, 즉 최대 차이가 $\exp(\varepsilon)$ 이하라는 의미다.

이때 $\varepsilon$이 클수록 두 응답 값의 확률 분포 차이는 크며, 작을수록 두 응답 값의 확률 분포 차이는 작다(즉, $\varepsilon$이 작을수록 프라이버시가 강화됨). 이는 $x$, $y$ 두 데이터베이스에서 원래 값의 차이가 있을 때 어떤 노이즈가 섞인 응답 값의 확률 분포의 차이가 작

---

36  Dwork C. Differential privacy, In: Proceedings of the 33rd international conference on Automata, Languages and Programming, July 10–14, 2006, Venice, Italy, Lecture Notes in Computer Science vol. 4052, Springer–Verlag (2006), pp.1–12.

다는 것을 의미한다. 확률 분포의 차이가 작다는 의미는 노이즈 섞인 응답 값이 $x$, $y$ 에 대해 비슷하게 나온다는 의미다. 즉, 공격자가 $x$, $y$ 데이터베이스 원래 값의 차이 를 알기 어렵다는 것이다. 그러나 실제 이용시, $\varepsilon$값이 0에 가까울수록 프라이버시는 강화되지만 반대로 노이즈가 증가(라플라스 알고리즘의 경우 노이즈 $b = \Delta f / \varepsilon$, 이때, $\Delta f$는 $x$, $y$ 두 데이터베이스 원래 값의 차이)해 유용성이 떨어질 수 있어 적절한 $\varepsilon$값의 사용이 요구 된다.

① 라플라스 노이즈 추가(addition) 알고리즘

라플라스 노이즈 추가 알고리즘의 계산식은 다음과 같으며 보다 자세한 사항은 위키 백과 https://en.wikipedia.org/wiki/Differential_privacy를 참조하길 바란다.

$$X = \mu - b \ \text{sgn}(U) \ \ln(1 - 2|U|),$$

여기서 X는 노이즈, $\mu$는 0으로 대개 세팅(라플라스 함수의 기준점), U는 $(-1/2, 1/2)$ 사이의 랜덤값(조정 가능)으로 이 값을 사용해 노이즈를 생성, sgn은 입력값이 양수 이면 1을, 음수이면 $-1$을 반환, $b$는 $\Delta f / \varepsilon$이며, 이때 $\Delta f$는 글로벌 민감도 Global sensitivity 즉, $\text{Max}|f(D_1) - F(D_2)|$로 두 데이터셋 $D_1$과 $D_2$의 최대 차이이며, 예를 들어 $D_1$에 있던 한 사람이 $D_2$에는 없을 때 $\Delta f$는 1이 됨. 즉 $\varepsilon$값이 작을수록 프라이버시가 증가 한다.

예시) 예를 들어, $\mu = 0$, U $= 0.2$, $\Delta f = 1$, $\varepsilon = 0.3$이라 하고 원본 데이터의 속성값 이 0.5였다면 원본값 0.5에 추가되는 노이즈 X는 다음과 같이 계산된다.

$$\begin{aligned}
X &= \mu - b \ \text{sgn}(U) \ \ln(1 - 2|U|) \\
&= \mu - \Delta f / \varepsilon \times \text{sgn}(U) \times \log_e(1 - 2|U|) \\
&= 0 - 1/0.3 \times 1 \times \log_e(1 - 2|0.2|) \\
&= -1/0.3 \times \log_e(1 - 2|0.2|) \\
&= -1/0.3 \times \log_e(1 - 0.4) \\
&= -1/0.3 \times \log_e(0.6) \\
&= -10/3 \times \log_e(0.6) \\
&= -10/3 \times \log e(0.6) = 1.7027520792
\end{aligned}$$

따라서 원본 값이 0.5이기 때문에 여기에 노이즈 X를 더하면 비식별 속성값은 2.2027520792가 된다.

한편 차분 프라이버시 기법은 2006년 이후 더욱 발전하고 개선돼 그림 9-2에서 보는 바와 같이 근사적 차분 프라이버시 모델을 비롯해 약 8개의 아류 모델이 있다. 이들에 대한 보다 자세한 사항은 부록 F 연도별 프라이버시 보호 모델의 주요 특징 및 알고리즘 요약(39종) 부분을 참조하길 바란다.

앞서 설명한 것처럼 차분 프라이버시 모델은 기본적으로 PPDP가 아닌 PPDM 모델이다. 즉, 데이터 공개를 위한 비식별 조치 기법이라기보다는 대화식의 데이터 분석을 위한 마이닝 모델이다. 그러나 최근에는 비식별 조치기법인 노이즈 추가기법의 한 종류로 PPDP 모델에서 주어진 테이블 내 특정 속성에 대해 노이즈 추가 시 차분 프라이버시 기법을 일부 적용해 사용하기도 한다.

### 4.2.3 근사적 차분 프라이버시, ($\varepsilon, \delta$)-differential privacy 모델[37]

2006년 Dwok C 등이 $\varepsilon$-차분 프라이버시의 후속 모델로 제안한 것으로 데이터 주체가 $\varepsilon$을 초과하는 프라이버시 손실을 겪을 확률이 $\delta$로 제한되도록 보장한 것이다. 0이 아닌 매개변수 $\delta$를 도입하면, 가능성이 적은 사건의 경우 엄격한 상대적 이동이 완화될 수 있으며 충분히 작은 $\delta$에 관해 근사적($\varepsilon, \delta$)-차분 프라이버시는 순수한 $\varepsilon$-차분 프라이버시와 유사한 수준의 개인정보보호를 제공하며, 종종 더욱 유용한 분석의 수행을 허용한다. 또한 강력한 보호 기능을 제공하고 잡음을 크게 줄일 수 있다. 정의는 다음과 같다.

정의) 만일 $\|x-y\| \leq 1$인 모든 집합 $\mathbb{N}^{|x|}$의 원소 $x, y$와 함수 Range($\mathcal{M}$)에 속한 모든 $\mathcal{S}$에 대해 도메인 $\mathbb{N}^{|x|}$ 내에 랜덤 알고리즘 $\mathcal{M}$이 아래 수식을 만족할 때 이를 ($\varepsilon, \delta$)-차분 프라이버시라 한다.

$$\Pr[\mathcal{M}(x) \in \mathcal{S}] \leq \exp(\varepsilon)\Pr\{\mathcal{M}(y) \in \mathcal{S}\} + \delta$$

---

37  Dwork C., Kenthapadi K., McSherry F., Mironov I., Naor M. "Our data, ourselves: Privacy via distributed noise generation". In: Proceedings of Eurocrypt 2006, Lecture Notes in Computer Science vol. 4004, Springer–Verlag ( 2006), pp.486–503

위 정의에서 $\delta$가 0일 때, 랜덤 알고리즘 Randomized algorithm M은 $\varepsilon$-차분 프라이버시와 같게 되며, 모든 인접한 $x$, $y$에 대해 프라이버시 손실에 대한 절댓값이 최소 $1-\delta$의 확률로 $\varepsilon$에 의해 제한됨을 보장한다. (ε, δ)-differential privacy ensures that for all adjacent x, y, the absolute value of the privacy loss will be bounded by ε, with probability at least 1-δ. 이때 $\mathcal{M}(x)$는 데이터 $x$에 노이즈를 부여한 값이며 $\exp(\varepsilon)$는 $e^{\varepsilon}$을 의미(이때 e는 약 2.718)하며, $\varepsilon=0$, $\delta=0$이면 두 개의 데이터셋은 동일하다는 의미다. 즉, $\varepsilon$값이 0에 가까울수록(즉, $e\varepsilon$이 1에 가까울수록) 두 개의 데이터 값(원 데이터와 응답값)의 차이가 적다는 의미다. $\varepsilon=0.1$, $\delta=0.2$이면 원 데이터셋 $x$의 확률분포가 $\varepsilon=0.1$을 적용한 비식별 데이터셋 $y$의 확률분포의 차이에 0.2만큼의 바운더리(제한 즉, 재식별가능성)를 부여한다는 의미다. 실제 적용 시 $\varepsilon$과 $\delta$는 $\varepsilon$을 사용자가 선택하듯 $\delta$ 또한 사용자가 선택하는 사항이다. 이때 $\delta$값은 에러 발생 가능성으로 확률 0~1 사이의 값을 가진다. 한편 실제 적용 시 선행 조건으로 원본 데이터셋에 대한 $\gamma$ 확률의 랜덤 샘플링과 일반화(masking, k-anonymity 적용 및 이를 통한 이상치 제거 등)가 필요하다.

10

# 비식별 정보의 유용성 평가

## 10.1 유용성 평가 측도

비식별처리된 데이터셋의 유용성Utility, or Usefulness에 대한 평가는 대개 데이터가 최초 의도한 용도를 기반으로 수행된다. 즉, 원본 데이터와 비식별처리된 데이터 간의 값의 차이가 적을수록 보다 많은 유용성이 보존될 수 있다. 그러나 동일 원본 데이터라 하더라도 목적이나 데이터 상황에 따라 용도가 다양할 수 있으며 데이터 공개 시마다 버전이 달라질 수 있다. 이러한 이유로 유용성을 대신해 정보 손실Information Loss이라 부르기도 한다. 정보 손실 값이 커질수록 그만큼 유용도가 떨어진다는 얘기다. 정보 손실에 대한 측정은 비식별처리자에게 데이터가 얼마나 손실을 줄 수 있는지에 대해 평가할 수 있도록 일반적인 방법을 제공할 수 있다. 본 절에서는 수치 데이터를 기반으로 각종 문헌을 통해 현재까지 알려진 방법을 소개하고자 한다.

## 1. 수치 데이터 기반 유용성 측도

현재까지 알려진 여러 측도가 있지만 이 책에서는 지난 2년간 한국인터넷진흥원에서 주관한 개인정보비식별조치 기술 경진대회 예선에서 사용한 몇 가지의 유용성 측도를 소개하고자 한다. 수치 데이터 기반의 유용성 측도에 대한 보다 자세한 사항들은 다음 논문[1]을 참조하길 바란다.

### 1.1 공분산

이 책에서는 공분산(Covariance)을 이해하기 이전에 우리가 가장 잘 알고 있는 즉, 통계에서 가장 흔히 쓰이는 대푯값인 평균, 분산, 그리고 표준편차에 대해 설명하고자 한다.

평균은 확률적 사건에서는 기댓값으로도 불리며 독자들께서도 다들 잘 알고 계시리라 생각하고, 분산은 데이터의 퍼짐 즉, 평균으로부터 흩어짐의 정도를 나타낸 것으로 평균에 대한 편차 제곱의 평균을 구한 값이다. 여기서 편차란 평균과의 차이를 말하며 편차를 모두 합하면 0이 된다. 표준편차는 분산에 루트를 씌운 값이다.

공분산은 분산이 한 변수의 이산 정도(즉, 평균값에서 흩어진 정도)를 나타낸다면 공분산은 2개의 확률변수 혹은 벡터의 상관정도를 나타낸 값이다. 예를 들어 한 학생의 1학기 영어 점수만을 이야기할 경우 분산을 이용한다면 영어와 국어 점수간의 상관정도를 알고자 할 경우, 공분산을 이용할 수 있다.

벡터 $X = \{X_1, X_2, X_m\}$와 $Y = \{Y_1, Y_2, Y_m\}$의 공분산은 $Cov(X, Y)$로 나타내며, 다음과 같이 계산된다.

$$Cov(X, Y) = \frac{[(개별\ X값 - X의\ 평균) \times (개별\ Y값 - Y의\ 평균)]의\ 총합}{조합을\ 이루는\ 개수}$$

$$= \frac{[X의\ 평균편차 \times Y의\ 평균편차]의\ 총합}{조합을\ 이루는\ 개수}$$

이때 개별 $X$와 $Y$의 값은 모두 $m$개이다. 즉, 각 벡터 $X$, $Y$의 편차의 곱의 평균을 의미한다.

---

1    Josep Domingo-Ferrer, David Sanchez, and Jordi Soria-Comas, Database Anonymization: Privacy Models, Data Utility, and Microaggregation-based Inter-model Connections, Synthesis Lectures on Information Security, Privacy, & Trust, 2016

한편 공분산행렬은 벡터 $X$, $Y$가 각각 $m$, $n$차의 열벡터를 가질 때는 $m \times n$ 공분산 행렬로도 나타낼 수 있다. 이때 주어진 원본 데이터셋 $V$와 비식별처리된 데이터셋 $V'$이 있을 때 $V$와 $V'$ 내에 있는 각각의 공통 칼럼에 해당하는 열벡터 $X$, $Y$에 대해 우리는 공분산을 계산할 수 있다. 공분산은 −무한대~+무한대까지 값을 가질 수 있으며 절댓값의 크기가 클수록 두 확률변수간의 관련성이 크다고 할 수 있다. 그러나 공분산을 구하다 보면 값이 항상 일정하지 않기 때문에 이를 표준화하기 위해 공분산을 표준편차로 나눠 값을 −1과 1 사이의 값으로 보정해 준 것이 바로 상관계수 Correlation ($Cor(X, Y)$로 표기)이다.

## 1.2 상관계수

앞서 1.1에서 설명한 바와 같이 상관계수Correlation는 다음과 같이 계산된다.

$$상관계수 = \frac{공분산}{(X의\ 표준편차) \times (Y의\ 표준편차)}$$

$$= \frac{Cov(X,\ Y)}{\sqrt{X의\ 분산 \times Y의\ 분산}}$$

여기서 상관계수는 −1~1까지의 값을 가지며 절댓값이 0에 가까울수록 선형관계가 없고, 절댓값이 1에 가까울수록 선형관계에 있다는 것을 의미한다. 또한 공분산과 마찬가지로 주어진 원본 데이터셋 $V$와 비식별처리된 데이터셋 $V'$이 있을 때 $V$와 $V'$ 내에 있는 각각의 공통 칼럼에 해당하는 열벡터 $X$, $Y$에 대해 우리는 상관계수를 계산해 유용도를 측정할 수 있다. 일반적으로 상관계수는 피어슨 상관계수Pearson Correlation Coefficient, PCC를 의미한다.

## 1.3 피어슨 상관계수를 이용한 유용성 측정

만일 원본 데이터와 비식별처리된 데이터가 있을 때 2개 이상의 칼럼 즉, 속성에 대해 유용성으르 어떻게 한 번에 측정할 것인가? 이 문제는 다음과 같이 해결할 수 있다.

원본 데이터셋을 $U$, 비식별처리된 데이터셋을 $V$라 하고 $U$와 $V$ 내에 수치 데이터 속성을 갖는 칼럼 $i$와 $j(\in SA)$에 대해 유용성을 한 번에 측정하고자 한다. 이때 측정할 칼럼의 전체 쌍들의 수를 $sa$라 하고 원본 데이터셋의 피어슨 상관계수를 $cor(U^i, U^j)$, 비식별 조치된 데이터셋의 피어슨 상관계수를 $cor(V^i, V^j)$라 할 때, 유용도 측정 계산식은 다음과 같다.

피어슨 상관계수를 이용한 유용도 $=$

$$\frac{1}{\lceil sa \rceil^2} \sum_{i,j} \lceil cor(U^i, U^j) - cor(V^i, V^j) \rceil$$

이때, $U^i$와 $U^j$의 평균값을 각각 $\mathrm{avg}(U^i)$, $\mathrm{avg}(U^j)$이라 하고 $i$와 $j$ 칼럼의 전체 레코드 수를 $n$이라 할 때, 피어슨의 상관계수 $cor(U^i, U^j)$는 다음과 같이 정의된다.

$$cor(U^i, U^j) = \frac{\sum_{k=1}^{n} (u_k^i - avg(U^i))(u_k^j - avg(U^j))}{\sqrt{\sum_{k=1}^{n} (u_k^i - avg(U^i))^2} \sqrt{\sum_{k=1}^{n} (u_k^j - avg(U^j))^2}}$$

결괏값은 값이 클수록 상관도가 높아 유용하다는 것을 의미한다. 실제 유용도 측정에 있어 필요할 경우 전체 수치 데이터 칼럼들 중 중요한 일부 칼럼에 대해 한정적으로 적용할 수도 있을 것이다. 실제로 이 측정도구는 2018년과 2019년 한국인터넷진흥원 주관의 제 1회 및 제 2회 개인정보 비식별조치 기술 경진대회에 유용성 지표로 실제 사용된 바 있으며, 일본의 비식별 조치 기술 경진대회인 PWSCUP에서도 사용된 바 있다.

## 1.4 코사인 유사도

이번 측도는 2008년 미국 텍사스 오스틴 대학의 Narayanan 등이 "Robust De-anonymization of Large Sparse Datasets"라는 논문[2]을 통해 미국의 최대 온라인 영화 대여 서비스 기업인 넷플릭스 프라이즈 의 50만 가입자 데이터셋의 재식별 공격 사례를 발표하면서 소개된 측도이다.

---

2   Arvind Narayanan and Vitaly Shmatikov, Robust De-anonymization of Large Sparse Datasets, 2008 IEEE Symposium on Security and Privacy, 2008

코사인 유사도Cosine Similarity는 원본 데이터셋과 비식별처리된 동일 데이터셋 내 속성 칼럼의 집합 간 벡터의 스칼라곱과 크기로 두 속성집합을 $U$, $V$라 하고 각각의 원소를 $u$, $v$라 할 때 다음과 같이 계산된다.

$$u \cdot v = \|u\| \, \|v\| \cos\theta$$

$$코사인 \ 유사도 = (\cos\theta) = \frac{U \cdot V}{\|U\| \, \|V\|} = \frac{\sum_i^n U_i \times V_i}{\sqrt{\sum_i^n (U_i)^2} \times \sqrt{\sum_i^n (V_i)^2}}$$

결괏값은 −1에서 1 사이의 값을 가지며, −1은 서로 완전히 반대되는 경우, 0은 서로 독립적인 경우, 1은 서로 완전히 같은 경우를 의미한다. 또한 수치 속성에 대해 한 개 또는 여러 개 지정이 가능하다.

실제로 이 측정도구는 2019년 한국인터넷진흥원 주관의 제 2회 개인정보 비식별 조치 기술 경진대회에 유용성 지표로 실제 사용된 바 있다.

## 10.2 데이터 품질 모델

10.1에서 살펴본 데이터 유용성 평가 측도는 원본 데이터셋과 비식별 데이터셋 간의 통계적 유사도나 상관관계 혹은 정보 손실을 기반으로 한 방법이다. 한편 이와 달리 앞서 9장에서 살펴본 프라이버시 보호 모델 특히, k-익명성과 같은 모델이 적용될 경우, 정보 손실과 비식별처리된 데이터의 품질 관점에서 이를 기반으로 한 다양한 측도가 연구돼 왔다. 우리는 흔히 이러한 측도를 가리켜 데이터 품질 모델Data Quality Model이라 부른다. 우리는 이 책에서 대표적으로 잘 알려진 높이, 정확도, 분별력 측도, 그리고 비균일 엔트로피 측도를 살펴보고자 한다. 그 외 데이터 품질 모델에 대한 자세한 사항은 독일의 뮌헨공대 의료정보 연구실에서 만든 참고 사이트(https://arx.deidentifier.org/anonymization-tool/analysis/#a51)를 참조하길 바란다.

# 1. 높이, 정확도[3]

높이Height와 정확도Precision는 대표적인 프라이버시 보호 모델인 k-익명성 모델에서 해당 속성값의 일반화Generalization된 정도를 측정한 것이다. 9장 프라이버시 보호 모델 부분으로 돌아가보자. 표 10-1이 원본 테이블이고 이 테이블에 3-익명성 모델을 적용한 것이 표 10-2다. 표 10-2에서 입원날짜는 연 단위로 일반화가 됐고, 연령은 각각 10살과 25살 단위로 범주화가 됐다. 범주화 또한 넓은 범위에서 일반화의 한 종류이다. 일반화는 계층적 혹은 단계적으로 일반화가 가능하다. 예컨대 입원날짜가 '2015년 6월 20일'이라고 하자. 이를 1단계로 일반화하면 '2015년 6월'로, 2단계로 일반화하면 '2015년'으로, 3단계로 일반화하면 '2010년대'로, 4단계로 일반화하면 '2000년 이후', 5단계로 일반화하면 '*'와 같이 값을 쉽게 말해 뭉갤 수 있단 얘기다. 우리는 흔히 이를 일반화 정도 혹은 일반화 계층이라고 한다.

**표 10-1** 원본 테이블

| 주민등록번호 | 성별 | 입원날짜 | 연령 | 병명 |
|---|---|---|---|---|
| 760914-1111111 | 남 | 2015/06/20 | 38 | MERS |
| 830930-2111111 | 남 | 2015/10/02 | 30 | 폐렴 |
| 720119-1010101 | 여 | 2014/01/22 | 44 | 독감 |
| 670619-2101010 | 여 | 2014/09/24 | 38 | 당뇨 |
| 730425-1212121 | 남 | 2015/04/17 | 32 | 고혈압 |
| 960804-2222222 | 여 | 2014/11/18 | 28 | 간염 |

**표 10-2** 3-익명성 프라이버시 보호 모델이 적용된 테이블

| 성별 | 입원날짜 | 연령 | 병명 |
|---|---|---|---|
| 0 | 2015 | [30, 40] | MERS |
| 0 | 2015 | [30, 40] | 폐렴 |
| 0 | 2015 | [30, 40] | 독감 |
| 1 | 2014 | [20, 45] | 당뇨 |
| 1 | 2014 | [20, 45] | 고혈압 |
| 1 | 2014 | [20, 45] | 간염 |

---

3  Sweeney, L., Achieving k-anonymity privacy protection using generalization and suppression. J. Uncertain. Fuzz. Knowl. Sys. 10 (5), p. 571-588, 2002.

예를 들어, 성별, 우편번호 2가지 속성에 대해 성별은 각각 '남', '여'로, 우편번호는 '62201', '62308', '35751', '35733', '35791' 5가지로 구성된 데이터가 있다고 하자. 이를 각각 일반화 계층으로 표현하면 그림 10-1과 같다. 그림 10-1의 왼쪽은 성별과 우편번호 속성에 대한 일반화 계층 및 각 도메인에 포함된 속성 값을 표현하고 있고, 오른쪽은 도메인에 포함된 속성 값을 이용한 값 일반화 계층을 나타내고 있다. 우편번호 {62201, 62208}의 한 단계 높은 일반화 값은 622**가 되고, 이것의 한 단계 높은 일반화 값은 *****이 된다.

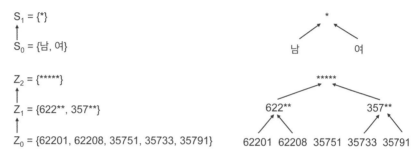

**그림 10-1** 일반화 계층 예시

한편 데이터 소유자는 두 개 이상의 속성을 일반화시킬 때 그림 10-2와 같이 일반화된 도메인의 가능한 모든 조합을 나타내는 일반화 격자GL, Generalization Lattice를 만들 수 있다. 이때 일반화 격자GL의 최하위 노드 $\langle S_0, Z_0 \rangle$에서 다른 노드 K까지의 최단 거리를 $height(K, GL)$로 나타내며, 최장 거리는 전체 격자의 길이를 의미하는 것으로 $height(GL)$로 나타낸다.

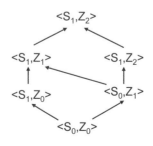

**그림 10-2** 일반화 격자

높이[height] 개념은 Truta-Bindu[4]에 의해 제안된 것으로 두 개 이상의 속성을 일반화시킬 때, 데이터 소유자가 그림 10-2와 같이 일반화된 도메인의 가능한 모든 조합으로 일반화 격자[GL]를 생성하는 것에서 출발한다. 그림 7-2에서 각 노드의 높이 $height$는 다음과 같다.

$$height(\langle S_0, Z_0 \rangle, GL) = 0,$$
$$height(\langle S_1, Z_0 \rangle, GL) = 1,$$
$$height(\langle S_0, Z_1 \rangle, GL) = 1,$$
$$height(\langle S_1, Z_1 \rangle, GL) = 2,$$
$$height(\langle S_0, Z_2 \rangle, GL) = 2,$$
$$height(\langle S_1, Z_2 \rangle, GL) = 3,$$

따라서 위 값 중 수치가 적을수록 보다 데이터의 유용성이 높은 것으로 판단할 수 있다.

한편 원본 테이블을 OT, 이를 일반화한 테이블을 GT라 할 때 원본 테이블 OT를 그림 10-2의 일반화 격자에서 제시한 각 종류별로 테이블로 나타내면 그림 10-3과 같다. 그림 10-3에서 $GT_{[0,1]}$과 $GT_{[1,0]}$은 앞에서 살펴본 첫 번째 측도인 높이[height]에 의하면 1이라는 같은 높이를 가진다. 그러나 두 개의 테이블을 살펴보면 $GT_{[0,1]}$이 $GT_{[1,0]}$에 비해 더 많은 정보가 포함돼 있음을 직관적으로 알 수 있다. 이것은 각 속성에 대해서 똑같이 한 단계의 일반화가 진행된 데이터 테이블이라 할지라도 $GT_{[1,0]}$의 경우 가장 일반화된 값으로 일반화했다는 것을 감안하지 않았기 때문이다.

이러한 단점을 보완해 L. Sweeny[5]는 전체 일반화 단계에서 몇 단계의 일반화가 진행됐는지를 고려한 측도인 정확도[precision]를 제안했다. 정확도는 L. Sweeny가 일반화 기법을 소개하면서 데이터의 유용성을 측정하기 위해 제안한 측도로 독일 뮌헨

---

4   Traian Marius Truta, Bindu Vinay, Privacy Protection: p−Sensitive k−Anonymity Property, International Workshop of Privacy Data Management (PDM2006), In Conjunction with 22th International Conference of Data Engineering (ICDE), Atlanta, Georgia, 2006.

5   Latanya Sweeny, Achieving k−anonymity privacy protection using Generalization and suppression, International Journal of Uncertainty, Fuzziness and Knowledge−based systems, pp.571−588, 2002.

공대 의료정보연구실에서 개발한 익명처리 SW 툴인 ARX[6]를 비롯해 현재 가장 널리 쓰이고 있는 측정 방법이다.

| $S_0$ | $Z_0$ |
|---|---|
| 남 | 62201 |
| 남 | 62208 |
| 남 | 35751 |
| 남 | 35733 |
| 남 | 35791 |
| 여 | 62201 |
| 여 | 62208 |
| 여 | 35751 |
| 여 | 35733 |
| 여 | 35791 |
| OT | |

| $S_1$ | $Z_0$ |
|---|---|
| * | 62201 |
| * | 62208 |
| * | 35751 |
| * | 35733 |
| * | 35791 |
| * | 62201 |
| * | 62208 |
| * | 35751 |
| * | 35733 |
| * | 35791 |
| $GT_{[1,0]}$ | |

| $S_0$ | $Z_1$ |
|---|---|
| 남 | 622** |
| 남 | 622** |
| 남 | 357** |
| 남 | 357** |
| 남 | 357** |
| 여 | 622** |
| 여 | 622** |
| 여 | 357** |
| 여 | 357** |
| 여 | 357** |
| $GT_{[0,1]}$ | |

| $S_1$ | $Z_1$ |
|---|---|
| * | 622** |
| * | 622** |
| * | 357** |
| * | 357** |
| * | 357** |
| * | 622** |
| * | 622** |
| * | 357** |
| * | 357** |
| * | 357** |
| $GT_{[1,1]}$ | |

| $S_0$ | $Z_2$ |
|---|---|
| 남 | ***** |
| 남 | ***** |
| 남 | ***** |
| 남 | ***** |
| 남 | ***** |
| 여 | ***** |
| 여 | ***** |
| 여 | ***** |
| 여 | ***** |
| 여 | ***** |
| $GT_{[0,2]}$ | |

| $S_1$ | $Z_2$ |
|---|---|
| * | ***** |
| * | ***** |
| * | ***** |
| * | ***** |
| * | ***** |
| * | ***** |
| * | ***** |
| * | ***** |
| * | ***** |
| * | ***** |
| $GT_{[1,2]}$ | |

**그림 10-3** 원본 테이블 OT를 일반화한 테이블 GT의 예시

정확도는 다음과 같이 계산된다.

---

6   ARX, https://arx.deidentifier.org/

$$Prec(GT) = 1 - \frac{\left(\dfrac{\text{각 속성값의 일반화된 계층수}}{\text{해당 속성의 전체 계층수}}\right)\text{의 총합}}{\text{전체 레코드수} \times \text{전체 속성수}}$$

즉, 데이터 테이블에서 모든 값의 일반화 정도에 따른 손실의 평균을 1에서 뺀 값이다. 따라서 큰 값을 갖는(즉, 데이터 손실이 적은) 데이터 테이블이 보다 높은 정확성 즉, 유용성을 가진다. 그림 10-3의 예시에서 각각의 일반화된 데이터 테이블에 대한 정확도는 다음과 같다.

$$Prec(GT_{[1,0]}) = 0.5,$$
$$Prec(GT_{[0,1]}) = 0.75,$$
$$Prec(GT_{[1,1]}) = 0.25,$$
$$Prec(GT_{[0,2]}) = 0.5,$$

이중 $Prec(GT_{[0,1]})$을 예시로 들면 다음과 같다.

$$1 - \left(\frac{\frac{1}{2} + \frac{1}{2} + \frac{1}{2} + \frac{1}{2} + \frac{1}{2} + \frac{1}{2} + \frac{1}{2} + \frac{1}{2} + \frac{1}{2} + \frac{1}{2}}{10 \times 2}\right) = 1 - \frac{1}{1} = 0.75$$

이때, 위 네 개의 일반화된 데이터 테이블 중 $GT_{[0,1]}$, $GT_{[1,1]}$, $GT_{[0,2]}$ 3개의 테이블이 모두 2-익명성 조건을 만족하므로 이 중에서 정확도 즉, 유용성이 가장 높은 $GT_{[0,1]}$을 선택하는 것이 가장 적절하다고 할 수 있다.


## 2. 분별력 측도

분별력 측도DM, Discernability Metric는 정확도의 단점을 개선하고자 Bayardo 등[7]이 제안한 측도다. 접근 방식은 손실측도와 동일하게 기존 정확도 측도가 k-익명성 내 동질 집합의 크기[8]를 고려하지 않았다는 사실에 기초했다. 그러나 오히려 일반화가 된 레

---

7    Bayardo R, Agrawal R. Data privacy through optimal k-anonymization. Proceedings of the 21st International Conference on Data Engineering, 2005.

8    그림 7-3에서 성별과 우편번호 속성값이 남, 622**인 경우 동질집합(동치류라고도 부름)의 크기는 2이며, 남, 357**의 경우 크기는 3이다.

코드가 많을수록 측정 결괏값이 작아져 손실이 감소하는 결과를 초래했다.

$Z$를 데이터 테이블 내 전체 동질집합 수($i = 1, 2, \cdots, Z$), $n$을 전체 레코드 수, $f_i$를 $i$번째 동질집합의 레코드 수라 할 때 계산식은 다음과 같다.

$$DM = \sum_{f > k} (f_i)^2 + \sum_{f > k} (n \times f_i)$$

표 10-3은 원본 테이블이며 3-익명성을 달성하고자 하는 것이 주 목표다. 표 10-4와 표 10-5는 각각 원본 테이블에 원하는 3-익명성을 적용해 각각 다르게 한 단계씩 일반화한 테이블이다. 표 10-3의 경우 10개 중 7개의 레코드가 3-익명성을 달성하지 못하므로 다음과 같이 분별력 측도 DM의 값은 $79(= 3^2 + 10 \times 7)$이며, 표 10-4의 경우 DM의 값은 $58(= 3^2 + 3^2 + 10 \times 4)$, 표 10-5의 경우 표 10-3과 마찬가지로 DM의 값은 $79(= 3^2 + 10 \times 7)$가 된다. 따라서 표 10-4가 표 10-5에 비해 값이 크므로(즉, 분별력이 더 높다고 판단), 표 10-4의 테이블을 최종 선택하게 되고 동시에 3-익명성을 만족하지 못하는 나머지 레코드를 모두 삭제하게 된다.

그러나 이를 반대로 생각해보면 일반화가 덜 된 것보다 더 많이 처리된 것을 선호하게 만든다. 왜냐하면 3-익명성을 만족하지 못해 삭제될 레코드에 대해 페널티[9]를 부여했기 때문이다. 이는 다시 말해 우리가 직관에 반해 최대 일반화를 수행하는 k-익명성 솔루션을 최상의 솔루션으로 선택할 것임을 의미한다. 따라서 DM에 범주화 벌점을 포함시키지 않는 것이 타당하다.

---

9   분별력 측도 계산에 따라 표 7-3의 경우 k = 3을 만족하지 못하는(즉, k보다 작은) 7개의 레코드들에 대해 전체 레코드수 (n = 10)만큼 곱해지기 때문이다.

| 표 10-3 원본 테이블 | | | 표 10-4 k-3익명성 테이블 | | | 표 10-5 k-3익명성 테이블 | | |
|---|---|---|---|---|---|---|---|---|
| 입원날짜 | 성별 | 나이 | 입원날짜 | 성별 | 나이 | 입원날짜 | 성별 | 나이 |
| 2008.1.1 | 남 | 18 | 2008.1.1 | 남 | [15-19] | 2008.1.1 | * | 18 |
| 2008.1.1 | 남 | 18 | 2008.1.1 | 남 | [15-19] | 2008.1.1 | * | 18 |
| 2008.1.1 | 남 | 18 | 2008.1.1 | 남 | [15-19] | 2008.1.1 | * | 18 |
| 2008.1.1 | 남 | 13 | 2008.1.1 | 남 | [10-14] | 2008.1.1 | * | 13 |
| 2008.1.1 | 남 | 19 | 2008.1.1 | 남 | [15-19] | 2008.1.1 | * | 19 |
| 2008.2.1 | 여 | 18 | 2008.2.1 | 여 | [15-19] | 2008.2.1 | * | 18 |
| 2008.2.1 | 여 | 22 | 2008.2.1 | 여 | [20-24] | 2008.2.1 | * | 22 |
| 2008.2.1 | 여 | 23 | 2008.2.1 | 여 | [20-24] | 2008.2.1 | * | 23 |
| 2008.2.1 | 여 | 21 | 2008.2.1 | 여 | [20-24] | 2008.2.1 | * | 21 |
| 2008.1.1 | 남 | 22 | 2008.1.1 | 남 | [20-24] | 2008.1.1 | * | 22 |

## 2.1 분별력 측도(DM*)

LeFevre, K 등[10]과 Khaled Ee Emam 등[11]은 이러한 DM의 단점을 개선해 DM*Discernability Metric이라 불리우는 새로운 방법을 제안했다. 아이디어는 삭제될 레코드에 페널티 부여를 제외시키는 방식을 채택한 것으로 계산식은 다음과 같다.

$$DM^* = \sum_i f_i^2$$

위 식을 표 10-4와 표 10-5에 적용하면 값은 각각 $22(=3^2+3^2+4)$와 $16(=3^2+7)$으로 계산된다. 이러한 결과는 앞에 나온 DM과는 반대의 결과다. 그러나 제안된 DM*은 일반화된 레코드가 원 레코드를 얼마나 근사화Approximately하는지를 측정하지 못하고 속성값의 분포가 균일하지 않을 때 직관적인 결과를 산출하지 못한다는 점이 단점이다.

---

10  LeFevre, K., DeWitt, D., Ramakrishnan, R, Mondrian multidimensional k-anonymity, Proc. Int. Conf. Data Engineering, 2006

11  Khaled Ee Emam, et, al., A Globally Optimal k-Anonymity Method for the De-Identification of Health Data, Journal of the American Medical Informatics Association Volume 16 Number 5 September, October 2009

## 3. 비균일 엔트로피 측도(Non-uniform entropy metric)

분별력 측도 DM은 일반화된 레코드가 원래의 레코드를 얼마나 근사화<sup>Approximate</sup>하는지 측정하지 못하기 때문에 기본 개념이 비판을 받았다. 예컨대 우리가 2-익명성을 달성하고자 하고, 연령이라는 하나의 준식별자와 9, 11, 13, 40, 42, 45의 연령 값을 가지는 6개의 레코드가 있다고 가정해보자. DM* 값은 모든 레코드를 ⟨9,11⟩, ⟨13,40⟩, ⟨42,45⟩의 3개 쌍으로 분류할 때 최소가 된다. 하지만 두 번째 쌍의 범위가 너무 크기 때문에 2개의 동치류, ⟨9,11,13⟩과 ⟨40,42,45⟩만을 갖도록 분류하는 것이 더 합리적이라는 것이 비판의 논지이다. 또한 분별력 측도는 앞서 말한 것처럼 속성값의 분포가 균일하지 않을 때 직관적인 결과를 산출하지 않는다는 점에서도 비판을 받았다.[12] 예를 들어 우리가 성별이라는 하나의 준식별자와 1,000개의 레코드가 있는 2개의 서로 다른 데이터 테이블을 가지고 있다고 해보자. 첫 번째 데이터 테이블에는 50개의 남성 레코드와 950개의 여성 레코드가 들어있고, 두 번째 데이터 테이블에는 500개의 남성 레코드와 500개의 여성 레코드가 들어있다. 이때 성별을 "사람"으로 일반화할 경우, 직관에 따르면 첫 번째 데이터 테이블에서 여성 950명에 대한 정보 손실이 상당히 낮고 여성 레코드가 우위를 차지해야 한다. 하지만 DM* 값은 균일하지 않게 분포된 데이터 테이블의 정보 손실(즉, 첫 번째 데이터 테이블로 값은 $905,000(=50^2+950^2)$이다)이 균일하게 분포된 두 번째 데이터 테이블(값은 $500,000(=500^2+500^2)$이다)보다 훨씬 크다는 것을 가리킨다.

따라서 엔트로피에 근거해 제안된 하나의 정보 손실 척도가 비균일 분포의 문제를 해결하기 위해 확장됐다. 비균일 엔트로피 측도의 계산식은 다음과 같다.

$1 \leq j \leq J$를 갖는 $V_j$를 준식별자, $J$는 전체 준식별자의 수, $V_j = \{a_1, \cdots, a_m\}$, 이때 $m$은 $V_j$가 취할 수 있는 가능한 값의 전체 수라 하자. 예를 들어, 표 10-3에서 $V_j$가 성별(준식별자로)일 경우 $m=2$이며 $a_1 =$ '남', $a_2 =$ '여'가 된다. 데이터 테이블이 일반화될 때 준식별자들은 $V_j^{'}$으로 표기되며 $V_j^{'} = \{b_1, \cdots, b_{m}^{'}\}$, 이때 $m' \leq m$이다. 예를 들어, 남성의 경우 $m' = 1$이며 $a_1 \in b_1$이고 $a_2 \in b_2$이다. 원본 데이터 테이블 내에 각각의

---

12  Li T, Li N, Optimal k-anonymity with flexible generalization schemes through bottom-up searching, Proceedings of the Sixth IEEE International Conference on Data Mining, 2006.

셀(레코드)을 $R_{ij}$, 이때 $1 \leq i \leq n$이며 일반화된 데이터 테이블 내에 각 셀(동질집합 내 레코드)을 $R'_{ij}$라 하자. 원본 데이터 테이블 내에 랜덤하게 선택된 레코드에 대한 값이 $a_r$이고 새롭게 일반화된 값 $b_r$이 주어졌을 때, 조건부 확률은 다음과 같다.

$$\Pr(a_r \mid b_r) = \frac{\sum_j I(R_j = a_r)}{\sum_j I(R'_j = b_r)}$$

함수 I($\cdot$)는 두 값이 동일하면 1, 다르면 0을 가리키는 표시함수indicator이다. 이때 비균일 엔트로피 정보 손실은 다음과 같다.

$$\sum_{i}^{n} \sum_{j}^{s} \log_2(\Pr(R_j \mid R'_j))$$

예를 들어, 50/950 남성/여성 분포의 데이터 테이블은 286의 엔트로피를 가지는 반면, 500/500 남성/여성 분포의 데이터 테이블은 1,000의 엔트로피를 가진다. 따라서 첫 번째 데이터 테이블의 정보 손실이 두 번째보다 훨씬 낮으며, 이는 직관적으로도 더 타당성을 가진다. 앞서 기술한 계산식에 의해 a) 50/950분포와 b) 500/500분포에 대한 엔트로피를 계산하면 다음과 같다.

a) $-(((\log_2(50/1000) \times 50) + (\log_2(950/1000) \times 950)) = 286.3$

b) $-(((\log_2(500/1000) \times 500) + (\log_2(500/1000) \times 500)) = 1000$

비균일 엔트로피 측도에 대한 보다 자세한 사항은 다음 논문들[13,14,15]을 참조하길 바란다. 또한 이 측도는 2019년 한국인터넷진흥원 주관의 제 2회 개인정보 비식별 조치 기술 경진대회에 유용성 지표로 실제 사용된 바 있다.

---

13  Domingo-Ferrer J, Vicenc T. Disclosure control methods and information loss for microdata. In: Doyle P et al, eds. Confidentiality, Disclosure, and Data Access: Theory and Practical Applications for Statistical Agencies. Elsevier, 2001.

14  Gionis A, Tassa. T. k-Anonymization with minimal loss of information. IEEE Trans Knowl Data Eng 2009;21(2):206 .19.

15  Khaled Ee Emam, et, al., A Globally Optimal k-Anonymity Method for the De-Identification of Health Data, Journal of the American Medical Informatics Association Volume 16 Number 5 September, October 2009, Appendix D.

# 국외 비식별 솔루션 현황

**표 A-1** 해외 주요 비식별 솔루션 현황

| 연번 | 제조사 | 제품명 | 주요 특징 |
|---|---|---|---|
| 1 | Anonos | **Big Privacy** | • 데이터를 공유하려는 각 당사자에 대해 소스 데이터를 기존 형식으로 가져와서 데이터를 식별되지 않는 **가명 형식으로 변환**<br>• 당사자가 데이터를 사용, 공유, 비교 및 처리할 수 있도록 기능적 상호 운용성을 지원 |
| 2 | SecuPi | | • EU GDPR에 필요한 실시간 가시성 및 제어 기능을 제공<br>  – 제 7, 8, 9, 10, 15, 17, 18, 21, 25, 30, 32, 33, 34조 충족 |
| 3 | PRIVITAR | Publisher | • **개인정보보호 및 거버넌스를 위한 포괄적인 솔루션**<br>• **데이터 마스킹, 자동화된 통계 일반화(예: K-익명) 및 형식 보존 토큰화**와 같은 최첨단의 반복 가능한 개인정보 처리 기술을 사용해 데이터셋의 개인정보와 유틸리티를 지속적으로 활용<br>• Hadoop 클러스터 또는 스트리밍 데이터 흐름 플랫폼과 같은 다양한 처리 엔진에서 데이터를 정지 상태로 처리<br>• 데이터 위험 관리, 워터마킹, 기타 보안인증기능 탑재<br>• 개인정보보호 API, 데이터 프라이버시 위험 자동 평가, 데이터 기반 응용 프로그램 및 대시보드 생성 |

| 4 | PRIVACY ANALYTICS | ECLIPSE | • 콘텍스트 기반의 위험도 평가를 통한 의료 분야의 비식별 처리 지원<br>• Lexicon 소프트웨어를 통해 비정형 의료 데이터 지원 |
|---|---|---|---|
| 5 | 뮌헨공대 의료정보 연구실 | ARX Data Anonymization Tool | • 민감한 개인 데이터를 익명처리하기 위한 포괄적인 오픈소스 소프트웨어로 현재 발표된 오픈소스 중 가장 우수한 것으로 평가 받고 있음 |

# A.1 Anonos – BigPrivacy

## 1) BigPrivacy 소개

- 빅데이터를 통해 조직의 보안 및 개인정보보호 문제를 관리하면서 데이터를 처리할 수 있게 하는 확장 가능하고 개인정보보호적인 새로운 접근방식이 필요함에 따라 이를 토대로 Anonos가 최초로 개발한 기술이 바로 BigPrivacy임

- Anonos BigPrivacy는 데이터 중심의 보안을 강화해 데이터를 합리적으로 사용, 공유, 비교 및 처리해 가치를 극대화

- BigPrivacy 기술은 개인 데이터 입력을 가진 2명 이상의 당사자가 결합된 데이터에 대한 분석을 수행할 수 있게 해 각 당사자가 올바른 결과를 얻고 다른 것을 배울 수 있게 함

- 상대방의 개인 데이터를 볼 수 없도록 당사자의 개인 데이터 조합을 사용해 알고리즘을 실행

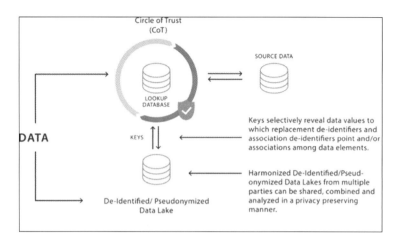

**그림 A-1** BigPrivacy 데이터 처리 방법

- 그림 A-1은 BigPrivacy가 이러한 목표를 달성하기 위해 기존 시스템을 변경하지 않는 방법을 보여줌
- BigPrivacy는 데이터를 공유하려는 각 당사자에 대해 소스 데이터를 기존 형식으로 가져와서 데이터를 식별되지 않는 가명 형식으로 변환
- Anonos BigPrivacy는 당사자가 데이터를 사용, 공유, 비교 및 처리할 수 있도록 기능적 상호 운용성을 지원

## A.2 SecuPi

### 1) SecuPi 소개

SecuPi 소프트웨어는 비즈니스 애플리케이션에서 GDPR에 필요한 실시간 가시성 및 제어 기능을 제공

### 가) GDPR Compliance

- 내부 위협뿐 아니라 모든 GDPR 조항을 위한 중앙 집중식 솔루션
- 개인정보보호, 규정 준수 및 감사 요구사항을 충족
- 소스코드 변경 없이 신속하고 효율적인 구현

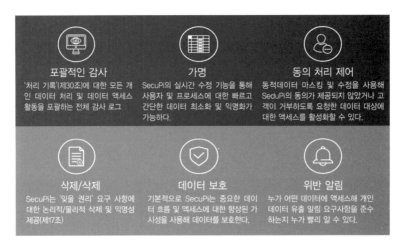

**그림 A-2** GDPR Compliance

## 나) GDPR 보장 세부 내용

O 제7조 – 동의 조건

- 동적 데이터 마스킹 및 실시간 편집을 사용해 동의가 제공되지 않았거나 고객이 거부하도록 요청한 데이터 주제에 대한 액세스를 비활성화

O 제8조 – 정보사회서비스와 관련된 아동의 동의에 적용할 수 있는 조건

- 동적 데이터 마스킹 및 실시간 편집을 사용해 동의가 제공되지 않았거나 고객이 거부하도록 요청한 데이터 주제에 대한 액세스를 비활성화

O 제9조 – 개인 정보의 특수 범주 처리

- 특수 카테고리의 처리를 위해 특정 데이터 요소를 마스킹 및 교정해 인종 또는 민족 출신, 정치적 견해, 종교 등과 같은 개인 데이터 범주에 대한 잠재적 참조를 비활성화

O 제10조 – 형사 범죄 및 범죄와 관련된 개인 정보의 처리

- 마스킹 및 수정을 통해 범죄 유죄 판결 및 범죄 정보를 분리하여 액세스할 수 없도록 보장

o 제15조 - 데이터 주체에 의한 접근 권한

  - 데이터 분석 기능을 사용하면 모든 범위 시스템 및 전송 레코드 내에서 검색을
    수행하여 개인에 속한 데이터의 식별을 지원

o 제17조 - 삭제 권리

  - 응용 프로그램 수준에서 SecuPi는 잊어버린 고객에 대한 정보를 수정
  - 데이터베이스 수준에서 SecuPi는 형식 보존 무작위화 익명처리를 적용해
    서로 다른 데이터 집합 간에 동일한 익명의 값의 상관관계를 방지하기 위해 개
    인 데이터가 익명으로 처리되고 다른 데이터베이스에서 무작위화함

o 제18조 - 가공 제한권

  - 동적 마스킹 및 수정을 사용해 동의가 제공되지 않은 데이터 주체 또는 고객이
    개인 데이터 처리를 제한하도록 요청한 위치에 대한 액세스를 비활성화

o 제21조 - 반대할 권리

  - 어떤 목적으로든 객체에 대한 권리를 시행하기 위해 데이터 주체가 처리되지
    않도록 요청한 매개 변수를 포함하여 응용 프로그램 프로세스의 처리를 피하기
    위해 모든 조건을 사용할 수 있으므로 주체 데이터에 대한 액세스나 조작을 방지
  - SecuPi가 설치된 모든 시스템에서 전문 개발이나 전문가 구성없이 데이터 주
    체에 대한 일부 또는 전체 데이터 처리를 중단할 수 있음

o 제25조 - 데이터 보호

  - 애플리케이션 소유자가 개인 및 사설로 간주하는 모든 데이터를 보호하므로 액
    세스 권한을 즉시 관리하고 데이터 액세스 또는 처리 시 변칙적인 행동 사실을
    알림
  - 개인 데이터에 대한 액세스는 기록되며 절대로 삭제할 수 없음

○ 제30조 – 활동 기록

- 감사 로그는 명확하고 사실이며 어떤 응용 프로그램이 어떤 데이터에 액세스했는지 뿐만 아니라 응용 프로그램을 통해 수행된 처리 작업의 전체 사본을 제공
- 에이전트는 응용 프로그램 서버에 배포되므로 정보, 타임 스탬프, URI 등을 처리하는 데 사용된 사용자를 포함하여 모든 관련 정보에 액세스

○ 제32조 – 보안

- 감사 로그와 마스킹 및 토큰화 기능은 LoB 애플리케이션 및 DBA/개발 도구를 통해 액세스되는 개인 데이터의 완벽한 보호를 통해 보안을 제공
- 개인 데이터의 가명 및 암호화와 개인 데이터의 기밀 유지 및 무결성 보장 기능을 포함

○ 제33조 – 감독 당국에 대한 개인 정보 유출 통지

- 감사 로그 및 행동 분석은 위반 사례에서 노출 및 위반된 데이터를 정확하게 지적하고 보고 시간을 대폭 단축하며 정확하고 책임 있는 정보를 제공

○ 제34조 – 개인 데이터 유출과 데이터 주체 간의 커뮤니케이션

- 감사 로그 및 행동 분석을 통해 불행한 사례가 발생했을 때 노출 및 위반된 데이터를 정확히 찾아내고 보고 시간을 대폭 단축하면서 정확한 정보를 제공

## A.3 PRIVITAR

### 1) PRIVITAR - Publisher 소개

Privitar Publisher는 개인정보보호 및 거버넌스를 위한 포괄적인 솔루션

### 가) 최첨단 개인정보보호 엔지니어링 기술

데이터 마스킹, 자동화된 통계 일반화(예: k-익명) 및 형식 보존 토큰화와 같은 최첨단의 반복 가능한 개인정보 처리 기술을 사용해 데이터셋의 개인정보와 유틸리티를 지속적으로 활용할 수 있음

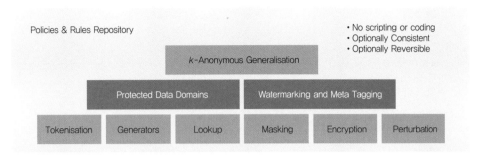

**그림 A-3** 정책 및 규칙 저장소

## 나) 빅데이터용 엔지니어링

내부, 클라우드, 멀티 클라우드 및 하이브리드 환경에서 실행되는 Publisher의 알고리즘은 확장성이 매우 뛰어나도록 설계됐으며 Hadoop 클러스터 또는 스트리밍 데이터 흐름 플랫폼과 같은 다양한 처리 엔진에서 데이터를 정지 상태로 처리할 수 있음

## 다) 데이터 위험 관리

- PDD<sup>Protected Data Domains</sup>는 위험 노출을 줄이고 조직 전체에 확장되는 안전한 데이터 사용을 가능하게 하는 데이터 릴리스의 컨테이너
- PDD는 데이터 일관성 및 참조 무결성에 대한 세분화된 제어를 제공

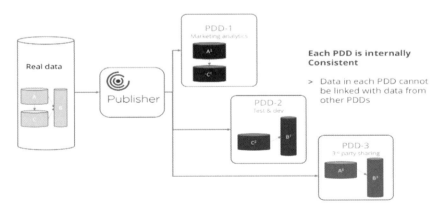

**그림 A-4** PDD 구조

### 라) 워터마킹

안전한 데이터 배포

### 마) 엔터프라이즈

대규모 조직의 요구에 맞게 구축된 Privitar Publisher에는 감사, 다중 환경지원, 사용자 역할의 인증 및 관리를 위한 Active Directory 통합, Kerberos 보안 통합 및 사용자 위장, REST API를 통한 워크플로 자동화 기능이 포함

### 2) PRIVITAR-Lens 소개

- Privitar Lens는 민감한 데이터셋에 대한 프라이버시 보호 액세스를 구축하기 위한 플랫폼
- Lens는 데이터 공급자와 응용 프로그램 사이에 위치해 대화형 시각화, 대시보드 또는 보고서와 같은 다양한 응용 프로그램에 사용할 수 있는 통계적 통찰력을 위한 개인정보보호 API를 제공

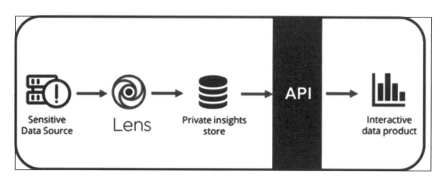

**그림 A-5** Lens 구조

### 가) 데이터 프라이버시 위험 자동 평가

- Privitar Lens의 기본 위험 평가 엔진은 데이터의 유용성을 유지하면서 프라이버시가 항상 유지되도록 최상의 수준의 익명처리를 식별하고 적용

- 이를 통해 개인 정보 위험으로 인해 불가능했던 방식으로 중요한 데이터에 대한 통찰력을 제공
- Lens는 데이터 소유자가 적절한 차분 프라이버시 매개 변수를 결정할 때 데이터 소유자를 돕는 것을 포함해 차분 프라이버시 사용을 관리하고 이해할 수 있는 직관적인 도구 셋을 제공

## 나) 데이터 기반 응용 프로그램 및 대시보드 생성

- Privitar Lens를 사용하면 다양한 보고서, 대시 보드 및 데이터 제품을 구동하는 데 사용할 수 있는 개인 정보 보호 유지 API를 만들 수 있음

## 다) 통찰력 속도 향상

- Privitar Lens를 사용하면 개인정보보호 및 유틸리티 검사가 자동으로 수행
- 이를 통해 데이터 릴리즈에 대한 승인 프로세스를 가속화하고 통찰력을 보다 신속하게 제공

## 라) 데이터 주체 및 소비자와의 신뢰 구축

- 소비자와 데이터 주체는 개인 데이터가 어떻게 사용되는가에 대해 최대한의 주의와 존중을 기울여 대우를 요구
- Lens를 사용하면 데이터 프라이버시의 최고 수준을 보여줌으로써 중요한 신뢰 구축을 도움
- 일반 집계 통계를 공개하는 것이 반드시 데이터 집합의 개인 데이터를 보호하지 않는다는 것을 입증
- 그러한 릴리즈는 악의적인 공격 또는 의도하지 않은 재식별에 취약
- 그러나 입증된 차분 프라이버시의 강점으로 인해 Lens로 만든 데이터 릴리즈에는 이 취약점이 없음

## A.4 PRIVACY ANALYTICS

### 1) PRIVACY ANALYTICS 소개

- 건강관리에서 가장 어려운 문제 중 일부를 해결하기 위한 데이터의 식별 해제 필요성이 급속도로 커지고 있음
- 이러한 필요성이 커지면서 보호받는 의료 정보$^{PHI}$의 프라이버시에 대한 우려도 커지며 이를 해결하려면 조직은 정교한 연구 및 분석과 같은 2차 이용에 대한 특정 요구를 충족시키는 고품질의 데이터셋을 생성하기 위해 간단한 마스킹 기술 이상으로 위험 기반 접근 방식을 사용해 개인 정보를 비식별처리해야 함
- Privacy Analytics는 의료 기관이 개별 프라이버시 및 법적 준수를 보장하는 책임지지 않는 비식별 방법을 신속하고 쉽게 적용할 수 있도록 함

### 가) ECLIPSE

차세대 비식별 소프트웨어 ECLIPSE는 검증된 위험 기반 방법을 사용해 구조화된 데이터를 식별 해제하는 소프트웨어(의료용 빅데이터 관리)

**그림 A-6** 개인 데이터 스트리밍

- 다양한 소스로부터 구조화된 데이터를 비식별
- 수십억 개의 레코드를 동시에 비식별
- 정교한 비식별 기법을 적용해 설정된 개인정보보호 위험 임곗값을 충족하는 방식으로 데이터를 전환
- 정확한 간격과 시퀀스 정보를 보존할 수 있는 기능 또한 유효한 결과를 보장하기 위해 지정된 기간 내에 날짜를 유지할 수 있는 기능으로 날짜의 그룹을 만들어 데이터의 분석적 가치를 유지
- 데이터 서식을 유지하고 시간에 따른 반복 가능한 마스킹을 보장하는 세로 방향 환자 기록을 생성해 시간 간격 분석을 지원

## 나) Lexicon

- 의료 연구원 및 데이터 분석가에게 비정형 데이터에 포함된 가치 있는 통찰력을 제공하는 동시에 데이터 관리자가 개인정보를 보호하고 규제 준수를 보장
- 여러 소스에서 비정형 데이터가 점점 많아짐에 따라 조직은 잠재적인 데이터 유출 가능성이 높음
- 데이터 관리자가 비식별 데이터를 비인가 데이터로 확장해 데이터 자산을 보호
- Lexicon은 의사 노트, CAT 스캔 및 기타 비정형 포맷에서 발견되는 보호받는 의료 정보의 수정 및 삭제가 가능
- 데이터 분석가는 데이터베이스, XML, 텍스트 파일 또는 문서에 저장돼 있어도 이러한 파일을 식별하지 못해 중요한 통찰력을 유지할 수 있음
- 리스크 기반의 비식별 표준 준수가 가능

# A.5 독일 뮌헨공대 의료정보 연구실

## 1) ARX Data Anonymization Tool

ARX는 정형화된 데이터 파일을 다양한 프라이버시 모델을 통해 비식별화하기 위해 독일의 뮌헨공대 의료정보연구실에서 만든 공개 소스 도구(https://arx.deidentifier.

org/)로 홈페이지에서 다운로드받아 설치한 후 사용할 수 있다.

## 가) 주요 기능

- 다양한 프라이버시 모델을 지원
- 관계형 데이터베이스 파일, 다양한 유형의 분석 지원
- 수백만 개의 데이터 항목 처리 기능

## 나) 비식별화 흐름도

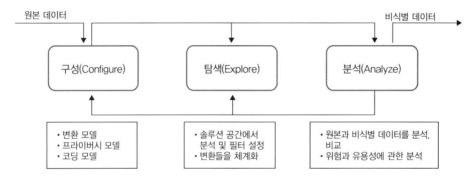

**그림 A-7** ARX 비식별화 흐름도

- ARX 비식별화 프로세스는 크게 3가지 단계로 구성돼 있다.
  - Configure 단계는 원본 데이터를 업로드해 데이터를 비식별 조치하기 위해 세부 방법을 설정하고 재식별을 방지하기 위한 프라이버시 모델을 설정한다.
  - Explore 단계는 설정된 모형을 만족하는 모든 변환을 도식화해 보여준다.
  - 도식화에서 적절한 변환 모형을 선택했다면 Analyze 단계에서는 재식별화 가능성 등 위험 수준을 분석해 최종 Export 여부를 결정한다.

# 공개 소프트웨어(ARX) 사용 방법

## B.1 ARX의 화면구성

ARX의 화면구성에 대한 설명이다.

## 1.1 메인화면

**그림 B-1** ARX 메인화면

① 업로드된 원본 데이터 테이블 표시

② 비식별 속성 타입과 비식별처리 단계 표시

③ 프라이버시 모델 구성을 지원

④ 코딩 모델, 데이터 유틸리티를 측정하는 방법 등 변환 프로세스의 추가 속성을 구성

⑤ 전체 데이터 테이블의 추출 방법을 제공

| | | | |
|---|---|---|---|
| | 새로운 프로젝트 생성 | | 익명처리 실행 |
| | 기존 프로젝트 열기 | | 휴리스틱 익명처리 실행 |
| | 작업 중인 프로젝트 저장 | | 실행된 익명처리 초기화 |
| | 프로젝트 다른 이름으로 저장 | | 비식별처리 생성 |
| | 데이터 불러옴 | | 선택한 계층 구조 변형 적용 |

| | | | |
|---|---|---|---|
| | 데이터 추출 | | 현재 프로젝트 환경설정 |
| | 비식별처리 단계 불러옴 | | 뷰 타입 전환(Lattice, List, Tiles) |
| | 비식별처리 단계 추출 | | 도움말 |

## 1.1.1 데이터셋

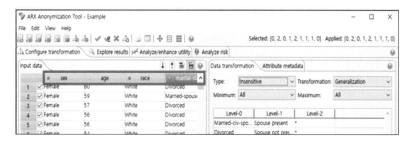

**그림 B-2** 데이터셋

그림 B-2는 ARX 사이트에서 다운 받을 수 있는 Example file을 Open project로 불러온 화면이다.

| | |
|---|---|
| | • 빨간색은 식별 속성을 표시(= Identifying)<br>• 재식별의 위험이 높으므로, 비식별처리 시, 삭제됨<br>　– 주민등록번호, 여권번호, 운전면허번호, 외국인등록번호 등 |
| | • 노란색은 준식별자 속성을 표시(= Quasi-identifying)<br>• 재식별의 위험이 높으며, 일반화 또는 부분총계에 의해 변형됨<br>　– 성별, 생년월일 및 주소 등 |
| | • 자주색은 민감속성을 표시(= Sensitive)<br>• 민감한 속성은 개인이 연결될 수 없는 속성을 인코딩함<br>• 공개될 경우 데이터 주체에게 피해를 줄 수 있으므로, t-closeness 또는<br>• l-diversity와 같은 추가적인 모델을 설정해야 함<br>　– 미납기간, 연체정보 등 |
| | • 녹색은 일반 속성을 나타냄(= Insensitive)<br>• 개인에 대한 위험과 관련이 없으므로, 변경되지 않고 보존됨 |
| ↓ ↑ | • 선택된 열에 따라 데이터가 정렬됨 |

| | |
|---|---|
|  | • 모든 준식별자에 따라, 출력 데이터셋을 정렬한 다음 동질 클래스를 강조 표시함 |
|  | • 데이터셋의 모든 레코드 또는 샘플 옵션만 표시됨 |
|  | • 도움말 |

## 1.1.2 속성 특성 지정

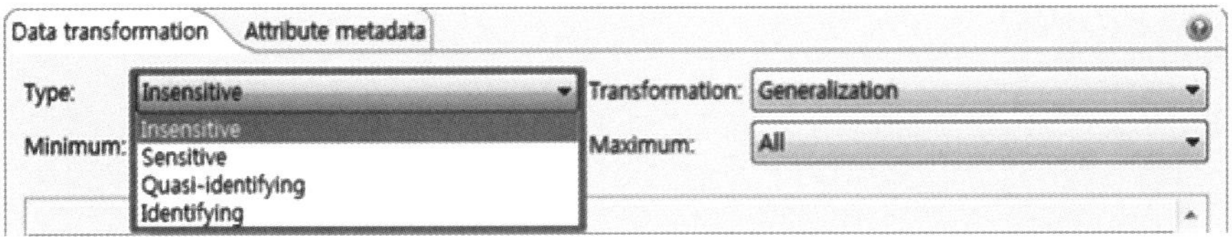

**그림 B-3** 데이터 변환의 타입

① Insensitive: 일반 속성

② Sensitive: 민감속성

③ Quasi-identifying: 준 식별 속성

④ Identifying: 식별 속성

**그림 B-4** 데이터 변환의 변환 종류

① Generalization: 일반화(마스킹, 범위방법)

② Microaggregation: 부분총계

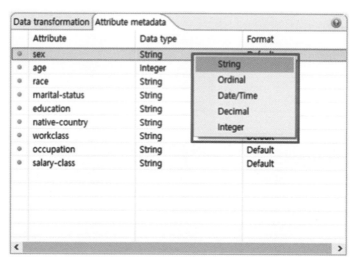

**그림 B-5** 칼럼별 데이터 타입 설정

① String → 문자열: 일반적인 문자 시퀀스, 기본 데이터 유형

② Ordinal → 정렬된 문자열: 데이터 유형은 서수 규모의 문자열 표시

③ Date/Time → 날짜 / 시간: 날짜 및 시간 스탬프에 대한 데이터 유형

④ Decimal → 십진수: 분수 구성 요소가 있는 숫자의 데이터 유형

⑤ Integer → 정수: 소수 구성 요소가 없는 숫자의 데이터 형식

### 1.1.3 프라이버시 모델 및 기타 설정

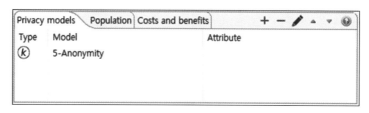

**그림 B-6** 프라이버시 모델 설정

| | |
|---|---|
| 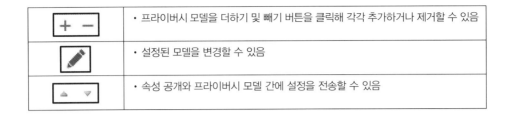 | • 프라이버시 모델을 더하기 및 빼기 버튼을 클릭해 각각 추가하거나 제거할 수 있음 |
| | • 설정된 모델을 변경할 수 있음 |
| | • 속성 공개와 프라이버시 모델 간에 설정을 전송할 수 있음 |

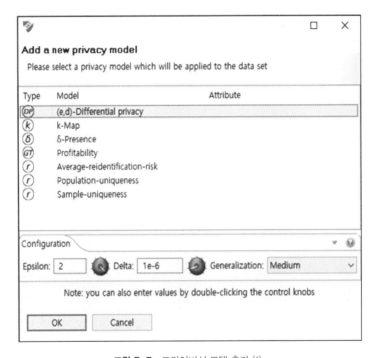

**그림 B-7**  프라이버시 모델 추가 (1)

Privacy models 메뉴의 [ + − ]를 통해 추가 가능한 프라이버시 모델

- 식별, 준식별, 일반 속성만 있을 경우 그림 B-7과 같이 나타남
- 선택된 프라이버시 모델에 따라 Configuration 탭의 메뉴 옵션이 다름

| Type | Model | Attribute |
|------|-------|-----------|
| ⓚ | k-Map | |
| ⓓ | δ-Presence | |
| ⓖⓣ | Profitability | |
| ⓛ | l-Diversity | 미납기간 |
| ⓣ | t-Closeness | 미납기간 |
| ⓓ | δ-Disclosure privacy | 미납기간 |

**그림 B-8** 프라이버시 모델 추가 (2)

- 민감속성을 지정한 칼럼이 있을 경우, 그림 B-8과 같이 $\ell$, $t$, 공개 프라이버시 모델이 추가로 표시되고, 3개 모델 중 1개 이상을 반드시 추가해야만 비식별화가 진행됨

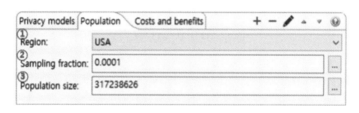

**그림 B-9** 인구 설정

① Region: USA를 포함한 14개 국가 중 선택, 특정 국가 설정 시 None 활용

② Sampling fraction: 표본추출률, 인구밀도 크기에 따라 자동계산됨

③ Population size: 인구밀도, 크기 변경 시 None으로 자동 변경되고 추가됨

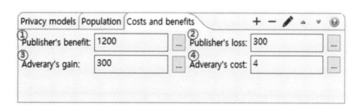

**그림 B-10** 비용과 편익 설정

① Publisher benefit: 단일 레코드를 게시하기 위해 데이터 게시자가 얻은 이익

② Publisher loss: 단일 레코드가 성공적으로 공격될 경우, 데이터 게시자의 손실

③ Adversary gain: 단일 레코드를 성공적으로 재식별하기 위해 공격자가 얻은 금액

④ Adversary cost: 단일 레코드를 식별하려고 할 때 공격자가 필요로 하는 비용

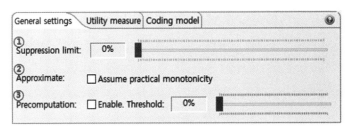

**그림 B-11** 일반 세팅

① Suppression limit: 재식별된 데이터셋에서 허용될 수 있는 억제 한계를 정의. 안전한 데이터 생성을 위해 100%를 권장함.

② Approximate: 옵션 사용 시 빠른 계산이 가능하나, 보호 모델에 따라 상이함. 권장 설정은 "off"임

③ Precomputation: 사전 계산에 대한 수치로, 30%가 권장 값이며, 권장 설정은 "on"임

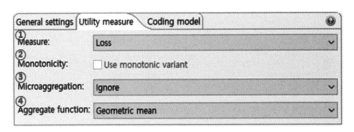

**그림 B-12** 효용 측정

① Measure: 11가지의 측정 모델을 지원, 초기 값은 Loss

② Monotonicity: 비식별 과정을 보다 효율적으로 생성. 비식별 프로세스의 속도를 크게 높일 수 있지만, 출력 데이터의 품질을 저하시킬 수 있음. 권장 설정은 "off"임

③ Microaggregation: 3가지의 부분총계 모델을 지원. 초기 값은 Ignore

④ Aggregate function: 데이터셋의 개별 속성에 수집된 유틸리티 추정치를 전역 값으로 사용. 권장 설정은 "Arithmetic mean"임

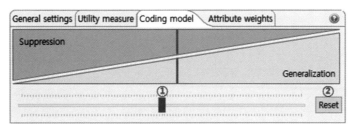

**그림 B-13** 코딩 모델

① 하단 슬라이더 바: 억제와 일반화 사이를 조절할 수 있음
② Reset: 버튼을 누르면 다시 중간 원점으로 초기화됨

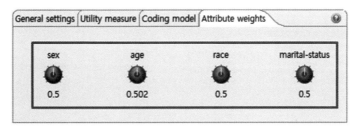

**그림 B-14** 속성 가중치

① knob: 각각의 준 식별 속성에 가중치를 연관시키는 데 사용하며, 0~1 사이에 소수점 단위로 적용 가능

그림 B-15 샘플 추출 기능

① Size: 샘플 크기

② Selection mode: 샘플 상태 표시(None, All, File, Query, Random sampling)

| | |
|---|---|
| 📄 | • 샘플 선택 안함(0%) |
| 📄 | • 샘플 전체 선택함(100%) |
| 💾 | • 파일로부터 샘플 선택(CSV, Excel, JDBC) |
| 🏛 | • Query로부터 샘플 선택 |
| 🔀 | • 샘플 랜덤 선택(0 ~ 100%, 비율 조정가능) |
| ⓘ | • 도움말 |

## 1.1.4 일반화 계층 생성

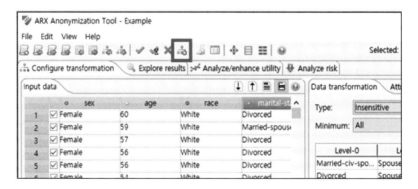

그림 B-16 비식별 기법 만들기

- Create hierarchy 버튼을 눌러서 선택된 칼럼을 계층적 일반화 진행

- 모든 속성에 대해 비식별 조치 기법 생성이 가능하나, 준 식별 속성만 변환됨

- 기법은 크게 Interval, Ordering, Masking 3가지로 분류되고, 선택 후 세부기
  법이 있음

**그림 B-17** 비식별 기법 마법사

① Use interval: 간격 기반 계층 구조 적용

② Use ordering: 순서 기반 계층 구조 적용

③ Use masking: 마스킹 기반 계층 구조 적용

**그림 B-18** 간격 계층 구조 기반의 기능

① Bounding values: 셋의 첫 번째 요소와 마지막 요소를 반환한 값

② Common-prefix: 가장 큰 공통 접두어를 반환한 값

③ Interval: 최솟값과 최댓값 사이의 간격을 반환한 값

④ Set of values: 입력 값의 셋 표현을 반환한 값

⑤ Set of Prefixes: 입력 값의 셋 접두어 집합을 반환한 값

⑥ Arithmetic mean: 변수의 총합을 변수의 개수로 계산

⑦ Geometric mean: 변량의 변동률의 평균을 계산

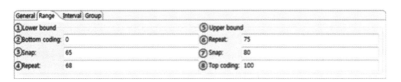

**그림 B-19** 간격의 범위 설정

① Lower bound: 하한 값

② Bottom coding: 범위 내 최저 값

③ Snap: 범위 내 모든 값의 최저 반복 값(첫 번째 간격에 추가됨)

④ Repeat: 스냅의 범위를 포함하도록 조정하는 최저 값

⑤ Upper bound: 상한 값

⑥ Repeat: 스냅의 범위를 포함하도록 조정하는 최고 값

⑦ Snap: 범위 내 모든 값의 최고 반복 값(두 번째 간격에 추가됨)

⑧ Top coding: 범위 내 최고 값 설정

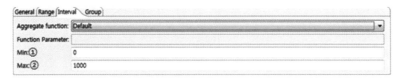

**그림 B-20** 간격의 최소/최댓값 설정

① Min: 선택한 간격의 최솟값

② Max: 선택한 간격의 최댓값

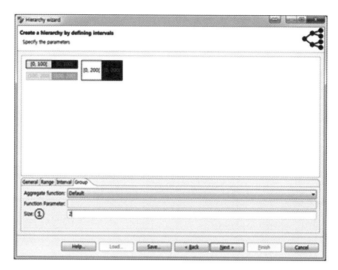

**그림 B-21** 간격의 그룹 설정

① Size: 이전 간격 그룹을 포함하는 크기 설정

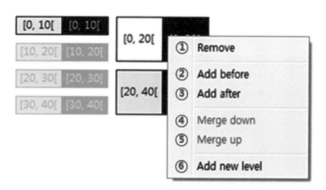

**그림 B-22** 계층 구조 메뉴

① Remove: 추가된 구성 제거

② Add before: 이전 간격 추가

③ Add after: 다음 간격 추가

④ Merge down: 아래로 합침

⑤ Merge up: 위로 합침

⑥ Add new level: 새로운 간격 레벨 추가

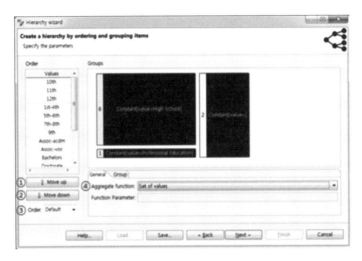

**그림 B-23** 계층 구조 메뉴

① Move up: 선택된 Value 항목을 위로 1칸 올림

② Move down: 선택된 Value 항목을 아래로 1칸 내림

③ Order: 선택된 방법에 의해 정렬(Default, String, Ordinal, Date/Time, Decimal, integer)

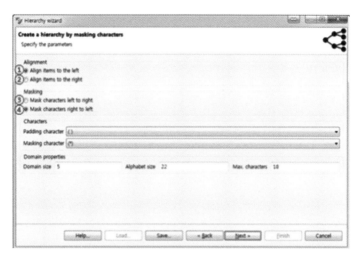

**그림 B-24** 마스킹 기반 구조의 메뉴

① Align items to the left: 왼쪽으로 정렬

② Align items to the right: 오른쪽으로 정렬

③ Mask characters left to right: 왼쪽에서 오른쪽으로 마스크 처리

④ Mask characters right to left: 오른쪽에서 왼쪽으로 마스크 처리

**그림 B-25** 패딩 문자 설정

- 패딩 문자: ( ), (0), (*), (X), (#), (-) 중 1가지를 선택해 모든 값 공통 길이로
  조정
- 상기 공통 길이는 처리하는 데이터 중 가장 긴 길이를 기준으로 함

**그림 B-26** 마스킹 문자 설정

- 마스킹 문자: (*), (X), (#), (-) 중 1가지를 선택해 문자열 대체

## 1.2 탐색

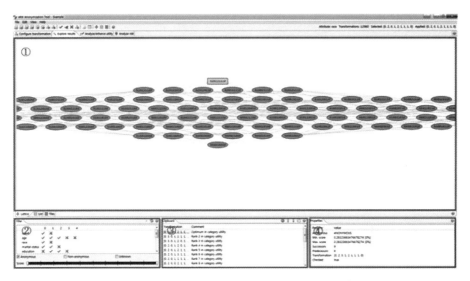

**그림 B-27** Explore results 기본 화면(Lattice 뷰 타입 화면)

① 현재 솔루션 공간의 하위 집합 표시

② 각 칼럼별 필터 옵션 표시

③ 변환을 저장하고 주석을 저장할 수 있는 클립보드

④ 현재 선택한 변환의 속성 표시

## 1.2.1 필터

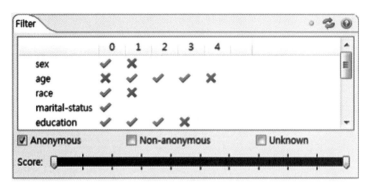

**그림 B-28** 필터

- 슬라이더로 구성된 범위에 있는 일반화 레벨의 집합을 탐색 공간에 표시
- 칼럼의 레벨별 ✓, ✗ 체크를 통해 원하는 집합을 탐색 공간에 표시

| | |
|---|---|
| | • 최적화된 옵션을 보여줌 |
| | • 필터에 있는 모든 설정 값을 초기화 |
| | • 도움말 |

## 1.2.2 클립보드

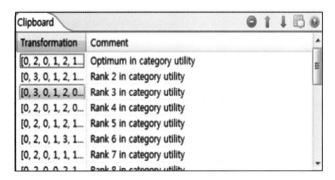

**그림 B-29** 클립보드

- 최적화된 변환 집합부터 효용 점수별 집합을 자동으로 표시

| | |
|---|---|
| ⊖ | • 선택한 해당 변환과 코멘트를 제거함 |
| ⬆ ⬇ | • 선택한 1줄을 한 줄 위/아래로 올림 |
| 🗐 | • 클립보드 내에 있는 정보들을 점수 기준으로 모두 정렬 |
| ⍰ | • 도움말 |

## 1.2.3 모형 변환 정보

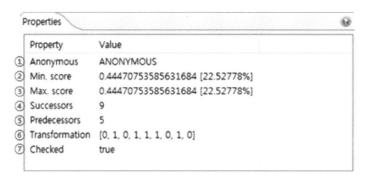

**그림 B-30** 탐색 공간에서 선택된 모형 변환 정보

- 솔루션 공간의 선택된 모형 변환 정보 표시

① Anonymous: 비식별화 유/무 표시

② Min. score: 최소 점수

③ Max. score: 최대 점수

④ Successors: 한 노드를 방문한 후 바로 다음에 방문할 노드의 수

⑤ Predecessors: 한 노드를 방문하기 바로 전에 방문한 노드의 수

⑥ Transformation: 변환 구조 집합 표시

⑦ Checked: 선택된 집합의 준식별자가 지정된 일반화 수준과 비식별화 후 변환이 제거됐는지 여부 표시

## 1.3 유틸리티 분석

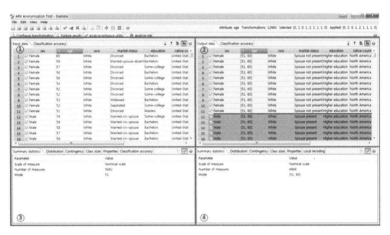

**그림 B-31** 유틸리티 분석 메인화면

① 원본 데이터

② 비식별화 데이터

③ 현재 선택된 칼럼의 원본데이터 정보

④ 현재 선택된 칼럼의 비식별 데이터 정보

| | |
|---|---|
| ↓ ↑ | • 현재 선택된 속성을 오름/내림차순 정렬 |
| ▤ | • 묶여 있는 그룹을 표시 |
| ▣ | • 데이터셋의 모든 레코드를 표시 또는 현재 샘플만 표시 |
| ◉ | • 도움말 |

### 1.3.1 요약 통계

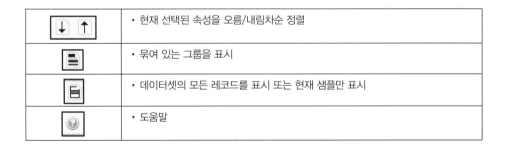

**그림 B-32** 요약 통계

- 현재 선택된 속성에 대한 통계 요약을 표시

| | |
|---|---|
| | • 탭을 선택해 보여줌 |
| / | • 탭 활성 / 탭 미 활성 |
| | • 도움말 |

### 1.3.2 분포도

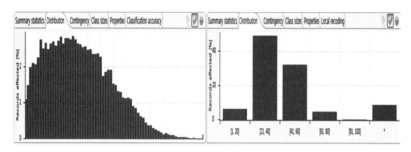

**그림 B-33** 분포도

- 현재 선택된 속성 값의 도수 분포를 시각화한 막대 그래프 표시(왼쪽: 원본 데이터 / 오른쪽: 비식별 조치 데이터)

### 1.3.3 분할도와 기타 분석

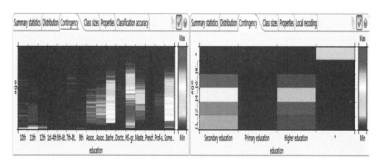

**그림 B-34** 분할도

- 선택된 두 속성의 변수 빈도 분포를 시각화한 히트 맵 표시(왼쪽: 원본 데이터 / 오른쪽: 비식별 조치 데이터)

| Measure | Including outliers | Excluding outliers |
|---|---|---|
| Average class size | 237.49606 (0.7874%) | 9.92857 (0.79365%) |
| Maximal class size | 28911 (95.8524%) | 28 (2.23821%) |
| Minimal class size | 5 (0.01658%) | 5 (0.39968%) |
| Number of classes | 127 | 126 |
| Number of records | 30162 | 1251 (4.1476%) |
| Suppressed records | 28911 (95.8524%) | 0 |

그림 B-35 클래스별 크기

- 데이터셋의 레코드에 대한 정보를 요약 표시
- 동등한 클래스의 최소, 최대 및 평균 크기, 남은 레코드 개수와 억제된 레코드 수 표시

| Property | Value | Data type | Format | Height | Min | Max | Weight | Function |
|---|---|---|---|---|---|---|---|---|
| Records | 30162 | | | | | | | |
| Suppression limit | 100 [%] | | | | | | | |
| ▷ Utility measure | Loss | | | | | | | |
| ▲ Attributes | 9 | | | | | | | |
| Identifying | 0 | | | | | | | |
| ▲ Quasi-identifying | 9 | | | | | | | |
| QI-0 | sex | String | | 2 | 0 | 1 | 0.5 | |
| QI-1 | age | Integer | | 5 | 0 | 4 | 0.5 | |
| QI-2 | race | String | | 2 | 0 | 1 | 0.5 | |
| QI-3 | marital-status | String | | 3 | 0 | 2 | 0.5 | |
| QI-4 | education | String | | 4 | 0 | 3 | 0.5 | |
| QI-5 | native-country | String | | 3 | 0 | 2 | 0.5 | |
| QI-6 | workclass | String | | 3 | 0 | 2 | 0.5 | |
| QI-7 | occupation | String | | 3 | 0 | 2 | 0.5 | |
| QI-8 | salary-class | String | | 2 | 0 | 1 | 0.5 | |
| Sensitive | 0 | | | | | | | |
| Insensitive | 0 | | | | | | | |

그림 B-36 특징 (1)

- 입력 데이터셋 및 ID 확인에 사용되는 구성에 대한 기본 속성 표시

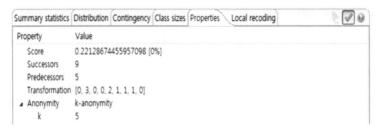

**그림 B-37** 특징 (2)

- 선택한 데이터 변환 및 결과 출력 데이터셋에 대한 기본 속성 표시

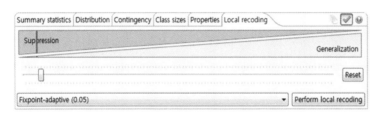

**그림 B-38** 로컬 레코딩

- 데이터 재사용을 향상시키기 위해 로컬 레코딩을 수행. 슬라이더를 왼쪽으로
  움직여서 일반화에 대해 억제한 다음 매개변수로 Fixpoint-adaptive (0.05)
  레코딩 프로세스 수행을 권장

**그림 B-39** 분류 정확도

- 입력 및 출력 데이터셋 모두에 대한 로지스틱 회귀의 일반적인 구현으로 달성
  할 수 있는 분류 정확도를 비교하는 데 사용할 수 있음
- 하단에 표시된 보기에서 분석할 Features 및 Classes를 선택할 수 있음

## 1.4 위험 분석

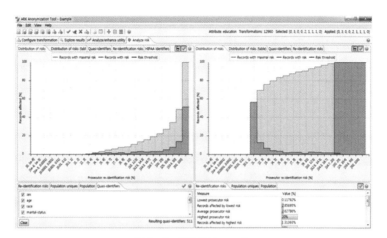

**그림 B-40** 위험의 분포 그래프

- 데이터셋의 레코드 사이에서 재식별 리스크의 분포를 분석
- 분포는 입력 및 출력 데이터에 대해 막대 그래프 또는 테이블로 표시

### 1.4.1 준식별자 분석

**그림 B-41** 준식별자 분석

- 뷰는 변수 조합의 분리 정도 및 변수가 레코드를 구별하는 정도에 대한 정보를
  제공

## 1.4.2 재식별 위험 분석

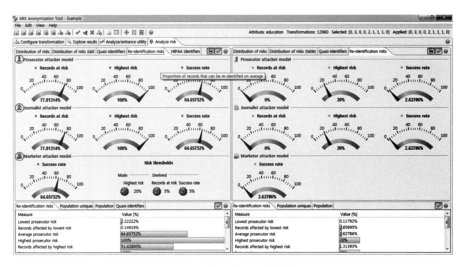

**그림 B-42** 재식별 위험 분석

① Prosecutor Model: 대상 개인에 대한 데이터가 데이터 집합에 포함돼 있음을 이미 알고 있다고 가정했을 때의 재식별 위험 분석 모델

② Journalist model: 다른 데이터베이스와 결합했을 때의 재식별 위험 분석 모델

③ Marketer model: 특정 개인에 대한 재식별 위험 분석이 아닌, 집단의 부분집합에 특정 개인이 소속되어 있을 가능성(비율)을 나타낸 재식별 위험 분석 모델

## 1.4.3 HIPAA 식별자 분석

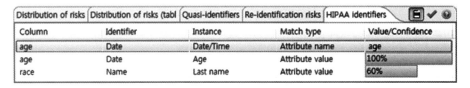

**그림 B-43** HIPAA 식별자

– 미국 건강 보험 및 이식성 및 책임 성법의 세이프 하버 방법은 식별되지 않은 데이터셋을 도출하기 위해 변경되거나 제거돼야 하는 18개의 식별자를 지정 및 확인

### 1.4.4 인구 집합

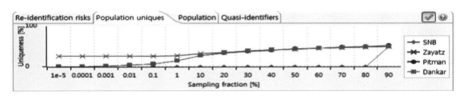

**그림 B-44** 인구 집합

– 인구 모델은 표본 특성으로 매개 변수화된 확률 분포를 통해 전체 모집단의 특성을 추정(Pitman, Zayatz, SNB, Danker)

## B.2 ARX를 활용한 단계별 비식별 조치 방법

### [단계 1] 프로젝트 생성

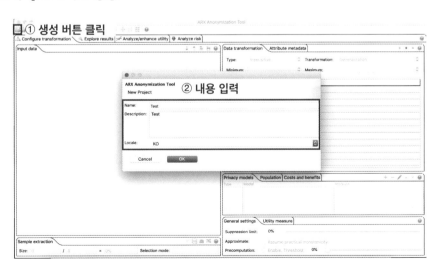

## [단계 2] 데이터 가져오기

① 데이터 가져오기 클릭    ② CSV 선택    ③ arx_data.csv 파일 선택

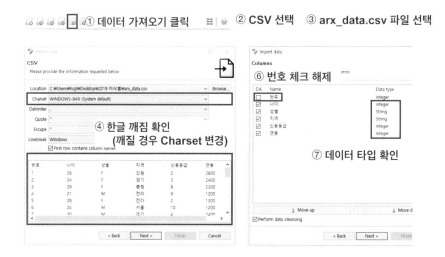

④ 한글 깨짐 확인
(깨질 경우 Charset 변경)

⑥ 번호 체크 해제

⑦ 데이터 타입 확인

## [단계 3] 개인정보 속성 설정

- 속성 선택 → 데이터 타입 선택
- Identifying(식별자), Quasi-identifying(준식별자), Sensitive(민감정보), Insensitive(일반정보)
- 다음과 같이 각 속성별 타입 선택(색상 변경 확인)

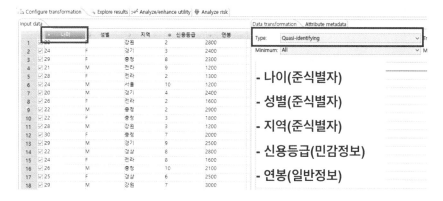

- 나이(준식별자)
- 성별(준식별자)
- 지역(준식별자)
- 신용등급(민감정보)
- 연봉(일반정보)

## [단계 4] 재식별 위험 분석

- ARX에서는 3가지 모형(Prosecutor Model, Journalist model, Marketer model)을 이용해 재식별가능성을 분석

- **Analyze risk → Re-identification risks**
  - Records at risk
    - Proportion of records with risk above the threshold
  - Highest risk
    - Highest risk of a single record
  - Success rate
    - Proportion of records that can be re-identified on average

## [단계 5] 데이터 변형

- 속성을 선택하고 Type과 Transformation을 확인
- Transformation에는 Generalization과 aggregation이 있음
- Generalization은 10대, 20대, 30대 등으로 변경하는 것
- Aggregation은 데이터 평균이나 합 등으로 계산하는 것

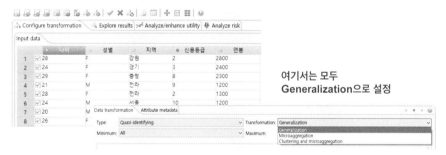

여기서는 모두
**Generalization으로 설정**

- 데이터 변형(나이): Use intervals

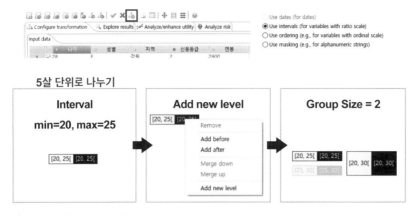

- 프라이버시 보호 모델 – Use ordering

- 데이터 변형(나이): Use intervals

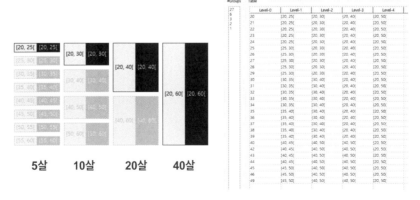

- 데이터 변형(성별): Use masking

- 데이터 변형(지역): Use ordering

**서울과 지방으로 분리해보기**

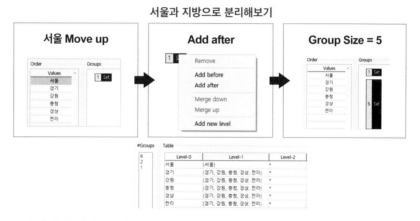

| #Groups | Table | | |
|---|---|---|---|
| 6 | **Level-0** | **Level-1** | **Level-2** |
| 2 | 서울 | (서울) | * |
| 1 | 경기 | (경기, 강원, 충청, 경상, 전라) | * |
| | 강원 | (경기, 강원, 충청, 경상, 전라) | * |
| | 충청 | (경기, 강원, 충청, 경상, 전라) | * |
| | 경상 | (경기, 강원, 충청, 경상, 전라) | * |
| | 전라 | (경기, 강원, 충청, 경상, 전라) | * |

- 프라이버시 보호 모델

– K-Anonymity를 2로 설정, l-Diversity(신용등급)를 2로 설정

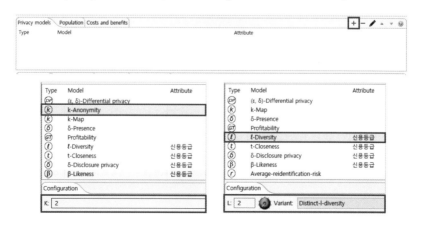

- Privacy Model 적용 결과

- Privacy Model을 만족하는 모든 조합이 Explore results 화면에 나타남

- 타원(초록색)은 Privacy Model에 부합하는 결과/네모칸(노란색)은 Optimal Solution, 빨간색은 Privacy Model에 부합하지 않은 결과임

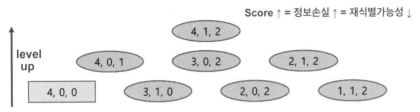

- Analyze/enhance utility에서 적용 결과를 확인할 수 있음

- Minimal class size가 증가한 것을 확인

- Number of classes가 감소한 것을 확인

- Number of records 수가 변하지 않은 것을 확인

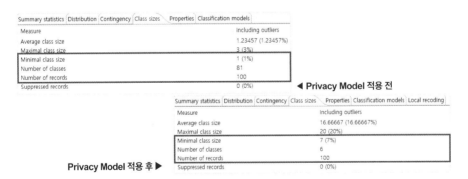

- 나이가 5살 단위로 변환됐음을 확인 가능

- 준식별자 조합에 대한 유일성도 낮아짐을 확인 가능

- 재식별가능성이 모두 줄어든 것을 확인 가능

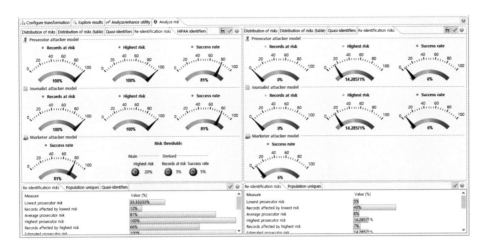

# 개인정보 비식별 조치 가이드라인의 적정성 평가 절차

2016년 부처합동으로 발간한 개인정보 비식별조치 가이드라인은 비식별을 통해 데이터의 활용을 가능하게 했다. 이렇게 데이터를 활용하기 위해서는 적정성 평가를 거쳐야 하며 적정성 평가를 통과해야만 데이터의 활용이 가능하다.

부록 C에서는 개인정보 비식별 조치 가이드라인에 명시된 적정성 평가 절차 및 방법에 대해 설명한다.

일단 적정성 평가가 필요한 사례[1]를 들어보자.

---

**사례**

○ **매사추세츠주 사례(1997, 미국)**

- 미국 매사추세츠주의 단체 보험위원회가 매사추세츠주 정부 소속 공무원의 무료 병원 출입 기록을 요약해 공개

---

1 개인정보 비식별화에 대한 적정성 자율평가 안내서(NIA, 2012)

- 공개 정보에서 이름, 주소, 사회보장번호와 그 외의 식별정보는 제거했으나, 환자 관련 100여 개의 속성정보는 미삭제해 공개함
- 또한, 매사추세츠주에서는 이름, 성별, 생년월일, 우편주소가 포함된 투표자 명부를 판매하고 있었음
- 일련의 연구자가 투표자 명부와 의료 데이터를 매칭해서 특정 개인에 대한 재식별을 시도해 병원의 의료기록이 주지사의 정보라는 것을 식별

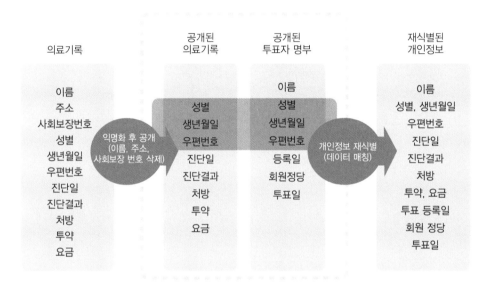

**그림 C-1** 매사추세츠주 사례에서의 재식별 과정

○ 넷플릭스 사례(2006, 미국)

- 온라인 영화대여 회사인 넷플릭스는 고객의 기호에 맞는 영화를 추천하는 알고리즘의 정확성을 높이기 위해 경연대회를 실시
  - 1999년 12월부터 2005년 12월까지 50만 명의 이용자가 영화에 대한 평점을 내린 1억 건의 시청 이력 데이터를 공개
  - 사용자를 식별할 수 있는 이름 등은 삭제했으나, 데이터 처리 내용을 연결하기 위해 독특한 식별자, 영화에 대한 평가 내용, 평가 일시 등을 공개

• 텍사스 대학의 한 그룹이 넷플릭스사가 공개한 시청 이력 데이터와 영화정보 사이트 IMDb(Internet Movie Database)에 공개된 사용자 리뷰를 결합해 일부 개인을 식별해 냄
- 미국연방거래위원회(FTC)가 프라이버시에 관한 문제를 지적해 제2회 경연은 중지

○ 아메리카 온라인 사례(2006, 미국)

- 아메리카 온라인(AOL, American Online)은 학술연구를 위한 65만 명의 사용자가 3개월간 AOL의 검색엔진으로 검색한 이력 리스트 2,000만 건을 공개
  • 사용자명과 IP 주소를 비식별화했지만, 사용자명은 유용성 확보를 위해 특정 번호의 식별자로 교환해 공개
- 뉴욕 타임스(NewYork Times)의 기자 2명이 검색 이력으로부터 이용자 '4417749'가 62세의 텔마 아놀드(Thelma Arnold)라는 미망인으로 조지아주 릴번이라는 지역에 살고 있다는 사실을 밝힘
- 자료를 공개한 그 다음 주에 AOL은 데이터 공개를 중지하고 사과했으며, 관련 연구자와 그 상사를 해고하고, 최고기술책임자(CTO)가 사임함

○ SNS에 노출된 개인정보를 이용한 개인 재식별(2013, ETRI)

- 페이스북 667만 개, 트위터 277만 개의 한국인 이용자 계정에 업로드한 데이터를 이용해서 개인에 대한 재식별가능성을 분석
  • 분석결과 기존에 비식별 정보라고 생각되던 정보를 개인을 특정할 수 있는 경우가 3% 이상이고, 다른 정보와 조합을 통해 개인을 특정할 수 있는 경우가 최대 45%에 달하는 것으로 분석
- 페이스북과 트위터에 공개된 이용자의 정보와 정보를 공개한 이용자는 알지 못했던 데이터의 조합을 통해 개인을 재식별할 수 있는 가능성과 그 정도를 확인

위와 같이 개인정보를 재식별한 사례에 대해 하나씩 살펴보면 다음과 같다.

매사추세츠주지사의 재식별 사례는 단체 보험위원회가 병원 출입 기록을 적정하게 비식별 조치를 수행하지 않았기 때문에 발생한 사례로서, 공개된 의료정보 내 다

른 정보와 결합해 개인을 식별할 수 있는 요소인 성별, 생년월일, 우편번호에 비식별 조치를 적용하지 않아 발생한 문제였다. 해당 주에서 투표자 명부가 판매되고 있는 경우 명부에 있는 항목은 준식별자로 기준을 정해서 비식별 조치를 수행해야 하며, 제공하는 또는 공개하는 정보는 제공받는 사람이 가지고 있는 정보 또는 공개돼 있는 정보를 파악하여 비식별 조치 기준을 수립해야 할 것이다.

넷플릭스 사례는 다른 정보와 결합해 개인을 알아볼 수 있는 이름 등은 삭제했지만 사용자가 등록한 영화 리뷰의 성격, 특성 등의 분석을 통해 재식별가능성을 나타낸 사례로서, 위치정보를 활용한 빈도가 낮은 동선 정보의 경우에도 특정 사람이 주기적으로 움직이는 경우 특정 개인을 식별할 수 있는 가능성이 있어 비식별 조치 시 유의해야 하며, 본 사례와 같이 SNS·리뷰·게시판 등의 비정형 정보의 경우 개인정보 요소를 파악하기 어려워 더욱 세밀한 비식별 조치 검토가 필요하다.

SNS에 노출된 개인정보를 이용한 개인 재식별 사례는 SNS에 올라온 성별, 학력, 혈액형, 관심사, 좋아하는 음식 및 거주지역 등과 같이 다른 정보와 결합해 개인을 알아볼 수 있는 정보를 조합한 결과 '이름-고등학교' 조합만을 통해서도 식별되는 경우는 226만 명(34%)에 달하고, '대학생' 정보를 추가할 경우 297만 명(45%)의 식별이 가능하다고 밝혔다. 결론적으로 정보 하나하나를 조합해 개인을 식별하거나, 계정을 상호 연결해 더 많은 정보가 노출될 수 있는 위험성에 대한 심각성을 연구[2]한 것에는 의의가 있다고 생각한다. 다만, SNS 정보를 자동으로 수집하는 기술은 저작권법이나 개인정보 침해에 해당할 수 있으며, 수집한 정보를 어느 정도로 비식별 조치를 수행했느냐에 대한 재검토가 필요한 부분이다.

___

결국 재식별가능성은 데이터의 내용 및 구조, 공개의 형태, 공개된 데이터의 익명처리 정도, 데이터에 대한 접근     을 둘러싼 사후적 관리, 준식별자                의 존재 및 관리, 공격자        의 현실적 존재가능성 및 기술적 능력 등으로 이뤄질 수

---

2    최대선, 한국정보보호학회 논문지 10월호 2013-55호

있으며, 데이터 환경이나 맥락     에 대한 고려가 중요[3]하다고 정의를 내릴 수 있다.

이처럼 개인정보에 대한 비식별 조치가 충분하게 적용돼 있지 않을 경우 비식별 정보에 대한 재식별은 종종 일어나고 있다. 그럼 기존 가이드라인은 어떤 절차를 통해 비식별 정보의 적정성을 평가하는지 알아보도록 하겠다.

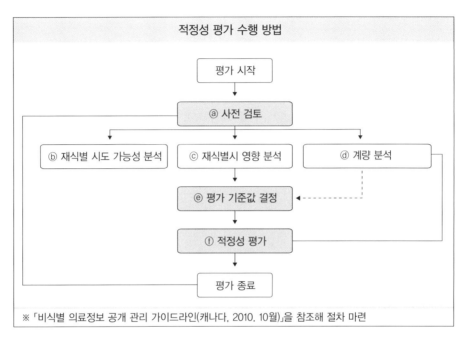

**그림 C-2** 개인정보 비식별 조치 가이드라인에서의 적정성 평가 수행 방법

가이드라인은 위의 그림처럼 ⓐ 사전검토, ⓑ 재식별 시 시도 가능성 분석, ⓒ 재식별 시 영향분석, ⓓ 계량분석 등 총 4단계를 통해 ⓔ의 평가 기준값을 결정하도록 하고 있다. 결과적으로 적정성 평가는 이러한 평가 기준값 결정 결과와 비식별 정보의 계량 분석결과를 비교해 평가 기준값보다 계량 분석결과가 높은 경우 적정으로 판단을 하고 있다. 그러나 실무에서는 단순히 두 값의 비교만을 보는 것은 아니며 각 단계별 취약성이 있는 부분과 재식별 우려가 있는 부분에 대해서도 기술전문가와 법률전문가, 해당 데이터 생성기관의 실무자가 토론을 통해 보완사항을 도출하고, 적

---

3    의료정보정책 공개포럼, 개인(의료)정보의 보호와 활용(고학수, 2018. 06. 22)

용을 할 수 있도록 하고 있다. 이제 각 단계별 세부사항에 대해 알아보도록 하자.

세부 사항에서는 가이드라인의 적정성 평가의 절차와 방법에 추가적으로 개선이 필요한 부분까지 함께 설명한다.

## C.1 사전검토

기초자료의 충분 여부와 식별요소의 제거 여부, 기초자료와 일치 여부 등을 판단하게 된다. 기초자료의 충분 여부는 평가 시 담당자 인터뷰 등을 통해 유동적으로 판단이 가능하다. 사전검토 시 가장 중요한 사항은 식별요소의 제거 여부인데 개인정보 항목을 광의적으로 해석하다 보면 비식별 정보를 활용하려는 목적을 달성하지 못할 수도 있다. 따라서, 해당 기관의 원데이터와 제공하여 활용하려는 목적 등을 기초로 데이터 항목에 대한 평가측정을 통해 개인정보를 상황에 따라 판단해야 한다.

가이드라인에서는 기본적으로 해당 기업이 비식별 정보를 활용하려는 데이터의 명세와 비식별 조치 현황, 제공하는 또는 제공받는 기관의 관리수준 등을 파악해야 한다. 세부적으로 데이터 명세에는 데이터의 크기, 생성방법, 관리환경, 비식별 조치 대상 항목, 일부샘플 등의 내용이 포함돼야 하며, 비식별 조치 현황에서는 식별자/속성자 구분, 평가 대상 데이터의 프라이버시 모델 적용 여부 및 적용했을 경우 수치, 비식별 조치에 적용한 기법/세부 기술 등이 명세돼야 한다. 비식별 정보는 단일 정보로써는 개인을 알아볼 수 없지만 다른 정보와 연계가 되거나 데이터를 제공하는 기관의 정보보호 수준에 따라 비식별 정보를 생성한 원본정보가 해킹 등의 위험으로 인해 유출될 위험성이 있기 때문에 정보를 제공하는 기관에 대한 관리수준도 확인해야 한다. 구체적인 사항은 데이터 이용목적, 이용 방법, 이용 기간과 비식별 정보에 접근이 가능한 자에 대한 보안각서 징구, 정기적 교육 여부 및 데이터를 제공하는 방법, 데이터 보호를 위한 일련의 조치 현황, 데이터 이용환경의 기술적/관리적 보호조치 여부 등을 파악할 수 있도록 기초자료가 준비돼야 한다.

가이드라인에 따른 적정성 평가 절차 중 ⓐ 기초자료 작성에 관한 부분은 법 개정에 따라 자율적으로 수행하는 평가에 대해 강제 권한은 없다. 따라서, 평가를 수행하는 기업에서 자율적으로 항목 등을 가감해 평가를 준비하면 된다. 다만, 기초자료는 비식별 정보 처리에 대한 전반적인 수준과 이력관리 등을 체계적으로 관리하는 증빙 자료가 될 수 있기 때문에 어렵고 번거롭더라도 추후 실태점검 등을 대응하기 위해 꼼꼼히 준비할 것을 권고한다.

**사례**

### 1. 기초자료 목록

| 분야 | 번호 | | 기초자료 | 비고 |
|---|---|---|---|---|
| 1. 데이터명세 | 1 | 일반사항 | 원본 데이터 크기(레코드 수) | 필수 |
| | 2 | | 원본 데이터 생성 방법 | 필수 |
| | 3 | | 원본 데이터 관리 환경(기술적, 물리적) | 필수 |
| | 4 | | 원본 데이터 세부 항목별 명세(범위, 개수 등) | 필수 |
| | 5 | | 원본 데이터 예시 | 필수 |
| | 6 | | (비식별 조치된) 평가 대상 데이터 세부 항목별 명세 | 필수 |
| | 7 | | (비식별 조치된) 평가 대상 데이터(표) (예시 또는 일부 레코드) | 필수 |
| | 8 | 분포도 | 원본 및 비식별 정보 칼럼별 분포(각 값의 범위 및 값별 개수) | 필수 |
| | 9 | | NSA로 지정한 칼럼의 분포(각 값의 범위 및 값별 개수)<br>*NSA(non-sensitive attribute): 일반 속성 | 필수 |
| 2. 비식별 조치 현황 | 1 | | 실별자 속성자 구분 및 근거(속성자는 QI와 SA로 구분해 정리)<br>*QI(Quasi-Identifier): 준식별자, SA(Sensitive attribute): 특성정보 | 필수 |
| | 2 | | 평가 대상 데이터의 프라이버시 모델(k-익명성, l-다양성, t-근접성) 적용 수치 및 산출 근거 | 필수 |
| | 3 | | 산출 근거에 사용된 k값과 유사한 k값 적용 시의 변화(Average 재식별 위험도 등, k가 3인 경우 2, 3, 4, 5 정도)<br>*Average 재식별 위험도: k값이 적용된 동질집합의 평균값을 통해 재식별 위험도(예를 들어, K가 3으로 적용된 9개의 데이터가 동질집합이 3개, 3개, 3개로 됐을 경우, average 재식별 위험도는 약 33%가 됨) | 필수 |
| | 4 | | 비식별 조치에 적용한 기법 세부 기술 | 필수 |
| | 5 | | l-다양성, t-근접성 적용 칼럼에 적용한 비식별 기법 및 세부기술 | 필수 |

**그림 C-3** 기초자료 목록 1(데이터 명세, 비식별 조치 현황)

| 분야 | 번호 | 기초자료 | | 비고 |
|---|---|---|---|---|
| | 1 | 데이터 이용 기관명 | | 필수 |
| | 2 | 데이터 이용기관의 이용 목적 | | 필수 |
| | 3 | 데이터 이용 방법 | | 필수 |
| | 4 | 데이터 이용 기간 | | 필수 |
| | 5 | 데이터 접근 가능자 현황 | | 필수 |
| | 6 | 데이터를 제공받는 방법 | | 필수 |
| | 7 | 데이터 보호를 위한 일련의 조치 현황 | | 필수 |
| | 8 | 데이터 이용 및 제공과 관련이 있는 계약서 또는 협약서 사본<br>*계약서가 없는 경우 그 사유 제시 | | 필수 |
| | 9 | 보호조치 | 데이터 이용 기관의 정기적 보안 점검에 대한 증적 | 필수 |
| | 10 | | 데이터 접근 가능 인력에 대한 보안각서 징구 증적 | 필수 |
| | 11 | | 데이터 접근 가능 인력에 대한 정기적인 보안 교육에 대한 증적 | 필수 |
| 3. 이용기관의<br>관리 수준 | 12 | | 데이터의 보관 및 처리를 위한 관리계획(내부관리계획 등) | 필수 |
| | 13 | | 데이터 관리계획에 따른 운영 증적 | 필수 |
| | 14 | | 데이터 이용환경에서의 침입탐비/차단 시스템 가동 증적 | 필수 |
| | 15 | | 데이터 이용환경의 외부 인터넷망 차단 사항 | 필수 |
| | 16 | | 데이터 처리 시스템의 비밀번호 생성 규칙 및 운영 증적 | 필수 |
| | 17 | | 데이터 접근 가능 인력의 접근권한 부여 및 접근이력 관리 증족 | 필수 |
| | 18 | ISO27001, ISMS-P 등 인증서<br>*해당 항목 제출 시 위의 '9번-17번 보호조치' 항목은 인증에 준비한 증적으로 대체<br>할 수 있음 | | 선택 |
| | 19 | 사용 목적이 달성된 데이터 폐기를 위한 절차와 관련 증적 | | 필수 |

**그림 C-4** 기초자료 목록2(이용기관의 관리수준)

기초자료 준비가 끝나면 검증을 위한 평가단을 구성해야 한다. 가이드라인에서는 비식별 법률/기술전문가를 각 1인 포함하고 외부위원을 내부위원보다 과반수 높게 구성해야 한다고 정의하고 있으나 개정 법률에는 적정성 평가가 필수(강제)가 아니기 때문에 기업/기관에서 전문가를 섭외해 자체적으로 구성하는 방안이 필요하다. 또한, 가이드라인에서 제시한 착수회의를 포함, 2회 이상 운영에 대한 부분은 온라인 검토를 통해 현장평가 1회만 해도 충분하다고 생각한다. 왜냐하면 현장평가 시 미흡 사항에 대해 추가 평가를 수행해도 되며, 2회 이상 외부전문가를 섭외하고 일정 조율 및 회의실 예약 등의 소비되는 시간과 비용이 매우 소모적이기 때문이다.

## 2. 재식별 시 시도 가능성 분석

재식별 시 시도 가능성 분석은 데이터를 이용 또는 제공받는 자의 개인정보 재식별 의도와 능력, 개인정보보호 수준 등을 통해 재식별 시도 가능성을 분석하는 단계로 세부적으로 2단계로 나눠 평가가 진행된다. 첫 번째는 데이터 이용자 또는 요청자의 재식별 의도 및 능력을 분석하는 것으로 가이드라인에서는 다음과 같은 지표를 제공하고 있다.

| 구분 | 세부 지표 | 평가 |
|------|-----------|------|
| 재식별 의도 | 데이터 이용자 또는 요청자가 데이터 제공자와 기존에 함께 업무를 수행하면서 상호 신뢰관계를 구축한 경험이 있음 | 예/아니요 |
| | 데이터 이용자 또는 요청자가 데이터를 재식별하는 경우 경제적인 이익이 있음 | 예/아니요 |
| | 데이터 이용자 또는 요청자가 데이터를 재식별하는 경우 비경제적인 이익이 있음 | 예/아니요 |
| | 데이터 이용자 또는 요청자가 데이터를 제3의 이용자에게 사전 허가 없이 제공할 가능성이 있음 | 예/아니요 |
| | 데이터 이용자 또는 요청자가 데이터 이용(제공) 관련 계약서에 재식별 금지 및 제3자에게 데이터 제공 제한 등의 문구를 반영하고 있지 않음 | 예/아니요 |
| 재식별 능력 | 데이터 이용자 또는 요청자가 개인정보 재식별을 시도할 수 있는 전문 지식을 보유하고 있음 | 예/아니요 |
| | 데이터 이용자 또는 요청자가 개인정보 재식별을 시도할 수 있는 재원(자금)을 보유 또는 조달할 수 있음 | 예/아니요 |
| | 데이터 이용자 또는 요청자가 개인정보 재식별을 위해 연계할 수 있는 다른 데이터베이스를 직접 보유하고 있거나 접근할 수 있음 | 예/아니요 |
| 외부 정보 연계 가능성 | 인터넷, SNS 등에 평가대상 데이터와 결합 가능한 데이터가 존재할 수 있음 | 예/아니요 |

**그림 C-5** 재식별 의도 및 능력 분석 평가 지표

재식별 의도는 데이터의 이용자 또는 요청자가 과거에 같이 업무를 했던 이력, 재식별 시 경제적 또는 비경제적 이익이 있거나 상호 담합 가능성 여부 등을 평가할 수 있으며, 재식별 능력은 생성된 비식별 정보를 다시 재식별해 악용할 수 있는 가능성에 대한 평가가 가능하다. 마지막으로 생성한 비식별 정보가 외부에 공개된 정보와 연계 가능성을 평가한 후 개인별로 '예'로 평가한 지표의 개수를 합산하고 전체 평가 인원의 수로 나눠 최종 결과를 산출한다(개인별 점수는 최대 9점, 점수가 높을수록 재식별 의도 및 능력이 큼). 이렇듯 '재식별 의도 및 능력 분석'은 데이터 이용자 또는 요청자가 비식별 정보를 활용해 오남용을 할 우려가 있는 부분을 판단할 수 있다.

※ 평가단 평균점수가 5점 이상인 경우 '높음', 3점 이상 5점 미만인 경우 '중간', 3점 미만인 경우 '낮음'

두 번째는 개인정보보호 수준에 대한 분석인데 비식별 정보를 보유하고 있는 데이터 이용자 또는 요청자의 개인정보보호 수준을 검토해 정보 보호에 대한 안전성을 평가하게 된다. 가이드라인에서는 다음과 같은 지표를 제공하고 있다.

| 구분 | 세부 지표 | 평가 |
|---|---|---|
| 개인정보보호 능력 | 데이터에 접근할 수 있는 인력에 대해 보안각서를 받고 있음 | 예/아니요 |
| | 데이터에 접근할 수 있는 인력에 대해 정기적으로 보안 교육을 실시하고 있음 | 예/아니요 |
| | 데이터 이용자 또는 요청자가 데이터의 보관 및 처리를 위한 관리계획을 수립하고 있음 | 예/아니요 |
| | 데이터 이용자 또는 요청자가 데이터의 보관 및 처리를 위한 관리계획에 따라 운영하고 있음 | 예/아니요 |
| | 데이터는 물리적, 기술적 보호 조치가 마련된 안전한 방법을 이용해서 제공하고 제공 받음 | 예/아니요 |
| | 침입차단 및 침입탐지 시스템이 설치된 서버, PC 등에서 이용됨 | 예/아니요 |
| | 데이터에 접근할 수 있는 인력의 접근권한 부여 및 접근 이력이 관리되고 있음 | 예/아니요 |
| | 데이터 이용자 또는 요청자가 보안 관리부서로부터 정기적으로 보안 점검을 받고 있음 | 예/아니요 |
| | 데이터 이용자 또는 요청자가 ISO27001, ISMS, PIMS 등이 인증을 받음 | 예/아니요 |

**그림 C-6** 개인정보보호 수준 평가 지표

일반적으로 데이터에 접근할 수 있는 인력에 대한 보안각서 수령 여부, 주기적인 교육, 데이터 보관 및 처리에 대한 관리계획 등 관리적 · 기술적 보호조치에 대해 평가하게 되며, 재식별 의도 및 능력 분석과 동일하게 개인별로 '예'로 평가한 지표의 개수를 합산하고 전체 평가인원의 수로 나누어 최종 결과를 산출한다. 특이한 점은 해당 비식별 정보가 인터넷 등 일반에 공개하는 경우에는 평가 점수를 주지 않는다는 점이다. 가이드라인에서는 가이드라인에 따라 적절히 생성된 비식별(익명) 정보라도 불특정 다수에게 공개하는 것은 식별위험이 크므로 원칙적으로 금지를 하고 있기 때문이다.[4] 그러나 평가점수를 못받는다고 적정성 평가를 못 받는다는 점도 아니다. 이 부분은 최종 평가 기준값 설정에서 설명을 하도록 하겠다. 결국 개인정보보호 수준 평가는 비식별 정보를 이용 또는 활용하는 기업 등에서 비식별정보가 외부로 유

---

4    가이드라인 p.13

출될 가능성에 대해 판단할 수 있다.

- 평가단 평균점수가 6점 이상인 경우 '높음', 4점 이상 5점 미만인 경우 '중간', 4점 미만인 경우 '낮음'

재식별 시 시도 가능성 분석은 위에서 평가한 '재식별 의도와 능력', '개인정보보호 수준'의 결과를 고려해 다음과 같은 분석표를 기반으로 최종 결과를 산출한다.

| 재식별 시도 가능성 분석표 | | | |
|---|---|---|---|
| 2) 개인정보보호 수준 | | | |
| 없음 | 빈번한 | 빈번한 | 빈번한 |
| 낮음 | 가능한 | 가능한 | 가능한 |
| 중간 | 가끔 | 가끔 | 가끔 |
| 높음 | 거의 없는 | 거의 없는 | 거의 없는 |
| | 낮음 | 중간 | 높음 | 1) 재식별 의도 및 능력 |

**그림 C-7** 재식별 시도 가능성 분석표

## 3. 재식별 시 영향 분석

재식별 시 영향 분석은 데이터가 의도적 또는 비의도적으로 재식별됐을 때(특히, 개인정보 또는 프라이버시 침해) 정보주체에게 미치는 영향에 대해 분석을 한다. 평가방법은 다음과 같은 지표를 기반으로 하며, 평가 기준은 다른 평가와 마찬가지로 개인별 '예'로 평가한 지표를 합산하고 전체 평가인원 수로 나눠 산출한다.

| 구분 | 세부 지표 | 평가 |
|---|---|---|
| 재식별 시 영향 | 데이터가 재식별됐을 때 법적, 도덕적, 기술적 이슈로 사회적인 혼란을 가져올 가능성이 있음 | 예/아니요 |
| | 데이터가 재식별됐을 때 관련 정보주체의 개인정보 또는 프라이버시를 침해할 수 있음 | 예/아니요 |
| | 데이터가 재식별됐을 때 관련 정보주체에게 경제적 또는 비경제적 손실을 발생시킬 수 있음 | 예/아니요 |
| | 데이터가 재식별됐을 때 데이터 이용자 또는 요청자에게 경제적 또는 비경제적 손실을 발생시킬 수 있음 | 예/아니요 |

**그림 C-8** 재식별 시 영향 분석 평가표

| 구분 | 평가 기준 |
|---|---|
| 높음 | 평균 점수가 2점 이상인 경우 |
| 중간 | 평균 점수가 1점 이상, 2점 미만인 경우 |
| 낮음 | 평균 점수가 1점 미만인 경우 |

**그림 C-9** 재식별 시 영향 분석 평가 기준표

## 4. 계량분석

계량분석은 적정성 평가 대상의 비식별 정보에 대해 프라이버시 보호 모델 수치를 계량으로 측정하는 절차로 k-익명성과 l-다양성을 분석한다. 다만, 실제 적정성 평가 시 평가단이 비식별 정보 전체를 계량분석하기에는 시간과 권한에 대한 제약을 받을 수밖에 없기 때문에 사전에 신청기관에 계량분석 보고서 등을 요청하고 그 결과를 확인할 수 있다. 계량분석 보고서는 외부의 공신력 있는 전문기관에 의뢰를 하도록 하고 상황에 따라 데이터 양이 비교적 많지 않고, 비식별 정보를 처리할 수 있는 권한이 있는 경우 계량분석Tool(R, ARX, Excel 등)을 활용하거나 간단한 SQL문으로도 확인이 가능하며 평가단이 직접 수행을 할 수 있다.

**표 C-1** SQL문을 이용한 계량 분석 예시

---

**SQL을 이용한 계량 분석**

예시) 칼럼 중 QI 칼럼이 BIRTH, AGE, SEX, DISEASE인 경우의 k-익명성에 대한 SQL문

- SELECT BIRTH,AGE,SEX,DISEASE,COUNT(*) FROM TARGET_TABLE GROUP BY BIRTH,AGE,SEX,DISEASE ORDER BY COUNT(*);

결과는 모든 동질집합에서의 라인수(k값)가 출력되며 그중 가장 적은 값이 그 전체 데이터의 K값이 된다.

예시) 칼럼 중 QI 칼럼이 BIRTH, AGE, SEX, DISEASE이고 SA칼럼이 DISEASE인 경우의 L-다양성에 대한 SQL문

- SELECT BIRTH,AGE,SEX,DISEASE,COUNT(*),COUNT(DISTINCT SALARY) FROM TARGET_TABLE GROUP BY BIRTH,AGE,SEX,DISEASE ORDER BY COUNT(DISTINCT SALARY), COUNT(*);

결과는 모든 동질집합에서의 L값이 출력된다. 가장 적은 값이 그 전체 데이터의 L값이 된다.

## 5. 평가 기준값 설정

지금까지 평가해온 b. 재식별 시도 가능성 분석의 결과와 c. 재식별 시 영향분석을 기반으로 다음과 같은 평가 기준값을 설정할 수 있다.

| 평가 기준 값 사례 | | | | | |
|---|---|---|---|---|---|
| 재식별 시 영향 | | | | | |
| 침해위험 높음 | $k = 5$ $\ell = 2$ | $k = 10$ $\ell = 3$ | $k = 10$ $\ell = 4$ | $k = 20$ $\ell = 5$ $t < 0.3$ | |
| 침해위험 중간 | $k = 3$ $\ell = 2$ | $k = 5$ $\ell = 2$ | $k = 10$ $\ell = 3$ | $k = 10$ $\ell = 4$ | |
| 침해위험 낮음 | $k = 3$ $\ell = 2$ | $k = 5$ $\ell = 2$ | $k = 5$ $\ell = 2$ | $k = 10$ $\ell = 3$ | |
| | 거의 없는 | 가끔 | 가능한 | 빈번한 | 재식별 시도 가능성 |

*세부 검토 기준 값은 단순 사례이며, 실제 적용 시 일반적인 기준 값으로 이용하는 것은 적정하지 않을 수 있음. 기준 값에 대한 결정은 평가단의 검토 및 논의에 따라 적용 프라이버시 모델 및 기준을 정하여 사용해야 함

**그림 C-10** 평가 기준값 사례

평가 기준값 설정 사례에는 재식별 시 영향과 시도가능성만을 비교하고 있지만, 실무에서는 평가 대상 데이터의 속성자 항목 수, 규모, 시간 흐름에 따른 누적 데이터 존재 여부 등의 데이터 특징을 파악하고, 비식별 정보를 활용하려는 기관의 법적 근거 및 목적 등도 파악해 기준값을 설정해야 한다.

재식별 시도 가능성 분석 단계 중 하나인 개인정보보호 수준 평가에서 비식별 데이터를 외부에 공개하는 경우에는 평가 점수를 부여하지 않게 돼 있으나 이 경우에도 평가 기준값은 설정할 수 있으며, 외부로 공개되는 만큼 매우 강한 비식별 조치 수준을 설정해야 한다는 점도 확인할 수 있다.

기존 가이드라인에서는 계량분석의 결과는 매우 중요한 요소 중 하나였지만 프라이버시 보호 모델을 적용한다고 해서 재식별이 안 된다고 보장할 수 있는 것도 아니고, 식별자, 준식별자 외의 속성자를 이용해 재식별이 가능할 수 있기 때문에 계량분석만으로는 비식별 정보가 안전하다고 보장할 수 없다.

미국 산업계 표준인 HITRUST에서는 프라이버시 보호 모델 선정 기준을 비식별 조치 수행 전 임계치 기준을 설정하는 과정으로 설명을 하고 있다. 예를 들어 데이터 활용 환경이나 특성을 고려해 프라이버시 보호 모델에 대한 임계치(k=2~20)를 설정하고 그 기준에 맞춰 나머지 데이터를 비식별 조치하도록 정의하고 있다. 국내에서도 이러한 방식을 통한 비식별 조치 방법론이 적용돼야 할 것이고, 이 내용은 5장에서 설명했다.

여기까지 가이드라인에 따른 적정성 평가 지표에 대해 알아봤는데, 지표를 보면 많이 이상하고, 매우 어렵다는 점을 느끼게 될 것이다. 그 이유 중 하나는 지표의 모호성이다. 한 가지 예로 '데이터 이용자 또는 요청자'라는 범위가 굉장히 넓다. 두 개의 회사가 비식별 정보 활용에 대한 협의를 할 경우 이용자와 요청자가 분리될 수 있겠지만 단일 회사에서 활용할 경우에는 이용자와 요청자가 구분이 되지 않는다. 또한, '재식별하는 경우 경제적인 이익'이란 내용에 대해서도 어느 정도가 경제적인 이익인지, 비경제적인 이익의 정의는 무엇인지에 대해 판단하기가 매우 어렵다. 두 번째로 평가에 대한 기준도 '예/아니오'라는 절대적인 평가만 가능하기 때문에 일부 문제가 있는 부분에서 어떻게 평가를 내려야 하는지에 대한 문제점도 존재하고 있다.

위의 문제는 가이드라인에서 설명하고 있는 모든 지표에 적용되는 사항이기 때문에 적정성 평가 지표를 보다 명확히 하고, 평가 척도에 대한 부분은 5점 척도(1, 2, 3, 4, 5)로 수준을 나누어 평가가 가능하도록 개선이 필요하다. 그렇다고 이런 적정성 평가 자체가 잘못된다고 말을 하는 것은 아니며, 해당 절차는 캐나다 등에서도 활용을 하고 있으므로 세부적인 지표에 대한 부분은 자사의 내부규정에 근거하여 지표를 개선해 활용하는 방법을 권고하고 싶다.

# 비식별처리 위탁계약서(안) –가이드라인('16.) 기준

## 비식별 정보처리 위탁 계약서(안)

○○○(이하 "갑"이라 한다)과 △△△(이하 "을"이라 한다)는 "갑"의 비식별정보 처리업무를 "을"에게 위탁함에 있어 다음과 같은 내용으로 본 업무위탁계약을 체결한다.

**제1조 (목적)** 이 계약은 "갑"이 비식별정보 처리업무를 "을"에게 위탁하고, "을"은 이를 승낙하여 "을"의 책임아래 성실하게 업무를 완성하도록 하는 데 필요한 사항을 정함을 목적으로 한다.

**제2조 (용어의 정의)** 본 계약에서 별도로 정의되지 아니한 용어는 「개인정보 비식별 조치 가이드라인」에서 정의된 바에 따른다.

**제3조 (위탁업무의 목적 및 범위)** "을"은 계약이 정하는 바에 따라 (          ) 목적으로 다음과 같은 비식별정보 처리 업무를 수행한다.[1]

---

1   각호의 업무 예시: 시장조사, 신상품 개발, 마케팅 전략 수립, 업무프로세스 개선, 위험관리, 고객 분석 등

1.

2.

**제4조 (재식별 금지)** "을" 또는 "을"의 임직원 기타 "을"의 수탁자가 비식별정보 처리 업무 수행중 재식별 행위[2]를 하여서는 안 된다.

**제5조 (재위탁 제한)** ① "을"은 "갑"의 사전 승낙을 얻은 경우를 제외하고 "갑"과의 계약상의 권리와 의무의 전부 또는 일부를 제3자에게 양도하거나 재위탁할 수 없다.

② "을"이 재위탁받은 수탁회사를 선임한 경우 "을"은 당해 재위탁 계약서와 함께 그 사실을 즉시 "갑"에 통보하여야 한다.

**제6조 (비식별정보의 안전성 확보조치)** "을"은 「개인정보 비식별 조치 가이드라인」에 따라 비식별 정보의 안전성 확보에 필요한 관리적 · 기술적 조치를 취하여야 한다.

**제7조 (비식별정보의 처리제한)** ① "을"은 계약기간은 물론 계약 종료 후에도 위탁업무 수행 목적 범위를 넘어 비식별정보를 이용하거나 이를 제3자에게 제공 또는 누설하여서는 안 된다.

② "을"은 계약이 해지되거나 또는 계약기간이 만료된 경우 위탁업무와 관련하여 보유하고 있는 비식별정보를 「개인정보 비식별 조치 가이드라인」에 따라 즉시 파기하여야 한다.

③ 제2항에 따라 "을"이 비식별정보를 파기한 경우 지체없이 "갑"에게 그 결과를 통보하여야 한다.

**제8조 (수탁자에 대한 관리 · 감독 등)** ① "갑"은 "을"에 대하여 다음 각 호의 사항을 관리하도록 요구할 수 있으며, "을"은 특별한 사유가 없는 한 이에 응하여야 한다.

1. 비식별정보의 처리 현황

2. 비식별정보의 접근 또는 접속현황

3. 비식별정보 접근 또는 접속 대상자

4. 목적외 이용 · 제공 및 재위탁, 재식별 금지 준수 여부

---

2 　재식별 행위: 다른 데이터와 결합 등을 통하여 비식별화돼 개인식별요소가 제거된 데이터를 다시 개인을 알아볼 수 있는 데이터로 변환하는 행위

5. 안전성 확보조치 이행 여부

6. 주기적인 재식별가능성 모니터링 이행 여부

7. 그 밖에 비식별정보의 보호를 위하여 필요한 사항

② "갑"은 "을"에 대하여 제1항 각 호의 사항에 대한 실태를 점검하여 시정을 요구할 수 있으며, "을"은 특별한 사유가 없는 한 이행하여야 한다.

**제9조 (재식별 위험 시 통지)** "을" 또는 "을"의 임직원 기타 "을"의 수탁자가 이 계약에 의하여 위탁 또는 재위탁받은 업무를 수행함에 있어 비식별정보가 재식별 위험발생 및 징후 발견 시 통지할 수 있는 절차를 마련하고 이를 이행하여야 한다.

**제10조 (손해배상)** ① "을" 또는 "을"의 임직원 기타 "을"의 수탁자가 이 계약에 의하여 위탁 또는 재위탁 받은 업무를 수행함에 있어 이 계약에 따른 의무를 위반하거나 "을" 또는 "을"의 임직원 기타 "을"의 수탁자의 귀책사유로 인하여 이 계약이 해지되어 "갑" 또는 정보주체 기타 제3자에게 손해가 발생한 경우 "을"은 그 손해를 배상하여야 한다.

② 제1항과 관련하여 정보주체 기타 제3자에게 발생한 손해에 대하여 "갑"이 전부 또는 일부를 배상한 때에는 "갑"은 이를 "을"에게 구상할 수 있다.

본 계약의 내용을 증명하기 위하여 계약서 2부를 작성하고, "갑"과 "을"이 서명 또는 날인한 후 각 1부씩 보관한다.


갑                                            을
○○시 ○○구 ○○동 ○○번지        ○○시 ○○구 ○○동 ○○번지
성       명:            (인)        성       명:            (인)

# 비식별 정보 처리에 대한 업무 협약서(안) –가이드라인('16.) 기준

## 비식별 정보 처리에 대한 업무 협약서(안)

**제 1 조(목적)** 본 협약은 ○○기관(이하 "○○")와 △△기관(이하 "△△") 間 각 사의 비식별(가명/익명)정보를 제공하고 활용함에 있어, 관련한 책임 아래 성실하게 업무를 완성하도록 하는 데 필요한 사항을 정함을 목적으로 한다.

**제 2 조(용어의 정의)** ① 개인정보 비식별 조치 가이드라인(이하 '가이드라인')이란 2016.6.30. 국무조정실, 행정자치부, 방송통신위원회, 금융위원회, 미래창조과학부, 보건복지부에서 발표한 것으로 개인정보의 비식별 조치 절차 및 효과 등에 대한 가이드라인을 말한다.

② 비식별정보란 개인 신용정보를 포함한 개인정보를 비식별 조치한 정보라 한다.

③ 비식별 조치란 정보의 집합물에서 개인을 식별할 수 있는 요소를 삭제하거나 대체 등의 방법을 통해 개인을 알아볼 수 없도록 하는 것으로 '가이드라인'에서 인정하는 것을 말한다.

④ 기타 본 조에서 별도로 정의되지 아니한 용어는 '가이드라인'에서 정하는 바에 따른다.

**제 3 조(업무의 범위)** 양 기관은 비식별 정보를 활용한 다음 사항에 관하여 서로 적극적으로 협력한다.

1. 비식별 정보의 상호 제공
2. ○○○ 모델 개발의 공동수행
3. 기타 상호 협의에 따른 사항

**제 4 조(비식별 적정성 평가)**

"○○"와 "△△"는 각자 자신의 비식별 정보를 '가이드라인'에서 정한 적정성 평가를 거쳐 활용하여야 하며, 개인식별요소가 제거되지 않았거나 재식별가능성이 확인되는 경우 정보의 처리를 즉시 중단하고 이를 파기하여야 한다.

**제 5 조(재식별 금지)**

① "○○"와 "△△"는 비식별 정보를 제3조에 기재된 업무 수행 목적으로 안전하게 이용하며, 제공받은 비식별정보는 개인을 식별하기 위한 어떠한 행위도 하여서는 아니 된다.

② "○○"와 "△△"는 제공받은 비식별 정보가 재식별 되거나 재식별가능성이 높아지는 상황이 발생할 경우 비식별정보 활용을 중지하고 관련사항을 상대방에게 즉시 통지하여야 한다.

**제 6 조(비용부담)** 본 협약의 이행을 위하여 소요되는 비용은 상호 협의를 통해 조정, 분담한다.

**제 7 조(비식별 정보 안전성 확보조치)**

"○○"와 "△△"는 '가이드라인'에 따라 비식별정보의 안정성 확보 및 비식별정보 유출 방지를 위해 각 호에 따라 필요한 관리적, 기술적 보호조치를 취하여야 한다.

제 8 조(비식별 정보 접근권 제한 및 전담 관리자 지정)

① "○○"는 제공받은 비식별정보에 접근할 수 있는 자를 제한하여 지정하여야 한다.

② "○○"는 제1항에 따라 지정받은 자가 비식별정보에 접근할 경우 그 권한을 확인하여야 하며, 각 이용의 경우마다 비식별정보 접근에 대해 기록하고 관리하여야 한다.

③ "○○"와 "△△"는 데이터 관련 공유 누설을 금지하며, 비식별정보를 접근하는 자가 이를 준수하도록 관리 감독할 책임을 진다.

제 9 조(업무목적 외 사용 및 제3자 제공 금지)

① "○○"와 "△△"는 비식별정보를 그 목적에 직접 해당하는 업무 외에 다른 용도로 사용할 수 없으며, 제3자에게 임의 제공 또는 누설해서는 아니 된다.

② "○○"와 "△△"는 비식별정보를 상대방의 사전 승인 없이 업무 목적 외로 별도(또는 다른 매체) 저장, 출력하거나 복사 가공해서는 아니 된다.

제 10 조(데이터 파기)

① 결합을 위해 생성한 임시대체키는 전문기관에 결합신청 이후 즉시 파기하여야 하며, 재생성을 하여서는 아니된다.

② 데이터 이용 목적을 달성할 시에는 해당 데이터를 지체 없이 파기하여야 한다.

제 11 조(손해배상)

어느 당사자가 본 협약에 규정된 의무를 위반하거나 '가이드라인' 및 기타 관련 법률·규정을 위반하여 상대방 또는 제3자에게 손해가 발생한 경우 위반 당사자는 상대방 또는 제3자에게 손해를 배상하여야 한다.

제 12 조(분쟁해결) 본 업무협약서의 해석이나 적용에 관한 분쟁은 상호 협의하여 정한다.

제 13 조(선관의무) 양 당사자는 선량한 관리자로서 주의를 다하여 신의에 따라 성실하게 협약서의 내용을 준수하여야 한다.

본 업무협약서의 효력은 양 당사자가 서명날인한 날로부터 발생하며, 양 기관의 명칭과 대표자 변경 등 주요한 변동사항이 발생하여도 본 업무 협약서에 따른 권리와 의무는 승계한다. 본 협약의 내용을 증명하기 위하여 협약서 2부를 작성하여 각 1부씩 보관한다.

년   월   일

주식회사 ○○○                    주식회사 △△△
주소                              주소
대표이사              (인)        대표이사              (인)

# 연도별 프라이버시 보호 모델의
# 주요 특징 및 알고리즘 요약(39종)

**표 F-1** 연도별 프라이버시 보호 모델의 주요 특징 및 알고리즘 요약(39종)

| 연번 | 출판년도 | 모델명 | 주요 특징 | 알고리즘 | 저자 | 논문명 | 방어기능한 공격유형 |
|---|---|---|---|---|---|---|---|
| 1 | 2002 | k-anonymity / k-익명성 | • Sweeney가 개발한 최초의 프라이버시 보호 모델<br>• 레코드연결공격의 취약점 방어를 위해 제안 | • 준식별자를 익명처리해 각각의 레코드가 적어도 서로 구분되지 않는 k-1개의 레코드를 가지게 하는 모델 | Sweeney L | k-anonymity: A model for protecting privacy | 레코드 연결공격 |
| 2 | 2005 | (c,t)-isolation / (c,t)-고립성 | • 공격자가 테이블을 참조한 후 특정한 개인의 민감한 속성값이 유추 확률을 증가시키려는 확률론적 공격을 방어하기 위해 제안<br>• 익명처리된 테이블을 참조한 후에 공격자의 배경지식의 증가를 최소화하는 것을 목표로 함 | • 레코드는 각 준식별자 속성을 좌표축으로 하는 좌표공간성의 점으로 정의하고 공격자는 좌표공간에서 특정한 하나의 점을 찾아내려는 isolator로 정의<br>• $q$를 중심으로 하고 반지름이 $c \wedge p$인 좌표공간성의 구에 대해. 구 안의 점의 개수가 $t$개 이하일 때. 점 $q$는 점 $p$를 $(c, t)$-고립한다고 정의 | Chawla S 등 | Toward privacy in public databases | 확률론적 공격 |
| 3 | 2006 | (X,Y)-anon / (X,Y)-익명 | • 원본 테이블이 스키마에 새로운 준식별자가 추가되었을 때, 이전에 익명처리해 배포한 테이블과 연결하여 신원 노출이 발생할 수 있음을 발견 | • 속성값 $x$에 대응하는 $y$값의 종류들 중 최소 수가 $k$ 이상이 될 때 만족 | Fung 등 | Privacy preserving data publishing: A survey of recent developments | 레코드 연결공격 |

| 연번 | 출판년도 | 모델명 | 주요 특징 | 알고리즘 | 저자 | 논문명 | 방어가능한 공격유형 |
|---|---|---|---|---|---|---|---|
| 4 | 2006 | l-diversity<br>l-다양성 | • k-익명성의 취약점(동질성, 배경지식에 의한 공격) 보완 | • 모든 동질 클래스에 서로 다른 민감한 속성값을 l개 가질 때 만족 | Machanavajjhala 등 | l-diversity: Privacy beyond k-anonymity | 속성 연결공격 |
| 5 | | Distinct l-diversity<br>구별 l-다양성 | • l-다양성의 변종으로 l-다양성은 단일 모델이 아니라, 각 모델이 다양성 정의가 다른 모델의 그룹임 | • 각 동질집합의 민감정보에 대해도 l개의 구별된 값이 존재해야 함 | | | |
| 6 | | Entropy l-diversity<br>엔트로피 l-다양성 | • 이 모델은 민감속성의 분포가 다양하고 전반적으로 고르를 때는 유효하나 실제 데이터셋은 그런 경우가 매우 드문(예: 환자의 90%가 심장질환이고 나머지 10%가 다른 질병의 경우). 따라서 매우 제한적임 | • 각 동질집합 E에 대해 식 만족 $(p(E,s)\log(p(E,s)))$을 만족하는 값들 중 최솟값을 말함. 이때 $p(E,s)$는 E 내에 민감정보 s를 갖는 레코드의 조각(fraction)을 말하며, $Entropy(E)=\log(l)$이 여야 함 | | | |
| 7 | | Recursive (c,l)-diversity<br>반복적 (c,l)-다양성 | • 동질집합에서 가장 많은 민감한 값이 지나치게 빈번히 나타나지 않으며, 많지 않은 민감한 값이 지나치게 않게 드물게 나타나지 않게 처리 | • 동질집합 E 내에 민감 속성값 $\{S_1, S_2, \ldots, S_m\}$ ($2 \leq m \leq l$)에 대해 각 $S_m$의 개수를 각각 $\{R_1, R_2, \ldots, R_m\}$이라 하고 이들을 내림차순으로 정렬한 값들을 각각 $\{r_1, r_2, \ldots, r_m\}$이라 할 때, 만일 $r_1 < c(r_2+r_3+\cdots+r_m)$을 만족(이때, c는 사용자가 미리정한 상수값) | | | |

| 연번 | 출판 연도 | 모델명 | 주요 특징 | 알고리즘 | 저자 | 논문명 | 방어가능한 공격유형 |
|---|---|---|---|---|---|---|---|
| 8 | 2006 | Disclosure-recursive (c,l)-diversity / 공개 반복적 (c,l)-다양성 | • 공격자의 배경 지식을 캡처하기 위해 민감정보의 도메인에 속한 일부 값이 비공개로 유지될 필요가 없는 경우를 처리 | • Positive disclosure: 만일 공격자가 높은 확률로 민감 속성의 값을 정확히 식별할 수 있는 익명처리 테이블이 공개되는 경우를 말함. 즉, 특정 민감정보값이 출현율을 $l$값과 특정상수 $c$값으로 제한)<br>• Negative disclosure: 공격자가 높은 확률로 민감 속성 중 몇 가지 가능성 있는 값들을 정확히 제거할 수 있는 익명처리 테이블이 공개되는 경우를 말함. 이를 Negative/Positive Disclosure-recursive $(c_1, c_2, l)$-diversity 모델이라 함 | Machanavajjhala 등 | l-diversity: Privacy beyond k-anonymity | 속성연결 공격 |
| 9 | | (X,Y)-privacy / (X,Y)-프라이버시 | • (X, Y)-익명성 모델과 (X, Y)-연결가능성(linkability), 신뢰도 제한, 위 세 가지 모델을 모두 통칭해서 부르는 말임<br>• 이 모델은 민감한 값의 분포가 왜곡됐을 때 심한 왜곡을 초래할 수 있는 문제점이 있음 | • 속성값 $x$로부터 속성값 $y$의 추론할 가능성을 제한. 이때 가능성이 높아질수록 프라이버시가 위험해짐. 따라서 $y$ 값이 없이 민감할 경우 해당 $y$의 값을 다른 값으로 대체할 필요가 있음 | K. Wang 등 | Anonymizing sequential releases | 레코드 연결공격 |

| 연번 | 출판연도 | 모델명 | | 주요 특징 | 알고리즘 | 저자 | 논문명 | 방어가능한 공격유형 |
|---|---|---|---|---|---|---|---|---|
| 10 | | (α,k)-anonymity | (α,k)-익명성 | • l-다양성 모델 개선을 위해 k-익명성 모델에 α-연결조건(α-association criteria)을 추가 | • k-익명성과 α-연결조건(각각의 동질집합 내에서 특정 민감속성의 빈도가 α(0≤α≤1)를 넘지 않게 제약하는 조건)을 동시에 만족하는 모델 | Wong 등 | (α,k)-anonymity: an enhanced k-anonymity | 속성연결 공격 |
| 11 | 2006 | personalized privacy | 개인화 프라이버시 | • 각 데이터 주체가 자신의 개인정보보호 수준을 특정 가능하게 함<br>• 침입자가 특정 한계점보다 큰 확률로 보호 노드의 하위 트리에서 자신의 민감한 값을 확률로서 유추할 수 있는 경우를 침해확률이라고 부르며, 이를 통해 레코드 소유자의 프라이버시가 침해될 수 있음<br>• 현실성이 부족하며 매우 이론적임 | • 각 레코드의 소유자가 해당 트리에 보호 노드(개인의 취향(preference))에 따라 값이 공개 또는 비밀로 즉, 비공개로 될 수 있으며 카테고리로 되어야 함을 특정 | X. Xiao 등 | Personalized privacy preservation | 속성연결 공격 |

| 연번 | 출판년도 | 모델명 | 주요 특징 | 알고리즘 | 저자 | 논문명 | 방어기능형/공격유형 |
|---|---|---|---|---|---|---|---|
| 12 | 2006 | Differential Privacy / 차분 프라이버시 | • 확률론적 공격을 막기 위한 프라이버시 보호 모델<br>• 주로 PPDM(Privacy Preserving Data Mining Model) 모델에 사용됨<br>• 특징 통계 분석의 설계에 있어, 차분 프라이버시는 데이터셋의 입력에 특정 데이터 주체의 포함 여부와 관계없이, 지정된 매개변수 보다 크지 않은 요인에 의해 분석결과와의 확률 분포가 다를 것을 수학적으로 보장 | • 2가지 버전의 데이터베이스(1명이 포함여부가 다른) x, y에 대한 질의에 대해, 응답값에 M0이라는 메커니즘으로 랜덤성을 추가 (Laplace 노이즈 알고리즘 등을 이용함으로써 응답값 M(x)와 M(y)가 될 때, M0라는 메커니즘에 의해 생성되는 값들 확률 분포(질의 때마다 랜덤성에 의해 다른 값이 나오는데 이때, 그 응답값의 확률분포를 가리킴)에서 특정값이 나올 확률의 차이가 exp(ε) 이하, 즉 최대 차이가 exp(ε) 이하라는 의미<br>• ε이 클수록 두 응답 값의 확률 분포 차이는 크며, 작을수록 두 응답 값의 확률 분포 차이는 작음(즉, ε이 작을수록 프라이버시가 강화됨) | C. Dwork | Differential privacy | 확률론적 공격<br><br>$Pr[\mathcal{M}(a) \in S] \leq exp(\epsilon)Pr[\mathcal{M}(j)]$ |

| 연번 | 출판 년도 | 모델명 | | 주요 특징 | 알고리즘 | 저자 | 논문명 | 방어가능한 공격유형 |
|---|---|---|---|---|---|---|---|---|
| 13 | 2006 | Approximate Differential Privacy ((ε,δ) -differential privacy) | 근사적 차분 프라이 버시 | • 데이터 주체가 ε을 초과하는 프라이버시 손실을 겪을 확률이 δ로 제한되도록 보장 | • 만일 δ가 0일 때, Randomized algorithm M은 ε-differential privacy 가 되며, 모든 인접한 x, y 에 대해 프라이버시 손실 에 대한 절댓값이 최소 1−δ 의 확률로 ε에 의해 제한됨 을 보장<br>• 적용시 선행 조건: 원본 데이터셋에 대한 γ 확률 의 랜덤 샘플링과 일반화 (masking, k-anonymity 적용 및 이를 통한 outlier 제거 등)가 선행돼야 함<br><br>• Definition 2.4 (Differential Privacy). A randomized algoritium domain $\mathbb{N}^{|\mathcal{X}|}$ is $(\epsilon,\delta)$-differentially private if for all $\mathcal{S} \subseteq$ Range for all $x$, $y$ $\mathbb{N}^{|\mathcal{X}|}$ such that $\|x - y\|_1 \leq 1$<br><br>$$Pr[\mathcal{M}(x) \in \mathcal{S}] \leq exp(\epsilon)Pr[\mathcal{M}(j) \in \mathcal{S}] + \delta$$<br><br>* 282페이지, 4.2.3 근사적 차분프라이버시, $(\epsilon, \delta)$-differential privacy 모델 부분의 정의 참조 | C. Dwork 등 | Our data, ourselves: Privacy via distributed noise generation | 확률론적 공격 |

| 연번 | 출판 년도 | 모델명 | | 주요 특징 | 알고리즘 | 저자 | 논문명 | 방어가능한 공격유형 |
|---|---|---|---|---|---|---|---|---|
| 14 | 2006 | (X-Y) linkability | (X,Y) 연결성 | • Wang 등이 속성연결 공격을 막기 위해 제안한 3가지 (X, Y)-익명성 모델, (X, Y)-연결가능성(linkability), 신뢰도 제한) 모델 중 하나임<br>• Linkability를 x를 포함하고 있는 속성 중 x와 y 가 같은 값을 갖는 비율이 라 정의할 때, 이 값이 0과 1 사이의 자연수 k보다 작거나 같을 때 만족 | K. Wang 등 | Anonymizing sequential releases | 레코드 연결공격<br>속성연결 공격 |
| 15 | 2007 | Delta-presence | 델타-존 재성 | • 테이블에 개인의 포함 여부가 드러나는 귀속노출 공격을 막기 위해 제한<br>• 익명처리된 AIDS 환자 테이블을 배포했을 때, 공격 자가 특정한 개인이 이 테이블에 존재하는 사실을 안다면 특정한 개인이 AIDS 환자임이 드러나 프라이버시가 유출됨 | • 익명처리된 테이블에서 특정 개인의 레코드가 존재한 다고 유추할 확률을 $(\delta_{min},$ $\delta_{max})$ 사이의 값으로 제한 하는 모델 | Nergiz ME 등 | Hiding the presence of individuals from shared databases | 테이블 연결공격 |
| 16 | | t-closeness | t-근접성 | • l-다양성의 취약점(쏠림, 유사성 공격) 보완 | • Earth Mover's Distance (EMD)를 사용해 원본 테이블과 동질 클래스의 민감한 속성값의 분포가 얼마나 가까운지(closeness)를 계산 하며, EMD가 t(0 ≤ t ≤ 1) 이하일 때 만족 | Li N 등 | t-closeness : Privacy beyond k-anonymity and l-diversity | 속성연결 공격 |

| 연번 | 출판 년도 | 모델명 | 주요 특징 | 알고리즘 | 저자 | 논문명 | 방어 가능한 공격유형 |
|---|---|---|---|---|---|---|---|
| 17 | 2006 | Confidence bounding<br>신뢰도 제한 | • 특정 형태의 배경 지식이 존재할 때 속성 연결을 방어하지 못하는 문제점이 있음 | • 동질집합에서 민감한 값을 추론하는 것은 1) 보호할 민감한 값, 2) 개인의 값을 식별하는 속성(QID), 그리고 3) 식별 속성을 고려했을 때 민감한 값을 추론할 수 있는 신뢰도의 최고 한계값(화률)을 특정해 제한<br>• 민감성에 따라 다른 한계값을 특정할 수 있도록 할 수 있음<br>• 결국 한계값 조건이 만족할 때까지 QID를 하나씩 삭제(Suppression)해보는 것임 | Ke Wang 등 | Handicapping attacker's confidence: an alternative to kanonymization | 속성연결 공격 |
| 18 | | (k,e)-anonymity<br>(k,e)-익명성 | • l-다양성 및 (α, k)-익명성 모델의 개선을 위해 민감한 속성값 간의 거리를 고려<br>• 기존 두 모델의 문제점은 동질집합 내의 속성값(예: 급여)이 좁은 범위 안에 몰려있다면 특정 개인의 급여를 높은 화률로 유추할 수 있음 | • l-다양성 및 (α, k)-익명성 모델의 개선을 위해 민감한 속성값 간의 거리를 고려<br>• 기존 두 모델의 문제점은 동질집합 내의 속성값(예: 급여)이 좁은 범위 안에 몰려있다면 특정 개인의 급여를 높은 화률로 유추할 수 있음 | Zhang 등 | Aggregate query answering on anonymized tables | 속성연결 공격 |

| 연번 | 출판 연도 | 모델명 | | 주요 특징 | 알고리즘 | 저자 | 논문명 | 방어가능한 공격유형 |
|---|---|---|---|---|---|---|---|---|
| 19 | 2006 | m-invariance | m-불변성 | • 마이크로데이터의 삽입, 삭제 등을 통해 데이터가 재 공개됐을 경우(즉, 삽입, 삭제가 허용되는 fully-dynamic dataset)를 다룸 | • 아래 두 조건을 만족해야 함 [m-uniqueness] 매 재공개시마다 각 민감속성값이 모든 QI 그룹 내에서 최소 한번 존재해야(즉, 서로 다른 민감속성값을 가져야) 함. 즉, m-uniqueness이면 m-diversity이나 그 반대는 아님<br>• [m-invariance] 만일 튜플(레코드) t가 몇 번 재공개될 때 튜플 t에 속한 모든 일반화된 QI 그룹은 같은 민감속성값을 가져야 즉, 바뀌지 않고 변함이 없어야한다는 것을 의미. 이 때 m은 튜플(레코드)의 개수를 말함 | XIAO X 등 | M-invariance: towards privacy preserving re-publication of dynamic datasets | 속성연결 공격 |
| 20 | | (d,$\gamma$)-privacy | (d,$\gamma$)-프라이버시 | • (c, t)-고립성 모델의 문제점(단순히 공격자가 배경지식으로부터 t개 이하의 레코드를 식별하지 못하게 할 뿐, 확률공격으로부터 프라이버시 보호 수준을 정량적으로 제시하지 못했음)을 개선, 프라이버시 보호 수준을 확률적으로 정의 | • 모든 레코드 t에 대해 공격자의 배경지식 중 Pr(t)=1인 레코드를 제외한 모든 레코드가 Pr(t)≤d라고 가정, 이러한 레코드 t에 대해 공격자가 익명처리된 테이블 V를 참조하고 나서 d/$\gamma$ ≤ Pr(tV)/Pr(t)과 Pr(tV) ≤ $\gamma$ (0≤$\gamma$≤1)를 만족 | Rastogi V 등 | The boundary between privacy and utility in data publishing | 확률론적 공격 |

| 연번 | 출판 년도 | 모델명 | 주요 특징 | 활용기법 | 저자 | 논문명 | 방어가능한 공격유형 |
|---|---|---|---|---|---|---|---|
| 21 | 2008 | $(\varepsilon, m)$-anonymity ($(\varepsilon, m)$-익명성) | • $(k, e)$-익명성 모델의 개선을 위해 민감속성값의 범위 내에 포함된 값의 분포를 함께 제한함 | • 동결집합 내 해당 속성값의 범위($\pm\varepsilon$) 내에 있는 레코드의 비율이 전체 동결집합 함들(m) 중 해당 동결집합이 차지하는 비율보다 적거나 같을 때 만족 | Li J 등 | Preservation of proximity privacy in publishing numerical sensitive data | 속성연결 공격 |
| 22 | | Distributional privacy (분산 프라이버시) | • 머신러닝에서 사용하는 VC (Vapnik–Chervonenkis) dimension 개념을 이용하여 대화식 DP를 비대화식 쿼리에서도 유용성 있게 사용할 수 있는 것을 보여줌 | • 데이터베이스 D를 갖는 어떤 분포로 대해 n개의 원소를 갖는 두 개의 데이터베이스 D1과 D2가 $1-\beta$의 확률로 D 데이터셋 내에 값을 대체하지 않고 출력 D'에 대해 식 ($\Pr[A(D1)=D'] \leq e^{\alpha} \Pr[A(D2)=D']$)을 만족하면 $(\alpha, \beta)$-distributional privacy다 함. 여기서 $\alpha$는 기존 DP에서 $\varepsilon$에 해당하며 $\beta$는 기존 $(\varepsilon, \delta)$-DP에서 $\delta$에 해당함<br>• 본 논문에서는 $\beta$에 대한 바운드를 머신러닝의 VC dimension 개념을 이용해 오른쪽과 같이 정의하고 있음 | A. Blum 등 | A learning theory approach to non-interactive database privacy<br><br>THEOREM 3.1 For any class of functions $C$, and any database $D \subset \{0,1\}^d$ such that<br>$$|D| \geq 0\left(\frac{dVCDIM(C)\log(1/\varepsilon)}{\varepsilon^3\alpha} + \frac{\log(1/\delta)}{\alpha\varepsilon}\right)$$<br>we can output on $(\varepsilon, \delta)$-useful database $\hat{D}$ that preserves $\alpha$-differential privacy. Note that the algorithm is not necessarily efficient. | 속성연결 공격 테이블연결 결공격 |

| 연번 | 출판 년도 | 모델명 | 주요 특징 | 알고리즘 | 저자 | 논문명 | 막아기능한 공격유형 |
|---|---|---|---|---|---|---|---|
| 23 | 2008 | Probabilistic Differential Privacy (확률론적 차분 프라이버시) | • 차분 프라이버시 데이터에 속한 모든 데이터 주체에 하나를 제외한 완전한 정보를 가진 공격자를 고려, 이 모델은 실제로 사용됨<br>• $(\varepsilon, \delta)$-probabilistic differential privacy: 주어진 테이블 D에 대해 랜덤화 알고리즘을 통해 공개할 수 있는 조건이 되는 집합의 원소를 갖는 확률을 $\delta$ 이하로 제한 | • 1) 히스토그램의 각 버킷에 독립적인 라플라스 랜덤변수를 추가하고<br>• 2) 데이터로부터 서브샘플을 추출하고 각 히스토그램 버킷에 독립적인 이항 랜덤변수를 추가<br>• 3) 재간 데이터 생성: 데이터로부터 통계적 모델을 만들고 모델로부터 포인트를 뽑고 표본추출, 즉 표본추출된 샘플 포인트들이 재간 데이터의 형태를 지니며 원본 대신 합성데이터가 릴리즈됨 | MACHA NAVAJUHALA A 등 | Privacy: Theory meets practice on the map | 확률론적 공격 |

| 연번 | 출판년도 | 모델명 | 주요 특징 | 알고리즘 | 저자 | 논문명 | 방어가능한 공격유형 |
|---|---|---|---|---|---|---|---|
| 24 | 2009 | Computational Differential Privacy / 계산적 차분 프라이버시 | • 순수 차분 프라이버시 모델은 무제한적인 계산 능력을 보유한 공격자로부터 보호를 제공하지만, 때로는 데이터 유용성이나 복잡성에 대한 희생이 필요함 수 있음<br>• 그러나 프라이버시에 대한 개선적 보충으로 공격자들을 계산적으로 제한하는 것이 가능 | • 크기 무제한의 공격자를 계산적으로 제한된 공격자로 대체하는 IND-CDP(Indistinguishability-Computation DP)와 적이 데이터베이스에 DP 함수를 이용, 접근을 시뮬레이[터하는 경우를 다룬 SIM-CDP (Simulated-Computational DP)로 나뉨<br>• IND-CDP의 경우 $(\epsilon,\delta)$-differential privacy 모델과 비교하면 $\delta$ 값과 negl() 함수의 차이임. 즉 $\delta$가 무제한의 계산능력을 가진 공격자라면 negl()는 다항시간 내에 해결가능한 계산능력을 가진 공격자를 말함<br>• 이에 대해 저자는 논문에서 1) 부가적인 동형암호 (additive homomorphic encryption)와 함께 오른쪽 [논문 2]의 변형 2) 이 상적으로는 오른쪽 [논문 3]에 기반한 알고리즘을 이용하면 보다 효율적인 DP 버전을 구성할 수 있다고 말함(실제 구현한 것은 아니고 아이디어만 제시) | [1]MIRONOV 등<br><br>[2]Dwork, C 등<br><br>[3]Kushilevitz 등 | Computational differential privacy (2009)<br><br>Calibrating noise to sensitivity in private data analysis (2006)<br><br>Efficient search for approximate nearest neighbor in high dimensional spaces (1998) | 확률론적 공격 |

| 연번 | 출판 연도 | 모델명 | | 주요 특징 | 알고리즘 | 저자 | 논문명 | 방어가능한 공격유형 |
|---|---|---|---|---|---|---|---|---|
| 25 | 2009 | (B,t):privacy | (B,t)-프라이버시 | • 기존 (d, γ)-프라이버시 모델의 문제점(공격자가 익명처리된 테이블을 참조한 후의 배경지식의 차이를 효과적으로 제한하지만 가정하는 공격자 모델이 현실적으로 성립하기 어려움)을 개선하고자 제안<br><br>• (d, γ)-프라이버시 모델이 공격자가 가질 수 있는 모든 배경지식에 대해 익명처리된 테이블을 참조하여 발생하는 확률 공격을 제한하는 것과 다르게, 오직 배포하려는 익명처리된 테이블과 관련된 배경지식을 가지고 있는 공격자의 확률 공격을 제한 | • 커널 추정(kernel estimation)의 평활모수(bandwidth)를 공격자의 배경지식 B로 정의, B값이 클수록 공격자가 공격하려는 대상의 준식별자와 민감한 속성 사이의 관계에 대한 배경지식이 적다는 것을 의미 | Li T 등 | Modeling and integrating background knowledge in data anonymization | 확률론적 공격 |

| 연번 | 출판연도 | 모델명 | 주요 특징 | 내용 | 저자 | 논문명 | 방어가능한 공격유형 |
|---|---|---|---|---|---|---|---|
| 26 | 2009 | Multirelational k-anonymity / 다중 테이블 k-익명성 | • 여러 개의 테이블이 조인된 테이블에서 신원 노출을 막기 위해 제안 | • 모든 조인된 테이블에 대해 최소 k개의 레코드가 동질 집합이 되도록 함 | Nergiz 등 | Multirelational k-anonymity | 레코드연결공격 |
| 27 | | FF-anonymity / FF-익명성 | • 속성에 민감한 값과 준식별자 값이 모두 포함돼 있는 테이블에서 준식별자와 민감한 속성으로 나눌 수 없는 경우에 발생하는 자유형태(FreeForm attack)의 공격을 제거 • 그러나 최적의 FF-익명처리는 NP-Hard 문제로 구현상 최적의 해를 도출하는 알고리즘 구현이 불가능함 | • (비)민감속성이 아닌 특정가능성이 있는 부분(FreeForm 공격 조건)을 민감속성 중에서 일반화 (데이터 대량 유실을 고려) | WANG K 등 | FF-anonymity: when quasi-identifiers are missing | 속성연결공격 |
| 28 | 2010 | (n,t)-closeness / (n,t)-근접성 | • 민감속성값의 분포와 의미(semantics)까지 고려, t-근접성 모델이 제약사항을 완화 | • 동질집합 $G(EC \subseteq G)$가 적어도 n개의 레코드를 가지고 있으며, 두 동질집합 간의 $EMD(EC, G) \leq t$일 때 만족 | Li N 등 | Closeness: A new privacy measure for data publishing | 속성연결공격 |

| 연번 | 출판 년도 | 모델명 | 주요 특징 | 알고리즘 | 저자 | 논문명 | 방어가능한 공격유형 |
|---|---|---|---|---|---|---|---|
| 29 | 2010 | Multiparty Differential Privacy / 다자간 차분 프라이버시 | • 다수의 참여자가 중앙의 어느 한 데이터셋에 공동으로 분석 데이터를 요청할 경우, 각 참여자의 프라이버시 레벨($\varepsilon$-DP에서 $\varepsilon$을 고려해 평균의 경우와 최악의 경우에 대한 실제 응답값의 정확도를 판단하거나 혹은 프라이버시 제한을 걸어 (일부) 참여자의 참여 분석 요청을 제한함 | • [Multi-party XOR Computation]: 중앙 운자버가 $\varepsilon$-DP에서 각 참여자별로 각 참여자의 프라이버시 레벨로 각 참여자 $i$의 한 비트 정보인 $x_i$, ($1 \le i \le k$)에 대해 전체 참여자들에 대한 정확도를 모든 k 비트의 XOR을 계산함으로써 참여를(프라이버시 제한을 통해) 제한한다고 가정할 때 평균 및 최악의 경우에 대한 정확도(각 참여자별로 실제값과 전송되는 값이 동일하면 1을 그렇지 않으면 0으로 가운드 되며 이들을 참여자 수에 따라 확률로 계산)에 따라 오른쪽과 같이 제한될 수 있음 | P. Kairouz 등 (2015) | Secure multi-party differential privacy | 확률론적 공격 |
|  |  |  |  |  | (1) 평균의 경우에 대한 정확도 $\le \dfrac{\sum_{i=0}^{\lfloor k/2\rfloor}\binom{k}{2i}\lambda^k}{(1+\lambda)^k}$  (2) 최악의 경우에 대한 정확도 $\le \dfrac{\sum_{i=0}^{\lfloor k/2\rfloor}\binom{k}{2i}\lambda^k}{(1+\lambda)^k}$ |  |  |  |
|  |  |  | • 이 문헌에 대한 사용 사례의 예는 적은 수의 병원이 공동으로 데이터셋을 분석하고자 하는 경우 | • 계산 결과가 개인 데이터에 대한 정보를 제공하지 않음을 통계적 보증으로 제공하는 일반 DP와는 달리(개인 데이터를 보유하고 있는) 각 참여자들이 분산된 상황에서 각 참여자들이 이들 데이터를 결합하는 큐레이터를 포함(심지어 이들 데이터를 결합하는 큐레이터를 포함)이 상대방이 누구인지를 할 수 없도록 프라이버시를 보호해 주기 위한 메커니즘을 제공 | M. Pathak 등 (2010) | Multiparty differential privacy via aggregation of locally trained classifiers 'classifiers |  |

| 연번 | 출판 년도 | 모델명 | 주요 특징 | 알고리즘 | 저자 | 논문명 | 방어기능/ 공격유형 |
|---|---|---|---|---|---|---|---|
| 30 | 2012 | $\beta$-likeliness  $\beta$-가능도 | • 기존 ($\beta$, t)-프라이버시 모델이 확률분포 간의 상대적인 차이를 반영하지 못하는 문제점을 해결하기 위해 제안 | • 원본 테이블의 민감한 속성 값이 $V = (v_1, \cdots, v_m)$이며, 민감한 속성값의 분포가 $P = (p_1, \cdots, p_m)$, 익명처리된 테이블의 어떤 동질 클래스의 민감한 속성값의 분포가 $Q = (q_1, \cdots, q_m)$이라 하자. 모든 동질 클래스에서 아래 식을 만족하면 $\beta$-가능도 모델을 만족 • (식) max $[D(p, q) \mid p_i \in P, p_i < q_i] \leq \beta$ ($\beta > 0$), 이때 두 분포간의 거리는 $D(p, q) = (q_i - p_i)/p_i$로 계산 | Cao J 등 | Publishing microdata with a robust privacy guarantee | 확률론적 공격 |

| 연번 | 출판연도 | 모델명 | | 주요 특징 | 알고리즘 | 저자 | 논문명 | 방어가능한 공격유형 |
|---|---|---|---|---|---|---|---|---|
| 31 | 2013 | Random Differential Privacy | 무작위 차분 프라이버시 | • 다나은 정확도를 보일 수 있는 차분 프라이버시의 완화된 버전으로 통계적인 이나 힘을이론의 통상적인 가정과 같은 그러한 곳에서 데이터가 랜덤한 것으로 보여질 수 있음<br>• [단점] 최악의 경우와 이상치에 대한 보호를 보장하지 않음<br>• 차분 프라이버시에서 이러한 비상호적 방식은 실제 데이터를 함성한 함성 데이터를 배포하거나 실제 데이터에 노이즈를 삽입하여 교란한 데이터를 배포함으로써 달성됨 | • 주어진 모든 값(기존 데이터셋과 기존 데이터셋에서 한 값을 다른 값으로 대체한 값을 포함. $n$개의 요소를 갖는 모든 값들에 대해, 확률분포 $Q_n$에 대한 확률 $P$가 $1-\gamma$보다 크거나 같을 때 $((\alpha,\gamma)$-Random Differential Privacy를 만족함.<br>• 즉, 기존 DP는 기존 집합에서 새로운 하나의 값을 추가했을 때의 확률의 차이를 개선하는 반면, 무작위-DP는 기존 집합 내에 하나의 값을 다른 값으로 대체하는 한편, 이를 $1-\gamma$ 확률로 제한하고 있음. 여기서 $\alpha$와 $\gamma$는 기존 $\varepsilon$과 $\delta$처럼 사용자가 선택하는 값임 | R. Hall 등 | Random differential privacy | 확률론적 공격 |
| | | | | | 이때, $X = (X_1, \cdots, X_{n-1}, X_n)$,<br>$X' = (X_1, \cdots, X_{n-1}, X_{n+1})$,<br><br>$$\mathbb{P}\left(A|B \sqsubseteq Z,\ e^{-\alpha} \leq e^{\frac{Q_n(Z \in B|X)}{Q_n(Z \in B|X')}} \leq e^{-\alpha}\right) \geq$$ | | | |
| 32 | 2015 | (p+)-sensitive t-closeness | (p+)-민감 t-근접성 | • 속성연결공격을 방지하기 위해 각 민감속성별로 민감도 레벨을 정의해 기존의 t-근접성을 개선 | • 기존 t-근접성을 만족하면서 동시에 각 동작집합 내 민감속성에 대해 최소 $p$개 이상의 다른 민감도 레벨 값을 갖는 속성들이 존재할 때 만족 | Sownyarani CN 등 | A Robust Privacy Preserving Model for data Publishing | 속성연결 공격 |

| 연번 | 출판년도 | 모델명 | 주요 특징 | 알고리즘 | 저자 | 논문명 | 방어가능한 공격유형 |
|---|---|---|---|---|---|---|---|
| 33 | | (k,l)-diversity<br>(k,l)-다양성 | • 개인 레코드가 데이터셋 내에서 하나 이상 존재할 경우를 1:M 데이터셋이라 하며 이러한 상황에서의 프라이버시 보호를 위해 제안된 모델임 | • 1:M 데이터셋에서의 민감속성값을 갖는 SAFB(Sensitive Attribute Fingerprint Bucket)에 대해 최소 k개의 다른 개인이 존재하면서 동시에, 어떠한 동질집합에 대해 최소 1개의 민감속성 fingerprint를 가지면 만족. 이때, SAFB는 1:M 데이터셋 내에서 동일한 SA fingerprint값을 갖는 모든 레코드로 구성된 버킷(집합)을 말함 | Quyuan Gong 등 | Anonymizing 1:M microdata with high utility | 레코드연결공격 |
| 34 | 2016 | Concentrated differential privacy<br>집중적 차분 프라이버시 | • 큰 수량의 개산에 맞춰 제안됐으며 근사 차분 프라이버시와 질적으로 유사한 방식으로 작동<br>• 그러나, 복수의 연산에 관한 누적 프라이버시 손실에 관하여 다루고 있기 때문에, 순수 차분 프라이버시나 근사 차분 프라이버시보다 더욱 정확함<br>• 데이터 주체의 소수 그룹이 계산 결과에 유효한 영향을 주지 않음<br>• 근사 차분 프라이버시 보호와 동일한 수준의 보호를 보장하지만 정밀은 그 보다 작음 | • 적률생성함수(Moment Generating Function)를 이용하며, 랜덤화 함수 M이 $(\epsilon \cdot (e^\epsilon - 1)/2, \epsilon)$-Concentrated differential privacy이면 M은 $\epsilon$-differential privacy를 만족함. 이를 $(\mu, \tau)$ -CDP(Concentrated Differential Privacy)로 정의함 | DWORK C 등 | Concentrated differential privacy | 확률론적 공격 |

| 연번 | 출판년도 | 모델명 | 주요 특징 | 알고리즘 | 저자 | 논문명 | 방어가능한 공격유형 |
|---|---|---|---|---|---|---|---|
| 35 | 2016 | Approximate concentrated differential privacy / 근사 집중적 차분 프라이버시 | • 근사 차분 프라이버시에서의 문제점(대화식에서의 각 질의에 비례해서 계산량이 많고 bound가 타이트하지 않음)과 집중적 차분 프라이버시에서의 문제점(정보 손실이 확률분포에서 평균과 평균 주변에 집중할 것을 개선해 Zero-CDP(Concentrated Differential Privacy)를 제안 | • 기존 $(\mu, \tau)$CDP는 $(\mu-\tau^2/2, \tau^2/2)$-zCDP로, $\varepsilon$-DP에서는 $(1/2*\varepsilon^2)$-zCDP로 변형될 수 있음. 또한 $\rho$-zCDP는 $(\varepsilon, \delta)$-DP에서 $$\rho + 2\sqrt{\rho \log(\frac{1}{\delta})}.$$ $\delta > 0$일 때를 말함 | BUN M 등 | Concentrated differential privacy: Simplifications, extensions and lower bounds | 확률론적 공격 |
| 36 | 2017 | k-presence-secrecy / k-존재비밀 모델 | • 기존 $\delta$-존재성(presence) 모델의 문제점(적의 모든 배경지식을 알고 있어야 하기에 실용적이지 못했음)을 개선, 적의 배경 지식에 대한 정도를 몰라도 해결 가능한 모델을 제안 | • 만일 K2의 지식(익명처리 알고리즘(예: k-익명성 등)과 K값을 알고 있는)보다 진 공격자가 높은 확률로 익명처리 테이블 내에 임의의 개인에 대한 존재 여부를 추론할 수 없다면 알고리즘 fA는 k-presence secrecy를 만족 | Yamaoka 등 | k-presence-secrecy: Practical privacy model as extension of k-anonymity | 테이블 연결공격, k-익명성의 속성연결 공격과 최소성 공격 |

| 연번 | 출판년도 | 모델명 | 주요 특징 | 알고리즘 | 저자 | 논문명 | 방어가능한 공격유형 |
|---|---|---|---|---|---|---|---|
| 37 | 2017 | KC-slice | KC-슬라이스 모델 | • 카테고리 속성을 갖는 MSA(Multiple Sensitive Attribute)들에 대해 정적이 아닌 동적(혹은 웰기반) 공개성향에 대비. 프라이버시를 보존하면서 다양한 공격성향을 막고 데이터 손실을 줄이기 위해 제안된 모델 | • 프라이버시 위반 체크 : 각 SA 칼럼을 대상으로 하나의 HAS(High SA, 칼럼 내 민감도가 가장 높은 속성)와 한계값 C(칼럼 내 HAS 출현 횟수 제한)를 정하고 한 개조 이상인 HAS에 대해 Suppressing 적용 후 각 MSA 칼럼별로 SID(Single Sensitive Index) 부여<br>• QID와 SID를 붙이고 붙인 테이블을 랜덤하게 치환 (Permutation) | Onashoga 등 | KC-Slice: A dynamic privacy-preserving data publishing technique for multisensitive attributes | (카테고리 유형이 다 종민감속 성을 갖는 트랜재션 데이터)<br>확률론적 공격, 레코드연결공격, 속성연결 공격 |
| 38 | 2018 | KCi-slice | KCi-슬라이스 모델 | • KC-slice 모델을 개선. 유사성 공격과 특정 민감속성에 대한 식별가능성을 보완 | • 모든 칼럼과 칼럼 내 모든 속성들을 대상으로 민감도를 고려, 서로 다른 다양한 한계값 C를 별도로 부여<br>• 한 QID와 한 SA가 아닌 한 QID와 여러 SA 칼럼을 묶고 이름 공개<br>• 버킷에 담을 때 l-다양성을 적용하고 민감도를 기반, 모든 민감속성에 다양한 한계값을 부여 | Lakshmipathi 등 | An enhanced dynamic KC-slice model for privacy preserving data publishing with multiple sensitive attributes by inducing sensitivity | (카테고리 유형이 다 종민감속 성을 갖는 트랜재션 데이터)<br>확률론적 공격, 레코드연결공격, 속성연결 공격 |

| 연번 | 출판 연도 | 모델명 | | 주요 특징 | 알고리즘 | 저자 | 논문명 | 방어가능한 공격유형 |
|---|---|---|---|---|---|---|---|---|
| 39 | 2019 | (p,l)- Angelization | (p,l)- 엔젤화 모델 | • 1:M(한 개인에 대한 레코드가 여러 개)이면서 MSA(Multiple Sensitive Attribute) 즉, 민감속성이 여러 개인 경우에 대해 MSA에 대한 일반화 상호 연관 공격(Generalization Correlation Attack)을 다뤄보고 새로운 모델을 제안함<br>• 또한 이 모델은 기존 (k, l) diversity 모델이 문제점인 일반화 상호 연관공격을 개선함 | • 총 4단계(Transformation, Weight Calculation & Maximum Weighted SA Category Table Generation, (p, l)-Angelization) 과정으로 나뉘며, 이때 p는 동일 QI 그룹 내의 카테고리가 최소 p개 이상임을 의미하며, l은 l-다양성을 의미함 | Tehsin Kanwal 등 | Privacy-preserving model and generalization correlation attacks for 1:M data with multiple sensitive attributes | (1:M, 다중민감 속성) 레코드 연결공격, 일반화상호 연관공격 |

# 찾아보기

PRIVITAR 304

## Q

Quality 248

## R

RIPEMD-160 89

## S

Salt를 추가한 해시 암호화 75
SecuPi 301
SHA-2 89
SHA-3 89
SHA-224/256/384/512 90
SIRO 170
skewness 261
SNS에 노출된 개인정보를 이용한 개인 재식별 345
Swapping 107

## T

t-근접성 241, 371
t-근접성 모델 261

## U

UKAN 52
USIM 번호 39

## W

Whirlpool 90

## 기호

(B,t)-프라이버시 377
(c,t)-고립성 365
(d,γ)-프라이버시 373
(k,e)-익명성 372
(k, l)-다양성 247
(k,l)-다양성 382
(n,t)-근접성 378
(p1)-민감 t-근접성 248
(p, l)-엔젤화 247
(p,l)-엔젤화모델 385
(p+)-민감 t-근접성 266, 381
(X,Y) 연결성 371
(X,Y)-익명 365
(X, Y)-익명성 255
(X,Y)-익명성 248
(X,Y)-프라이버시 367
$(\alpha,k)$-익명성 368
$\beta$-가능도 248, 380
$\beta$-가능도 모델 277
$\delta$-존재성 248
$\delta$-존재성 모델 272
$(\varepsilon, m)$-익명성 248, 264, 374
$(\varepsilon,\delta)$-differential privacy 모델 282
$\varepsilon$-차분 프라이버시 248
$\varepsilon$-차분 프라이버시 모델 280
$\ell$-다양성 244

## 번호

1:1 교환 107
1:M 모델 247

# 데이터 3법 개정에 따른 **개인정보 비식별 조치의 이해와 활용**

발  행 | 2020년 8월 31일

지은이 | 김 순 석 · 김 동 현 · 김 기 태

펴낸이 | 권 성 준
편집장 | 황 영 주
편  집 | 임 다 혜
디자인 | 박 주 란

에이콘출판주식회사
서울특별시 양천구 국회대로 287 (목동)
전화 02-2653-7600, 팩스 02-2653-0433
www.acornpub.co.kr / editor@acornpub.co.kr

Copyright ⓒ 에이콘출판주식회사, 2020, Printed in Korea.
ISBN  979-11-6175-441-3
http://www.acornpub.co.kr/book/pi-de-identification

이 도서의 국립중앙도서관 출판시도서목록(CIP)은 서지정보유통지원시스템 홈페이지(http://seoji.nl.go.kr)와
국가자료공동목록시스템(http://www.nl.go.kr/kolisnet)에서 이용하실 수 있습니다.(CIP제어번호: CIP2020034625)

책값은 뒤표지에 있습니다.